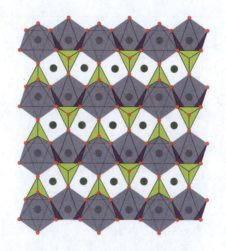

图4-1 LiFePO₄多面体示意图

注：蓝色为FeO_6八面体，黄色为PO_4四面体，绿色为Li原子。

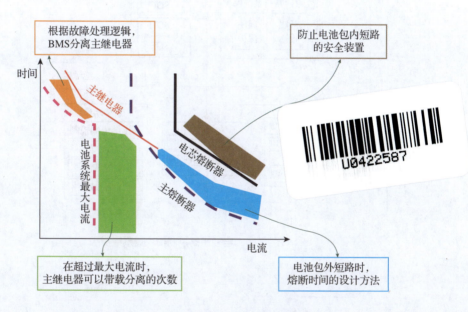

图9-4 主继电器、主熔断器和电芯熔断器选型设计关系

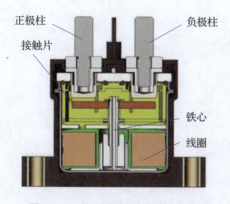

图9-10 高压直流接触器的结构原理

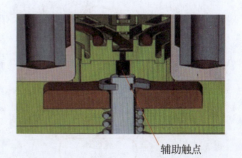

图9-16 高压直流接触器辅助触点

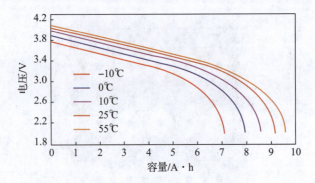

图 12-1 温度对电池容量的影响

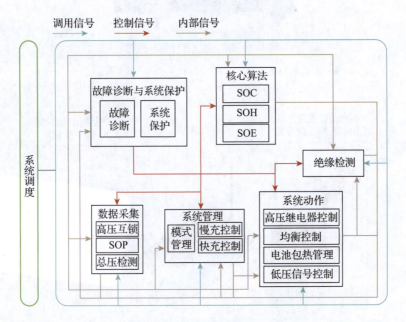

图 16-1 电池策略控制模块关系

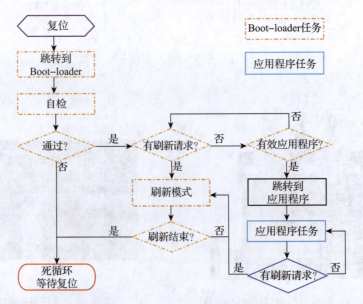

图 16-14 Boot-loader 软件逻辑

普通高等教育新工科汽车类系列教材
（智能汽车·新能源汽车方向）

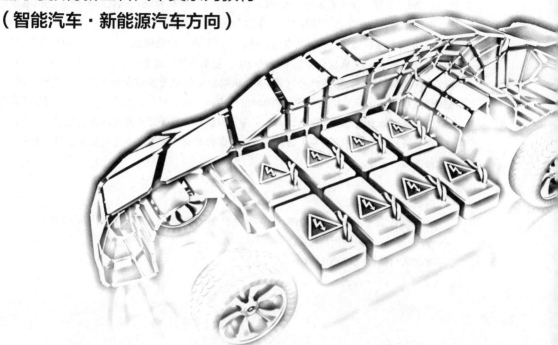

动力电池

贺林 石琴◎著

机械工业出版社
CHINA MACHINE PRESS

本书详细地介绍了动力电池化学基础、电池系统开发、电池控制技术及其测试验证手段。全书共20章，分为4部分，第一部分（第1~7章）介绍电池化学基础，包括电池概述、电池化学、三元电池、铁锂电池、固态电池、先进电池和电池电芯；第二部分（第8~12章）介绍电池系统开发，包括电池系统、电气原理、电池模组、电池包结构和电热管理；第三部分（第13~17章）介绍电池控制技术，包括电池管理系统、功能安全、控制器硬件、基础软件和控制策略；第四部分（第18~20章）介绍电池测试验证手段，包括标准法规、测试验证和失效分析。本书既有细致的理论介绍，又有工程开发实践操作讲解，可使读者较为全面地掌握动力电池相关理论知识和工程开发流程，便于读者开展动力电池相关研究。

本书可作为本科生、研究生动力电池系统课程教材或参考书，也可作为动力电池系统研发人员的参考手册。

版权所有，侵权必究

本书配备教学课件，选用本书作为教材的教师可在机械工业出版社教育服务网（www.cmpedu.com）注册后免费下载。

客服人员微信：13070116286。

图书在版编目（CIP）数据

动力电池 / 贺林，石琴著. —北京：机械工业出版社，2021.3（2024.7重印）
普通高等教育新工科汽车类系列教材. 智能汽车·新能源汽车方向
ISBN 978-7-111-67498-6

Ⅰ.①动⋯ Ⅱ.①贺⋯ ②石⋯ Ⅲ.①新能源-汽车-蓄电池-高等学校-教材 Ⅳ.①U469.72

中国版本图书馆 CIP 数据核字（2021）第 025575 号

机械工业出版社（北京市百万庄大街22号 邮政编码100037）
策划编辑：赵海青 责任编辑：何士娟 王 婕
责任校对：王 延 责任印制：刘 媛
涿州市般润文化传播有限公司印刷
2024年7月第1版·第6次印刷
184mm×260mm·19印张·1插页·444千字
标准书号：ISBN 978-7-111-67498-6
定价：69.90元

电话服务　　　　　　　　网络服务
客服电话：010-88361066　　机 工 官 网：www.cmpbook.com
　　　　　010-88379833　　机 工 官 博：weibo.com/cmp1952
　　　　　010-68326294　　金 书 网：www.golden-book.com
封底无防伪标均为盗版　　　机工教育服务网：www.cmpedu.com

序

Preface

人类能源的终极形式是什么？这个问题一直困扰着我们，至今仍争议不断。不过可以肯定的是，当前主流的以碳燃烧释放能量的模式并不是环境友好型模式，因为会产生温室气体。自工业化时代以来，全球平均气温已经上升约 1℃，如果温室气体排放量不能大幅减少，到 21 世纪末，全球将升温 3℃ 左右。如果地球升温超过 1.5℃，乃至 2℃，可能会产生很可怕的后果：极度干旱、山火频发、海平面升高、洪涝灾害与粮食短缺等带来的自然灾害将威胁数以亿计人口的生存。

科学已经证实石油是地球的一个矿藏，若是我们将地壳内大量的碳转移到大气中，当地表所有水陆生物通过光合作用的全部产能都不足以将这些碳再回收到地壳内时，地球的环境是必然会被改变的。为了使人类能够在地球上可持续地发展，我们迫切需要环境友好型的新能源来替代当前的化石能源。实际上，可能的候选新能源并不遥远，并且就在我们身边，那就是"电"。水电、风电、太阳能、核电，特别是核聚变电能，人类可以用各种各样的手段获得电能，而且在这些能源的使用过程中，都没有将碳转移到大气中。随着电力更广泛地应用到车辆、飞机、轮船等交通工具上，动力电池就自然会进入我们生活与工作的方方面面。

除了强电领域，在弱电领域，人类更需要电。人类社会的智能化趋势不可避免，互联网在社会各行各业的翻江倒海，只是人工智能悄无声息进入我们生活的一个序曲。燃油汽车已经面世超过一百年，从电池到电机电控领域的电力电子技术已经发展到可以颠覆燃油动力的临界域。智能汽车也是一个机器人，停车过程也需要持续电力供应，这样才是一个真正"活"的机器人，才能进行及时的信息沟通与数据交流。尽管电动汽车在低温续驶里程等方面尚未令人满意，但是人工智能与电动化完美结合带来的无人驾驶电动汽车，将彻底解决充电等方面的问题。全时的数据通信能力与未来社会大数据需求的完美结合，智能化与电动化这对最佳搭档，将使智能电动汽车成为未来的主流车型。

智能化与电动化的深度融合创新将深刻地改变人类社会，动力电池将是人类社会将来不可或缺的一个重要组件。因此，研究和学习动力电池的相关知识，既有现实利益，又有未来需求。

宋健
清华大学
2020 年 6 月

前 言

人类历史就是一部能源发展史,从以木材草料为主的远古生物能时代开始,发展到以煤为动力来源的蒸汽机时代,开创了工业革命的先河。很快,石油替代煤变成了时代的主角,20世纪70年代开始的一次次石油危机,硬生生把近50年的世界史变成了石油史。人类是这个世界的精灵,创新是这个群体的灵魂,有危难的地方,就有英雄出现。千百年来,人类对电的探索从未停滞,一代代英雄先辈的前赴后继,促使人类社会逐渐进入电力时代。如果说水电、核电、风电、太阳能等多源发展的现实给电能插上了腾飞的翅膀,那么社会智能化需求就给电能提供了广阔的发展空间。

人类社会的智能化趋势不可逆转,而任何智能工具或设备都需要不间断电源,这个不间断电源就是电池。电池是未来社会不可或缺的核心组件,将影响我们学习、生活、工作的方方面面。谋市者小,谋势者大;谋事者下,谋是者上;谋时者短,谋世者长;谋仕者低,谋史者高。为了促进电池技术快速发展,配合国家新能源汽车的发展战略,推动电动汽车技术从产业化向市场化纵深迈进的步伐,我们在总结自己从事动力电池研究与开发经验的基础上,撰写了本书。

本书内容的总体结构安排如下:

一、从知识传承的角度,依次介绍电池的电化学基础理论、电池系统知识、电池控制技术及其测试验证手段,沿着"基础理论"→"系统知识"→"控制技术"→"测试手段"这个脉络对动力电池的知识体系进行系统介绍。

二、从方法论的角度,依次介绍单体电池材料研究、电池模组设计、电池包及其管理系统开发、电池测试标准和验证手段,即围绕"研究"→"设计"→"开发"→"验证"这一完整的电池系统研发过程进行详细阐述。

本书共分为4部分,第一部分为电池化学基础,包括电池概述、电池化学、三元电池、铁锂电池、固态电池、先进电池和电池电芯;第二部分为电池系统开发,包括电池系统、电气原理、电池模组、电池包结构和电热管理;第三部分为电池控制技术,包括电池管理系统、功能安全、控制器硬件、基础软件和控制策略;第四部分为电池测试验证手段,包括标准法规、测试验证和失效分析。

本书介绍的电池知识体系实际上就是电池研究开发的4个阶段,它们分别是:第一阶段,通过对电化学基础知识的学习,在脑海中形成电池的基本概念;第二阶段,把整车性能需求等方面的信息转换成电池性能指标,在纸上形成可实现、可追溯的电池规格;第三阶段,在电池系统定义确定的基础上,根据电池系统需求开发电池控制系统;第四阶段,针对开发出的电池及其控制系统，采用相应的法规标准开展测试验证，对各类测试结果进行失效分析，形成设计、测试、再设计、再测试的试错开发循环。

本书可作为高等学校车辆工程专业（新能源汽车方向）本科和研究生的专业课程教材，也可供从事电池开发和研制工作的企业人员及工程技术人员参考阅读。

在本书编著过程中，魏宇江、王铭伟在电池控制方面，许洪亮博士在电池化学基础方面，欧阳林在测试验证方面做出重要贡献，在此对他们表示衷心的感谢。此外，合肥工业大学贺泽佳、蒋正信，以及清华大学宋健教授于百忙之中对本书的书稿进行了认真审读，并提出许多宝贵建议，在此对他们致以诚挚的谢意！

事物发展本身具有不确定、非线性、无规则等特征，电池更是一个具有复杂技术特征、有待进一步成熟的事物。由于作者能力有限，书中不妥之处恐在所难免，敬请读者指正。

贺林

helin@hfut.edu.cn

2020 年 2 月

目 录

序
前言

第1章 电池概述
1.1 电池发展史 ··· 001
1.2 锂离子电池概述 ··· 003
习题 ··· 006

第2章 电池化学
2.1 工作原理 ··· 007
2.2 电池术语 ··· 010
2.3 电池特性 ··· 013
习题 ··· 014

第3章 三元电池
3.1 正极材料机理 ··· 015
3.1.1 材料结构特性 ··· 015
3.1.2 电池化学机理 ··· 016
3.2 材料制备方法 ··· 017
3.3 材料改性研究 ··· 020
习题 ··· 022

第4章 铁锂电池
4.1 正极材料机理 ··· 023
4.1.1 材料结构特性 ··· 023
4.1.2 电池化学机理 ··· 026
4.2 材料制备方法 ··· 030
4.3 材料改性方法 ··· 031
习题 ··· 032

第5章 固态电池
5.1 固态电池原理 ··· 033
5.2 固态电池研究进展 ··· 034
5.3 固态电池分类 ··· 037
5.4 固态电池挑战 ··· 041
5.5 固态电池展望 ··· 044
习题 ··· 045

第6章 先进电池
6.1 锂硫电池 ··· 046
6.2 锂空气电池 ··· 049
6.3 燃料电池 ··· 051
6.3.1 燃料电池历程 ··· 051
6.3.2 燃料电池原理 ··· 052
6.3.3 燃料电池挑战 ··· 056
习题 ··· 058

第7章 电池电芯
7.1 电芯构造 ··· 059
7.1.1 正极构造 ··· 059
7.1.2 负极构造 ··· 061
7.1.3 电解液 ··· 062
7.1.4 隔膜 ··· 066
7.2 电芯构型 ··· 067
7.2.1 方形电芯 ··· 067
7.2.2 软包电芯 ··· 069
7.2.3 圆柱电芯 ··· 070
7.3 电芯制造 ··· 071
7.4 电芯性能 ··· 077
习题 ··· 080

第8章 电池系统
8.1 系统需求 ··· 081
8.2 技术指标 ··· 083
习题 ··· 084

第9章 电气原理
9.1 电气构型 ··· 085
9.2 电气原理 ··· 086
9.3 高压安全 ··· 087
9.4 预充电路 ··· 088
9.5 高压线束 ··· 090

9.6 插接器 … 091	14.2 相关术语定义 … 151
9.7 接触器 … 095	14.3 功能安全流程 … 154
9.8 维修开关 … 103	14.4 功能安全要求 … 155
9.9 电流传感器 … 106	14.5 技术安全要求 … 164
9.10 低压线束 … 106	14.6 硬件功能安全 … 168
习题 … 108	14.7 软件功能安全 … 171
	习题 … 174

第10章 电池模组

- 10.1 模组构型 … 109
- 10.2 模组连接 … 111
- 10.3 模组生产 … 115
- 习题 … 116

第11章 电池包结构

- 11.1 结构设计 … 117
- 11.2 结构分析 … 121
- 习题 … 122

第12章 电热管理

- 12.1 热管理系统需求 … 123
- 12.2 电池系统热分析 … 124
- 12.3 电池系统热设计 … 127
- 12.4 电池热产生理论 … 131
- 12.5 电池热传递理论 … 132
- 12.6 电池系统热计算 … 137
- 习题 … 140

第13章 电池管理系统

- 13.1 电池管理系统需求 … 141
- 13.2 电池管理系统架构 … 146
- 习题 … 148

第14章 功能安全

- 14.1 功能安全概述 … 149

第15章 控制器硬件

- 15.1 发展概述 … 175
- 15.2 硬件需求 … 176
- 15.3 主控单元 … 181
- 15.4 从控单元 … 182
- 15.5 电磁兼容 … 191
- 15.6 车规定义 … 195
- 习题 … 197

第16章 基础软件

- 16.1 软件需求 … 198
- 16.2 软件系统 … 198
- 16.3 软件标定 … 204
- 16.4 软件集成 … 206
- 16.5 软件标准 … 208
  - 16.5.1 AUTOSAR … 208
  - 16.5.2 OSEK/VDX … 209
- 习题 … 210

第17章 控制策略

- 17.1 策略需求 … 211
- 17.2 任务调度存储 … 212
  - 17.2.1 任务调度控制 … 212
  - 17.2.2 系统信息存储 … 213
- 17.3 数据输入输出 … 214
  - 17.3.1 CAN总线输入模块 … 214

17.3.2 CAN 总线输出模块	… 215	17.8.1 直流充电模块	… 244
17.3.3 模拟量输入模块	… 216	17.8.2 交流充电模块	… 249
17.3.4 数字量输入模块	… 217	习题	… 251
17.3.5 数字量输出模块	… 218		
17.4 电池系统检测	… 219	**第18章 标准法规**	
17.4.1 电池系统自检	… 219	18.1 国内测试标准	… 252
17.4.2 高压绝缘检测	… 220	18.2 国外测试标准	… 260
17.4.3 高压互锁检测	… 223	习题	… 264
17.5 电池状态估计	… 224		
17.5.1 健康状态估计	… 226	**第19章 测试验证**	
17.5.2 荷电状态估计	… 228	19.1 测试验证规范	… 265
17.5.3 功率状态估计	… 231	19.2 公告测试要求	… 268
17.5.4 能量状态估计	… 233	习题	… 270
17.6 电池安全保护	… 234		
17.6.1 故障诊断模块	… 235	**第20章 失效分析**	
17.6.2 电池保护模块	… 236	20.1 失效分析方法	… 271
17.7 电池系统控制	… 239	20.2 电池失效分析	… 273
17.7.1 系统模式管理	… 239	20.3 锂离子电池热失控	… 283
17.7.2 继电器控制模块	… 239	习题	… 290
17.7.3 电池均衡模块	… 240		
17.7.4 电池温度管理模块	… 243	**参考文献**	… 291
17.8 电池充电控制	… 244		

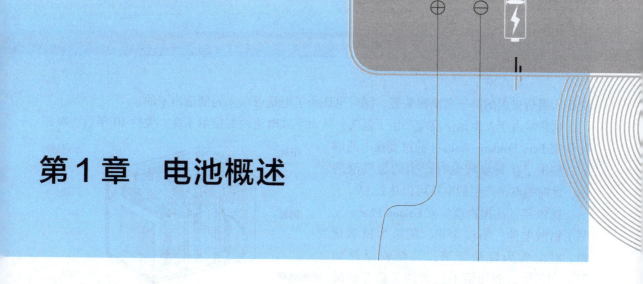

第1章 电池概述

电池是将物质化学反应产生的能量直接转换成电能的一种装置,尽管电池已有上百年历史,然而近年来才得到飞速发展。电池是一种化学电源,主要分为一次电池和二次电池。一次电池在使用一次之后即废弃,而二次电池则可以充电并多次使用。放电过程中,在材料间电势差的作用下,二次电池负极材料失去电子被氧化,正极材料得到电子被还原,最终达到完全放电的状态;充电过程中,在外加电动势的作用下,正极材料失去电子被氧化,负极材料得到电子被还原,最终达到满电状态。

1.1 电池发展史

锂是一种化学性质活泼的金属,在一定电压下,很容易实现单质与化合物的转换。由于锂的原子量和原子直径都较小,单位体积内电荷密度非常高。兼顾充放电的易用性和能量密度的锂,成了制造化学能电池的最佳材料。单质锂的密度是 534kg/m³,只有水密度的一半多一点,是自然界中活性最强的金属元素,这也让锂变成了一种很危险的材料,其在水中和空气中都会发生自燃。锂离子电池的工作原理是通过锂离子在单质状态和化合物状态之间相互转换,实现电能和化学能的相互转换。

电池的基本原理是用"活性较高"的金属材料制作阳极(即负极 −),而用较为稳定的材料制作阴极(即正极 +);阳极材料由于库仑力的原因丢失电子(氧化反应),流向阴极使其获得电子(还原反应),而电池内部(电解液)则发生阴极的阴离子流向阳极与阳离子结合,由此形成回路,产生电能。

因为这种流动本质上是化学反应,所以遵循能量守恒定律。如果对外部用电设备做功了,也就意味着反应产生的能量被用电器"吸收"了,从而达到相对的平衡。如果没有用电设备,但是回路接通,就意味着能量几乎无处可耗散,由于电池存在内阻,电流移动的速度与光速相同,导致电能迅速变成热能,因此电池发生短路时会剧烈发热甚至燃烧爆炸。

电池内部的化学能量消耗完毕,电池就没用了。因此,可充电的电池需要通过外部通电将内部的化学反应"还原"(归位),也就需要选择特别的材料和设计使其能够"完美"恢复原样,从而使电池重新获得化学能量。

1799 年,意大利物理学家 Alessandro Volta 发明了第一款电池——伏特堆(Vlotaic Pile)。他利用锌片作为阳极,铜片作为阴极,以及浸湿盐水的纸片(电解液)制成了电池,这被认为是人类历史上的第一套电源装置，同时也证明了电是可以人为制造出来的。

伏特堆由于发生化学反应产生了氢气，从而导致电池内部接触不良。大约40年后，英国化学家John Frederic Daniell通过变换电池形式，解决了伏特堆放电时产生的氢气泡问题，此时的电池产生的电压可以达到1V。

1859年，法国物理学家Gaston Planté发明了铅酸电池，阳极为铅，阴极为铅氧化物，电解质为硫酸溶液，其结构原理如图1-1所示。利用铅不仅做到了极低的成本，还能够提供2.4V的电压，且能够充电循环使用。铅酸电池的试制成功，标志着化学电源进入了萌芽状态。

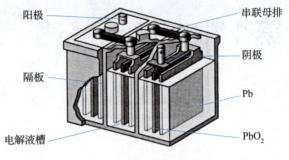

图1-1　铅酸电池结构原理

1868年，法国科学家勒克朗谢（Leclanche）成功研制出了以NH_4Cl溶液为电解液的锌-二氧化锰干电池。

1899年，瑞典人WaldemarJungner发明了镍镉电池，镍为阴极、镉为阳极，采用液体电解液，为现代电子科技打下了基础。不过这类电池有很大的缺点，就是电池电能必须用完才能充电。由于其化学特性的原因，如果未用完电能就充电，会发生"镉中毒"现象，导致电池"记忆"了"最低电量"，下次充满电后电量会减小。

1900年，爱迪生（Edison）成功研制了铁-镍蓄电池。

进入20世纪后，电池理论和技术一度处于停滞状态，但在第二次世界大战之后，随着一些基础研究在理论上取得突破、新型电极材料的开发和各类用电器具日新月异的发展，电池技术又进入了一个快速发展的时期，科学家首先发展了碱性锌锰电池。

1950年之后，加拿大工程师Lewis Urry发明了现在非常常见的碱性电池，锌为阳极，镁氧化物为阴极，以碱性物质氢氧化钾溶液为电解液，这就是碱性电池名字的来源。碱性电池是当前常用的一次性电池，绝大多数碱性电池都是不可充电的。当然，也有特殊设计的碱性电池能够充电，甚至还能够通过按压电池表面显示当前电量。

锂电池（不是锂离子电池）是一类以金属锂或锂合金作为负极材料的化学电源总称。锂元素具有极低的电势，采用对锂较稳定的非水电解质后，可以组成高电压的电池体系，因此锂电池具有较水体系电池更高的能量密度。锂一次电池的研发始于20世纪60年代，并于1971年由日本松下电器公司实现了锂电池的实用化与商业化。

1988年，镍镉电池实现商品化。1989年，第一款商业镍氢电池问世，阳极为金属氢化物或储氢合金，阴极为氢氧化镍。相较于镍镉电池，镍氢电池提高了能量密度，并且减少了污染。除此之外，镍氢电池没有"记忆效应"，不必像镍镉电池那样担心使用问题。

由于锂金属存在安全性问题，因此人们的关注点便转移到嵌锂负极材料上。1981年，日本三洋公司的H. Ikeda提出石墨在有机溶液中可以作为一种嵌入式材料。贝尔实验室在此基础上发现，锂离子在室温下可以嵌入到石墨中。1991年，索尼公司推出了第一款商业化锂离子电池，使用锂化合物$LiMnO_2$作为阴极，石墨作为阳极，电解液为溶入锂盐的有机溶剂，其结构原理如图 1-2 所示。1992 年，锂离子电池实现商品化。1999 年，聚合物锂离子蓄电池进入市场。

尽管没有使用金属锂，但"锂离子"仍然担任着电荷传递的重要角色。锂离子电池的名称在世界范围内被电池行业广泛接受，高能量密度和配方不同能够适应不同使用环境的特点，致使锂离子电池被广泛使用，从此锂离子电池正式登上历史舞台。历经 200 年历史，电池才走到锂离子电池阶段，目的就是为了创造出更为轻便、小巧、安全且能量更高的电池。电池是人类科技的产物，是人类科技进步的象征，电池发展史可以看作人类科技发展的缩影。

自新中国成立以来，我国二次电池工业从无到有、从弱到强，已形成了比较完备的工业体系，其发展历程大致可分为 3 个时期：

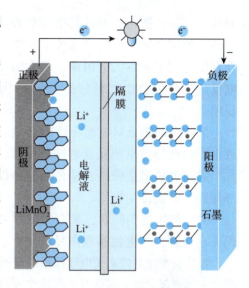

图 1-2 锂离子电池结构原理

1）第一个时期是 20 世纪 50 年代兴起的铅酸电池。

2）第二个时期是 20 世纪 60 年代成功开发的镍镉碱性电池，该类型电池由于具备高功率、高寿命的特点以及良好的低温性能，被广泛地应用于航海、通信、电力、铁路、通信、电动工具和办工自动化等诸多领域。

3）第三个时期是从进入 20 世纪 90 年代至今，90 年代初期，我国已开始研制锂电池的初级产品，主要是用于电子计算器上的二氧化锰扣式电池，以及少量的锂、碘和卷边封口的锂、二氧化硫电池，随后又研制出小型碳包式的锂、亚硫氯电池。

20 世纪 90 年代初，我国才开始自主规模化生产锂离子电池。到了 90 年代末期，我国对锂离子电池的研究有了突破性的进展，国内一些公司已经能够大规模生产液态锂离子电池，产品的技术水平达到日本同类电池的水平。1999 年 12 月，国内自行设计开发了日产 1 万只聚合物锂离子电池的生产线，这也是世界上形成规模的第三条聚合物锂离子电池生产线。迄今为止，世界锂离子电池行业形成了中日韩三国鼎立的局面。

1.2 锂离子电池概述

迄今为止，二次电池体系历经了铅酸电池、镍镉电池、镍氢电池、锂离子电池四代的发展。随着人类对电池体系认识的不断深化，电池性能也不断提升，锂离子电池是比能量密度与能量效率最高的二次电池体系，也是目前最成功的商业化二次电池体系。

锂元素是由 Johan August Arfwedson 于 1817 年发现的。锂的特性决定了它非常适合做高能量密度、高电压的电池。由于锂的活性过高，遇到水或者空气都可能发生剧烈反应甚至燃烧和爆炸，给锂电池研究带来了极大的挑战。1912 年，锂金属电池由 Gilbert N. Lewis 提出并开展研究，在 1970 年初实现了锂原电池商品化。这种锂原电池采用金属锂，正极活性物质采用二氧化锰和氟化碳等材料。与传统的原电池相比，这种锂原电池的放电容量高数倍，而且其电动势在3V以上，可用作特殊需求的长寿命电池或高电压电池。使用金属锂作为活性负极物质的一次锂原电池实现了商品化，但锂离子蓄电池的开发则遇到了非常大的困难，最大的困难是金属锂负极存在很大的问题。这是由于在充电反应过程中会产生锂枝晶（纤维状结晶），这种现象会导致蓄电池产生两个致命的缺陷：

第一个缺陷是对电池特性的影响，那就是以纤维状沉积的金属锂会以100%的效率放电，由此导致电池充放电循环困难，并引起电池的循环寿命和储存等性能的下降。

第二个缺陷是枝晶通过充放电的循环反复形成，锂枝晶可能穿透隔膜，造成电池内部短路，从而发生爆炸。

为了解决这些问题，采取了诸如锂合金来替代金属锂等手段，并改进了电解质，但仍无法使锂离子电池实现商品化生产。

高能量密度的锂离子电池体系的发展并不是一蹴而就的，其过程既不简单又不容易。从铅酸电池到镍氢电池，都是以水溶液作为电解质的电池体系，碍于水体系的电化学窗口很窄，电池输出的电压就很低，这一点极大地限制了电池可输出的功率。这就需要建立一种新的电池体系，基于新型的电极材料、非水电解质来突破水体系电池的能量密度限制。

1970年爆发过一次石油危机，M·斯坦利·威廷汉（M. Stanley Whittingham）决定致力于研发新的能源科技以摆脱石油的束缚，于是提出并开始研究锂离子电池。一开始，他专注于研究超级导体，然而偶然发现了一种蕴含巨大能量的物质，可以作为锂离子电池的阴极。经过多年的实验和研究，M·斯坦利·威廷汉最终采用硫化钛锂 Li_xTiS_2 作为锂离子电池的阴极材料，金属锂作为阳极材料，制成了第一款锂离子电池，其原理如图1-3所示。该电池电压可达到2.5V，并且可在几乎不损失电量的情况下充放电循环1100次。但是，由于阳极材料中含有金属锂，导致其活性太高，因此该电池非常不稳定，容易发生燃烧或爆炸情况。

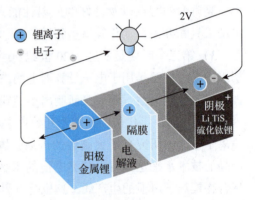

图1-3 威廷汉锂离子电池原理

锂电池的正极材料是二氧化锰或亚硫酰氯，负极材料是金属锂，电池组装完成后，电池不需充电即有电压。这种电池也可以充电，但循环性能不好，在充放电循环过程中容易形成锂结晶，造成电池内部短路，所以一般情况下这种电池是禁止充电的。持有该技术的加拿大公司Moli Energy，产品问世不到半年，就因为起火爆炸问题而全球召回，从此一蹶不振，后来被日本NEC公司收购。NEC公司经过几年的检测和摸索，终于弄清楚了出现问题的主要原因——在使用过程中，阳极材料金属锂会发生"锂枝晶"现象，使得阳极材料变形导致可能碰到阴极材料引起短路。虽然找到了原因，却迟迟找不到解决办法。

锂电池在商用研发的道路上，遇到了巨大障碍。出现问题后，科学家们想起了1938年Rüdorff提出的"离子转移电池"方法（Ion Transfer Cell Configuration），于是决定采用一种可以替代金属锂作为阳极材料——石墨。阳极材料的目的就是释放电子，而石墨的特性可以使电子储存在碳元素之间,虽然石墨相较于金属锂活性(储存电子能力)差一些,但是更加安全。

为了克服锂原电池的以上不足之处,提高电池的安全可靠性,Armand 于 1980 年率先提出了摇椅电池(Rocking Chair Battery,RCB)概念,即锂蓄电池负极不再采用金属锂,而是正负极均采用能让锂离子自由脱嵌的活性物质。基于此发展,约翰·B·古迪纳夫(John B. Goodenough)也在研究阴极材料的改善,他预测氧化锂化合物比硫化锂化合物要更为合适。在经过一系列的实验研究后,1980 年,古迪纳夫向外界展示了钴酸锂 Li_xCoO_2 作为阴极的锂离子电池,其原理如图 1-4 所示。

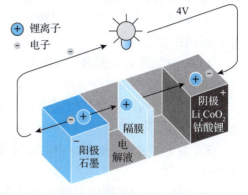

图 1-4 古迪纳夫锂离子电池原理

进入 20 世纪 80 年代,科学技术发展越发迅速,对化学电源的要求也日益增多、增高。例如,集成电路的发展要求化学电源必须小型化;电子器械、医疗器械和家用电器的普及不仅要求化学电源体积小,而且还要求其能量密度高、密封性和储存性能好、电压精度高。1982 年,伊利诺伊理工大学的 R. R. Agarwal 和 J. R. Selman 发现锂离子具有嵌入石墨的特性,此过程是快速的并且可逆,首个可用的锂离子石墨电极由贝尔实验室试制成功。

1983 年,A. Manthiram 和 J. Goodenough 发现采用聚合阴离子的正极将产生更高的电压。由于采用了石墨作为阳极,这款电池解决了出现"锂枝晶"现象的问题,防止了内部短路现象的发生,又因为其阴极材料的选取,将电压提高至 4V(甚至可以达到 5V),总体来说相较于威廷汉锂离子电池性能好很多、安全很多。由于该思路过于前卫,又或者是 Moli Energy 的教训太过于惨痛,当时没有任何一家企业敢接纳古迪纳夫的发明,甚至他自己的母校牛津大学都不愿意为其申请专利。此时,索尼公司向他伸出了橄榄枝,并将该技术应用于生产,这使索尼一跃成为锂离子电池行业龙头。

1989 年,M. Thackeray 和 J. Goodenough 等人发现锰尖晶石是优良的正极材料,具有低价、稳定和优良的导电、导锂性能;分解温度高,且氧化性远低于钴酸锂,即使出现短路、过充电,也能够避免燃烧、爆炸的危险。

日本的吉野彰(Akira Yoshino)以古迪纳夫研发的锂离子电池为基础,将阳极材料从石墨改为了石油焦,该电池原理如图 1-5 所示。虽然同为碳元素组成,但是以此实现了轻量化和耐久性,实现了锂离子电池能够充放电几百次也不失去性能的目标。

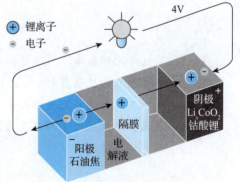

图 1-5 吉野彰锂离子电池原理

1992 年,日本索尼公司发明了以碳材料为负极,以含锂的化合物为正极的锂电池。该电池在充放电过程中没有金属锂存在,只有锂离子存在,这就是锂离子电池。

1996 年,Padhi 和 Goodenough 发现具有橄榄石结构的磷酸盐,如磷酸铁锂 $LiFePO_4$,比传统正极材料更安全，尤其耐高温、耐过充电性能远超过传统锂离子电池材料。

聚合物锂离子电池是一种全新结构的锂离子电池，它的出现是锂离子电池发展历史上的一个重大突破。聚合物锂离子电池在电池结构和电池制造工艺上都与液态锂离子电池有着根本的区别：

1）这种电池的电解质是以固态或胶体的形式存在的，没有自由液体，因而加工性和可靠性大大提高，不需要金属外壳，可以制成全塑包装，减轻重量。

2）电解质可以同塑料电极叠合，使高能量与长寿命结合起来，并且形状和大小可调，拓宽了适用范围。

3）由于电解液被聚合物中的网格所捕捉，均匀地分散在分子结构中，提高了电池的安全性。

迄今为止，二次锂电池始终被安全性问题所困扰，就是在反复充放电过程中负极侧会形成锂枝晶，如图1-6所示。锂枝晶在负极积累生长，会造成两个不良后果：

第一个，枝晶生长后脱离负极，形成"死锂"，脱离负极的"死锂"失去了电化学活性，表现为电池的容量衰减。

第二个，枝晶生长到一定规模后，会刺穿隔膜造成正负极内部短路，从而引发安全性问题。

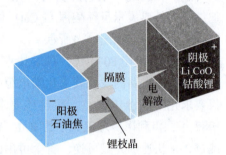

图1-6 锂离子电池枝晶生长原理

实际上，从古迪纳夫开始，锂离子电池的能量就已经不再是由化学反应产生的了，而是"单纯"地由阴阳极之间的电子流动产生。这种能量纯粹来自于外界充入的"过量"电子，存储于两极之间用于做功，因此并不叫锂电池，而是锂离子电池（Lithium-ion）。

习 题

1-1 简述电池的基本工作原理；电池可以分为哪几类？各有什么特点？

1-2 简述电池的发展历程。

1-3 我国二次电池的发展经历了哪些时期？

1-4 锂离子电池经历了哪些发展阶段？遇到了哪些问题？聚合物锂离子电池的出现有哪些突破？

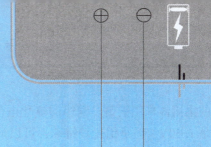

第 2 章 电池化学

锂的标准电极电位为负且较低,在金属中密度最小,反应活性最高,因而锂离子电池的电动势和比能量很高,是一种重要的高能电池。锂离子电池的正极活性物质有氧化物、硫化物、卤化物、卤素、含氧酸盐等无机电极材料,如二氧化锰、二氧化硫、硫化铜、铬酸银、聚氟化碳、亚硫酰氯、碘等;也可以将电子导电聚合物作为正极材料,如聚乙炔、聚吡咯、聚噻吩、聚咔唑等,又称为聚合物电池。锂离子电池的电解质为非水溶液、固体和熔融盐。非水溶液电解质由有机溶剂或非水无机溶剂加入无机盐组成,采用的有机溶剂主要有碳酸丙烯酯、二甲基丙酰胺、乙腈、γ-丁内酯等;非水无机溶剂有亚硫酰氯、液体二氧化硫等;无机盐有高氯酸锂、氯化铝锂、氟硼酸锂、溴化锂等。因锂和水接触会立即发生激烈反应,所以不仅电解质不能采用水溶液,而且全部材料和零部件均需严格脱水,并可靠密封。

2.1 工作原理

锂离子电池是一种二次电池,主要依靠锂离子在正极材料和负极材料之间的嵌入与脱出,并同时通过得失电子的氧化还原反应来实现充放电。充电时,Li^+ 从正极脱出,经过电解质嵌入负极,负极处于富锂状态,放电时则相反。

1. 电池构造

图 2-1 所示为锂离子电池内部构造。

锂离子电池外形有圆柱形、纽扣形、方形与薄片形,无论何种外形的锂离子电池,内部构造都主要包括:

(1) **正极** 采用正极材料涂覆在集流体上,放电时发生还原反应。已成功商业化应用的正极材料主要为 $LiCO_2$、$LiMn_2O_4$、$LiFePO_4$ 与三元素材料(Ni、Co、Mn)等。

(2) **负极** 采用负极材料涂覆在集流体上,放电时发生氧化反应,应用较多的是人造石墨,$Li_4Ti_5O_{12}$ 与硅碳材料也有应用。

(3) **集流体** 顾名思义,就是收集电流的导体。通常,正极极片的集流体采用铝箔,负

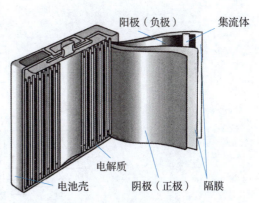

图 2-1 锂离子电池内部构造

极极片的集流体采用铜箔。铜箔的氧化电位是3.30V,不适合作为正极的集流体;铝箔的氧化电位是1.39V,但是铝比较特殊,可以形成致密氧化物阻止其被腐蚀氧化,因此可以作为正极的集流体。

(4) **电解质** 电解质为锂离子的运动提供传输介质,可分为非水溶液体系电解液与固体电解质。非水溶液体系电解液一般由碳酸酯类有机溶剂和锂盐($LiPF_6$)两部分组成。

(5) **隔膜** 隔膜是良好的电子绝缘体,一方面为正、负极提供电子隔离,另一方面拥有良好的电解质离子通透性,保证锂离子在电解液中的良好传输。

(6) **电池壳** 一个完全密封的腔体,主要起到保护电芯内部组件的作用。

2. 电化学原理

以石墨和层状$LiCoO_2$为例,锂离子电池工作原理示意图如图2-2所示。在正负极的电势差驱动下,锂离子在正负极材料之间完成脱嵌过程。充电过程中,锂离子从$LiCoO_2$的晶格内脱出进入到电解液中,与此同时正极材料中的过渡金属Co原子失去一个电子,由+3价变为+4价。锂离子在进入电解液后与碳酸酯类分子产生溶剂化作用,并在电势差的驱动下向负极迁移,穿过隔膜、到达负极并去溶剂化插入石墨层间。与此同时,电子从正极材料流出通过外电路流向负极,负极材料得到一个电子,保证了电池体系的电中性。放电时,锂离子与电子的运动情况与上述相反。锂离子电池在充放电过程中可以看作是锂离子在正负极材料之间可逆的脱嵌过程,人们形象地将其称为"摇椅式电池"。电化学反应可以用以下电极反应过程表示:

正极反应

$$LiCoO_2 \Leftrightarrow Li_{1-x}CoO_2 + xLi^+ + xe^- \tag{2-1}$$

负极反应

$$6C + xLi^+ + xe^- \Leftrightarrow Li_xC_6 \tag{2-2}$$

总反应

$$6C + LiCoO_2 \Leftrightarrow Li_{1-x}CoO_2 + Li_xC_6 \tag{2-3}$$

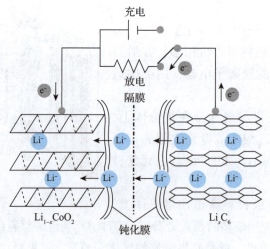

图2-2 锂离子电池工作原理示意图

3. 充电过程

电池充电过程中，正极上的电子通过外部电路移动到负极上，正锂离子 Li^+ 从正极"跳进"电解液里，"爬过"隔膜上弯弯曲曲的小洞，"游泳"到达负极，与从外电路跑过来的电子结合在一起。此时，

正极上发生的反应为

$$LiCoO_2 \rightarrow Li_{1-x}CoO_2 + xLi^+ + xe^- \qquad (2-4)$$

负极上发生的反应为

$$6C + xLi^+ + xe^- \rightarrow Li_xC_6 \qquad (2-5)$$

4. 放电过程

放电有恒流放电和恒阻放电两种，恒流放电其实是在外电路加一个可以随电压变化而变化的可变电阻，恒阻放电的实质是在电池正负极间加一个电阻让电子通过。由此可知，只要负极上的电子不能从负极跑到正极，电池就不会放电。电子和 Li^+ 都是同时行动的，方向相同但路径不同，放电过程中，电子从负极经过电子导体跑到正极，Li^+ 从负极"跳进"电解液里，"爬过"隔膜上弯弯曲曲的小洞，"游泳"到达正极，与从外电路跑过来的电子结合在一起。

正极上发生的反应为

$$Li_{1-x}CoO_2 + xLi^+ + xe^- \rightarrow LiCoO_2 \qquad (2-6)$$

负极上发生的反应为

$$Li_xC_6 \rightarrow 6C + xLi^+ + xe^- \qquad (2-7)$$

5. 充放电特性

电芯正极采用 $LiCoO_2$、$LiNiO_2$、$LiMn_2O_2$，其中 $LiCoO_2$ 是一种层结构很稳定的晶型，但当从 $LiCoO_2$ 中拿走 x 个 Li^+ 后，其结构可能会发生变化，但是否发生变化取决于 x 的大小。

通过研究发现，当 $x > 0.5$ 时，$Li_{1-x}CoO_2$ 的结构表现为极其不稳定，会发生晶型坍塌，外部表现为电芯的压倒终结。电芯在使用过程中应通过限制充电电压来控制 $Li_{1-x}CoO_2$ 中的 x 值，一般充电电压不大于 4.2V，那么当 $x < 0.5$ 时，$Li_{1-x}CoO_2$ 的晶型仍是稳定的。

负极 C_6 有自己的特点，当第一次化成后，正极 $LiCoO_2$ 中的 Li^+ 被充到负极 C_6 中，当放电时 Li^+ 回到正极 $LiCoO_2$ 中，但化成之后必须有一部分 Li^+ 留在负极 C_6 中，以保证下次充放电 Li^+ 的正常嵌入。为了保证有一部分 Li^+ 留在负极 C_6 中，一般通过限制放电下限电压来实现：安全充电上限电压 ≤4.2V，放电下限电压 ≥2.5V。

记忆效应的原理是结晶化，在锂离子电池中几乎不会产生这种反应。锂离子电池在多次充放电后容量仍然会下降，原因是复杂多样的，主要是正负极材料本身的变化，从分子层面来看，正负极上容纳锂离子的空穴结构会逐渐塌陷、堵塞；从化学角度来看，是正负极材料活性钝化，出现副反应生成稳定的其他化合物；物理上还会出现正极材料逐渐剥落等情况，最终降低了电池中可以自由在充放电过程中移动的锂离子数目。

过度充电和过度放电将对锂离子电池的正负极造成永久的损坏。从分子层面看，过度放

电将导致负极碳过度释放出锂离子而使得其片层结构出现塌陷;过度充电将把太多的锂离子硬塞进负极碳结构里去,使得其中一些锂离子再也无法释放出来。

不适合的温度将引发锂离子电池内部其他化学反应而生成不希望看到的化合物,所以很多锂离子电池在正负极之间设有保护性的温控隔膜或电解质添加剂。当电池升温到一定情况时,复合膜膜孔闭合或电解质变性,电池内阻增大直到断路,电池不再升温,以确保电池充电温度正常。

2.2 电池术语

1. 电压与电动势

(1) 电动势 E 与物体在重力场中具有重力势能一样,电荷在电场中也具有相应的势能,电动势就是表示电场势能高低的物理量。电池的充放电过程是一个电化学过程,实质是通过物理化学反应实现的。在等温等压的条件下,反应过程中吉布斯自由能的变化 ΔG_{TP} 与电池体系的电动势 E 之间的关系为

$$\Delta G_{TP} = -nFE \tag{2-8}$$

式中,n 是电极在电化学反应中转移电子的物质的量,单位为 mol;F 是法拉第常数,即 1mol 电子的电量,约为 96500C 或 26.8A·h;E 是可逆反应的电动势,代表化学能转换为电能的最高限度,单位为 V;当电池中的电化学反应为不可逆反应时,电动势为 E',并且

$$\Delta G_{TP} < -nFE' \tag{2-9}$$

(2) 理论电压 U 电池内部的能量转换过程是通过正负极材料的电化学反应实现的,在电化学反应过程中,正负极反应界面分别存在对应的理论电动势(可逆电动势),而正负极电动势差值即为该电化学反应的理论电压

$$U = E_+ - E_- \tag{2-10}$$

理论电压代表了电池电压的最高限度,不同正负极材料组成的电池,其理论电压是不同的。电池的电压参数还有开路电压、截止电压、工作电压等。

(3) 开路电压 U_{ocv} 开路电压指的是电池外电路没有负载或没有电流通过时,正负极两端的电压。电池的开路电压 U_{ocv} 一般小于电池的理论电压。

(4) 截止电压 U_{cut} 截止电压指的是电池在放电或充电时所规定的最低放电电压与最高充电电压。对于二次电池而言,截止电压是在考虑到电池容量与循环稳定性的基础上确定的,分为充电截止电压与放电截止电压。C/LiFePO$_4$电池的充电截止电压与放电截止电压分别为 4V 与 2.7V。

(5) 工作电压 U_{cc} 工作电压指的是电池在有负载时其正负极两端之间的电压,也是电池在使用过程中实际输出的电压,其大小随电流和放电程度在充电截止电压与放电截止电压之间的范围内变化。

当电池的放电程度确定时,其工作电压往往小于电池工作前的开路电压 U_{ocv}。这是因为电流通过电池内部时,必须克服极化电阻与欧姆内阻所造成的阻力,由于阻力损失的电压也被称为极化压降与欧姆压降。

工作电压为

$$U_{cc} = U_{ocv} - I(R_\Omega + R_i) \tag{2-11}$$

或

$$U_{cc} = U_{ocv} - \eta_+ - \eta_- - IR_\Omega \tag{2-12}$$

式中，η_+ 是正极极化过电位，单位为 V；η_- 是负极极化过电位，单位为 V；I 是工作电流，单位为 A；R_Ω 是欧姆内阻，单位为 Ω；R_i 是极化内阻，单位为 Ω。

电池的工作电压会受到放电机制的影响而变化（即放电程度、放电电流、环境温度、截止电压等）。

2. 容量与比容量

（1）容量 电池的容量是指在一定的放电条件下放出的电量，单位常用安时（A·h）表示。电池的容量分为理论容量、实际容量与额定容量。

（2）理论容量 C_0 理论容量指的是假设电极材料中的活性物质全部参加反应，单位质量的活性物质所能输出的电量，常用单位为 mA·h/g。某电极材料的理论容量计算方法为

$$C_0 = \frac{26.8n}{M} \times 1000$$

式中，M 是活性物质的分子量；n 是电极反应得失的电子数。例，磷酸铁锂（$LiFePO_4$）的分子量约为 157.8，带入公式得到其理论容量为 169.8 mA·h/g。

（3）实际容量 C 实际容量指的是在一定放电条件下（电流、温度），电池实际放出的电量。

恒流放电时

$$C = It \tag{2-14}$$

恒阻放电时

$$C = \int_0^t I dt = \frac{1}{R}\int_0^t V dt \tag{2-15}$$

可近似计算为

$$C = \frac{V_{av}}{R}t \tag{2-16}$$

式中，I 是放电电流，单位为 A；R 是电阻，单位为 Ω；t 是放电至放电截止电压的时间，单位为 h；V_{av} 是电池的平均放电电压，单位为 V。

由于活性物质不可能完全被利用，电池的实际容量往往小于其理论容量。

（4）额定容量 额定容量是指设计和制造电池时，考虑到电池的循环寿命等因素，规定电池在一定的放电条件下可以放出的最低电量。电池出厂时由厂家注明额定容量，作为验收电池质量的重要技术指标的依据。

（5）比容量 为了比较不同电极材料的性能优劣，常常使用比容量这个概念，即单位质量或体积的活性材料所能提供的容量，分别称为质量比容量（A·h/kg）与体积比容量（A·h/L）。

3. 能量与比能量

电池的能量指的是电池在一定放电条件下对外做功所输出的电能，其单位通常由瓦时

（W·h）或千瓦时（kW·h）表示。

(1) 理论能量　假设电池在放电过程中始终处于平衡状态，放电电压始终等于理论电压，且活性物质完全参加可逆反应。此时，电池所输出的能量为理论能量 W_0，即

$$W_0 = C_0 E \tag{2-17}$$

(2) 理论比能量　理论比能量是指单位质量或单位体积的电池所输出的能量，也称为能量密度，其单位常用 W·h/kg 或 W·h/L 表示。

4. 充放电倍率

充放电倍率一般用倍率表示。通常用 C 来表示，指的是电池充放电所用时间的倒数，即

$$C = 1/h \tag{2-18}$$

以电池的容量为 10A·h 为例，如以 1 倍率放电（或 $1C$），指的是用 1h 放完额定容量，则电流为 10A；若以 $2C$ 倍率放电，则代表用 1/2h 的时间放完额定容量，则电流为 20A；若以 $0.2C$ 倍率放电，则代表用 5h 的时间放完额定容量，则电流为 2A。

5. 功率与比功率

电池的功率是指在一定的放电条件下，单位时间内电池输出的能量，单位为瓦（W）或千瓦（kW）。单位质量或单位体积的电池输出的功率称为比功率，单位为 W/kg 或 W/L。

6. 荷电状态

荷电状态常用 SOC（State of Charge）表示，是电池剩余电量的一种度量，具体指的是剩余电量占其可用容量的百分比。

7. 放电深度

放电深度常用 DOD（Depth of Discharge）表示，是电池放电程度的一种度量，具体指的是放出的容量占其可用容量的百分比。

8. 库仑效率

在一定条件下，电池放电时放出的电量与充电时充入电量的百分比叫作库仑效率，也称充放电效率。

9. 能量效率

在一定条件下，电池放电时放出的能量与充电时充入能量的百分比叫作能量效率。

10. 储存性能

储存性能是指电池在开路状态下，在一定的环境下（温度、湿度）储存一定时间后的电池性能情况，主要检测电池的容量保持率、可恢复容量与不可恢复容量。

11. 电池寿命

锂离子电池的寿命一般分为循环寿命与搁置寿命（也称为日历寿命）。循环寿命指的是电池在一定的条件下（电压范围、充放电倍率、环境温度）进行充放电循环，当其放电容量衰减到某个定值时（通常规定为初始容量的 80%）的循环次数。搁置寿命（日历寿命）就是指从生产之日起到到期日期，这期间包括搁置、老化、高低温、循环、工况模拟等不同测试环节。

12. 电池安全性

为了确保电池在使用过程中的安全可靠，对电池的安全性要求通常较为严格，尤其是针对动力电池。在实际应用之前，电池必须通过全面的安全性能测试，具体测试内容包括：过充电过放电测试、短路测试、高低温测试、针刺测试、挤压测试、耐腐蚀测试、跌落振动等力学性能测试等。

13. 系统术语

（1）**电芯（Cell）** 电芯是组成电池模组（Module）和电池包（Pack）的最基本的元素，一般能提供的电压在 3~4V 之间。其常与单体混用，有的电池系统每个单体只有一个电芯。按封装方式的不同，电芯一般可分成 3 种：圆柱（Cylindrical）、方体（Prismatic）和软包（Pouch）。

（2）**单体电池（Unit）** 电池最基础的组成元素，由单个电芯或多个电芯并联组成，提供 3~4V 电压。

（3）**电池块（Block）** 由单体电池并联组成，提供 3~4V 电压。

（4）**电池模组（Module）** 由多个单体串联或并联组成，构成一个单一的物理组合，提供更高的电压和容量。例如，一个电池模块，使用 4 个单体串联提供名义上的 DC12V 的电压，或者多个单体（Cell）并联提供更大的容量。

（5）**电池包（Pack）** 由许多电池模组通过串联或并联组成的电池集合，同时还包括电池管理系统（BMS）等，是电池厂最后提供给用户的产品。

（6）**电池系统（System）** 由一系列电池组或电池块串联或并联组成的独立系统，包括电池包、正负极接触器等高压器件，可以对外提供电能。

2.3 电池特性

1. 锂离子电池优点

（1）**开路电压高** 由于采用了有机体系电解液，锂离子电池的单体电压约为 3.6V。而采用水体系电解液的镍镉电池与镍氢单体电池电压只有 1.2V，铅酸单体电池电压约为 2V，这是锂离子电池开路电压高的重要原因之一。

（2）**比能量密度高** 锂离子电池的比能量密度可达 200W·h/kg，体积能量密度可达 300W·h/L。铅酸电池、镍镉电池与镍氢电池的质量比能量密度分别约为 40W·h/kg、50W·h/kg、60W·h/kg。

（3）**自放电率小** 室温下锂离子电池的电荷保持能力很强，优质的商业化电芯月自放电率仅为 3%~5%，远低于其他体系二次电池的月自放电率。

（4）**循环次数多、寿命长** 由于采用石墨作为负极材料，在充放电过程中，Li^+ 在正负极材料内部脱嵌，避免了 Li^+ 在负极内部产生锂枝晶而引起的电池损坏。锂离子电池的循环寿命一般在 1000 次。优质的电池可达到 3000 次。若采用零应变材料（磷酸铁锂与钛酸锂）作为正负极材料，其寿命可达 1 万次。

（5）**工作温度范围广** 锂离子电池的工作温度范围可达到 -30~60℃，但其容量受温度影响较大，尤其是低温下，其可用容量受到较大限制。

（6）无记忆效应 记忆效应指的是电池在长期不彻底充电、放电的情况下导致电池容量下降的现象，这是由于电池记忆了用户日常的充电、放电幅度和模式。铅酸电池与镍镉电池的记忆效应较严重，而锂离子电池不存在记忆效应。

（7）环境友好 锂离子电池不含镉、铅、汞等有害物质，通常被认为是一种"绿色"二次电池。

（8）内阻小 锂离子电池采用有机体系的电解液，电导率要比水体系的电解液低得多，内部阻抗要比镍镉电池与镍氢电池低一个数量级。

2. 锂离子电池的缺点

（1）工作电压变化范围大 相比完全放电状态，满电状态的锂离子电池电压变化达到40%甚至更高，对于用电设备来讲十分不便，但由此特性可以较容易地判断电池的剩余电量。

（2）成本高 正极材料中含有大量的钴元素，钴元素的原材料价格较高。

（3）滥用性能较差 过充电安全性较差，需要有保护电路防止过充电。随着锂离子电池能量密度的不断提高，安全性的保证也越发困难。

锂离子电池与铅酸电池、镍镉电池、镍氢电池主要性能比较见表2-1。

表2-1 锂离子电池与铅酸电池、镍镉电池、镍氢电池主要性能比较

参数	铅酸电池	镍镉电池	镍氢电池	锂离子电池
工作电压/V	2.0	1.2	1.2	3.6
质量比能量/(W·h/kg)	30～50	50	60～70	≥200
体积比能量/(W·h/L)	60～80	150	200	≥300
循环寿命/次	300～500	300～600	300～700	≥1000
月自放电率（%）	20～30	25～30	15～30	3～5
记忆效应	有	有	无	无
有害物质	铅	镉	无	无
电池重量	重	重	重	较轻
工作温度/℃	-20～60	20～60	20～60	-20～60

习 题

2-1 简述锂离子电池的结构和工作原理；常见的锂离子电池电极材料有哪些？

2-2 什么是电池的记忆效应？锂离子电池有这种效应吗？锂离子电池多次充放电后，容量下降的原因是什么？

2-3 锂离子电池有哪些优缺点？

2-4 谈一谈锂离子电池在电动汽车上的应用。

第 3 章 三元电池

三元聚合物锂离子电池是指正极材料使用镍钴锰酸锂或者镍钴铝酸锂的三元正极材料的锂离子电池。三元复合正极材料是以镍盐、钴盐、锰盐为原料，里面镍、钴、锰的比例可以根据实际需要进行调整。

3.1 正极材料机理

三元聚合物锂离子电池的正极材料有很多种，主要有钴酸锂、锰酸锂、镍酸锂等。以磷酸铁锂作为正极材料的电池充放电循环寿命长，但其缺点是能量密度、高低温性能及充放电倍率特性均与其他电池存在较大差距，且生产成本较高，磷酸铁锂电池技术和应用已经遇到发展的瓶颈；锰酸锂电池能量密度低、高温下的循环稳定性和存储性能较差，锰酸锂仅作为国际第一代动力锂离子电池的正极材料；三元材料因具有综合性能和成本的双重优势日益被行业所关注和认同，逐步超越磷酸铁锂和锰酸锂成为主流的技术路线。

3.1.1 材料结构特性

三元正极材料，又称为层状镍钴锰复合正极材料 Li[$Ni_{1-x-y}Co_xMn_y$]O_2，最早在 1999 年提出，合成了不同组分的三元材料：$LiNi_{0.7}Co_{0.1}Mn_{0.2}O_2$（712 型）、$LiNi_0$（622 型）和 $LiNi_{0.5}Co_{0.2}Mn_{0.3}O_2$（523 型）。

相关学者在 2001 年提出了 $LiNi_{1/3}Co_{1/3}Mn_{1/3}O_2$，即 111 型三元材料。该类材料综合了 $LiCoO_2$、$LiNiO_2$ 和 $LiMnO_2$ 三种层状材料的优点，展现出明显的三元协同效应，具有高比容量、良好的循环性能及安全性高等优点，是目前应用最广和最具发展前景的锂离子电池正极材料之一。

三元 $LiNi_{1/3}Co_{1/3}Mn_{1/3}O_2$ 晶体为层状岩盐结构（α-$NaFeO_2$ 型结构），属于六方晶系，空间群为 R-3m，结构示意图如图 3-1 所示。在结构

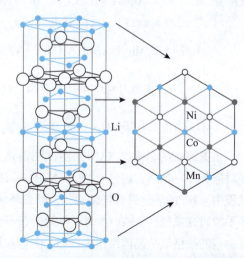

图 3-1 层状 $LiNi_{1/3}Co_{1/3}Mn_{1/3}O_2$ 材料结构示意图

中，锂占据 $3a$ 位，过渡金属 Ni、Co 和 Mn 占据 $3b$ 位，氧位于 $6c$ 位并且呈立方密堆积排列，过渡金属和锂分别交替占据其八面体空隙，在（111）晶面呈层状排布。整个晶体可看作由 MO_6 和 LiO_6 八面体层交替堆垛而成，这个构造对锂离子嵌脱非常有利。研究人员将 MO_6 和 LiO_6 八面体层分别称为主晶片（Slab）和间晶片（Interslab），其厚度被认为是材料的晶格参数 a 和 c。

不同组分的三元材料理论比容量有差异，但由于 Ni、Co、Mn 三元素原子质量差别很小，所以理论比容量差别不大，约为 280mA·h/g。研究三元材料 $Li[Ni_xCo_yMn_z]O_2$，其中 x = 1/3、0.5、0.6、0.7、0.8、0.85 的结构和电化学性能，发现在相同的充放电范围内材料比容量随着 Ni 含量的增加而增加，但热稳定性和容量保持率却有所降低。此外，由于 Ni^{2+}（0.069nm）半径与 Li^+（0.076nm）很接近，导致 Ni^{2+} 很容易占据 Li^+ 的 $3a$ 位置，从而发生阳离子混排现象，使晶胞参数 a 增大，（003）衍射峰强度弱化，最终影响材料的电化学性能。离子混排可用晶胞参数 c/a 和衍射峰强度 $I(003)/I(104)$ 来表征。当 $c/a > 4.9$ 和 $I(003)/I(104) > 1.2$ 时，材料的混排度小。材料层状结构的完整性可用两对衍射峰（006）/（102）和（003）/（104）的劈裂程度反映。劈裂程度越大，层状结构越完整，电化学性能也就越好。研究发现，材料中的 Co 具有抑制阳离子混排、稳定层状结构等作用，可以提高材料的电导率；Mn 则可以起到对材料晶体结构的支撑作用，提高材料的安全性和热化学稳定性。

3.1.2 电池化学机理

目前，产业化和研究的重点三元材料是 Ni 与 Mn 等量或 Ni 量高于 Mn 量型的三元材料。在理想的三元材料 $Li[NiCoMn]O_2$ 中，Co 通常为 +3 价，Mn 则为 +4 价，Ni 大部分为 +3 价，少量为 +2 价以保持电荷平衡。以 111 型三元材料为例，通过 XANES 光谱技术得出 Ni 为 +2 价，Co 为 +3 价，Mn 为 +4 价，这与通过晶体模型理论计算的结果相一致。

材料在充放电过程中，锂离子从正极材料的层间进行脱嵌，过渡金属离子发生相应的氧化还原反应。以 $Li_{1-x}Ni_{1/3}Co_{1/3}Mn_{1/3}O_2$ 材料为例，在 3.8~4.1V 电压范围内对应的氧化还原反应是 Ni^{2+}/Ni^{3+}（$0 \leq x \leq 1/3$）和 Ni^{3+}/Ni^{4+}（$1/3 \leq x \leq 2/3$），在 4.5V 左右对应的反应是 Co^{3+}/Co^{4+}（$2/3 \leq x \leq 1$），反应式见式（3-1）。

$$\begin{cases} LiNi_{\frac{1}{3}}Co_{\frac{1}{3}}Mn_{\frac{1}{3}}O_2 \Leftrightarrow Li_{1-x}\left(Ni^{2+}_{\frac{1}{3}-x}Ni^{3+}_x\right)Co_{\frac{1}{3}}Mn_{\frac{1}{3}}O_2 + xLi^+ + xe^- \\ Li_{\frac{2}{3}}Ni^{3+}_{\frac{1}{3}-x}Co_{\frac{1}{3}}Mn_{\frac{1}{3}}O_2 \Leftrightarrow Li_{1-x}\left(Ni^{3+}_{\frac{2}{3}-x}Ni^{4+}_{x-\frac{1}{3}}\right)Co_{\frac{1}{3}}Mn_{\frac{1}{3}}O_2 + \left(x-\frac{1}{3}\right)Li^+ + \left(x-\frac{1}{3}\right)e^- \\ Li_{\frac{1}{3}}Ni^{4+}_{\frac{1}{3}}Co_{\frac{1}{3}}Mn_{\frac{1}{3}}O_2 \Leftrightarrow Li_{1-x}Ni^{4+}_{\frac{1}{3}}\left(Co^{2+}_{1-x}Co^{3+}_{x-\frac{2}{3}}\right)Mn_{\frac{1}{3}}O_2 + \left(x-\frac{2}{3}\right)Li^+ + \left(x-\frac{2}{3}\right)e^- \end{cases} \quad (3-1)$$

根据测试的非原位 XANES 测试图谱认为：3.8V 对应 $Ni^{2+} \rightarrow Ni^{3+}$ 反应，3.9~4.1V 电压范围对应 $Ni^{3+} \rightarrow Ni^{4+}$，超过 4.1V 后 Ni 的 K-edge 图谱没有发生变化，说明 Ni 已完全反应；而在该过程中，Mn 的图谱只有轻微变化，除去环境的影响，判断 Mn^{4+} 不参与反应。利用非原位 XRD 等手段研究发现在 $x \leq 0.65$ 时，O 的价态不会改变；而当 $x > 0.65$ 时，O 的平均价态有所降低，有少量的晶格氧从晶体结构中以 O_2 形式逸出，造成材料结构的破坏和电池爆炸性危害。

充放电对 $Li[NiCoMn]O_2$ 体系晶胞参数的影响与 Ni、Co、Mn 元素比例有关，不同体系晶

胞参数 a、c 和晶胞体积 V 随锂离子脱出的变化而不同。锂离子从 $LiNi_{1/3}Co_{1/3}Mn_{1/3}O_2$ 材料中脱出时，随着电压的升高，晶胞参数 a 先减小，这是由于过渡金属 Ni 和 Co 氧化成半径小的高价态所致，当充电电压达到 4.2V 时，a 有微小的增加；晶胞参数 c 随着充电电压的升高而不断增大，这是由于锂的脱出导致相邻氧层间的斥力增大所致，当电压超过 4.4V 后，c 出现明显的减小，$Ni^{4+}-O$ 键减小了相邻氧层间的斥力。在充放电过程中，111 型三元材料晶胞体积变化很小，有利于材料的循环稳定性，而高镍（Ni 量≥0.5）三元材料晶胞体积变化则较大，导致材料颗粒结构断裂，进而影响材料的电化学性能。

3.2 材料制备方法

材料的微观结构和宏观性能与粒子形态、结构、比表面积以及元素分布等密切相关，因此合成方法是至关重要的。目前，已经商业化的锂离子电池层状镍、钴、锰复合正极材料通常采用共沉淀法制备，其他研究用制备方法主要包括高温固相法、共沉淀法、溶胶 - 凝胶法、水热法和喷雾干燥法等。

1. 高温固相法

高温固相法是一种传统制备粉体材料的方法，一般以固体氧化物、氢氧化物或碳酸盐为原料，按化学计量比以各种方式均匀混合后再进行高温煅烧来制备目标产物。该方法具有操作简便、成本低、产量大等优点，但也存在材料物相不纯、颗粒较大且颗粒分布不均等缺陷，因此在研究中很少应用。研究人员以纳米棒 MnO_2、NiO、Co_2O_3 和 Li_2CO_3 为原料，经混合研磨后，在 900℃ 下制备出 $LiNi_{1/3}Co_{1/3}Mn_{1/3}O_2$ 三元正极材料。该材料具有良好的大倍率性能，在电流密度为 1000 mA/g，电压范围为 2.5~4.5V 的情况下，首次放电比容量高达 137 mA/g。研究不同锂源对产物 $LiNi_{0.8}Co_{0.1}Mn_{0.1}O_2$ 电化学性能的影响，发现锂源 Li_2CO_3 的效果优于 $LiOH \cdot H_2O$ 或 $LiNO_3$。

2. 共沉淀法

共沉淀法是向一定 pH 的溶液中同时加入混合阳离子溶液、沉淀剂和络合剂，发生沉淀反应得到前驱体，再按化学计量比配锂高温煅烧得到目标产物的一种方法，是目前使用最为普遍的产业化方法。由于 Ni、Co、Mn 三种金属元素的溶度积不同，为了得到元素均匀混合的前驱体，通常会在反应过程中加入络合剂 - 氨水，这样金属离子会先与络合剂发生络合形成金属铵根的络合离子；当加入沉淀剂（氢氧化钠、碳酸钠或草酸盐等）时，络合离子会缓慢释放过渡金属离子与沉淀剂发生反应生成球形度好、粒径均一和振实密度高的前驱体。共沉淀法合成三元材料的装置示意图如图 3-2 所示。

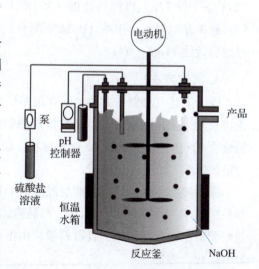

图 3-2 共沉淀法合成三元材料的装置示意图

过渡金属盐对三元材料 $LiNi_{0.6}Co_{0.2}Mn_{0.2}O_2$ 微观结构和电化学性能会产生影响。硫酸盐有利于层状结构材料的形成，材料颗粒存在空间通道且由纳米级一次颗粒组成，有利于 Li^+ 在活性材料中的扩散，电极材料在 $6C$ 下循环 100 次后的容量保持率高达 83%，表现出优异的电化学性能。通过优化合成前驱体工艺（pH、络合剂浓度、搅拌速度、温度等），制备了层状结构良好、振实密度高（$2.59g/cm^3$）的 $LiNi_{0.6}Co_{0.2}Mn_{0.2}O_2$ 三元材料；得出最佳的合成条件为 pH = 11.2、氨水浓度为 0.6mol/L、搅拌速度为 800r/min、温度为 55℃，电极材料在 2.8~4.3V 电压范围内、$1C$ 下的首次放电比容量为 172 mA·h/g，循环 100 次后的容量保持率为 94%。在合成条件方面，在 N_2 气氛保护、NaOH 为沉淀剂的条件下，当 pH = 11、$NH_3·H_2O/MSO_4$（M 为过渡金属离子）= 0.8、搅拌速度为 1000r/min 时，结合后续高温煅烧合成了颗粒均一（粒径 $7\mu m$）、振实密度达 $2.6g/cm^3$ 的 $LiNi_{0.5}Co_{0.2}Mn_{0.3}O_2$ 三元材料；在 3~4.5V 电压范围内、$0.1C$ 下的首次放电比容量达 207 mA·h/g，大倍率（$7C$）下性能也较优异，可达 103 mA·h/g。共沉淀法也是研究者使用最广泛的合成方法之一。

3. 溶胶-凝胶法

溶胶-凝胶法是以可溶性盐为原料，在一定的溶剂中通过水解、缩合等反应形成溶胶后再制成凝胶，经干燥、研磨和热处理后得到粉体材料。这一方法可实现元素在原子级别的混合，细化材料的颗粒，降低高温煅烧阶段的温度和时间，是一种常用的合成三元材料的方法。

以硝酸盐为原料，以柠檬酸为螯合剂，氨水调节溶液 pH = 7，溶胶在 80℃ 下转变成凝胶后再进行高温热处理，制备了电化学性能优异的 $LiNi_{0.8}Co_{0.1}Mn_{0.1}O_2$ 三元材料，$0.5C$ 下的首次放电比容量达 200mA·h/g，循环 50 次后的容量保持率为 82%。

以醋酸盐为原料，以柠檬酸为螯合剂，在 120℃ 下得到凝胶后进行热处理，得到了 $LiNi_{1/3}Co_{1/3}Mn_{1/3}O_2$ 三元材料，结果显示材料的循环性能良好。

采用凝胶-溶胶法，以醋酸盐为原料，以柠檬酸为螯合剂，在 95℃ 下得到凝胶后再在 120℃ 下干燥 12h，再经热处理（450℃ 下 6h，850℃ 下 12h）得到 $LiNi_{0.6}Co_{0.2}Mn_{0.2}O_2$ 三元材料，结果显示材料小倍率（$0.1C$）下首次放电比容量为 174 mA·h/g，大倍率下（$10C$）放电比容量达 71mA·h/g。

4. 其他方法

除了上述几种制备方法，还有很多研究者采用水热法、喷雾干燥法、燃烧法等制备三元正极材料。采用燃烧法，以硝酸盐为原料，与蔗糖混合均匀后先低温加热至 120℃，后高温煅烧合成 $LiNi_{1-y-z}Co_yMn_zO_2$ 三元材料，研究了 Ni/Mn 比、阳离子混合度和晶粒大小对电化学性能的影响。

采用喷雾干燥法研究了煅烧温度对 $LiNi_{0.6}Co_{0.2}Mn_{0.2}O_2$ 三元材料晶体结构、形貌和电化学性能的影响，发现晶胞参数 a、c 和晶胞体积 V 随煅烧温度的提高而增大。当温度为 850℃ 时，材料阳离子混排度最低，且材料颗粒由不规则的一次粒子（粒径 $1\mu m$）团聚而成，表现出良好的电化学性能。

不同制备方法对三元材料的电化学性能有较大的影响，共沉淀法是目前国内外产业化的主流方法。为了提高材料能量密度和电化学性能，仍需探索新的合成方法、优化合成工艺。

5. 三元正极材料问题

钴被视为动力电池发展的关键性材料，甚至被业内人士以"命门"来形容。这个过程中，钴的价格在过去两年中已快速上涨。从当前的数据来看，钴的供给增量在可预见的未来内相当受限。从地理位置上看，高品位钴资源主要集中在刚果（金），但该地区的自然环境、贫穷、社会环境和基础设施不完善等不利条件，为钴矿的开采带来了一定的难度。而探明、开采新钴矿也需要很长的周期。因而钴资源受制于技术和开采规模的限制，给三元电池的发展带来许多不确定性，少钴或无钴成为三元体系电池在原材料价格或资源下压情况之下采取的措施。

随着电动汽车的普及和电子设备小型化的发展，对锂离子电池比能量和安全性等提出了更高的要求，数量上的需求更是发展迅猛。为了满足这些需求，三元材料逐渐向高镍材料或耐高压三元材料等转变。增加三元材料中的镍含量或提升工作电压，虽然会提升材料的比容量，如图3-3所示，但会给电池带来一系列的问题，主要有：

1）镍含量增多，材料物化特性向 $LiNiO_2$ 材料接近，材料阳离子混排增大，合成条件变得苛刻；在充放电过程中发生六方相 H2 向六方相 H3 转变，导致材料体积发生收缩，使材料结构稳定性下降，影响材料的循环性能；材料热稳定性变差；电极材料充电过程中，会生成更多的 Ni^{4+}，易与电解液发生副反应，影响电池物化性能，高温下这种现象更明显。

2）高电压下，三元材料会发生明显的性能衰减，主要是其结构发生了不可逆的相转变，造成电化学性能和安全性下降，而且高电压导致高镍三元材料发生1）中所述缺点。研究 $LiNi_{0.5}Co_{0.2}Mn_{0.3}O_2$ 三元材料在不同截止电压下的衰减机理，认为截止电压>4.3V 时，材料表面结构会发生不可逆的相转变，相转变的程度与截止电压成正相关。在 3.0~4.5V 时，材料表面由层状结构向复合的尖晶石和岩盐相结构转变，当电压提升至 4.8V 时，材料结构形成一个复杂的结构：核部分是层状结构，接下来是尖晶石结构，而表面是岩盐结构。结构转变是由于材料表面晶格氧的溢出造成的，外层岩盐相是由非电化学活性的 NiO 相构成，从而阻碍动力学迁移，导致材料在循环过程中发生快速的容量衰减和阻抗提高，同时释放的 O_2 对电池造成安全隐患。

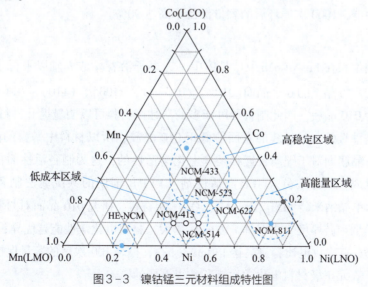

图3-3 镍钴锰三元材料组成特性图

如图3-3所示，NCM-811中的镍含量在80%，虽然没有高于NCMA中90%的比例，但同样处于高水平。正极中镍的含量越高，电池的能量密度也会成正比提升，但会失去部分热稳定性，容易爆炸。多种元素相互作用，从而影响电池的比功率、能量密度、成本和生命周期。NCM-811会造成热稳定性的降低，但钴材料用量的降低却会对全球电池产能的提升带来积极作用。对于能量密度的追求，依然在推动锂离子电池向高镍多元电池方向迈进，但同时也要维持电池组的稳定。

3.3 材料改性研究

针对上述问题，研究学者做了大量研究以改善材料的电化学性能，主要包含以下5个方面。

1. 核壳结构

电极材料表面界面反应是影响三元材料的重要因素，以高容量的富镍材料为内核，高稳定结构的锰基材料为外壳，组合成核壳结构正极材料。核壳结构类型一般分为普通型、梯度型和全梯度型，其中全梯度型核壳结构没有明显的核壳界限，可以消除核壳结构界面过渡金属组分的突变和结构之间的不匹配性，使锂离子在结构中实现平缓的过渡，该结构材料拥有更高的比容量、更好的倍率、更佳的循环性能和热稳定性。

采用核壳结构设计方法制备了 $LiNi_{0.75}Co_{0.1}Mn_{0.15}O_2$ 材料，这种材料以 $LiNi_{0.86}Co_{0.1}Mn_{0.04}O_2$ 为核材料，$LiNi_{0.7}Co_{0.1}Mn_{0.2}O_2$ 为壳材料。研究人员对材料颗粒进行了电子探针（EPMA）技术分析，发现元素组分是连续变化的：Ni 由内到外连续降低，而 Mn 则相反。这种连续分布抑制了材料表面相变和氧的释放，阻止了高氧化态核材料与电解液的直接接触，从而提升了材料的循环性能、热稳定性和锂嵌入的稳定性。该材料具有优异的电化学性能和良好的热稳定性，在 2.7~4.3V 电压范围内，$0.2C$ 首次放电比容量为 $215mA·h/g$，而且其在全电池中有很好的循环性能，1000次循环后的容量保持率高达90%。

2. 形貌控制

择优面控制生长在 $Li[NiCoMn]O_2$ 晶体中，锂离子沿着 a 或 b 轴以平行于锂层的二维方向迁移，即沿着六方晶系的6个晶面(010)、(01-0)、(100)、(110)、(11-0)和(1-00)面迁移，统称为010晶簇，因此制备尽可能多的活性面材料可以明显提升材料的电化学性能。由于与010晶簇垂直的001晶簇的表面能低于010晶簇，所以材料中暴露的晶面主要为001晶簇面，而001晶簇面对于锂离子迁移是非电化学活性的，这为制备活性面占优的三元材料带来了极大的挑战。研究人员采用表面活性剂（PVP）辅助的共沉淀法制备了活性面占优（约58.6%）的单晶纳米砖 $LiNi_{1/3}Co_{1/3}Mn_{1/3}O_2$ 三元材料，研究010晶面对材料电化学性能的影响，结果显示纳米砖厚度（即晶体 c 方向）越大，材料电化学性能越优异；在 2.5~4.6V 电压范围内、$15C$ 首次放电比容量高达 $130mA·h/g$，循环100次后的容量保持率为92%，说明了活性面对于三元正极材料电化学性能有着很重要的影响。

3. 离子掺杂

为了提高三元材料的电子和离子电导率、循环过程中的结构稳定性等，对三元材料进行离子（阳离子和阴离子）掺杂是有效的措施之一。这类离子的特征是其离子半径与被替代离子的半径相近，且掺杂元素的结合能力较强。通常选用的掺杂元素有 Al、Mg、Cr、F 等，很多文献对这些掺杂元素的作用以及掺杂量对材料结构和电化学性能的影响进行了广泛的研究。

Mg 对高镍三元材料 $LiNi_{0.6-y}Co_{0.25}Mn_{0.15}Mg_yO_2(0 \leq y \leq 0.08)$ 结构和电化学性能的影响显示，掺杂的 Mg^{2+} 替代了材料中的 Ni^{2+}，$r_{Ni}^{2+} = r_{Mg}^{2+} = 0.72 Å(1Å = 10^{-10}m)$，而且随着 Mg 掺杂量的增加，材料的晶胞参数 a 和 c 增大。研究表明，随着锂离子从电极材料中脱出，Ni-O 键长明显变小，而 Co-O 和 Mn-O 只发生微小的变化，这是由于金属离子的氧化和结构中 a 轴的缩短造成的。

采用氢氧化物共沉淀法制备了 F 掺杂的 $LiNi_{0.6}Co_{0.2}Mn_{0.2}O_{2-z}F_z(0 \leq z \leq 0.06)$ 三元材料，电化学测试表明 F 的掺杂虽然降低了首次放电比容量，但材料的循环和倍率性能得到了明显的提升，而且材料具有良好的高温性能。这是由于 F-M 化学键键能较 O-M 的高，结合更稳固，提高了材料的结晶度，同时抑制了 M 的溶解，从而增强了材料结构的稳定性。一般单独 F 掺杂的研究较少，通常采用阴阳离子复合掺杂（如 Ti/F、Mg/F 等）的形式来改善材料的电化学性能，较单独掺杂的效果更佳。

采用静电纺丝技术制备了 $LiNi_{1/3}Co_{1/3}Mn_{1/3-x}Al_xO_2$ 纳米纤维三元材料，AFM 测试显示材料外貌具有柱状结构且表面平整光滑，Al 的掺杂显著提升了材料的电化学性能。当掺杂量 $x = 0.06$ 时，材料具有最高的首次放电比容量 187 mA·h/g（电压范围 3.0～4.3V，倍率 0.1C）；在高倍率（2.0C）时，放电比容量高达 151 mA·h/g。

4. 表面包覆

为了改善电极材料界面反应，表面包覆是提升三元材料电化学性能的有效措施之一，尤其是改善高截止电压下材料的电化学性能，同时也是目前产业化应用很成熟的技术之一。该方法可减少电极材料与电解液间界面副反应，抑制材料表面晶型的转变和过渡金属离子的溶解，有效改善材料的倍率性能、循环性能和热稳定性。

常见的包覆物有氧化物（Al_2O_3、TiO_2、MgO、ZnO 等）、氟化物（LiF、AlF_3 等）、磷酸盐（Li_3PO_4、$LiNiPO_4$ 等）和导电聚合物等。研究人员采用原子沉积方法（ALD）在 $LiNi_{0.5}Co_{0.2}Mn_{0.3}O_2$ 上沉积了超薄 Al_2O_3 涂层，涂层阻碍了材料与电解液间的副反应，阻止了高电压下晶格氧的逃逸，稳定了材料表面结构，减小了电荷传递阻抗，增强了锂离子的传导率。材料在 2～4.8V 下循环 30 次后的容量保持率为 76.8%，较未包覆材料提升了 18.4%。

采用该方法制备了 Al_2O_3 包覆三元材料，发现 Al_2O_3 可形成 Al-O-F 和 Al-F 层清除剂，清除电解液中的 HF，限制了 HF 中的含量，减少了电解液中痕量水带来的不良影响。

用 PEDOT-co-PEG 共聚物包覆在 $LiNi_{0.6}Co_{0.2}Mn_{0.2}O_2$ 材料表面，包覆层能够阻止阻抗层的增长，抑制过渡金属从活性材料表面的溶解，加强了锂离子传导率和电子传导率，明显提升了材料的首次库仑效率、倍率性能和循环稳定性。

5. 电解液

提高三元材料的充放电截止电压可以有效提升材料的比容量，进而提高电池的比能量，但在此电压下电解液会发生氧化分解，因此对电解液的优化和与三元材料的匹配性是急需解决的问题。可用添加电解液添加剂的方式改善三元材料与电解液的匹配性。添加剂可有效促进电极表面形成致密表面膜，抑制电解液的氧化分解，降低活性材料与电解液的反应。

习 题

3-1 简述三元正极材料的制备方法以及优缺点。

3-2 高镍材料制备面临哪些问题？

3-3 简述高镍材料电池和耐高压三元材料电池的缺点。

3-4 简述核壳结构对三元材料的影响。

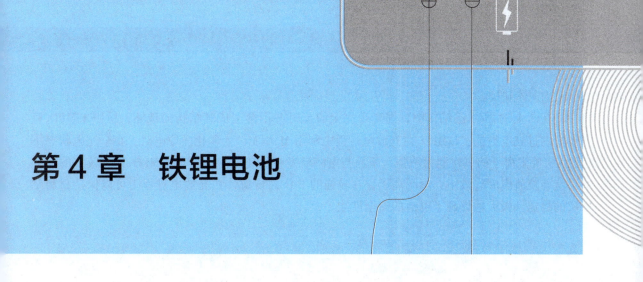

第 4 章 铁锂电池

磷酸铁锂是一种聚阴离子正极材料，由于具有稳定的聚阴离子框架结构，表现出优良的安全性能、过充电性能与热稳定性以及较长的循环寿命。聚阴离子框架结构也会导致电导率偏低，不利于容量的发挥与大电流放电，这也是这类材料的一个共性问题。常见的聚阴离子材料包括磷酸盐体系、硅酸盐体系以及硫酸盐体系等，其中磷酸盐体系材料由于综合性能较好受到了广泛关注。

4.1 正极材料机理

1997 年，Pahdi 与 Goodenough 等人最先发现并提出一系列聚阴离子化合物 $LiMXO_4$，其中 M 可以是 Fe、Mn、Co、Ni 等，XO_4^{y-} 中的 X 可以是 S、P、V、Si、As、Mo、W 等，$y=2$ 或 $y=3$。这类材料以 XO_4^{y-} 为骨架，结构稳定，其中 X-O 共价键的极化能力越强，过渡金属位的氧化还原电位就越高，$LiMPO_4$ 系列材料通常具有较高的充放电电压。相对于其他锂离子电池正极备选材料，$LiFePO_4$ 具有自身的优点如下：

1）理论容量为 170mA·h/g，相对较高。
2）平稳的充放电电压平台使有机电解质在电池应用中更为安全。
3）电极反应的可逆性。
4）良好的化学稳定性与热稳定性。
5）廉价且易于制备。
6）无污染。
7）处理与操作时更为安全。

4.1.1 材料结构特性

$LiMPO_4$ 为橄榄石结构，属正交晶系，Pnma 空间群，以 $LiFePO_4$（图 4-1）为例：O 原子以稍扭曲的六方密堆积排列，P 占据四面体中心位置，Li、Fe 分别占据八面体 $4a$ 和 $4c$ 位置，分别形成了 LiO_6 八面体、FeO_6 八面体、PO_4 四面体，3 种结构交替排列；相邻的 FeO_6 八面体在 bc 平面上共享顶点，与相邻的 LiO_6 八面体在 b 轴方向通过共棱的方式相连；一个 FeO_6 八面体与两个 LiO_6 八面体共用棱上的氧原子，一个 PO_4 四面体与一个 FeO_6 八面体共棱、与两个

LiO₆ 八面体共棱。

在图 4-1 所示的结构中，锂离子完全脱出时并不会造成其结构的破坏，所以 LiMPO₄ 有较好的过充电性能；LiMPO₄ 在充放电过程中利用 M^{3+}/M^{2+} 为氧化还原电对，在全充电状态下的 +3 价阳离子的氧化能力不强，不易与电解液发生氧化反应，所以 LiMPO₄ 具有较好的循环性能与充放电库仑效率；聚阴离子存在较强的 P-O 共价键，在充放电过程中可以保持材料结构的稳定，极大地提高了电池的安全性能。

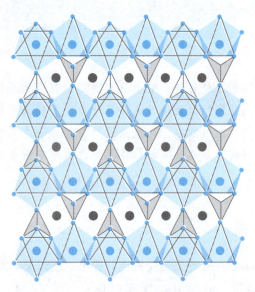

图 4-1 LiFePO₄ 多面体示意图（见彩插）

注：蓝色为 FeO₆ 八面体，黄色为 PO₄ 四面体，绿色为 Li 原子。

如图 4-1 所示，LiFePO₄ 晶体结构属 pmnb 空间点群（正交晶系，D2h16），晶胞参数：$a = 0.6011(1)$ nm，$b = 1.0338(1)$ nm，$c = 0.4695(1)$ nm。每个晶胞含有 4 个 LiFePO₄ 单元。在晶体结构中，氧原子以稍微扭曲的六方紧密堆积方式排列。Fe 与 Li 分别位于氧原子的八面体中心，形成变形的八面体。P 原子位于氧原子的四面体中心位置。LiO 八面体共边形成平行 $[100]_{pmnb}$ 的 LiO₆ 链。锂离子在 $[100]_{pmnb}$ 与 $[010]_{pmnb}$ 方向上性质相异，使得 (001) 面上产生显著的内应力，[010]（锂离子通道之间）方向的内应力远大于 [100]（锂离子通道）方向的内应力。因此，$[100]_{pmnb}$ 方向是最易于 Li^+ 扩散的通道。这种内应力会对锂离子电池电化学性能产生直接影响，即多次充放电循环后，颗粒表面可能会出现许多裂缝。

充放电时，单相 LiFePO₄ 转变为双相 LiFePO₄/FePO₄，两相之间会出现尖锐的界面，界面平行于 $a-c$ 面。沿着 b 轴的高强度内应力导致裂缝的出现，裂缝使得电极极化，也使得活性材料或导电添加剂与集流体的接触变弱，从而造成电池容量损失。通过 LiFePO₄ 晶体结构可以看出，因为 FeO₆ 八面体被 PO_4^{3-} 分离，降低了 LiFePO₄ 材料的导电性；氧原子三维方向的六方最紧密堆积限制了 Li^+ 的自由扩散。

1. 磷酸铁锂材料特点

最初的研究聚焦在 LiFeO₂ 上，结果并不让人满意。因为在 Li_xFeO_2 化合物中，$RFe^{3+}/$

$R_{Li^+}=0.88$,不符合层状化合物 ABO_2 型半径比 $RB/RA<0.86$ 的条件。$LiFeO_2$ 以氧作为阴离子,为其作为正极材料带来了一个问题:Fe^{4+}/Fe^{3+} 氧化还原对的能级离 Li 极的费米能级过远,使电池工作电压过高,电解质不稳定。Fe^{3+}/Fe^{2+} 氧化还原对的能级离 Li 极的费米能级过近,电池工作电位太低,无法应用。在复合阴离子 PO_4^{3-} 的 $LiFePO_4$ 结构中,P-O 共价键通过 P-O-X 诱导效应降低了氧化还原电对的能量,Fe^{3+}/Fe^{2+} 氧化还原对的工作电压低于锂极的费米能级约 3.5eV,使 $LiFePO_4$ 成为较为理想的锂离子电池正极材料。

$LiMPO_4$ 材料中 M 一般为 Fe、Mn、Co 与 Ni,其中,$LiNiPO_4$ 的电压平台为 5.1V,远超出目前碳酸酯类电解液稳定的电化学窗口;$LiCoPO_4$ 的对锂电压平台为 4.8V,在其充放电过程中也存在一定的氧化电解液的风险;$LiMnPO_4$ 的对锂电压平台为 4.1V,符合目前电解液体系的充放电区间,因此也受到了较多的关注。

$LiMPO_4$ 类材料的共有优势是极高的安全特性,面临的共同问题是较低的电子、离子电导率。其室温离子扩散系数大约为 $10\sim14cm^2/s$。电子导电性以 $LiCoPO_4$ 最好,$LiFePO_4$ 次之,$LiMnPO_4$ 最差(通常小于 $10^{-10}S/cm$),主要原因是较宽的能带间隙(2eV)。因此,其倍率性能是制约其应用的瓶颈之一。由于 $LiFePO_4$ 的能带间隙为 0.3eV,且各方面性能较好,是目前最快实现产业化的磷酸盐系材料。

2. 磷酸铁锂中离子传输

从 $LiMPO_4$ 的结构上看,LiO_6 八面体沿 b 轴方向共棱展开,形成了锂离子的传输通道,链与链之间被由沿着 c 轴方向的八面体间隙位置间隔开,这些间隙空位也有可能成为锂离子的传输通道。在初期,$LiMPO_4$ 一度被认为与层状材料一样有着二维锂离子迁移路径的材料。2004 年,利用第一性原理模拟计算了 Li^+ 在 Li_xMPO_4 中的传输途径,发现在 Li_xMPO_4 中存在 3 种可能的锂离子传输通道,其中锂离子沿着 b 轴方向传输的速度最快,并且不太可能从各通道之间穿过,如图 4-2 所示。在同时期,发现锂离子沿着 [010] 方向以蛇形路径进行扩散的能垒要比沿直线扩散的能垒更低,由此奠定了锂离子在 $LiMPO_4$ 材料中沿一维通道扩散的理论基础。2008 年,通过中子衍射首次从实验上证实了该扩散路径。

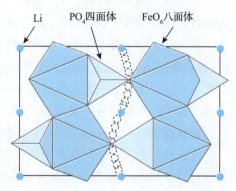

图 4-2 锂离子在 $LiMPO_4$ 中的蛇形迁移路径

同年,测量了单晶 $LiFePO_4$ 中的阻抗谱,结果显示 [100] 与 [011] 方向上锂离子传输的阻抗分别是 [010] 方向的 1000 倍与 3000 倍,进一步验证了上述理论推测。

通常,在晶体内部普遍存在着缺陷,其类型主要为反相阳离子交换、掺杂物质以及原子空穴。这些缺陷在晶体内的浓度与分布极大地影响着该物质的光学特性、导电能力、离子扩散能力、化学特性以及体相电荷传输能力等。通过减少、控制或引入这些缺陷,可以优化材料在应用时的各种性能,激发了研究人员极大的兴趣。在 $LiMPO_4$ 材料中主要存在的缺陷为反相阳离子混排,并且通过理论计算、中子衍射与直接观测等方法得以证实。

锂离子在 $LiMPO_4$ 内部存在着高度的各向异性,传输路径主要受晶体内部的阳离子排序影响。内部的阳离子混排不可避免地会阻碍锂离子的传输路径,进而影响电池的性能。在

LiFePO$_4$ 晶体中不同缺陷浓度与锂离子传输能力的关系方面，发现缺陷浓度越大，锂离子的无障碍传输通道长度越短。在 1μm 的 LiFePO$_4$ 中 0.1% 的 Li-Fe 位缺陷会造成 45% 的 Li$^+$ 无法正常传输，当颗粒减小到 100nm 以下时，受约束的 Li$^+$ 浓度急剧下降到 5%，说明相比小颗粒来讲，大颗粒中的锂离子通道更容易被缺陷阻碍造成锂离子传输能力的下降。

4.1.2 电池化学机理

目前业界并没有对 LiFePO$_4$ 的电化学反应机理形成准确一致的认识。复合阴离子 $(PO_4)^{3-}$ 的应用，使铁基化合物成为一种非常理想的锂离子电池正极备选材料。LiFePO$_4$ 的晶体结构却限制了电导性与锂离子扩散性能，使材料的电化学性能下降。与层状材料不同，LiMPO$_4$ 的充放电曲线通常有一个很平的平台，这是两相反应的典型特征，也就是说在锂离子脱嵌过程中发生 LiMPO$_4$ 与 MPO$_4$ 之间的相变过程。

1. 反应机理模型

LiFePO$_4$ 在电池中充放电时是两相反应机理，即

$$\begin{cases} 充电时，LiFePO_4 - xLi^+ - xe^- \rightarrow xFePO_4 + (1-x)LiFePO_4 \\ 放电时，FePO_4 + xe^- + xLi^+ \rightarrow xLiFePO_4 + (1-x)FePO_4 \end{cases} \quad (4-1)$$

充电时，Li$^+$ 从 FeO$_6$ 层迁移出来，经过电解液进入负极，Fe^{2+} 被氧化成 Fe^{3+}，电子则经过相互接触的导电剂和集流体从外电路到达负极，放电过程与之相反。

为了描述这种两相行为，Padhi 与 Goodenough 等率先提出了"核壳模型"(Core-shell Model)，认为锂离子脱嵌过程是在 LiFePO$_4$/FePO$_4$ 两相界面的脱嵌过程，如图 4-3a 所示。

充电时，LiFePO$_4$/FePO$_4$ 界面在充电时不断由表面向中心移动，两相界面不断向内核推进，Li$^+$ 不断向外迁移，外层的 LiFePO$_4$ 不断转变为 FePO$_4$，锂离子和电子不断通过新形成的两相界面以维持有效电流，但锂离子的扩散速率在一定条件下是常数。随着两相界面的缩小，锂离子的扩散量最终将不足以维持有效电流，颗粒内核部分的 LiFePO$_4$ 将不能被充分利用，从而造成容量损失。充电结束后，颗粒中心的部分会残留未被利用的 LiFePO$_4$。

考虑到锂离子可同时在多个位置发生脱嵌行为，Andersson 等提出马赛克模型，以此来解释首次不可逆容量损失，如图 4-3b 所示。马赛克模型认为锂离子脱嵌过程虽然是在 LiFePO$_4$/FePO$_4$ 两相界面的脱嵌过程，但锂离子的脱嵌过程可以发生在颗粒的任一位置。充电时，FePO$_4$ 区域在颗粒的不同点增大，区域边缘交叉接触，形成很多不能反应的死角，从而造成容量损失。放电时，逆反应过程进行，锂离子嵌入到 FePO$_4$ 相中，核心处没有嵌入锂离子的部分造成容量损失。

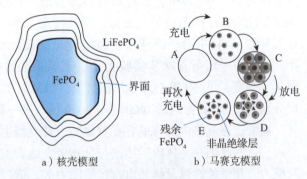

a) 核壳模型　　b) 马赛克模型

图 4-3　磷酸铁锂电池锂离子脱嵌模型

两种理论模型是同时进行的，但是核壳模型被更多的研究者所接受，尽管对壳层与内核

的具体物质仍然有争议。基于这两种模型,可以得出这样的结论:锂离子与电荷的扩散动力学是整个电极材料实际应用的决定性因素。在磷酸铁锂正极材料制备过程中,力求制得粒径小而分布均匀的颗粒(纳米尺度或微孔状),运用碳包覆(纳米碳膜)和离子掺杂等手段以改善导电性与锂离子的扩散。

随着对 $LiMPO_4$ 材料认识的深入,发现这两种模型忽略了锂离子在 $LiMPO_4$ 材料中传输的高度各向异性特征。Laffont 提出了"新核-壳模型"(New Core-shell Model),用以修正"核-壳模型"的不足。在此基础上,Delmas 研究了不同脱离态的 Li_xFePO_4 颗粒,同时提出了"多米诺模型"(Domino-cascade Model),进而很好地解释了纳米级颗粒的快充快放性能,如图 4-4 所示。

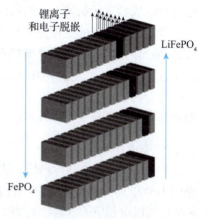

图 4-4 多米诺模型

尽管上述模型有着很大的差异,但其中的核心问题是对两相界面的推测与表征。由于脱嵌锂的动力学过程与相变对材料的颗粒大小、形貌、物化特性等性质有着强烈的依赖性,上述的讨论(包括模型之间的冲突)都可能是由于实验条件不足造成的。

2. 相态转变机理

随着显微技术与光谱技术的发展,在 $LiMPO_4$ 材料相变的过程中观测到固溶体反应现象并探测到了中间相,这说明 $LiMPO_4$ 材料中可能存在另一种相转变机理。在典型的固溶体反应中,发生相转变时其晶胞参数与晶胞体积会呈现连续的变化特征。通过一些极端的测试条件与表征手段,如超小的颗粒(纳米级别)、高倍率充放电(10 C 以上)等,已经在 $LiMPO_4$ 中观察到了固溶体反应现象与中间体的存在。

在室温下充放电过程的相态转变。锂离子电池在充放电循环中具有良好的可逆性,这与锂离子脱/嵌后相态之间结构的相似性有关。在充放电过程中,电池容量的衰减与相态的转变动力学有密切的关系。根据 $LiFePO_4$ 的结构,$[100]_{pmnb}$ 方向最有利于锂离子迁移,充放电过程中的两相界面沿着 c 轴移动。

(1) $LiFePO_4/FePO_4$ $LiFePO_4/FePO_4$ 的比率随着电池充放电反应的进行不断变化(Li_xFePO_4 中 x 的数值不断变化)。随着锂离子的脱出,$LiFePO_4$ 产生的衍射峰强度逐渐减弱,当 $\delta > 0.2$ 时,$Li_{1-\delta}FePO_4$ 的衍射峰开始消失,$FePO_4$ 产生的衍射峰的强度逐渐增大。反之,随着锂离子的嵌入,$FePO_4$ 产生的衍射峰的强度逐渐减小,$Li_{1-\delta}FePO_4$ 产生的衍射峰的强度逐渐增大。

(2) $Li_xFePO_4/Li_{1-y}FePO_4$ Li_xFePO_4 在室温下是 Fe^{3+}/Fe^{2+} 混价中间相态 $Li_\alpha FePO_4/Li_{1-\beta}FePO_4$ 的混合物。α 与 β 分别代表充放电过程中载流子密度(Carrier Density)与跳跃概率(Hopping Probability)。利用粉末中子衍射得知,α 与 β 的最佳值是 0.05 与 0.11。离子掺杂、温度、过渡金属、颗粒粒径大小、过电势时的非平衡态等因素都会影响 α 与 β 的值,通过增大 α 与 β 的值将会提高在室温下充放电过程中电极反应的动力学性能。

3. 温度与相态分布

在 450℃时,存在 Li_xFePO_4 固态溶液,而在室温下存在两个亚稳相:$Li_{0.75}FePO_4$ 与

$Li_{0.5}FePO_4$。当温度超过500℃时，Li_xFePO_4开始分解成非橄榄石型的化合物，这些磷酸盐或磷化物组成和含量取决于x的数值。在400～500℃之间，只存在Li_xFePO_4固态溶液。

降温比升温时的变化复杂得多。降温时的混合物组成取决于x值与热过程。当降温时，Li_xFePO_4首先分解成两种非橄榄石型的混合物，组成比例取决于温度与x的初始值。当温度低于（140±20℃）时，两相体系变为更加复杂的体系，$LiFePO_4$与$FePO_4$跟另外两种橄榄石型的化合物$Li_{x1}FePO_4$与$Li_{x2}FePO_4$共存于这一体系中。将这一体系的混合物置于室温下老化，四相体系将逐渐转变为$LiFePO_4$与$FePO_4$两相体系。

4. 磷酸铁的结构

$FePO_4$存在以下几种结构：①$LiFePO_4$被全部脱锂后，形成斜方晶系的$FePO_4$；②三斜晶系的$FePO_4$具有类似石英的结构，所有的阳离子四面体配位；③单斜晶体与斜方晶系的$FePO_4$可以由相应的水合物制得。所有这些晶体形态的$FePO_4$与无定形的$FePO_4$都可以在加热时转变为三斜晶系的$FePO_4$。

从$LiFePO_4$转变为$FePO_4$的过程是缓慢且不完全的，当温度超过500℃时，将会完全转变。在电池的工作环境下，正极材料是动力学稳定的。在合成$LiFePO_4$时，必须保证没有$FePO_4$存在，如果存在，在加热时将会产生三斜晶系的$FePO_4$，这会使材料表面在高温时产生一种没有电化学活性的玻璃相。

5. 离子掺杂与电导

通过离子掺杂可以改善材料的导电性。通过离子掺杂得到P型半导体的导电材料，电导率达到10^{-2}S/cm。掺杂是一个非常复杂的过程：一方面，基于在局域密度近似（LDA）与广义梯度近似（GGA）下的密度泛函理论（DFT），对$LiFePO_4$的电子结构进行计算，结果是材料应具有金属或半导体材料的特征，导带与价带的宽度大约为0.3eV，这与实际检测到的低导电性不一致；另一方面，考虑到离子掺杂后电子轨道的交互作用与库仑相互作用，理论上得到改善的价带结构是可行的。

通过对掺Mg或Cr的$LiFePO_4$的DFT进行计算，电子态的最大密度位于费米能级附近，这样便解释了掺杂后的材料具有金属导电性的原因，离子掺杂后所引起的电导率的变化可能与下面的因素有关：

1）载流子区域的边缘被金属化。
2）离子掺杂使价带与导带宽度变窄。
3）超过一定的临界浓度，掺杂离子的电子波函数导致掺杂离子电导带的形成。
4）掺杂离子的种类、浓度与分布情况。
5）在许多M-O金属氧化物中，当M-M键的距离小于$3×10^{-10}$m时，会出现金属导带。
6）在合成时，有机碳的加入使材料碳包覆，产生有效的电导路径。
7）Fe_2P的出现。合成过程中，过量碳的加入使磷酸盐还原

$$Fe_2O_3 + PO_4 + 7C \rightarrow Fe_2P + 7CO \qquad (4-2)$$

8）Fe^{3+}/Fe^{2+}氧化还原对在还原$LiFePO_4$过程中起到了催化剂的作用。

6. 电解液的影响

$LiFePO_4$与常用的电解质都有反应活性，材料的电化学行为与在电解质中的材料表面化

学有很大的关联，一般在材料的表面会生成一层钝化的薄膜，这层薄膜有利于锂离子的扩散并保持活性材料不损失，并且薄膜应承受锂离子脱/嵌时的体积与表面变化。碳包覆的 $LiFePO_4$ 形成的表面膜含有 LiF、$LiPF_6$、$Li_xF_y^-$、$Li_xPO_yF_z^-$ 等化合物。

常用电解液一般含有烷基碳酸酯与锂盐。正极材料在电解液中会发生很多可能的反应，如在 $LiPF_6$ 溶液中，$LiFePO_4$ 与痕量 HF 之间的酸碱反应是不可避免的。电解液中 HF 的存在有两个方面的不利作用：一是铁离子与质子间的置换反应，二是颗粒表面的 Li 离子与 F 离子反应生成 LiF，表层 LiF 的存在不利于 Li^+ 的扩散。

铁离子会在电解液中溶解，对 $LiFePO_4$ 在不同电解液间的铁离子溶解问题进行测试发现：
1）在不含酸性污染物的电解液中，即使在温度升高的条件下，铁离子的溶解与活性物质的质量损失也可以忽略。
2）溶液酸度越高，铁离子越易溶解。
3）温度越高，铁离子越易溶解。
4）材料内部含碳量越高，材料越稳定。

活性材料与黏接剂的接触位置最易于被侵蚀，侵蚀可以通过碱性中间相或应用酸性清除添加剂来避免。在以 $LiFePO_4$ 为正极材料的锂离子电池中，可以使用非酸性的电解液或对 $LiFePO_4$ 进行碳添加或包覆来避免质量损失。

7. 动力学特征

$LiFePO_4$ 正极材料的动力学特征到目前为止并不十分清晰。一般认为，颗粒尺度及分布情况、电导率、离子扩散、相态转变时（充放电过程）的动力学、碳包覆/掺杂等因素会影响到电池在不同充放电速率时的表现。碳的均匀掺杂意味着锂离子与电子可以在活性材料的同一位置脱嵌，可以减小电极的极化。

(1) 电导率对电容量的影响　纯 $LiFePO_4$ 的低电导率直接导致电池高倍率放电容量降低。纯 $LiFePO_4$ 的电导率约为 $10^{-9}S/cm$，放电容量由 $0.2C$ 放电速率时的 $148mA·h/g$ 骤降为 $5C$ 放电速率时的 $85mA·h/g$。正极材料的高倍率放电容量并不总随电导率的增大而增大。低电导率下，电导率增大，材料的电化学动力学得到改善。当材料电导率高于某一临界值时，电导率将不再是材料的速率容量决定性因素。具有低电导率的 $LiFe_{0.9}Ni_{0.1}PO_4$（$1.0\times10^{-7}S/cm$）比高电导率的 $LiFePO_4$（$4.0\times10^{-4}S/cm$）有着更好的高倍率放电容量表现，两者在 $10C$ 放电速率时的放电容量分别为 $90mA·h/g$ 和 $55mA·h/g$，这说明锂离子扩散可能已经取代电导率成为锂离子电池电化学性质的决定性因素。

(2) 锂离子扩散　锂离子扩散由内部因素与外部因素共同决定。外因包括颗粒尺寸、分布与形貌等。内因主要指锂离子扩散系数。锂离子扩散系数为一定值，锂离子的扩散能力随颗粒粒径的增大而减小，这是因为锂离子在颗粒内的扩散路径增长。锂离子的扩散能力与颗粒粒径的平方成反比，与锂离子扩散系数成正比。粒径大小比扩散系数更能影响锂离子的扩散能力。锂离子扩散系数的数值计算必须结合具体的测量方法与理论模型。测量方法主要有恒电流间歇滴定法（GITT）与电化学阻抗法（EIS 或 AC Impedance）。

(3) 二维尺度电极　薄膜电极通过增大表面积来增强电极活性。在薄膜电极中，电子进入集流体而锂离子从相反的方向进入电解质。随着 $FePO_4$ 层的形成，电子运动阻力减小，锂离子运动阻力增大。$FePO_4$ 首先在晶体缺陷处成核，然后在各个方向生长，锂离子的扩散受到抑制，直到锂离子在 [100] 方向也不能脱出。

4.2 材料制备方法

自然界中可以找到天然的 $LiFePO_4$ 材料，通常存在于磷酸锂矿中，但含量较低，品相也不纯，因此通常采取人工合成的方式，归纳起来其合成方式主要分为两大类型：固相法与液相法。

1. 固相法

固相法是常见的制备无机材料的方法，可进一步分为直接固相法、碳热还原法、微波法等。

直接固相法是一种传统的制粉工艺，通常是将金属盐或金属氧化物按一定化学计量比充分混合后经研磨、煅烧、再研磨等工艺发生固相反应，最终得到成品材料。$LiFePO_4$ 材料的合成一般是将化学计量比的锂盐、磷酸盐、二价金属盐混合后研磨，在惰性气氛下置于300~400℃预烧使混合物初步分解，去除气体。随后经过二次研磨，再次于惰性气氛下在较高的温度（通常为500~800℃）煅烧从而得到成品材料。这种方法由于工艺路线简单，非常适合大规模生产制备；但存在着一些不足，例如物相分布不均、产物颗粒分布较宽、颗粒较大等。以 $Fe(CH_3CO_2)_2$、$NH_4H_2PO_4$ 与 Li_2CO_3 为原料合成了 $LiFePO_4$，500~600℃为较合适的煅烧温度区间。以 Li_2CO_3、P_2O_5、$(NH_4)_2HPO_4$、$2H_2O$ 为原料分别成功合成了 $LiFePO_4$ 材料，其中 $LiFePO_4$ 表现了较好的电化学性能。

在直接固相合成的基础上，发展出了碳热还原法。这种方法主要是在选择原料的过程中，使用+3价的金属盐，同时加入一定量的碳源，利用高温下碳的还原作用将+3价金属还原为+2价，获得最终产物。最早通过碳热还原制备 $LiFePO_4$ 材料。使用廉价的 Fe_2O_3 为铁源制备了 $LiFePO_4$ 材料，碳的加入比例较为关键，过少的碳不足以将 Fe^{3+} 还原，过多的碳则会生成 FeP_2 等杂相，而杂相对材料的电化学性能有一定影响。

微波法是一种利用微波辐射加热的原理快速制备材料的方法。此方法通常选取有吸收微波能力的前驱体盐，借助材料吸收微波的特性利用分子、原子级振动产生的热量加热、制备材料，因此升温速率极快、加热效果均匀、热利用率高，可以大大缩短制备周期。最早使用微波法制备 $LiFePO_4$ 材料，具有较好的电化学活性。近年来通过与其他方法相结合，也发展出了微波辅助的固相、液相等合成方法，制备出了性能优异的材料。

2. 液相法

液相法又称湿法，是一种灵活、温和的制备方法。常用的液相法有溶胶-凝胶法、共沉淀法、溶剂热/水热法等。

溶胶-凝胶法是通过可溶性盐为原料，将其溶解在溶剂中，进而通过水解、缩合、配位等反应形成透明溶胶，调节pH后加热形成凝胶，进一步干燥、研磨、热处理得到成品材料。溶胶一般是由直径为1~100nm的固体颗粒（胶体）均匀分散在溶液中形成。凝胶则是由胶体颗粒或高分子聚合物相互交联形成带有介孔结构的网络结构，其尺寸一般大于1μm。制备凝胶的过程中选用的溶剂一般为水、乙醇、乙二醇、N-N 二甲基甲酰胺等，螯合剂通常采用柠檬酸，所取的盐一般为带有有机阴离子的盐。这种方法一方面可以实现前驱体盐在分子级别的均匀混合，另一方面可以实现材料的原位碳包覆。

共沉淀法通常是将可溶性盐溶解在溶液中，通过沉淀剂或改变溶液 pH、温度等方式生成前驱体沉淀，再经后续干燥、煅烧等过程得到成品。Prosini 等以 $Fe(NH_4)_2(SO_4)_2$ 与 $NH_4H_2PO_4$ 为前驱体制备了 $FePO_4$ 沉淀，通过后续的还原掺锂制备了高性能的 $LiFePO_4$，$0.1C$ 与 $0.5C$ 的放电容量分别达到 $162mA·h/g$ 与 $140mA·h/g$，同时拥有良好的循环性能。

溶剂热/水热法是只在高温高压的环境下，在有机溶剂或水溶剂中进行化学反应制备材料的方法。该工艺要求在密闭的高压反应釜内进行，反应温度一般高于 100℃，借助溶剂气化产生高压，增加反应物的溶解度与反应活度，使得一些在常温下、常压下难反应或反应速率较慢的化学过程得以发生。此方法的工艺手段极为灵活，可以通过调整溶剂成分、溶液中的离子种类、pH、反应温度、升温速率、反应时间等工艺参数来控制制备目标产物的形貌、尺寸与结构。利用 PEG400 作为分散剂，通过水热法制备了不同形貌的 $LiFePO_4$，其中纳米颗粒形貌的性能最佳，$0.1C$ 放电容量为 $163\ mA·h/g$，$20C$ 倍率放电容量为 $126\ mA·h/g$，1000 周循环后容量保持率为 89%。

通过喷雾干燥、多元醇法、超临界法、静电纺丝法、乳胶干燥等方法合成 $LiFePO_4$ 材料，同样获得了不错的效果。值得注意的是，$LiFePO_4$ 的相关制备与煅烧环节必须在惰性气氛下进行，这是为了防止 Fe^{2+} 氧化。

4.3 材料改性方法

$LiMPO_4$ 类材料有着安全性高、能量密度高等优点，但由于本身的低电子、离子电导率，制约了这种材料的进一步应用。针对这些缺点，研究人员采取了很多技术手段，归纳起来可以分为以下几个方面。

1. 碳包覆

表面碳包覆是改进 $LiMPO_4$ 材料电子导电性最直接也是最有效的方法。以蔗糖为碳源实现 $LiFePO_4$ 的碳包覆，改善了 $LiFePO_4$ 的电子导电性，获得了较好的性能。在固相合成当中，碳的原位包覆可以起到 3 个作用：

1）提供还原气氛，防止金属离子氧化。
2）抑制内部颗粒接触，阻止晶粒的过度长大。
3）极大地提高材料的电子电导率，改善其容量与倍率性能。

随着对包覆的认识不断提高，人们发现碳包覆的厚度与碳本身的石墨化程度也是极为重要的。通过控制聚合物在 $LiFePO_4$ 表面的聚合，实现了对该材料的均匀碳包覆，并可以控制碳层厚度。在起初包覆 3nm 厚的碳时，$LiFePO_4$ 性能极大提高，5nm 为最佳值，随后再增加碳层厚度反而对 $LiFePO_4$ 的性能造成了不好的影响，分析原因可能是致密的碳层阻碍了锂离子传输造成的。综上所述，碳包覆对 $LiMPO_4$ 材料的性能有着较大的影响，其中碳层的均匀程度、厚度、石墨化程度都是较为重要的影响因素。

通过包覆其他导电材料，例如石墨烯、导电聚合物，也可以对 LiMPO$_4$ 材料起到较好的改进效果。

2. 形貌控制

由于 LiMPO$_4$ 晶体中锂离子的传输存在高度的各向异性，主要沿 [010] 方向传输，缩短 [010] 方向路径距离可以极大地提高锂离子的传输速度。控制制备具有较短的 [010] 方向的形貌材料：

1）利用二甘醇为溶剂制备了 [010] 方向较短的 LiFePO$_4$ 薄片，各方面性能优异。

2）通过超临界方法以片状 NH$_3$MPO$_4$ 为前驱体同时制备 LiFePO$_4$、LiMnPO$_4$、LiCoP 材料，其容量分别可以达到 164mA·h/g、157mA·h/g、153mA·h/g，并具有优秀的循环性能与倍率性能。

3. 纳米化

材料的纳米化也可以提高 LiMPO$_4$ 材料的离子传输速度。通过乙二醇做溶剂制备单分散的 LiFePO$_4$ 纳米颗粒，0.1C 容量为 160mA·h/g，10C 容量为 148mA·h/g，极大地提高了该材料的倍率性能。

纳米颗粒也会带来一些负面影响，过大的反应面积增加了电解液的副反应，不利于材料的循环性能等。可以采用特殊结构来缓解，设计由纳米颗粒自组装形成的二次微米颗粒，这种结构可以兼具纳米材料容量与倍率性能优势以及微米材料的稳定性优势。一种分级结构的 LiFePO$_4$ 微米空心球，兼具很好的容量、倍率与循环性能。通过喷雾干燥制备石墨烯包覆的 LiFePO$_4$ 二次微米球，各方面性能表现优异。

4. 离子掺杂

由于 LiMPO$_4$ 材料的电子、离子电导率较低，电荷的传递成为其电化学反应过程的控制步骤。离子掺杂可以稳定材料结构，改变材料的导电机制，进而改善材料电子和离子电导率，是提高材料性能的另一种有效手段。通常选取的掺杂离子为 Fe、Mn、Co、Ni、Mg、Zn、Cu、Nb、Ti、Zr 等元素。尽管对掺杂改性的机理还存在一定的争论，但离子掺杂作为一种常用的改进手段已经被广泛接受。

习 题

4-1 简述铁锂电池与普通电池的区别。

4-2 比较三元聚合物锂电池和铁锂电池的优劣。

4-3 如何改善铁锂材料的性能？

4-4 铁锂电池的工作机理是什么？

第 5 章 固态电池

传统液态锂离子电池被科学家们形象地称为"摇椅式电池",摇椅的两端为电池的正负两级,中间为液态电解质,锂离子在摇椅的两端来回奔跑,在从正极到负极再到正极的过程中,电池完成充放电过程,固态电池的原理与之相同,不过电解质为固态。目前,电动汽车采用的主要是液态电解质锂离子动力电池,但无论是在国际还是国内,电池的能量密度、安全性、寿命、成本等问题一直未能得到良好解决,这些都已成为制约电动汽车产业发展的主要技术瓶颈。与现今普遍使用的锂离子电池和锂离子聚合物电池不同的是,固态电池是一种使用固体电极和固体电解质的电池,全固体电池无疑是一个较好的突破口。由于科学界认为锂离子电池已经到达性能极限,固态电池近年来被视为一种可以继承锂离子电池地位的电池。固态锂电池技术采用锂、钠制成的玻璃化合物为传导介质,取代以往锂电池的电解液,大大提升锂电池的能量密度。随着固体电解质等新材料技术的发展,全固态动力电池研发引起世界各国的高度关注,高性能固体电解质不仅可以催生高性能新一代锂离子电池产品的升级换代,同时也可促进锂硫电池、锂空气电池等先进固态电池的发展。

5.1 固态电池原理

1. 电池发展方向

锂电池业界普遍认为三元锂电池技术路线的比能量密度上限是 $350W \cdot h/kg$。从全球范围内来看,在锂电产业发达的几个国家中,日本科学家判断可规模量产化的锂离子电池的比能量密度上限是 $300W \cdot h/kg$,我国和美国则把这个上限提高到了 $350W \cdot h/kg$。

在三元体系内,高镍三元 + 硅碳负极材料是一个较好的搭配。即使做到 21700 圆柱电池的镍钴铝摩尔比达到 0.9:0.5:0.5 的极限,单体电芯的比能量密度最高也就可以达到 $300W \cdot h/kg$,上下不超过 $20W \cdot h/kg$ 的水平。而随着能量密度的不断提升,锂电池的安全隐患紧随而来,新闻上曝出的各种电动汽车电池起火爆炸的事故更是此起彼伏。起火事件的频发挫伤了公众对于新能源汽车的信心,政府出台相关政策并加强行业监管,企业近年来也从不同方面来解决安全问题,主要手段包括:

1)采用功能性电解液,在电解液中添加阻燃剂。
2)优化电池热管理系统,减少过充电、过放电等易引发热失控的场景发生。
3)采用陶瓷涂覆与耐高温的电池隔膜等。

但这些手段在技术层面并没能取代可燃性有机电解质的使用，电池系统的安全隐患没有得到彻底根除。零自燃风险将是未来电动汽车实现全面替代燃油汽车所需要迈出的关键一步。面对市场对大于300W·h/kg的电池系统比能量密度的需求，现有的材料体系难以实现。因此，业界公认未来要实现电池350W·h/kg以上比能量密度的目标，就要走另一条技术路线，目前看来可能就是固态电池技术。

2. 固态电池工作原理

锂离子电池由两个金属（或复合）电极组成，一个是阴极，另一个是阳极，浸没在导电液体（电解质）中。电池使用锂盐溶液作为电解质，用于提供在阴极和阳极之间发生可逆化学反应所必需的离子。固态电池的工作原理与液态锂离子电池相同，主要区别在于电解质形态，前者为固体，后者为液体。图5-1a所示为固态电池，电解质采用固态物质；图5-1b所示为传统液态电池，电解质是液态物质。

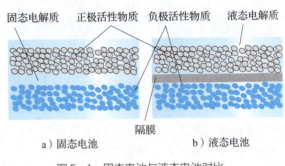

图5-1 固态电池与液态电池对比

固态电池是采用固态电解质的锂离子电池，固态锂离子电池和传统的锂离子电池的工作原理并无区别。传统的液态锂离子电池被称为"摇椅式电池"，摇椅的两端为电池的正负两极，中间为液态电解质，锂离子通过在电解液中来回迁移来实现充放电过程；而固态电池的电解质为固态，相当于锂离子迁移的场所转移到了固态的电解质中，固态电解质是固态电池的核心。

固态电解质不可燃烧，这极大地提高了电池安全性。与传统锂离子电池相比，全固态电池最突出的优点是安全性高。固态电池具有不可燃、耐高温、无腐蚀、不挥发的特性，避免了传统锂离子电池中的电解液泄漏、电极短路等现象的发生，降低了电池组对于温度的敏感性，从而根除安全隐患。同时，固态电解质的绝缘性使其良好地将电池正极与负极阻隔，能充当隔膜，避免正负极接触产生短路。

固态电池技术应该说已经没有了不可逾越的技术瓶颈，但仍然存在着技术难题有待解决。固态电池的核心是达到高离子电导率的固态电解质材料技术以及实现低阻抗固-固界面的先进制造技术。在固态电解质材料方面，2011年发明了室温下离子电导率 $>10^{-2}$ S/cm（超越了传统有机电解液）的硫化物固态电解质。

5.2 固态电池研究进展

固态电解质具有的密度和结构可以让更多带电离子聚集在一端，从而传导更大的电流，提升电池容量；因此，在相同电量下，固态电池的体积将会更小。因为固态电池没有液态电解质，封存将会更加容易，在汽车上使用时，不需要额外增加冷却装置和电子控件等，能够有效减轻重量，有利于获得更高的能量密度，是电动汽车使用的理想电池。固态电池技术研发有望在2025年取得突破性进展，在成本和能量密度以及生产过程等方面进一步赶超传统锂离子电池技术；2030 年，固态电池技术将取代液态锂离子电池技术，成为电动汽车电池领域的主流。

1. 国外研究进展

美国博世公司最近宣布，计划开发一款新型电动汽车固态电池，能使电动汽车的续驶里程增加一倍，同时成本减半；博世和 Seeo 与日本著名的 GSYUASA（汤浅）电池公司和三菱重工共同建立了新工厂，其固态电池原型主要是由四层（10×10）cm^2 大小的片状结构所组成，正负极与电池本体材质的成分由钴酸锂、石墨与硫化物所组成，平均电压为 14.4V，没有液态类物质，在温度高达 100℃ 的状态下依然可以正常使用。但这里还有个导电效率的问题，就是在制造过程中所产生的化学反应会让电极与电池表面产生较大的阻抗。丰田为了解决界面阻抗大的问题，在正极与电池表面使用了一种陶瓷类材料的镀层，可减少 99% 的阻抗。

美国橡树岭国家实验室研发了一种固体锂硫电池，该电池电化学原理为

$$S + 2Li(CH_2CH_3)BH \rightarrow Li_2S \downarrow + 2(CH_2CH_3)B + H_2 \uparrow \tag{5-1}$$

该电池表现出良好的循环性能和倍率性能，在 60℃ 条件下，经过 300 次充放电循环，容量可以维持到 1200mA·h/g，其能量密度为传统锂离子电池的 4 倍。该电池目前处于演示阶段，电池循环性能如图 5-2 所示。

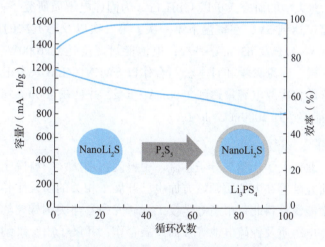

图 5-2 硫化锂超离子导体全固态电池循环性能

大众公司和美国创业公司 QuantumScape 也在加利福尼亚州硅谷共同研发新型固态锂离子电池，新电池价格更低，体积更小，动力更强劲。一款电动版大众品牌车型（在搭载超级电池后）纯电动续驶里程有望达到 300km。

美国 Seeo 公司开发了一种固体电池，使用了一种聚合物固体电解质，能量密度是普通液态电解质电池的 2 倍，目前充放电循环达到 100 次，并且该电池不会像液态锂离子电池那样突然出现故障。

2014 年，美国 Sakti3 公司宣布采用薄膜生产工艺，实现固态锂离子电池的规模化生产，其体积能量密度可以达到 1.1kW·h/L。2015 年 3 月，总部位于英国的 Dyson 公司宣布以 9000 万美元的价格收购固体锂离子电池技术的创业企业 Sakti3 公司。通过收购，Dyson 公司计划采用 Sakti3 公司的技术建设一座大型的锂离子电池工厂。

法国 Batscap 公司采用磷酸铁锂为正极，金属锂为负极制造的全固态动力电池，能量密度高达 200W·h/kg，已在巴黎纯电动租赁汽车中大量应用，每天用户约 1.8 万人次。韩国蔚山科技大学的科学家发明了一种新的可制成多种形状的固态电池技术（PRISS），保有传统电池 90% 的电量并且可以实现 30 次循环周期。位于剑桥的 24M 公司与爱丁堡西部的 NEC Energy Solutions 合作投资 5000 万美金共同研发长寿命固态电池，应用于储能领域，美国能源部同时给予 450 万美元资助。

日本丰田公司也正在全力研发固态锂离子电池。2010 年，丰田就曾推出过续驶里程可超过 1000km 的固态电池，目前已经研发出体积能量密度为 400W·h/L 的电池原型，期望在 2020 年实现商业化应用。据美国专利局公示的丰田固态电池专利申请内容，丰田研发的固态电池的电解质由硫化固态电解质材料构成，其中包含锂、磷、硫和碘元素，电极活性材料层则添加了特殊的磷酸酯，提高了电池的热稳定性。

日本在全固态锂电池的研发非常活跃，日本大阪府立大学研究人员用 Li_3PS_4 为活性物质研制了一种固体锂离子电池，在 $0.064mA/cm^2$ 的电流密度下，Li_3PS_4-AB 复合物电极的首次放电容量达到了 220mA·h/g。另外，他们研究了一种 Li_6PS_5Cl 固体电解质，将固体电解质包覆在 $LiCoO_2$ 颗粒上，增大了电极和电解质的接触面积，并且在室温下首次放电容量达到了 45mA·h/g。日本东北大学的研究人员以 $LiBH_4LiCl$ 为固体电解质研究了一种锂硫固体电池，该电解质的电化学窗口达到 5V，在室温下第一次、第二次以及第五次的放电容量分别达到 1377mA·h/g、856mA·h/g 及 636mA·h/g；电池能量密度达到 1000W·h/kg 以上，并在 120℃下稳定循环 45 次。南京大学和日本公司合作以 SWCNTs/LAGP 为正极材料研究了一种锂空气固体电池，它的首次放电容量达到 2800mA·h/g，并且在 400mA/g 的电流密度下充放电 10 次，可逆容量能够达到 1000mA·h/g。

2. 国内研究进展

北京理工大学、北京大学化学与分子学院、中科院物理所、中科院宁波材料所、复旦大学、中国工程物理研究院等在电解质领域方面也已开展了相关的研发工作。其中，北京理工大学动力电池及化学能源材料北京市高等学校工程研究中心与美国橡树岭、阿贡等国家实验室相关课题组在固体电解质及锂硫电池等方面开展合作，开展了用三维纳米结构固体电解质研制磷酸铁锂固体电池的研究，取得了较好的结果；该电池在 $0.2C$、$0.5C$ 及 $1C$ 倍率下的放电容量分别达到 138.5mA·h/g、116.2mA·h/g 及 68.2mA·h/g。

北京大学化学与分子工程学院在锂离子电池电极材料如磷酸铁锂、三元素、复合硫正极材料等方面有着很好的研究和产业化基础，磷酸铁锂材料已经大批量供应法国 Batscap 公司应用于全固态动力电池中，目前正在开展全固态电池负极材料表面改性技术研究，取得了较好的进展；但总体而言，国内目前对于固体电池的研究工作尚处于起步阶段，大多处于实验室研发阶段，报道的研究结果并不多。

辉能科技股份有限公司曾推出一款采用软性电路板为基材的固态电池，其厚度仅有 2mm，相当于一小片口香糖的厚度，可以随意折叠弯曲，容量可以达到 1000mA。

3. 固态电池专利

近三年，在我国有关固态电池的已公开或授权的发明专利共计 190 多项。其中，日本公司及相关单位为主要申请国，共申请专利101项，占总数的53.2%；我国申请专利70项，仅占总数的36.8%。可以看出，我国在固态电池领域具有的自主知识产权数量远不及日本，这必然会导致本土企业缺乏市场竞争力。总体而言，在固态电池的相关工作方面，无论是基础研究还是研发制备都有很大的空间，基于全固态电池在安全性、寿命、能量密度等方面的优异特性，固态电池具有较好的应用前景，其研发工作是十分必要而且紧迫的。

电动汽车产业发展的关键是高性能动力电池的研发，目前各类先进锂离子电池的能量密度、安全性、寿命及成本等仍然是制约其发展的主要因素。固态电解质的发展是动力电池高性能化的重要突破口，已引起国内外企业院所的高度关注，我国在相关领域的研究起步较晚，亟待加强。

5.3 固态电池分类

本质上，固态电池的原理和传统的锂离子电池是相同的，都是靠着锂离子在电池的正负两极之间穿梭往来实现充放电的功能。不同的是，固态电池中的电解质是固态的，而传统锂离子电池的电解质是液态的。根据固态电解质材料的不同，固态电池分成聚合物、氧化物和硫化物三大类，其中聚合物电解质属于有机电解质，氧化物与硫化物电解质属于无机陶瓷电解质。不管是固态还是液态，对电解质的核心要求如下：

1）电导率高，一般为 $3\times10^{-3} \sim 2\times10^{-2}$ S/cm。
2）热稳定性好，在较宽的温度范围内不发生分解反应。
3）化学稳定性高，不与正极、负极、集流体、隔膜、黏接剂等发生反应。
4）电化学窗口宽，在 0~4.5V 范围内应是稳定的，越宽越好。

1. 聚合物电解质

聚合物固态电解质（SPE）主要由聚合物基体与锂盐构成，其优点在于高温离子电导率高，易于加工，电极界面阻抗可控，因此成为最先实现产业化的技术方向，法国的 Bollore 公司和中国的清陶就是采用这种技术路线。但这种电池的最大缺点也是低温离子电导率低，在室温下的离子电导率是三大体系中最低的，这也就严重制约了该类型固态电池的发展。

聚合物固态电解质机理：固态聚合物电解质中离子传输主要发生在无定形区，而室温条件下未经改性的聚环氧乙烷（PEO）结晶度高，导致离子电导率较低，严重影响大电流充放电能力。通过降低结晶度的方法提高 PEO 链段的运动能力，从而提高体系的电导率，其中最为简单有效的方法是对聚合物基体进行无机粒子杂化处理。

聚合物固态电解质组成：由聚合物基体（如聚酯、聚酶和聚胺等）和锂盐（如 $LiClO_4$、$LiAsF_4$、$LiPF_4$、$LiBF_4$ 等）构成。聚合物基体的主要类别有聚环氧乙烷（PEO）、聚丙烯腈（PAN）、聚偏氟乙烯（PVDF）、聚甲基丙烯酸甲酯（PMMA）、聚环氧丙烷（PPO）、聚偏氯乙烯（PVDC）以及单离子聚合物电解质。

聚合物固态电解质特点：质量较轻、黏弹性好、机械加工性能优良等。

聚合物固态电解质率先小规模量产，技术最成熟，性能上限低。聚合物体系属于有机固态电解质，主要由聚合物基体与锂盐构成，量产的聚合物固态电池材料体系主要为聚环氧乙烷（PEO）-LiTFSI(LiFSI)，该类电解质的优点是高温离子电导率高，易于加工，电极界面阻抗可控，因此成为最先实现产业化的技术。但其室温离子电导率在三大体系中最低，严重制约了该类型电解质的发展。电导率过低与低容量正极意味着该材料有较低的能量与功率密度上限。在室温下，过低的离子电导率（或更低）使离子难以在内部迁移，在 50~80℃ 的环境下才勉强接近可以实用化的 10^{-3}S/cm。此外，PEO 材料的氧化电压为 3.8V，难以适配除磷酸铁锂以外的高能量密度正极。因此，聚合物基锂金属电池的能量密度很难超过 300W·h/kg。

目前研究较多的无机填料包括 MgO、Al_2O_3、SiO_2 等金属氧化物纳米颗粒以及沸石、蒙脱土等，这些无机粒子的加入扰乱了基体中聚合物链段的有序性，降低了其结晶度；聚合物、锂盐以及无机粒子之间产生的相互作用增加了锂离子传输通道，提高了电导率和离子迁移数。无机填料还可以起到吸附复合电解质中的痕量杂质（如水分）、提高力学性能的作用。

2. 氧化物电解质

对比聚合物有机固态电解质，无机固态电解质包括氧化物体系与硫化物体系两种，无机材料的锂离子电导率在室温下要更高，但电极之间的界面电阻往往高于聚合物体系。其中氧化物体系开发进展更快，已有产品投入市场。氧化物体系主要分为薄膜型与非薄膜型两大类；薄膜型主要采用 LiPON 这种非晶态氧化物作为电解质材料，电池往往薄膜化；而非薄膜型则指除 LiPON 以外的晶态氧化物电解质，包括 LLZO、LATP、LLTO 等，其中 LLZO 是当前的热门材料，综合性能优异。

薄膜型产品性能较好，但扩容困难。锂离子的流动与电流一样，遵循某种"欧姆定律"，如果传导距离缩短，则可以减小电阻值，通过使电解质层变薄可以在一定程度上弥补低离子传导率的缺点。除了 LiPON 等少数几种固态电解质，大多数材料难以制备成薄膜。已经小批量生产的以无定形 LiPON 为电解质的氧化物薄膜电池，在电解质层较薄时（≤2μm），面电阻可以控制在 50~100Ω/cm^2。同时薄膜化的电池片电池倍率性能及循环性能优异，可以在 50℃ 下工作，循环 45000 次后，容量保持率达 95%。但是薄膜化带来较好性能的同时也面临着扩充电池容量的困境。单体薄膜电池的容量很小，通常不到 mA·h 级别，在微型电子、消费电子领域勉强够用，可对于 A·h 级别的电动汽车领域则需要串并联大量的薄膜电池来增加电池组容量，工艺困难且造价不菲。从涂布到真空镀膜，薄膜型产品多采用真空镀膜法生产，由于涂布法无法控制粒子的粒径与膜厚，成膜的均匀性比较低；真空镀膜法能够较好地保持电解质的均匀性，但是生产效率低下，成本高昂，不利于大规模生产。为了改善材料与电极的界面阻抗，目前为止的应对措施是通过在 1000℃ 以上的高温下烧结电极材料来增加界面的接触面积，对工艺要求较苛刻。薄膜型氧化物固态电池厂家 Sakti3 于 2015 年被英国家电巨头戴森收购，可受制于薄膜制备的成本高、规模化生产的难度大等问题，迟迟没有量产产品。

非薄膜型氧化物产品综合性能出色，非薄膜型产品的电导率略低于薄膜型产品，但仍然远高出聚合物体系，且其可生产成容量型电池而非薄膜形态，从而大大减少了生产成本。非薄膜型氧化物固态电池的各项指标都比较平衡，不存在较大的生产难题，已成为我国企业重点开发的方向。

3. 硫化物电解质

硫化物体系开发潜力最大，开发难度也最大。硫化物电解质是电导率最高的一类固体电解质，室温下材料电导率可达 $10^{-4} \sim 10^{-3}$ S/cm，且电化学窗口达 5V，在锂离子电池中应用前景较好，是学术界及产业界关注的重点。因为其拥有能与液态电解质相媲美的离子电导率，是在电动汽车方向最有希望率先实现突破的种子选手，同时也最有可能率先实现快充快放功能。硫化物固态电池的开发主要以丰田、三星、本田以及宁德时代为代表，其中以丰田技术最为领先，其发布了 A·h 级的电池样品，同时还以室温电导率较高的 LGPS 作为电解质，制备出较大的电池组。

硫化物固态电解质拥有最大的潜力，但其生产环境限制与安全问题是最大的阻碍。硫化物固态电解质对空气敏感，容易氧化，遇水易产生 H_2S 等有害气体，这意味着对生产环境的要求将十分苛刻，需要隔绝水分与氧气，而有毒气体的产生也与固态电池的初衷相悖。对此，解决方案主要为：

1）开发不容易产生硫化氢气体的材料。
2）在全固态电池中添加吸附硫化氢气体的材料。
3）为电池设计抗冲撞结构。

这些做法会导致电池体积增大同时增加成本，此外，硫化物固态电池在充放电过程中由于体积变化，电极与电解质界面接触恶化，导致较大的界面电阻，较大的体积变化会恶化其与电解质之间的界面。硫化物体系是当前开发难度最大的固态电解质。生产工艺上，采用涂布＋多次热压、添加缓冲层改善界面性能。硫化物固态电池多已实现涂布法进行样品生产，同时，生产环境需要严格控制水分。为了解决界面问题，企业往往采取热压的方式增强电解质与电极材料的接触。此外，还可以通过在电极与电解质之间加一层缓冲层来改善界面性能。宁德时代在硫化物体系也进行了前瞻布局，并初步设计了其工艺路线：正极材料与硫化物电解质材料的均匀混合与涂覆，经过一轮预热压，形成连续的离子导电通道；经过二次涂覆硫化物之后，再进行热压，固态化之后可以去掉孔隙，再涂覆缓冲层后与金属锂复合叠加。

综合看来，聚合物体系工艺最成熟，率先诞生 EV 级别产品。其概念性与前瞻性吸引了后来者加速投资研发，但发展受限于性能问题，与无机固态电解质复合将是未来可能的解决路径。氧化物体系中，薄膜类型开发重点在于容量的扩充与规模化生产，而非薄膜类型的综合性能较好，是当前研发的重点方向。硫化物体系是最具希望应用于电动汽车领域的固态电池体系，但处于发展空间巨大与技术水平不成熟的两极化局面，因此解决安全问题与界面问题是未来的重点。

4. 固态电池优点

相较于传统的液态电解质电池，可以说固态电池在各方面的提升都是质的飞跃。由于能量密度、安全性和可靠性均有所提升，固态充电电池引起了业内极大的关注。与液态电解质相比，固态电解质在多个方面的性能都更为优越，包括电极上锂枝晶的形成、易燃性和电池泄漏。其采用不易燃且更为可靠的无机固态电解质（SE），取代了原有的有机液态电解质，在简化电池设计的同时提升了系统的安全性和耐用性，实现了大容量电极材料硫阳极与锂金属阴极搭配使用，而在传统的液态电解质电池中难以实现该组合配置。全固态电池还提升了封装能效,其电芯设计可以使用串联堆叠及双极结构,还能降低电池芯间的死区(Dead Space),进而实现高能量密度要求。然而,该产品的技术挑战在于其电能密度有限,这是由固态电解质离子的导电性低、电极/电解质界面相容性及电极动力学受限造成的。

(1) 能量密度高 由于固态电池里的材料都以固态形式存在,因此固态电池的安全性相对较高,不易出现电池漏液、电解质挥发、高温下发生副反应等问题,使用寿命也因此提升。传统锂离子电池中隔膜和电解液加起来占据了电池近40%的体积和25%的质量,而使用固态电解质便可以减小体积和减轻质量。此外,固态电池的能量密度为传统锂离子电池的2.5~3倍,将其用于电动汽车动力驱动,可以大大提升续驶里程。相比液态电池,相同容量的电池组,固态电解质电池相对较轻。例如松下生产的三元锂离子电池组质量达到900kg,而固态电池公司生产的相同容量电池组的质量却只有323kg,几乎为前者的1/3。使用了固态电解质,之前与液态电解质兼容不好的更高性能的正负极材料就可以应用上了。例如可以将负极材料从当前的石墨换成金属锂,以金属锂作为负极材料,性能可以有很大的提升:第一,负极材料换成金属锂后要比石墨材料减少了很大用量;第二,金属锂的容量高达3860mA·h/g,约为石墨材料(372mA·h/g)的10倍;第三,金属锂是自然界电化学势最低的材料,对应的正极材料选择面更宽,可以是含锂或不含锂的化合物,也可以是硫或硫化物甚至是空气(即锂硫和锂空气电池),理论能量密度是当前锂离子电池的10倍以上。固态电解质的电化学窗口更宽,理论上可以达到5V,更加适应于高电压型正极材料;提高正极材料容量需要充电至高电压以便使其脱出更多的锂离子,而当前三元高镍材料的应用已然受到了耐高压电解液的制约,要提高正极材料的容量就要充到更高电压,而高电压就会把液态电解液氧化。因此,在有固态电解质之后,理论上电池的比能量密度可以轻松突破350W·h/kg的天花板,甚至超越400W·h/kg。市场中应用的锂离子电池能量密度为200W·h/kg,如果采用固态电解质,锂离子电池能量密度基本可达300~400W·h/kg,几乎翻了一番。

(2) 安全性能好 液态电解质中含有易燃的有机溶剂,发生内部短路时温度骤升容易引起燃烧,导致电池起火爆炸。虽然可以通过加装温控和防短路这样的安全装置起到一定预防作用,但终究是治标不治本,无法彻底解决安全问题。而固体电解质材料不可燃、无腐蚀、不挥发、不存在漏液问题,也有望克服当前困扰整个锂离子电池行业的锂枝晶问题。同时,固态电解质的绝缘性使得其可以把电池正极与负极阻隔,从而做到有效避免正负极接触发生短路的隐患,所以说固态电池具有很高的安全性。由于采用固体电解质本身不易燃,并且可以很好地阻止锂枝晶等固体颗粒导致的电池短路,极好地克服了传统有机电解液电池易燃、电解液泄漏等问题,在事故中损坏不易发生爆炸或者起火,曾经一度享有盛名的菲斯科在很大程度上因为其频繁出现电池起火事件以及其他故障而面临破产。因此,电池的安全性与可靠性能够得到极大的提高;同时,固体电解质电化学窗口及适用温度范围宽、循环稳定好、容易加工成各种结构,能够满足高能量密度、高安全性动力电池的需求,作为替代传统的以有机液体作为电解质的二次电池的下一代新型动力电池,具有非常广泛的发展前景。因为固态电池具有很高的安全性,所以在系统集成时就可以省去传统电池包中很大一部分热管理系统和安全管理系统,同时减少了组装壳体用料,使成组效率得到提升,进而大幅提升整个电池包的系统能量密度。

（3）循环寿命长　循环性能强，固态电解质解决了液态电解质在充放电过程中形成的固体电解质界面膜的问题，避免了锂枝晶现象，大大提升了锂离子电池的循环性能和使用寿命，理想情况下循环性能表现优异，能够达到45000次。根据目前已有的报道，薄膜型固态电池的循环次数已经可以达到45000次的水平。此外，固态电池工作温度范围宽（可以达到300℃），可以叠加多个电极，使单元内串联制备12V及24V的大电压单体电芯成为可能，没有废液使二次回收更加简单。固态电解质拥有诸多亮眼的优势，使固态电池看起来美好至极，但其也存在一定的缺点，这也是将固态电解质电池止步于商业化的主要原因。我们必须认识到，固态电池至今仍没有走出实验室阶段，对于固态电池的研究，目前还是偏学术多一些，基于工程化应用方面的技术研发甚至还处于起步阶段，而要到大规模量产和商业化阶段，还需要走很长的一段路。

5.4 固态电池挑战

固态电池的研究始于20世纪80年代，相关技术从不成熟走向成熟，从实验室走向工厂，从工厂走向终端设备实现规模化应用和普及。十几年甚至几十年已经过去了，当前无论是从最基础的材料到反应界面，再到电池的理论研究和实验，以及更远处的产业化和应用，都还没有从根本上解决一些基础难题。

一项新技术从实验走向应用，首先要在实验室中搞清楚其基本机理，继而确定可以用来放大工业化的技术路线，最后经过中试稳定过后实现规模量产。而大多数时候，一项新技术得以工业化的最基本前提就是"简单粗暴"，只有这样才能"易于理解"，只有易于理解才能最终落实给生产线上的作业人员，以标准化的工序放大生产。同时在生产过程中积累经验教训，在每一个环节中精益求精地改进，每一个细节都实现可控化，最终大规模生产出一致性和稳定性较好的产品。其间，上游产业链如原材料、生产设备的配合更是必不可少。目前看来，固态电池还处于第一个阶段，即还处于在实验室中进行最基本的机理研究，解决一些基本问题的阶段。

固态电池要想成功实现产业化，甚至作为动力电池被大规模应用上车，将会面对下面几项挑战，而克服每一项挑战的难度都极大。

1. 界面阻抗过大

与传统锂离子电池相比，固态电解质电池的固-固界面电极与电解质之间有效接触较弱，离子在固体物质中传输动力学低，带来空间电荷层导致高界面阻抗。虽然固态电解质与正负极材料界面基本不存在像液态电解质分解那样的副反应，但电解质由液态换成固态之后的弊端也是显而易见的。锂离子电池体系由电极材料-电解液的固液界面向电极材料-固态电解质的固固界面转化过程中，就必然存在着由于固固之间无润湿性（传统锂离子电池的电解液和正负极有很好的浸润性），"硬碰硬"的直接结果就是电解质和正负极界面相容性不佳，界面接触电阻变大，从而严重影响了锂离子在界面之间的传输。

电解质和正负极之间的界面相容性，直接决定了界面反应电阻和电池循环稳定性等诸多性能。试验数据证明，目前固体电解质与正负极之间的界面接触阻抗值是电解质本体阻抗的10倍以上，这直接导致一系列恶果，如固态电池的内阻急剧增大、电池循环性能变差、循环寿命变短、倍率性能变差。固体电解质和正负极直接的界面匹配问题，界面阻抗大是制约固态电池循环性能的最重要瓶颈之一。

2. 金属锂负极

另一个挑战就是，要不要用金属锂作为负极。兼容金属锂负极，可以提升能量密度上限，获得高容量与高电压的特性，让金属锂成为继石墨与硅负极之后的"最终负极"。为了实现更高的能量密度目标，以金属锂为负极的电池体系已成为必然选择，因为：

1）锂金属的容量为 $3860mA·h/g$，约为石墨（$372mA·h/g$）的10倍。

2）金属锂是自然界电化学势最低的材料，为 $-3.04V$。

3）其本身就是锂源，正极材料选择面更宽，可以是含锂或不含锂的嵌入化合物，也可以是硫或硫化物甚至空气，分别对应能量密度更高的锂硫和锂空电池，理论能量密度接近当前电池的10倍。

如果不用金属锂负极，那么固态电池的实现将没有任何意义。如果使用现有的正负极材料，由于固态电解质的真实密度显著高于液态电解质，为了获得较低的接触电阻，固态电解质体积占比一般会显著高于液态电解质电池，因此固态电池的能量密度必然低于液态电解质电池，而不是如上文中宣称的会数倍于液态锂离子电池。

这说明如果不改变现有正负极体系，不用锂金属作为负极，只是单纯把液态电解质更换为固态电解质，是无法从根本上提升固态电池的能量密度的。因为固态电解质的使用，在提升能量密度上来说相对于现有的三元正极 + 液态电解质 + 硅碳负极改变不大。

负极如果使用了金属锂，不仅因为能够提供更多的锂离子而大幅提升整个电芯的能量密度，还能有效解决液态电解质中存在的锂枝晶穿刺隔膜，高温下与液态电解质发生持续副反应、锂的生长和析出导致的界面结构不稳定等问题。

采用锂金属作为负极材料是势在必行，但是制造金属锂负极材料的工艺要求极高。因为需要类比芯片制造的超净车间，所以需要全程在手套箱中进行。现实在实验室中，加工一小片实验用的锂金属片，往往只需一个研究人员在手套箱中操作即可，不能想象一旦要实现规模化生产，在一个类似手套箱的车间中，几十米长的锂金属片像现在涂在铜箔上的石墨那样运行，除了高到难以想象的大规模制造难度以外，更大的问题还在于制造过程的安全性。

为了补充锂离子电池负极在首次充电过程中不可逆的容量损失（锂离子数量变少），电池厂希望通过补锂设备直接向负极极片喷涂金属锂粉或锂箔的方式进行补锂，以此达到提升首次库仑效率和电池容量的目的。看起来很简单，实际操作起来却极难。作为补锂原料的金属锂是高反应活性的碱金属，属于非常危险的物品，操作不当就会着火和爆炸。而从补锂方式来说，撒锂粉面临的问题是锂粉比表面积很大，容易飘散，有被人体吸入的风险；压锂带面临的难题是压不了那么薄，会导致补锂过量，长期使用存在安全隐患。

除了生产和使用过程危险，补锂设备采购费用高以外，由于金属锂能够与水剧烈反应，对生产环境要求相当苛刻，这就需要对生产车间和生产线进行改造。没有足够经济实力和技术能力的电池厂轻易不敢接触补锂工艺。对于直接采用金属锂作为负极的方式来说，补锂工艺只能算是金属锂负极材料的工艺技术和生产实践的折中方案和必经步骤而已，真正要规模制造和使用锂金属负极材料，难度要比补锂大太多。

实际上早在20世纪60年代，国外就已经开始以金属锂作为负极材料的研究。20世纪80年代，美国一家锂离子电池企业EoneMoli，其独家技术正是采用金属锂负极。时年最火的时候，意图布局电动汽车的福特公司都想投资这家公司并采用其锂离子电池作为汽车动力。之后Moli被日本的NEC和三井公司收购并制造了5万块手机电池，不料一年半之后这批电池大量失效，出现了严重的质量问题。此事造成了三大影响：

1）日本公司当时决定永久放弃金属锂电池技术路线。
2）当时给Moli公司做技术顾问的锂电专家也彻底放弃了金属锂体系。
3）Moli公司被贱卖后，业务范围至今只限于消费级电池领域。

金属锂作为负极材料的极大难度还表现在，到目前为止都还没突破400次循环，离车规标准还差得很远。

3. 室温电导率

第三个挑战是固态电解质的室温电导率难题。电解质的功能就是在电池充放电过程中为锂离子在正负极之间的移动搭建通道，决定锂离子传输顺畅与否的指标就是离子电导率，离子电导率的高低直接影响了电池的整体阻抗和倍率性能。无论是哪种材质的固态电解质，离子电导率都普遍偏低，其中硫化物电解质的电导率相对较高，但也只限于和最差的聚合物电解质相比。

聚合物电解质的电导率较差，在室温25℃下，聚合物电解质的电导率要低于常规液态电解质5个数量级；到60℃时，依然相差2个数量级；到120℃的时候，依旧有1个量级的差距。假设用这样的一块聚合物固态电池装在手机里，那么手机内部温度可能需要高达100℃。为了保证采用聚合物固态电池的电动汽车能够正常运行，还专门为每辆汽车搭配了一个加热元器件，每次起动车辆之前都要将电池加热到80℃，因为只有温度升高后，电池的导电性才能变好。升高电池温度这一过程不仅麻烦，而且会消耗能量，导致电池包的有效能量密度显著下降，同时由于聚合物固态电池的功率性能较差，所以在实际使用时，还需要与大功率的超级电容器配合使用。

聚合物固态电解质的电化学稳定窗口都比较窄（一般在4V以下），对应的正极材料选择只能是磷酸铁锂、钴酸锂或者三元NCM111，使其总体能量密度很难达到300W·h/kg。例如某种聚合物电池，虽然号称是固态电池，但其比能量只有100W·h/kg。

由于固态电解质电导率总体低于液态电解质，这就导致了目前固态电池的内阻过大，倍率性能整体偏低，所以固态电池也就暂时告别快充了（聚合物固态电池充满电需要5h以上）。固态电池电导率要维持在不能过高也不能过低的适当水平，业界人士表示这样的材料非常难开发。固态电解质电池有倍率性能很低的LiPON系列电池（实际上氧化物体系的电解质普遍倍率性能不佳），也可以基于硫系高性能电解质做出高倍率的固态锂硫电池。但是总体来说，作为动力电源使用，固态电解质电池在高倍率性能方面还是面临很多挑战。

4. 生产工艺设备

第四个挑战就是固态电池及其材料的生产工艺和设备难题。前面提到了锂金属用作负极材料的制备，制造难度堪比芯片。金属锂十分活跃，极易与空气中的氧气和水分发生反应，并且还不耐高温，这就给固态电池的生产组装和实际应用带来极大的困难。如果要改善电解质和正负极的界面阻抗，就要通过在1000℃以上的高温下烧结电极材料来增加界面的接触面积，这对工艺要求也比较苛刻。

在薄膜型氧化物电解质的制造中，由于传统的涂布法无法控制粒子的粒径与膜厚，成膜的均匀性比较低，只有真空镀膜法才能够较好地保持电解质的均匀性。因此，薄膜型固态电池产品多采用真空镀膜、磁控溅射、脉冲激光沉积、化学气相沉积等方法生产，对设备要求极高，制备工艺也很复杂，不利于大规模生产，导致生产效率低下，成本高昂。

一种薄膜型固态电池，由于制备成本高以及规模化生产难度大导致成本极其高昂，如果一辆电动汽车采用该类型固态电池，仅电池成本就高达上千万美元。目前即使是少数商用的薄膜型固态电池，都是用在对价格极其不敏感的航空航天以及心脏手术领域。

硫化物固态电解质由于生产环境限制与安全问题同样也面临极大的挑战，因为硫化物基固态电解质对空气极为敏感，特别容易氧化，稍微遇到一点水气还容易产生硫化氢这样的有毒气体，这意味着其对生产环境的要求将十分苛刻，需要隔绝水分与氧气，并且还会产生有毒气体。若是用在汽车上，行驶过程中发生电池破损状况，硫化物电池在和空气接触之后会放出气味很臭且有剧毒的硫化氢气体，从而带来极大的安全隐患。

理论上硫化物电解质的生产环境需要严格隔绝水分和氧气，但在实际操作中几乎又是不可能的。因为硫化物难免不和空气中的水分反应生成硫化氢气体，所以这种电解质必须采用冷压技术在惰性氛围下进行生产，进而会引起另一大问题，就是这样制造出来的电解质微观层面仍有空隙和晶界空格，结构无法做到完全致密，这样在充电循环过程中就会在空隙中生成锂枝晶，最终导致电解质破碎，电池短路。

综上所述，固态电池的生产制造将是一个巨大的挑战。其生产流程、工艺方式和传统锂离子电池是完全不一样的。虽然理论上固态电池和当下锂离子电池在封装技术上大同小异，但在电解质膜片和正负极极片的制备方面，可以说是全新的。例如制备固态电解质或正极材料，就需要采用射频溅射、射频磁控溅射等各种溅射技术，甚至用3D打印技术；制备金属锂负极就需要采用真空热气相沉积技术。

5. 成本价格高

根据目前的市场价格来看，液态电解质锂离子电池的成本不到200美元/kW·h，如果使用现有技术制造足以为智能手机供电的固态电解质电池，其成本会超过5000美元，而足以为汽车供电的固态电解质电池成本更是超过1000万美元。

5.5 固态电池展望

业界普遍认为的固态电池的诸多优势都只是理论上的，很多层面都没有经过验证。相对于液态电解质电池，目前在全球范围内还没有报道显示固态电池的综合电化学性能超过液态电池，且当前研究重点还是解决循环性、倍率特性，各类全固态电池的热失控、热扩散行为的测试数据还都非常少。虽然业界对固态电解质的研究已有近30年的历史，但直到今天都没有解决锂离子传导效率低这一世界难题。

在电化学领域,一种新的材料、新的技术从实验室走向社会应用层面,一般需要十年甚至更长的时间。从目前看来,固态电池仍旧处于实验室研究阶段,诸多业界精英都在为解决电解质和正负极材料的集成、锂离子电导率低、界面阻抗大等基本问题努力奋战,但也必须认识到,问题得到解决终究不是一日之功。即便是越过了实验室阶段,还要再经历一轮又一轮的小试、中试,攻克诸多生产技术和工艺等方面的难关,才可以最终实现产业化,而这又尚需很长的时日。

锂离子电池的产品和技术进步,需要全产业链的相互协调与配合才能完成,而在当下与其配套的材料、设备、工艺还不成熟,甚至连技术路线都没确定,生产设备都没有的情况下,谈论固态电池的产业化还为时尚早。对于固态电池,还要摒弃那种通过颠覆式技术创新来快速获取成功的念头,这种心态对于制造业,尤其是对锂离子电池这种前期投入巨大的高端制造业来说,无异于毒药。

可以预见,未来固态电池一定会遵循液态、半固态、固液混合到全固态的发展路径。伴随每一个阶段跃升过程的,是上下游相关产业链的共同成熟和壮大。固态电池的普及过程,也许就是当前锂离子电池产业链条的重塑和颠覆过程。固态电池的前景可期,不过对于整个新能源汽车及上下游产业来说,在现有体系还有不小的降本空间以及能量密度还有提升空间的前提下,更应该将主要精力花在高镍正极、硅碳负极以及高电压电解液等一系列必须要面对的技术难题上来,高镍811的量产道路上尚有不少基础问题需要去解决。

习　题

5-1　固态电池与传统液态电池的区别是什么?

5-2　简述固态电池的工作原理。

5-3　根据固态电解质材料的不同,固态电池分成哪三大类?

5-4　试分析聚合物电解质、氧化物电解质和硫化物电解质各自的优缺点。

5-5　固态电池相比传统液态电池有何优缺点?

5-6　现阶段固态电池的发展遇到的挑战主要有哪些?

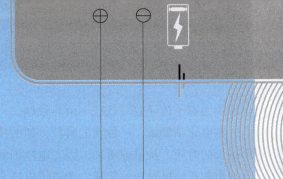

第 6 章 先进电池

除了锂离子电池、固态电池等,还有其他体系电池,比如燃料电池、锂硫电池、锂空气电池等,也可能用于汽车动力系统中。

6.1 锂硫电池

锂硫电池体系采用硫作为正极,金属锂作为负极,如图 6-1 所示。其理论容量密度为 1672mA·h/g,理论能量密度高达 2600W·h/kg,而且硫的自然资源丰富,是煤化工的副产品,成本低廉,前景诱人,是近十年的热门研究体系。

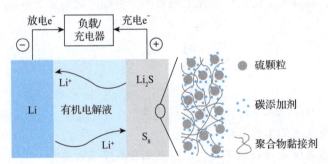

图 6-1 锂硫电池组成示意图

在 1962 年首次报道了锂硫电池,在其后的 40 多年,该体系都没有突破性进展,不仅是由于硫单质是电绝缘体(纯硫的电导率不足 5×10^{-30} S/cm),还有锂负极的枝晶问题并未解决;因为在锂硫电池充放电过程中,硫正极会生成可溶的多硫化物,发生溶解、穿梭,从而导致过充电现象、库仑效率低、循环性能差等一系列问题。直到进入 20 世纪末期,锂离子电池才取得了巨大的进展,特别是在 2009 年,发表了有序介孔碳材料/硫复合正极材料的报道之后,借助介孔碳和纳米碳材料的兴盛,锂硫电池的研究重新获得迅猛发展。

1. 锂硫电池机理研究

锂硫电池的工作原理不同于锂离子电池"摇椅式"的工作原理,它的充放电过程包含一系列可逆的电极反应和歧化反应。研究发现,硫单质是以 S_8 的形式存在,在放电过程中,S-S 键开始断裂,之后断裂的化学键和 Li^+ 不断地结合,进而生成数种不同的中间相——多硫化合物,整个充放电过程包含了两个氧化还原过程,对应着锂硫电池具有两个充放电平台,分别出现在 2.3V、2.1V（放电）和 2.3V、2.4V（充电），其充放电过程如图 6-2 所示。

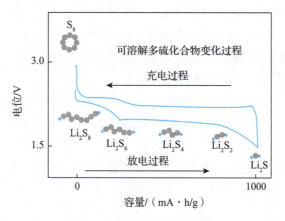

图 6-2　锂硫电池充放电过程

锂硫电池充放电过程中涉及的化学反应有

$$\begin{cases} 2Li_2S_6 + 2e^- + 2Li^+ \rightarrow 3Li_2S_4 \\ 2S_3^- \rightarrow S_6^{2-} \\ 2S_6^{2-} \rightarrow S_5^{2-} + S_7^{2-} \end{cases} \quad (6-1)$$

$$\begin{cases} S_8 + 2e^- + 2Li^+ \rightarrow Li_2S_8 \\ S_8^{2-} \rightarrow S_6^{2-} + \frac{1}{4}S_8 \\ S_6^{2-} \rightarrow 2S_3^- \\ 2S_6^{2-} \rightarrow S_5^{2-} + S_7^{2-} \end{cases} \quad (6-2)$$

$$\begin{cases} 3Li_2S_4 + 2e^- + 2Li^+ \rightarrow 4Li_2S_3 \\ 2Li_2S_3 + 2e^- + 2Li^+ \rightarrow 3Li_2S_2 \\ Li_2S_2 + 2e^- + 2Li^+ \rightarrow 2Li_2S \end{cases} \quad (6-3)$$

锂硫电池在充放电过程中，中间产物多硫化合物可以溶解于电解液中，形成多硫离子。利用 HPLC、UV-vis 等技术分析锂硫电池充放电后的电解液，发现了一系列的多硫离子：S_2^{2-}、S_3^{2-}、S_4^{2-}、S_5^{2-}、S_6^{2-}、S_7^{2-}、S_8^{2-}，推测这一现象是由多个歧化反应造成的，见式（6-1）~式（6-3）。可溶的多硫化物引起了所谓的"飞梭"效应，即经过首次放电以后，S_8 不断溶解在电解液中。在充电时，溶解的高价态多硫离子在电解液中扩散到锂金属电极，在锂金属电极表面和其发生复杂的电化学反应，生成新的低价态的多硫离子 S_2^{2-} 和 S^{2-}，一部分低价态的多硫离子最终形成绝缘体 Li_2S_2 和 Li_2S 沉积在锂金属表面，不能溶于电解液；另一部分低价态的多硫离子随着电解液继续扩散到硫电极，进而再次氧化回到原来的高价多离子状态。这就会导致：

1）"过充电"效应，即在充电过程中，金属锂不断消耗，还原产物无法被完全氧化回单质硫。

2）活性物质硫的损失，多硫化物溶解于电解液中，脱离了集流体，不能继续贡献容量。

3）负极被腐蚀、活性降低，锂表面被低价多硫离子与锂反应的产物所覆盖，如 Li_2S_2 和

Li_2S 等。由于这些产物不具有导电性，增加了电解液/电极界面离子和电子的传递阻力，导致电池内阻增大，充放电提前截止，电池容量无法充分发挥。

锂硫电池虽然前景诱人，但是体系内部存在着较为严重的问题，主要有：

1）硫的导电性能差，需要掺入大量导电炭黑等改善电极导电性，导致正极活性物质含量低、复合材料压实密度低、涂布困难等。

2）可溶的多硫化物造成正极活性物质流失，导致放电比容量衰减严重、循环性能差。

3）飞梭效应引起"过充电"、锂负极的腐蚀粉化，导致库仑效率低、循环过程中锂损失严重。

4）电极/电解液界面不稳定，充放电过程中产生气体，破坏电池。

5）锂负极的安全性和枝晶问题。

2. 正极材料研究现状

针对硫正极的导电性差和多硫化物溶解的问题，通常使用的正极改性策略主要有：

1）加入导电剂，增强电极导电性。

2）构筑骨架结构、包覆层等抑制多硫化物溶出。

3）加入多硫化物的吸附剂，将多硫化物吸附在正极。

4）"造孔"以提供电解液和锂离子的通道，缓冲充放电过程中引起的体积变化。

根据所用的材料不同，硫正极改性方法可分为四类：

1）与碳骨架复合，包括有序/无序介孔碳骨架，如球形碳壳、碳纤维、石墨烯和碳气凝胶等。

2）有机聚合物包覆改性，例如有机导电聚合物（聚苯胺、聚噻吩、聚吡咯等）。

3）金属氧化物包覆改性，如 TiO_2 等。

4）与多硫化物吸附骨架复合。

此外，还包括以上四种方法中的某几种方法的综合运用。

3. 负极材料研究现状

锂是最轻的金属，密度仅为 $0.534g/cm^3$，作为锂二次电池的负极，理论比容量高达 $3861mA·h/g$，但是在使用中暴露出的问题限制了其应用：

1）循环过程中，形成锂枝晶，引起电池内部短路。

2）锂的性质活泼，对水氧敏感，粉化后的锂一旦裸露于空气中，容易引发安全事故。

液态电解质中常用的锂负极的保护方法有原位保护和非原位保护。原位保护多为化学方法，通过在电解液中加入添加剂，在负极表面原位生成稳定的固体电解质界面膜（SEI 膜）来保护负极；非原位保护主要是物理方法，包括在锂负极表面加入保护层和负极形貌的改进。保护层一般是在锂负极表面添加或反应生成固态、半固态的电解质层，有无机陶瓷膜、聚合物膜、混合膜。形貌处理多通过物理的方法，有改变充放电电流密度法和机械处理法。

4. 锂硫电池研究现状

(1) 美国 代表公司有 Sion Power（前身为 Moltech 公司）和 PolyPlus。2010 年 6 月 Sion Power 公司报道，基于其 $350W·h/kg$ 的锂硫电池，QinetiQ 公司的 Zephyr 无人机采用太阳能

电池/锂硫电池复合动力体系，刷新了无人机持续飞行时间记录，达到336h（14天）。2012年，德国 BASF 收购 Sion Power 公司股权，开发了 600W·h/kg 的锂硫电池。Poly Plus 主要研发水基锂硫电池，不同于常规锂硫电池，它采用多硫化物水溶液作为正极，固态电解质保护的锂金属（PLE）作为负极，可以达到在同等体积能量密度条件下，重量仅为常规锂离子电池的一半。

(2) 欧盟　代表公司有英国的 OXIS Energy 公司，它着重于锂硫电池安全性的研究，采用了陶瓷硫化锂钝化膜保护负极和不易燃电解质技术，已经通过了过充电、短路、针刺等测试。预计可以量产 350W·h/kg 的锂硫电池包，可渐进实现能量密度达到 400W·h/kg 和 500W·h/kg。

(3) 中国　国内所开发的锂硫电池多基于液态电解质，中科院大连化物所于 2014 年报道，陈剑研究员小组成功研制额定容量 15A·h 的锂硫电池，并形成小批量制备能力，电池的比能量大于 430W·h/kg。防化研究院也于 2014 年研制出 500W·h 的锂硫电池堆，比能量为 330W·h/kg。清华大学、国防科技大学、北京理工大学、有色院、物理所也开展了这方面工作，并取得较好的结果。国内锂硫电池的能量密度在国际上处于领先地位，但在循环稳定性和安全性上急需提高。在聚合物和固态锂硫电池方面，仍处于探索阶段，尚未有基于聚合物电解质或固态电解质的锂硫软包电池见于报道。

5. 锂硫电池展望

近年来，锂离子电池在便携式电子产品和通信工具中得到了广泛的应用，并且被逐步应用到动力型电源领域。由于低碳和环保的压力，世界著名汽车厂商都致力于开发纯电动汽车及混合动力汽车，而大部分采用的是锂离子动力电池。这就对锂离子电池的容量提出了更高的要求，在这种大的趋势下，锂硫电池以其极高的理论容量有着广阔的应用前景。考虑到它的稳定性和安全性问题，距离民用和商用还有一定的距离，相信伴随着相关问题的不断解决，锂硫电池将为未来的二次电池行业开辟一个崭新的时代。

6.2　锂空气电池

锂空气电池作为一种新型能量存储装置，使用空气中的氧作为活性物质，理论能量密度达 520W·h/kg（氧气计算在内），比锂离子电池体系高一个数量级。优异的性能使得其发展潜力巨大，一些跨国公司已经将其视为非常有希望的下一代储能装置。

1. 电池反应原理

锂空气电池的概念最早由 Littauer 等人于 1977 年提出，如图 6-3 所示。该电池使用金属锂作为负极，活化空气中的氧气作为正极活性物质，水溶液作为电解质，电化学反应式为

$$\begin{cases} 2Li + \frac{1}{2}O_2 + H_2O \rightarrow 2LiOH（碱性溶液）\\ 2Li + \frac{1}{2}O_2 + 2H^+ \rightarrow 2Li + H_2O（酸性溶液） \end{cases} \quad (6-4)$$

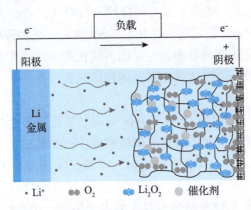

图6-3 锂空气电池的简要示意图

放电过程中金属锂、水和氧气被消耗产生 LiOH，由于金属表面生成了一层保护膜而阻碍了腐蚀反应的快速发生，也使得电池的自放电率非常高，库仑效率极低，同时电池安全性也无法保证。

1996 年，Abraham 和 Jiang 首次构建了有机体系锂空气电池。该体系采用聚丙烯腈基聚合物电解质，开路电压（Open Circuit Voltage，OCV）在 3V 左右，比能量为 $250 \sim 350 W \cdot h/kg$。此后，有机体系锂空气电池引起了广泛关注。

空气电极是该体系锂空气电池的研究热点，不仅由于它是电池能量密度的主要贡献者，也因为它直接决定了体系的输出电压、功率等重要性能指标。空气电极反应事实上是氧气还原/氧气生成反应

$$\begin{cases} 2Li + O_2 \rightarrow Li_2O_2(E_0 = 2.96V) \\ 4Li + O_2 \rightarrow 2Li_2O(E_0 = 2.91V) \end{cases} \tag{6-5}$$

锂空气电池在碳酸酯电解液体系中的反应为

$$2Li^+ + 2e^- + O_2 \rightarrow Li_2O_2 \tag{6-6}$$

该反应具有很好的可逆性，进一步证实了锂空气电池作为二次电池储能系统的可行性。

2. 锂空气电池特点

(1) 高能量密度 相比较传统的锂离子电池，锂空气电池的能量密度达 $5200W \cdot h/kg$。在实际应用中，若氧气由环境提供，在不计算氧气质量的情况下，其能量密度更能达到 $11140W \cdot h/kg$。

(2) 成本低 正极活性物质为空气中的氧气，不需要储存，也不需要购买成本，空气电极使用廉价碳载体，并负载过渡金属氧化物、过渡金属配合物，避免了使用贵金属作为氧还原/析氧双效催化剂，成本进一步降低。

(3) 绿色环保 锂空气电池不含铅、镉、汞等有毒重金属，是一种环境友好型电池体系。

3. 锂空气电池发展

相比水体系的锂空气电池，有机体系锂空气电池解决了金属锂负极的腐蚀问题，但同时也面临着新的难题。一方面，过氧化锂或氧化锂两种放电产物均不溶于有机电解质，随着电

池放电行为的进行，两种放电产物将逐渐在空气电极表面析出，覆盖整个空气电极，堵塞气体扩散通道，从而导致氧气传输路径以及发生氧还原的活性界面减少，空气电极逐步失效，电池放电终止。因此，要提高现有锂空气电池的充放电比容量，空气电极是关键。另一方面，由于有机电解液在氧负离子的作用下分解失效，电池体系遭到破坏，性能严重恶化。因此，寻找稳定的电解质体系也是锂空气电池的主要挑战之一。

在放电产物沉积方面主要的应对途径有两种：一方面需要改进电解质，以保证充放电循环中物质可逆；另一方面仍需更多的优良催化剂来提高过氧化锂/氧气这一氧化还原体系的动力学速度常数，以提高充放电过程中的能量可逆程度。只有在保证物质可逆的前提下，提高能量的可逆程度，才有望实现有实际意义的单一有机电解液体系的锂空气电池。

在改进电解质应对途径方面，人们希望通过添加功能添加剂于电解液中，溶解过氧化锂来防止产物的沉积。将三（五氟苯基）硼烷添加到碳酸酯电解液中发现其能溶解部分过氧化锂，电池容量也得到提高，但同时发现加入添加剂的电解液黏度增大、氧气在电解液中的溶解度降低等新问题，从而使得电池性能劣化。因此，寻找兼容性优异的添加剂是关键，也是发展方向之一。

在使用催化剂应对途径方面，通过电催化使得不溶产物 Li_2O_2 快速分解也是可行方案之一，目前对该过程中催化剂能起多大作用存在争议，有无催化剂对电池的放电电压几乎没有影响；观察到在有催化剂时，电池的放电性能和 ORR 反应速率有明显提升。有些催化剂可能影响 Li_2O_2 的形貌和表面物理、化学性质，进而影响反应过程。

6.3 燃料电池

燃料电池（Fuel Cell）是一种不经过燃烧、不需要经过卡诺循环，直接以电化学反应方式将燃料的化学能转变为电能的发电装置，其能量转换效率可达 60%。在能量转换过程中，除了有低比率碳氧化物排放外，几乎没有任何有害的排放物，因此，燃料电池技术也是一种不污染环境的新技术。

6.3.1 燃料电池历程

1839 年，英国的 Grove 发明了燃料电池，并用这种以铂黑为电极催化剂的简单的氢氧燃料电池点亮了伦敦讲演厅的照明灯。

1889 年，Mood 和 Langer 首先采用了燃料电池这一名称，并获得 200 mA/m^2 的电流密度。

1899 年，能斯特首度发现固态电解质的导电行为。

1937 年，鲍尔和葡来司首先示范成功第一个陶瓷型燃料电池。

1959 年，英国剑桥大学的 Bacon 用高压氢氧制成了具有实用功率水平的燃料电池。

1965 年和 1966 年，美国相继在"双子星座"和"阿波罗"飞船上成功地应用改进的 Bacon 燃料电池提供电力，燃料电池首次进入航天领域发展。

1967 年，通用汽车公司引进碱性燃料电池技术，开发出世界上第一辆燃料电池汽车。

20 世纪 70 年代，美国 Target 财团成功开发出 12.5kW 的磷酸型燃料电池。1986 年又完成了50台40kW的电池组在美国和日本的应用。1994年美国的IFC研制了200kW机组。

质子交换膜燃料电池（PEMFC）由于电阻大、寿命短而受到了限制，从20世纪80年代开始，PEMFC得到迅速发展。目前，PEMFC已发展成为车用燃料电池的主流类型。

1997年，能斯特制备了氧化锆加氧化钇离子导体固体电解质燃料电池。

燃料电池是一种将储存在燃料和氧化剂中的化学能直接转化为电能的装置。当源源不断地从外部向燃料电池供给燃料和氧化剂时，它可以连续发电。依据电解质的不同，燃料电池分为碱性燃料电池（AFC）、磷酸型燃料电池（PAFC）、熔融碳酸盐燃料电池（MCFC）、固体氧化物燃料电池（SOFC）及质子交换膜燃料电池（PEMFC）等。燃料电池不受卡诺循环限制，能量转换效率高、洁净、无污染、噪声低、模块结构、积木性强、比功率高，既可以集中供电，也适合分散供电。

6.3.2 燃料电池原理

燃料电池是一个复杂的能量转换系统，涉及电化学、化工、材料、电催化、电力系统及自动控制等多个学科，包含大量的关键科学问题、技术问题和工程问题。燃料电池的基本结构由四部分组成，分别为阳极、阴极、电解质和外部电路。通常阳极为氢电极，阴极为氧电极。阳极和阴极上都需要含有一定量的电催化剂，用来加速电极上发生的电化学反应，两电极之间是电解质。燃料电池的工作原理如图6-4所示。

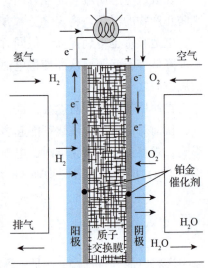

图6-4 燃料电池的工作原理

燃料电池其原理是一种电化学装置，组成与一般电池相同。单体电池由正负两个电极（负极为燃料电极，正极为氧化剂电极）以及电解质组成。不同的是，一般电池的活性物质储存在电池内部，限制了电池容量；而燃料电池的正、负极本身不包含活性物质，只是个催化转换元件。因此燃料电池是名副其实的把化学能转化为电能的能量转换机器。电池工作时，燃料和氧化剂由外部供给。原则上只要反应物不断输入，反应产物不断排出，燃料电池就能连续地发电。

燃料电池通常由形成离子导电体的电解质板和两侧配置的燃料极（阳极）、空气极（阴极）及两侧气体流路构成，气体流路的作用是使燃料气体和空气（氧化剂气体）能在流路中通过。在实用的燃料电池中，因工作的电解质不同，经过电解质与反应相关的离子种类也不同。

碱性燃料电池通常以氢氧化钾溶液或氢氧化钠溶液为电解质，导电离子为OH^-，燃料为氢。

碱性燃料电池阳极反应

$$H_2 + 2OH^- \rightarrow 2H_2O + O_2 + 2e^- \tag{6-7}$$

式中，阳极标准电极电位为-0.0828V。

碱性燃料电池阴极反应

$$\frac{1}{2}O_2 + H_2O + 2e^- \rightarrow 2OH^- \tag{6-8}$$

式中，阴极标准电极电位为 0.401V。

碱性燃料电池总反应

$$H_2 + \frac{1}{2}O_2 \rightarrow H_2O \tag{6-9}$$

因此，理论电动势为：$0.401 - (-0.828) = 1.229V$。

目前的燃料电池类型，除了 AFC 是碱性的，其他均为酸性燃料电池。酸性燃料电池燃料极（阳极）的电化学反应式为

$$H_2 = 2H^+ + 2e^- \tag{6-10}$$

酸性燃料电池空气极（阴极）的电化学反应式为

$$2H^+ + \frac{1}{2}O_2 + 2e^- = H_2O \tag{6-11}$$

酸性燃料电池的电化学反应式为

$$H_2 + \frac{1}{2}O_2 = H_2O \tag{6-12}$$

在燃料极中，供给的燃料气体中的 H_2 分解成 H^+ 和 e^-，H^+ 移动到电解质中与空气极侧供给的 O_2 发生反应。e^- 经由外部的负荷回路，再返回空气极侧，参与空气极侧的反应。一系列的反应促成了 e^- 不间断地经由外部回路，因而就构成了发电。

从反应式（6-12）可以看出，由 H_2 和 O_2 生成 H_2O，除此以外没有其他的反应，H_2 所具有的化学能转变成了电能。实际上，伴随着电极的反应存在一定的电阻，会引起部分热能的产生，由此减少了转换成电能的比例。引起这些反应的一组电池称为组件，产生的电压通常低于1V。为了获得大的出力，需采用组件多层叠加的办法获得高电压堆。组件间的电气连接以及燃料气体和空气之间的分离，采用了称之为隔板的、上下两面中备有气体流路的部件，PAFC 和 PEMFC 的隔板均由碳材料组成。堆的出力由总的电压和电流的乘积决定，电流与电池中的反应面积成比例。PAFC 的电解质为浓磷酸水溶液，而 PEMFC 电解质为质子导电性聚合物系的膜。电极均采用碳的多孔体，为了促进反应，以 Pt 作为催化剂，燃料气体中的 CO 将造成中毒，降低电极性能。为此，在 PAFC 和 PEMFC 的应用中必须限制燃料气体中含有的 CO 量，特别是对于低温工作的 PEMFC，更应严格地加以限制。

此外，只有燃料电池本体还不能工作，必须有一套相应的辅助系统，包括燃料供给系统、散热系统、排水系统、控制系统及安全装置等。

1. 燃料电池优点

（1）高能量转化效率 燃料电池可直接将燃料的化学能转化为电能，中间不经过燃烧过程，因而不受卡诺循环的限制。目前，燃料电池系统的发电效率可达 45%～60%，能量综合利用效率可超过 80%，而火力发电和核电的能量利用效率大约在 30%～40%。

（2）环境友好 燃料电池的有害气体（SO_x、NO_x）排放及噪声污染都很低，甚至为零。

（3）燃料种类较多 燃料电池除氢气燃料以外，还可采用小分子碳氢化合物如煤气、沼气、天然气、甲醇等作为燃料。

(4) 积木性强 燃料电池的发电规模可大可小,非常适合于交通动力、分布电站和便携式电源应用。

2. 燃料电池分类

目前燃料电池的种类很多,其分类方法也有很多种,按不同方法大致分类如下:

1) 按运行机理分类:可分为酸性燃料电池和碱性燃料电池。
2) 按电解质的种类分类:有酸性、碱性、熔融盐类和固体电解质。
3) 按燃料的类型分类:有直接式燃料电池和间接式燃料电池。
4) 按燃料电池的工作温度分类:有低温型(低于200℃)、中温型(200~750℃)和高温型(高于750℃)。

燃料电池按其工作温度不同,把碱性燃料电池(AFC,工作温度为100℃)、固体高分子型质子膜燃料电池(PEMFC,也称为质子膜燃料电池,工作温度为100℃以内)和磷酸型燃料电池(PAFC,工作温度为200℃)称为低温燃料电池;把熔融碳酸盐型燃料电池(MCFC,工作温度为650℃)和固体氧化型燃料电池(SOFC,工作温度为1000℃)称为高温燃料电池,并且高温燃料电池又被称为面向高质量排气而进行联合开发的燃料电池。另一种分类是按其开发早晚顺序进行的,把 PAFC 称为第一代燃料电池,把 MCFC 称为第二代燃料电池,把 SOFC 称为第三代燃料电池。这些电池均需用可燃气体作为其发电用的燃料。

按燃料的处理方式的不同,燃料电池可分为直接式、间接式和再生式。直接式燃料电池按温度的不同又可分为低温、中温和高温三种类型。间接式的包括重整式燃料电池和生物燃料电池。再生式燃料电池中有光、电、热、放射化学燃料电池等。按照电解质类型的不同,可分为碱型、磷酸型、聚合物型、熔融碳酸盐型、固体电解质型燃料电池。

各类燃料电池技术特征见表 6-1。从表中可以看出,在车辆应用方面应选择碱性燃料电池或质子交换膜燃料电池,而固定发电应用方面可选择固定氧化物燃料电池。

表 6-1 各类燃料电池技术特征

简称	类型	燃料	电解质	工作温度/℃	效率
AFC	碱性	氢	氢氧化钾溶液	约 80	40%~50%
PEMFC	质子交换膜	氢	聚合物离子交换膜	约 80	40%~50%
DMFC	直接甲醇	甲醇、乙醇	质子交换膜	90~100	约 30%
PAFC	磷酸	磷酸	氢	约 200	约 30%
MCFC	熔融碳酸盐	氢、一氧化物	碱金属碳酸盐熔融混合物	600~700	50%~60%
SOFC	固态氧化物	氢、一氧化物	氧离子导电陶瓷	约 1000	50%~60%

燃料电池研究与开发集中在四大技术方面:①电解质膜;②电极;③燃料;④系统结构。

日美欧各厂家在开发面向便携电子设备的燃料电池时,尤其重视前三个方面的材料研究与开发。燃料电池中仅次于电解质膜的构件材料便是电极材料,通过它可提取出由甲醇溶液经过分解反应生成的 H^+(质子)和电子。在电极处的反应,Pt 发挥催化作用。因为反应速度是与 Pt 粒子的表面积成正比,所以力求 Pt 的粒子直径要小,争取每单位重量有更大的表面积。实践证明,Pt 粒子的直径一小下来,就会出现多个 Pt 颗粒凝聚而降低催化能力的问题。

NEC 公司基础研究所发现碳原子纳米锥状结构（Carbon Nano-horn）上可附着 2nm 直径的 Pt 颗粒（Pt 原子直径为 0.3~0.4nm），并且 Pt 不含凝聚。于是，NEC 利用该材料作为电极试制出以甲醇为燃料的燃料电池。

质子交换隔膜（300 美元/m^2）约占车用 PEMFC 成本的 35%，铂催化剂约占 40%，二者均为贵重材料。但燃料电池的启动速度尚不及内燃机发动机。反应性可通过增加电极活性、提高操作温度及反应控制参数来达到，但提高稳定性则必须避免副反应的发生。反应性与稳定性常是鱼与熊掌不可兼得。

除甲醇外，其他的碳氢化合物燃料均需经过转化器、一氧化碳氧化器处理产生纯氢气后，方可供现今的燃料电池利用。这些设备也增加了燃料电池系统的投资额。

此外，氢燃料基础建设不足。氢气在工业界虽已使用多年且具经济规模，但全世界充氢站仅约 70 个，仍在示范推广阶段。而且加气时间较长，大约需要 5min。

从上述分析可以知道，在电动汽车的应用中，燃料电池的尺寸、成本、效率和瞬时启动时间尚未达到可以接受的程度。虽然在太空计划以及原型车上已经证明燃料电池应用的可行性，但是在道路车辆方面的应用仍然需要一个长期探索的过程。

3. 质子交换膜燃料电池

质子交换膜燃料电池（Proton Exchange Membrane Fuel Cell，PEMFC），又称固体高分子电解质燃料电池（Polymer Electrolyte Membrane Fuel Cell），是一种以含氢燃料与空气作用产生电力与热力的燃料电池，运作温度在 50~100℃，无须加压或减压，以高分子质子交换膜为传导媒介，没有任何化学液体，发电后产生纯水和热。燃料电池中，质子交换膜燃料电池相对低温与常压的特性，加上对人体无化学危险、对环境无害，适合应用在日常生活中，因此被发展为运输动力型（Transport）、现场型（Stationary）与便携式（Portable）等机组。

质子交换膜燃料电池每一个电池组，一般是由十一层结构所组成：

（1）电极组 中间层为高分子质子交换膜，简称交换膜，是固态高分子电解材料，用以传送质子，且须隔阻电子与气体通过；其两边外侧为催化剂反应层，阳极与阴极的电化学反应分别在这两层进行，目前以铂/碳或铂/钌/碳粉体为催化剂。

（2）气体扩散组 催化剂层两边外侧是两层扩散层，均为经疏水处理以避免水分阻塞的碳纤维，能将反应物扩散至催化剂反应层，并将生成物扩散排出；扩散层两边外侧为两层流场板，与扩散层接触面有许多气体导流槽，反应物与生成物即经由这些导流槽进出燃料电池。

（3）导电隔离组 流场板的外侧是导电板，负责收集电流，再经由电路传送至负载；最外层有两片压板，用以固定与隔离保护整个电池组。

质子交换膜燃料电池的发电效率低于碱性电池（大约 40%），但是坚固耐用和结构简单的特点使该类型的燃料电池非常适合汽车使用。质子交换膜燃料电池和碱性燃料电池是目前在汽车应用中所考虑的两个类型，质子交换膜燃料电池的优点在于它所需要的燃料氢气纯度没有碱性燃料电池所需要的氢气纯度高。

4. 储氢系统

储氢方式的选择，对于以燃料电池为动力的电动汽车基础设施建设未来发展起着关键作用。在标准大气压状态下，氢气能量密度相当低，并不适合储存。氢气可以以压缩气体、液化气体的形式储存，或者通过金属氢化物或碳纳米管等先进方式进行储存。当前燃料电池电动汽车（FCEV）的氢燃料是以压缩氢气为主，车体的载运量因而受限，每次充填量仅约2.5～3.5kg，尚不足以满足现今汽车单程可跑480～650km的续驶里程。以-253℃保持氢的液态氢系统虽已测试成功，但有重大的缺陷：约有1/3的电能必须用来维持槽体的低温，使氢维持于液态，且从隙缝蒸发而流失的氢气约为总存量的5%。

长期以来，气体一直以压缩方式进行储存。在压缩过程中，通常需要几百个标准大气压，这个过程需要消耗很高的能量。获取液态氢需要进一步压缩并用低温制冷，这种方式在汽车上的实用性较差。研究人员正在致力于开发新的材料和制造工艺，以进一步降低储氢气瓶成本。目前正在进行的另一研究方向是，通过采用高表面积材料研究低压吸附储存氢气。在这个方法中，气体被压缩到一个较低压力水平（几个或几十个标准大气压），并放到填满特殊材料的容器中，这种材料能吸收和释放氢气，并且在储存系统中起着维持压力和温度的作用。使用金属氢化物降低了对储存体积和压力的要求，这是因为在充满氢气时，这些金属氢化物中实际所包含氢原子的数量可达到等体积液态氢中氢原子数量的两倍。相比其他储存方式，这种储存方法唯一不足的是在重量方面更重。基于碳纳米管的储氢材料的应用发展前景十分乐观，原因是它可以消除储氢设备中重量方面的顾虑，但是，碳纳米管作为储氢材料的实用性仍然具有较大争议。

6.3.3 燃料电池挑战

如前所述，燃料电池具有诸多优点和种类。如果能将燃料电池大规模地发展起来，那么一定会推动社会巨大进步。然而，就目前燃料电池的技术发展来看，还存在"五氢挑战"。

(1) 氢催化挑战 氢燃料电池基本上采用的都是质子交换膜类型电池堆，当前必须采用铂金作为催化剂，目前投入市场的丰田Mirai每辆车约消耗20g左右，预计在2035年会降到15g左右，以世界汽车平均年销量8000万辆计算，每年铂金需求量约为1200t。据不完全统计，世界铂族元素矿产资源总储量约为3.1万t，其中，铂金总储量约为1.4万t。当前世界铂金年产能不足100t，相对于1200t的需求，缺口较大，并且铂金的应用不只在汽车上，还有其他很多地方都需要用到铂金。因此，在氢催化挑战没有得到解决之前，氢燃料电池汽车对市场的冲击力度有限。如何降低催化剂的成本是氢催化关键技术之一。

电催化剂的抗毒性和活性较差，阴极进行氧还原反应的难度远高于阳极进行氢氧化反应的难度，而且在甲醇和氧气都存在的情况下，Pt电极在阴极容易发生"跨界反应"，从而导致Pt电极对氧失去还原能力。

(2) 氢安全挑战 氢气仅由两个最小的H原子构成，是已知世界最小的分子。在密闭空间内，氢气与氧气适当混合，存在爆炸起火风险。当前基本上采用橡胶材料密封各类氢管道，橡胶在氢环境的老化机制是氢安全的关键技术之一。

(3) 氢储运挑战 当前采用35MPa或70MPa进行氢储运，把气体压缩到70MPa需要消耗很多能量，而这些能量是不做功的纯属额外消耗。因此，氢储运过程能耗将是氢燃料电池汽车全生命周期效率最关键的技术挑战之一。加氢站的建设是氢储运挑战的另一座大山，技术创新虽然难度大，但只要研究人员多，总有一天会被突破；怎样让社会大众接受把加氢站建在自己小区附近,而不是把车开到几十千米的城外去加氢,是氢储运挑战最棘手的一个问题。

(4) 氢性能挑战 如图 6-5 所示,粗实线为采用变速传动时,每个档位的转矩情况;粗虚线为拟合出的整车实际需求转矩;单点画线为电机输出转矩曲线;双点画线为燃料单体电池电压曲线;细实线为燃料电池功率密度曲线。从图 6-5 中可以看出,电机的输出转矩与整车需求转矩非常接近,通过一个两档的变速器就能够将电机的恒转矩和恒功率区与整车需求的恒转矩和恒功率区较好地重合。因此,电机外特性与整车动力性能需求可以非常好地进行匹配,表明电机是用于驱动汽车非常好的动力源,同时也要求动力源在全功率范围内都具备高效率。

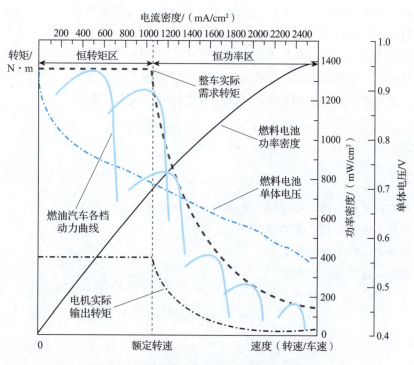

图 6-5 氢燃料电池工作曲线与整车功率需求

对于氢燃料电池来说,从图 6-5 中可以看出,随着电流密度减小,功率密度衰减非常大,亦即,氢燃料电池的高效率只能保持在一个非常窄的区域。在氢燃料电池中低功率输出的时候,电池堆效率非常低,与汽车经常在低速行驶带来的低功率需求不匹配。因此,汽车上的氢燃料电池通常工作在一个恒定的功率输出点,再配置一块锂离子动力电池,用于削峰填谷,以满足整车功率需求。这说明氢燃料电池的功率效率特性与整车需求适配度不高,有待技术突破,拓宽氢燃料电池的高效率工作区间范围。

(5) 氢能源挑战 石油、天然气、煤、太阳能等都是一次能源,而氢气在大自然中不是自然产物,需要制备,属于二次能源。氢燃料电池使用的氢气要求纯度达到一定的标准,通常是 99.999%,氢气中的硫、碳和氨等杂质含量对燃料电池质子交换膜和催化剂的使用寿命有严重的影响。在目前的工业副产氢的各种途径中,只有氯碱副产氢气在纯度和杂质含量等方面可以满足氢燃料电池的需要,其他方法均难以满足。若是采用电解水制氢,会导致氢燃料电池汽车全生命周期效率低于纯电动汽车。因此，要大规模推广氢燃料电池汽车，依靠氯碱副产氢气不足以支撑汽车消耗需求，找到低成本高纯度的氢能源解决方案是氢燃料电池汽车大批量市场化推广的一个"卡脖子"问题。

目前，燃料电池虽然由于成本高、技术尚未完全成熟等缺点而暂时无法得以广泛应用，但以其清洁、高效、无污染等优点必将拥有广泛的应用前景。尤其是质子交换膜燃料电池（PEMFC）具有高功率、低温运行、快速启动、无噪声等特点，使其在电动汽车、航天、军事等领域有着极其重要的应用。

燃料电池十分复杂，涉及化学热力学、电化学、电催化、材料科学、电力系统及自动控制等学科的有关理论，具有发电效率高、环境污染少等优点。燃料电池无论作为集中电站还是分布式电站，或是作为小区、工厂、大型建筑的独立电站都非常合适。负荷响应快，运行质量高；燃料电池在数秒钟内就可以从最低功率变换到额定功率。在传统石化燃料短缺、消费者环保需求提升以及燃料电池技术不断进步等因素的刺激下，燃料电池将在洁净电站、电动汽车、移动电源、不间断电源、潜艇及空间电源等方面有着广泛的应用前景，特别是小型便携式产品，如甲醇燃料电池和车用质子交换膜燃料电池将大有作为。

习　题

6-1　简述锂硫电池的工作原理与充放电主要化学反应。
6-2　锂空气电池的优点有哪些？
6-3　燃料电池的原理是什么？
6-4　燃料电池的分类有哪些？
6-5　目前燃料电池的挑战有哪些？

第7章 电池电芯

本章将从电芯构造、电芯构型、电芯制造和电芯性能等方面展开阐述。

7.1 电芯构造

单体电池,又称为"电芯",是电池系统的最小单元,主要由正极(Cathode Electrode)、负极(Anode Electrode)、电解液(Electrolyte)、隔膜(Separator)、外壳(Case)组成,如图7-1所示。

锂离子电池极片可以看成一种复合材料,主要由四部分组成:

1)活性物质颗粒,嵌入或脱出锂离子,正极颗粒提供锂源,负极颗粒接受锂离子。

2)导电剂和黏接剂相互混合的组成相(碳胶相),黏接剂连结活物质粒、涂层与集流体,导电剂导通电子。

3)填满电解液的孔隙,这是极片中锂离子传输的通道。

4)集流体。

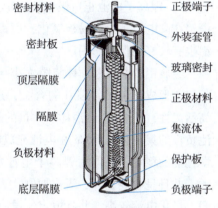

图7-1 电芯构造

在电化学过程,极片涂层主要包括以下4个过程:

1)电子传输。
2)离子传输。
3)在电解液/电极颗粒界面发生电荷交换,即电化学反应。
4)固相内锂离子的扩散。

在极片微观结构中,颗粒粒径大小和分布会影响锂离子扩散路径和电化学反应比表面大小,孔径大小和分布会影响电解液的传输过程,孔隙迂曲度决定锂离子传输距离等,这些微结构特征都会最终影响电池性能。

7.1.1 正极构造

电芯正极主要由 $LiCoO_2$ 等正极材料、导电剂、黏接剂(PVDF)和集流体(铝箔)组成,如图7-2所示。

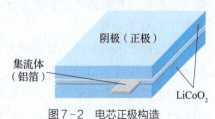

图7-2 电芯正极构造

对于锂离子电池来说，通常使用的正极集流体是铝箔，负极集流体是铜箔，为了保证集流体在电池内部的稳定性，二者纯度都要求在98%以上。锂离子电池正极用铝箔，负极用铜箔的原因有以下3点：

1）铜铝箔导电性好，质地软，价格便宜。锂离子电池工作原理是将化学能转化为电能的一种电化学装置，在这个过程中，需要一种介质把化学能转化的电能传递出来，这就需要导电的材料。在普通材料中，金属材料是导电性最好的材料，而在金属材料里价格便宜导电性又好的就是铜箔和铝箔。在锂离子电池中，主要有卷绕和叠片两种加工方式。相对于卷绕来说，需要用于制备电池的极片具有一定的柔软性，才能保证极片在卷绕时不发生脆断等问题，而在金属材料中，铜铝箔也是质地较软的金属。考虑电池制备成本，相对来说，铜铝箔价格相对便宜，世界上铜和铝元素资源丰富。

2）铜铝箔在空气中也相对比较稳定。铝很容易跟空气中的氧气发生化学反应，在铝表面生成一层致密的氧化膜，阻止铝的进一步反应，这层很薄的氧化膜在电解液中对铝也有一定的保护作用。铜在空气中本身比较稳定，在干燥的空气中基本不发生化学反应。

3）锂离子电池正负极电位决定正极用铝箔，负极用铜箔，且不能反过来。正极电位高，铜箔在高电位下很容易被氧化，而铝的氧化电位高，且铝箔表层有致密的氧化膜，对内部的铝也有较好的保护作用。

金属铝的晶格八面体空隙大小与Li大小相近，极易与Li形成金属间隙化合物。Li和Al不仅会形成化学式为LiAl的合金，还有可能形成Li_3Al_2或Li_4Al_3。由于金属Al与Li反应的高活泼性，使金属Al消耗了大量的Li，本身的结构和形态也遭到破坏，故不能作为锂离子电池负极的集流体；而Cu在电池充放电过程中，只有很少的嵌锂容量，并且保持了结构和电化学性能的稳定，可作为锂离子电池负极的集流体；铜箔在3.75V时，极化电流开始显著增大，并且呈直线上升，氧化加剧，表明Cu在此电位下开始不稳定；而铝箔在整个极化电位区间，极化电流较小，并且恒定，没有观察到明显腐蚀现象的发生，保持了电化学性能的稳定。由于在锂离子电池正极电位区间，Al的嵌锂容量较小，并且能够保持电化学稳定，适合作为锂离子电池的正极集流体。

铜/镍表面氧化层属于半导体，电子导通，氧化层太厚，阻抗较大；而铝表面氧化层氧化铝属于绝缘体，不能导电，但由于其很薄，通过隧道效应实现电子电导；若氧化层较厚，则铝箔导电性极差，甚至绝缘。一般集流体在使用前最好要经过表面清洗，一方面可以洗去油污，同时可除去厚氧化层。

正极电位高，铝薄氧化层非常致密，可防止集流体氧化。而铜/镍箔氧化层较疏松些，为防止其氧化，电位比较低较好，同时锂难与铜/镍在低电位下形成嵌锂合金，但是若铜/镍表面大量氧化，在稍高电位下锂会与氧化铜/镍发生嵌锂反应。而铝箔不能用作负极，低电位下会发生LiAl合金化。

集流体要求成分纯，Al的成分不纯会导致表面膜不致密而发生点腐蚀，更甚由于表面膜的破坏导致生成LiAl合金。

对于锂离子电池来说，正极铝箔由16μm降低到14μm，再到12μm，现在已经量产使用10μm的铝箔，甚至用到8μm；负极用铜箔，由于本身铜箔柔韧性较好，其厚度由之前的

12μm 降低到 10μm，再到 8μm，目前有很大部分电池量产用 6μm，以及部分厂家正在开发的 5μm/4μm 都是有可能使用的。由于锂离子电池对于使用的铜铝箔纯度要求高，材料的密度基本在同一水平。随着开发厚度的降低，其面密度也相应降低，电池的重量自然也是越来越轻，符合对锂离子电池的需求。

对于集流体，除了其厚度和重量对锂离子电池有影响外，集流体表面性能对电池的生产及性能也有较大的影响。尤其是负极集流体，由于制备技术的缺陷，市场上的铜箔以单面毛、双面毛、双面粗化品种为主。这种两面结构不对称会导致负极两面涂层接触电阻不对称，进而使两面负极容量不能均匀释放；同时，两面不对称也会引发负极涂层黏接强度不一致，使得两面负极涂层充放电循环寿命严重失衡，进而加快电池容量的衰减。

单体电池正极配比是电芯的关键核心技术，下面给出一个案例：
1）$LiCoO_2$（10μm）：96.0%。
2）导电剂（Carbon ECP）：2.0%。
3）黏接剂（PVDF 761）：2.0%。
4）黏接增进剂（NMP）：固体物质的重量比约为 810∶1496。

正极配比注意事项：
1）正极黏度控制 6000cP（1cP＝1mPa·s）（温度 25℃）。
2）NMP 的重量须适当调节，以达到黏度要求为宜。
3）特别注意温度、湿度对黏度的影响。

正极材料钴酸锂：正极活性物质，锂离子源，为电池提供锂源。非极性物质，不规则形状，粒径 D50 一般为 6～8μm，含水量≤0.2%，通常为碱性，pH 为 10～11。

正极材料锰酸锂：非极性物质，不规则形状，粒径 D50 一般为 5～7μm，含水量≤0.2%，通常为弱碱性，pH 为 8 左右。

导电剂：链状物，含水量<1%，粒径一般为 1～5μm。通常使用导电性优异的超导炭黑，如科琴炭黑 Carbon ECP 和 ECP600JD，其作用是提高正极材料的导电性，补偿正极活性物质的电子导电性；提高正极片的电解液的吸液量，增加反应界面，减少极化。

黏接剂（PVDF）：非极性物质，链状物，分子量从 300000 到 3000000 不等；吸水后分子量下降，黏性变差，用于将钴酸锂、导电剂和铝箔或铝网黏接在一起。

黏接增进剂（NMP）：弱极性液体，用来溶解/溶胀 PVDF，同时用来稀释浆料。

集流体（正极引线）：由铝箔或铝带制成。

7.1.2 负极构造

电芯负极构造由石墨材料、导电剂、增稠剂（CMC）、黏接剂（SBR）和集流体（铜箔）组成，如图 7-3 所示。

单体电池负极配方也是电芯关键核心技术之一，通常为：
1）负极材料（石墨）：94.5%。
2）导电剂（Carbon ECP）：1.0%（科琴超导炭黑）。
3）黏接剂（丁苯橡胶胶乳，SBR）：2.25%。

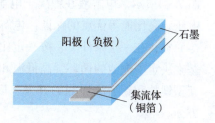

图 7-3 电芯负极构造

4）增稠剂（羧甲基纤维素，CMC）：2.25%。

5）水：固体物质的重量比为 1600:1417.5。

负极配比注意事项：

1）负极黏度控制 5000~6000cP（温度 25℃）。

2）水重量需要适当调节，以达到黏度要求为宜。

3）特别注意温度、湿度对黏度的影响。

石墨：负极活性物质，构成负极反应的主要物质；主要分为天然石墨和人造石墨两大类。非极性物质，易被非极性物质污染，易在非极性物质中分散；不易吸水，也不易在水中分散。被污染的石墨，在水中分散后，容易重新团聚。一般粒径 D50 为 20μm 左右。颗粒形状多样且多不规则，主要有球形、片状、纤维状等。

导电剂的作用为：

1）提高负极片的导电性，补偿负极活性物质的电子导电性。

2）提高反应深度及利用率。

3）防止枝晶的产生。

4）利用导电材料的吸液能力，提高反应界面，减少极化（可根据石墨粒度分布选择加或不加）。

添加剂：降低不可逆反应，提高粘附力和浆料黏度，防止浆料沉淀。

增稠剂/防沉淀剂（CMC）：高分子化合物，易溶于水和极性溶剂。

异丙醇：弱极性物质，加入后可减小黏接剂溶液的极性，提高石墨和黏接剂溶液的相容性；具有强烈的消泡作用；易催化黏接剂网状交链，提高黏接强度。

乙醇：弱极性物质，加入后可减小黏接剂溶液的极性，提高石墨和黏接剂溶液的相容性；具有强烈的消泡作用；易催化黏接剂线性交链，提高黏接强度（异丙醇和乙醇的作用从本质上讲是一样的，大批量生产时可考虑成本因素然后选择添加哪种）。

水性黏接剂（SBR）：将石墨、导电剂、添加剂和铜箔或铜网黏接在一起，小分子线性链状乳液，极易溶于水和极性溶剂。

去离子水（或蒸馏水）：稀释剂，酌量添加，可改变浆料的流动性。

负极引线：由铜箔或镍带制成。

7.1.3 电解液

锂离子电池电解液是电池中离子传输的载体，一般由锂盐、有机溶剂和添加剂组成，如图 7-4 所示。电解液在锂离子电池正、负极之间起到传导离子的作用，是锂离子电池获得高电压、高比能等优点的保证。电解液一般由高纯度的有机溶剂、电解质锂盐、必要的添加剂等原料，在一定条件下、按一定比例配制而成。电极材料决定了电池的能量密度，而电解液基本决定了电池的循环、高低温和安全性能。电解液基本构成变化不大，创新主要体现在对新型锂盐和新型添加剂的开发，以及锂离子电池中涉及的界面化学过程及机理深入理解等方面。

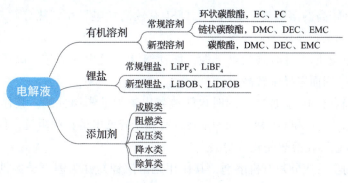

图 7-4 锂离子电池电解液构造成分

锂盐的种类众多，如图 7-5 所示，但商业化锂离子电池的锂盐很少。理想的锂盐需要具有如下性质：

1）有较小的缔合度，易溶解于有机溶剂，保证电解液高离子电导率。
2）阴离子有抗氧化性及抗还原性，还原产物利于形成稳定低阻抗 SEI 膜。
3）化学稳定性好，不与电极材料、电解液、隔膜等发生有害副反应。
4）制备工艺简单，成本低，无毒无污染。

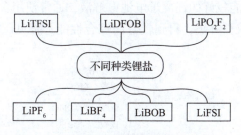

图 7-5 锂盐的种类

$LiPF_6$ 是应用最广的锂盐。$LiPF_6$ 的单一性质并不是最突出，但在碳酸酯混合溶剂电解液中具有相对最优的综合性能。$LiPF_6$ 有以下突出优点：

1）在非水溶剂中具有合适的溶解度和较高的离子电导率。
2）能在铝箔集流体表面形成一层稳定的钝化膜。
3）协同碳酸酯溶剂在石墨电极表面生成一层稳定的 SEI 膜。

但是，$LiPF_6$ 热稳定性较差，易发生分解反应，副反应产物会破坏电极表面 SEI 膜，溶解正极活性组分，导致循环容量衰减。

$LiBF_4$ 也是常用锂盐添加剂，与 $LiPF_6$ 相比，$LiBF_4$ 的工作温度区间更宽，高温下稳定性更好且低温性能也较优。LiBOB 具有较高的电导率、较宽的电化学窗口和良好的热稳定性，其最大优点在于成膜性能，可直接参与 SEI 膜的形成。

从结构上来看，LiDFOB 是由 LiBOB 和 $LiBF_4$ 各自半分子构成，综合了 LiBOB 成膜性好和 $LiBF_4$ 低温性能好的优点。与 LiBOB 相比，LiDFOB 在线性碳酸酯溶剂中具有更高的溶解度，且电解液电导率也更高。其高温和低温性能都好于 $LiPF_6$，且与电池正极有很好的相容性，能在铝箔表面形成一层钝化膜并抑制电解液氧化。

LiTFSI 结构中的 CF_3SO_2 基团具有强吸电子作用，加剧了负电荷的离域，降低了离子缔合配对，使该盐具有较高的溶解度。此外，LiTFSI 有较高的电导率，热分解温度高不易水解，但电压高于 3.7V 时会严重腐蚀铝集流体。

LiFSI 分子中的氟原子具有强吸电子性，能使 N 上的负电荷离域，离子缔合配对作用较弱，Li^+ 容易解离，因而电导率较高。

$LiPO_2F_2$ 具有较好的低温性能，同时也能改善电解液的高温性能。其作为添加剂能在负极表面形成富含 $Li_xPO_yF_z$ 和 LiF 成分的 SEI 膜，有利于降低电池界面阻抗，提升电池的循环性能，但是 $LiPO_2F_2$ 也存在溶解度较低的缺点。

液态电解质的主要成分是有机溶剂，其作用是溶解锂盐并为锂离子提供载体。理想的锂离子电池电解液的有机溶剂需要满足如下条件：

1）介电常数高，对锂盐的溶解能力强。
2）熔点低，沸点高，在较宽的温度范围内保持液态。
3）黏度小，便于锂离子的传输。
4）化学稳定性好，不破坏正负电极结构或溶解正负电极材料。
5）闪点高，安全性好，成本低，无毒无污染。

常见的可用于锂离子电池电解液的有机溶剂主要分为碳酸酯类溶剂和有机醚类溶剂，如图 7-6 所示。为了获得性能较好的锂离子电池电解液，通常使用含有两种或两种以上有机溶剂的混合溶剂，使其能够取长补短，得到较好的综合性能。常见碳酸酯类溶剂的物理性质见表 7-1。

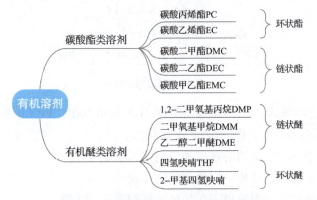

图 7-6 锂离子电池电解液有机溶剂类型

表 7-1 常见碳酸酯类溶剂的物理性质

有机溶剂	相关介电常数	熔点/℃	沸点/℃	黏度系数
碳酸乙烯酯（EC）	89.6	37	243	1.86
碳酸丙烯酯（PC）	64.4	-55	240	2.53
碳酸二甲酯（DMC）	0.59	2	91	0.59
碳酸二乙酯（DEC）	2.8	-43	126	0.75
碳酸甲乙酯（EMC）	3.0	-53	108	0.65

有机醚类溶剂主要包括 1,2-二甲氧基丙烷（DMP）、二甲氧基甲烷（DMM）、乙二醇二甲醚（DME）等链状醚和四氢呋喃（THF）、2-甲基四氢呋喃（2-Me-THF）等环状醚。链状醚

类溶剂碳链越长，化学稳定性越好，但是黏度也越高，锂离子迁移速率也会越低。乙二醇二甲醚由于能与六氟磷酸锂生成较稳定的 $LiPF_6$-DME 螯合物，对锂盐的溶解能力强，使电解液具有较高的电导率，但是 DME 化学稳定性较差，无法在负极材料表面形成稳定的钝化膜。

碳酸酯类溶剂包括碳酸丙烯酯（PC）、碳酸乙烯酯（EC）等环状碳酸酯和碳酸二甲酯（DMC）、碳酸二乙酯（DEC）、碳酸甲乙酯（EMC）等链状碳酸酯。环状碳酸酯具有很高的介电常数，使锂盐更易溶解，但同时黏度也很大，使锂离子迁移速率较低。链状碳酸酯的介电常数小，溶解锂盐能力弱，但黏度低，具有很好的流动性，便于锂离子迁移。

锂离子电解液阻燃添加剂种类如图 7-7 所示。添加剂用量少，效果显著，是一种经济实用的改善锂离子电池相关性能的方法。通过在锂离子电池的电解液中添加较少剂量的添加剂，就能够针对性地提高电池的某些性能，例如可逆容量、电极/电解液相容性、循环性能、倍率性能和安全性能等，在锂离子电池中起着非常关键的作用。理想的锂离子电池电解液添加剂应该具备以下 4 个特点：

1）在有机溶剂中溶解度较高。
2）少量添加就能使一种或几种性能得到较大改善。
3）不与电池其他组成成分发生有害副反应，影响电池性能。
4）成本低廉，无毒或低毒性。

图 7-7　电解液阻燃添加剂种类

根据添加剂的功能不同，可分为导电添加剂、过充电保护添加剂、阻燃添加剂、SEI 成膜添加剂、正极材料保护剂、$LiPF_6$ 稳定剂及其他功能添加剂。

导电添加剂通过与电解质离子进行配位反应，促进锂盐溶解，提高电解液电导率，从而改善锂离子电池倍率性能。由于导电添加剂是通过配位反应作用，又叫作配体添加剂，根据作用离子不同分为阴离子配体、阳离子配体及中性配体。

过充电保护添加剂是提供过充电保护或增强过充电忍耐力的添加剂。过充电保护添加剂按照功能分为氧化还原对添加剂和聚合单体添加剂两种。目前氧化还原的添加剂主要是苯甲醚系列，其氧化还原电位较高，且溶解度很好。聚合单体添加剂在高电压下会发生聚合反应，释放气体，同时聚合物会覆盖于正极材料表面中断充电。聚合单体添加剂主要包括二甲苯、苯基环己烷等芳香族化合物。

阻燃添加剂的作用是提高电解液的着火点或终止燃烧的自由基链式反应阻止燃烧，其种类如图 7-8 所示。添加阻燃剂是降低电解液易燃性，拓宽锂离子电池使用温度范围，提高其性能的重要途径之一。阻燃添加剂的作用机理主要有 2 种：

1）通过在气相和凝聚相之间产生隔绝层，阻止凝聚相和气相的燃烧。
2）捕捉燃烧反应过程中的自由基终止燃烧的自由基链式反应，阻止气相间的燃烧反应。

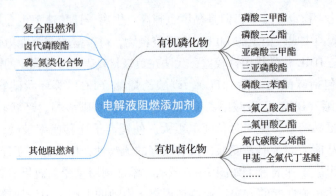

图7-8 电解液阻燃添加剂种类

7.1.4 隔膜

隔膜是锂离子电池的重要组成部分，是用于隔开正负极极片的微孔膜，是具有纳米级微孔结构的高分子功能材料，如图7-9所示。隔膜的性能决定了电池的界面结构、内阻等，直接影响电池的容量、循环以及安全性能等特性，性能优异的隔膜对提高电池的综合性能具有重要的作用。其主要功能是防止两极接触而发生短路同时使电解质离子通过。其性能决定着电池的界面结构、内阻等，直接影响着电池的容量、循环以及电池的安全性能。对于锂离子电池系列，由于电解液为有机溶剂体系，因而需要有耐有机溶剂的隔膜材料，一般采用高强度薄膜化的聚烯烃多孔膜。

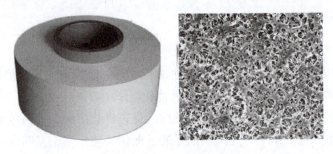

图7-9 锂离子电池隔膜

锂离子电池隔膜的性能决定着电池的界面结构、内阻等，直接影响着电池的容量、循环以及电池的安全性能，锂离子电池隔膜的技术要求为：

1）绝缘性能，隔膜是电子导电的绝缘体，保证正负极的机械隔离。

2）离子电导率高，即对电介质离子运动的阻力要小，有一定的孔径和孔隙率，保证低的电阻和高的离子电导率，对锂离子有很好的透过性。

3）化学稳定性及电化学惰性，对于电解液、可能存在的杂质、电极反应物及电极反应的产物要足够稳定，不会溶解或降解，由于电解质的溶剂为强极性的有机化合物，隔膜必须耐电解液腐蚀，有足够的化学和电化学稳定性。

4）对电解液的排斥最小，对电解液的浸润性好并具有足够的吸液保湿能力。

5）机械强度要高，保证在加工过程中不会撕裂、变形，具有足够的力学性能，包括穿刺强度、拉伸强度等，但厚度要尽可能小。

6）尺寸稳定性，在低于熔点温度下尺寸变化小，不会导致正负极短路，空间稳定性和平整性好，厚度及孔径的均匀性要高。

7）热稳定性和自动关断保护性能好，动力电池对隔膜的要求更高，通常采用复合膜。

8）受热收缩要小，能够有效地阻止颗粒、胶体或其他可溶物在正负电极之间的迁移，否则会引起短路，进而引发电池热失控。

不同的锂离子电池体系及应用领域对隔膜的要求有不同的侧重。

7.2 电芯构型

电芯通常有三种形状：圆柱、方形和软包，如图 7-10 所示。三种形态电池中软包质量最轻、能量密度最高。软包动力电池是典型的"三明治"层状堆叠结构，区别于方形硬壳和圆柱电池形态。软包内部结构由正极片、隔膜、负极片依次层叠起来，外部用铝塑膜包装；圆柱电池则以正极、隔膜、负极的一端为轴心进行卷绕，封装在圆柱金属外壳之中；方形硬壳电池通常有两个轴心，正极、隔膜、负极叠层围绕着两个轴心进行卷绕，然后以间隙直入方式装入方形铝壳之中。以上三种电池形态在容量相同的条件下，软包电池采用轻量化材料如铝塑膜，整体质量比其他两种形态的电池更轻，因此能量密度更高。

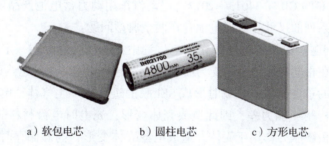

a）软包电芯　　b）圆柱电芯　　c）方形电芯

图 7-10　电芯不同外形种类

在目前的新能源车市场中，圆柱、方形、软包三种电池均有车型搭载，并没有绝对的好坏之分，只能说是各有优势。在电芯能量密度方面，理论上是软包电池最高，方形电池次之，圆柱电池最小。

7.2.1　方形电芯

如图 7-11 所示，一个典型的方形锂离子电池，主要组成部件包括正极、负极、正极外壳、绝缘层、密封盖、上盖、泄压阀、过充电安全装置等。方形电芯通常有两个安全结构：针刺安全装置（Nail Safety Device，NSD）和过充电保护装置（Overcharge Safety Device，OSD）。NSD 是在卷芯的最外面加上了金属层，例如铜薄片。当针刺发生时，在针刺位置产生的局部大电流通过大面

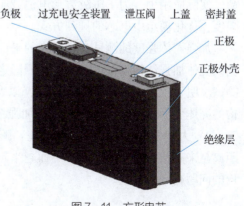

图 7-11　方形电芯

积的铜薄片迅速把单位面积的电流降低，这样可以防止针刺位置局部过热，缓减电池热失控发生。目前，OSD 这个安全设计在很多电池上都能看到。一般是一个金属薄片，配合熔丝使用，熔丝可以设计到正极集流体上，过充电时电池内部产生的压力使得 OSD 触发内部短路，产生瞬间大电流，从而使熔丝熔断，切断电池内部电流回路。壳体一般为钢壳或者铝壳，随着市场对能量密度追求的驱动以及生产工艺的进步，铝壳逐渐成为主流。

方形电池在国内的普及率很高，因为结构较为简单，生产工艺不复杂，而且因为不像圆柱电池那样采用强度较高的不锈钢作为壳体，所以能量密度理论上比圆柱电池的能量密度要更高。但由于方形电池一般都是进行定制化的设计，导致方形电池的生产工艺很难统一，标准化程度较低。方形电池具有以下优缺点：

1）优点：方形电池封装可靠度高；系统能量效率高；相对重量轻，能量密度较高；结构较为简单，扩容相对方便，是当前通过提高单体容量来提高能量密度的重要选项；单体容量大，则系统构成相对简单，使得对单体的逐一监控成为可能；系统简单带来的另外一个好处就是稳定性相对好。

2）缺点：由于方形锂电池可以根据产品的尺寸进行定制化生产，所以市场上有成千上万种型号，而正因为型号太多，工艺很难统一；生产自动化水平不高，单体差异性较大，在大规模应用中，存在系统寿命远低于单体寿命的问题。

2017 年 7 月颁布的 GB/T 34013—2017《电动汽车用动力蓄电池产品规格尺寸》，针对方形电池给出了 8 个系列的尺寸。方形电池存在两个典型问题：

1）侧面鼓胀问题：锂离子电池在充放电过程中，电池内部存在一定的压力，实际测得约 0.3~0.6MPa。在相同的压力下，受力面积越大，电池壳壁的变形越严重。

引起电池膨胀的重要原因：化成时形成 SEI 膜的过程中产生气体，电池内气压升高，由于方形电池平面结构耐压能力差，因此造成壳体变形；充电时电极材料晶格参数发生变化，造成电极膨胀，电极膨胀力作用于壳体，造成电池壳体变形；高温储存时，少量电解液分解及由于温度效应气体压力增大，造成电池壳体变形。在以上三个原因中，由电极膨胀而引起的壳体膨胀是最主要的原因。

方形电池的鼓胀问题是一个通病，特别是大容量方形锂离子电池更为严重。电池鼓胀会造成电池的内阻增加、局部的电液枯竭甚至壳体破裂，严重地影响了电池的安全性及循环寿命。实际应用中，为了解决方形电池鼓胀问题，通常的办法有：利用小结构形式，加强壳体强度；优化模组中电芯的排列方式。

加强壳体强度的测试。把原来的平面壳体设计成加强结构，并以向壳体内部打压的方式，测试壳体加强结构设计的效果，按照固定方式的不同（固定长度方向和固定宽度方向）分别测试。明显观察到加强结构的作用，以宽度固定情形为例，在 0.3MPa 压力下，没有加强结构的壳体变形量达到 4.1mm，而有加强结构的变形量为 3.2mm，变形量降低了 20% 以上。

2）大型方形电池散热性能变差：随着单体体积的增大，电池内部发热部分距离壳体的距离越来越长，传导的介质、界面越来越多，使得散热变得困难，并且在单体上热量分布不均的问题越来越明显。

7.2.2 软包电芯

图7-12所示为软包电芯（Pouch Cell）。以软包锂电池为例，其是在液态锂离子电池外面套上一层聚合物外壳。在结构上采用铝塑膜包装，在发生安全隐患的情况下，软包电池最多只会鼓气裂开。

所谓软包电芯，是相对于圆柱和方形这两种硬壳电池的一种叫法，其内部组成（正极、负极、隔膜、电解液）与方形、圆柱锂电池的区别不大，最大的不同之处在于软包电芯采用铝塑复合膜作为外壳，方形和圆柱电池则采用金属材料作为外壳。软包电芯采用热封装的原因是其使用了铝塑包装膜材料，通常分为三层，即外阻层（一般为尼龙BOPA或PET构成的外层保护层）、阻透层（中间层铝箔）和内层（多功能高阻隔层）。

图7-12 软包电芯

软包电芯主要具备以下几个优势：

1）安全性好：软包电池在结构上采用铝塑膜包装。在发生安全隐患的情况下，软包电池一般先鼓气，或者从封口处裂开以释放能量，最多会着火或冒烟，但不会发生爆炸；而金属壳电芯则较容易产生较大的内压而发生爆炸。

2）比能量高：软包电池采用了叠加的制造方式，在体积上相比于其他两类电池更加纤薄，能量密度在理论上是三种电池中最高的。软包电池重量较同等容量的钢壳电池轻40%，较铝壳电池轻20%，具有较高的质量比能量；软包电池较同等规格尺寸的钢壳电池容量高10%~15%，较铝壳电池高5%~10%，体积比能量也比较高。

3）循环性能好：软包电池的循环寿命更长，100次循环衰减比铝壳少4%~7%。

4）内阻小：软包电池的内阻较锂电池小，国内最小可做到35mΩ以下，极大地降低了电池的自耗电。

5）设计灵活：可根据客户需求定制外形，普通铝壳只能做到4mm，软包可以做到0.5mm。在外观的形状上面来说，可任意改变形状。对于车辆而言，安装软包电池可以增大车辆的空间，并且软包电池的安装位置不受车辆结构的影响；对于软包电池来说，可以把电池做得更薄，软包电池的整体灵活性和匹配性比较高；对于车企来说，在设计等方面有着很大的吸引力。

任何事物都具有两面性，软包电池并非完美无缺，其在生产和使用过程中也面临着诸多问题，甚至制约着软包电池的市场化大规模应用。软包电池的缺点主要有以下三点：

1）标准化和成本的问题。由于软包电池具有非常多的型号，在中后段的自动化程度不如圆柱电池生产线上的自动化，这使得软包电池无法实现大规模生产，导致生产效率低下、成本高。

2）容易发生漏液和胀气。结构本身不够强导致在成组过程中需要额外的壳体，成本较高。

3）一致性的难题。软包电池的安全性相对硬壳和圆柱形电池而言更加稳定，但是一致性问题仍然突出，这是由于软包电池在生产过程中自动化的程度比较低，造成电池的一致性较差，在充放电过程中安全性降低。

7.2.3 圆柱电芯

与软包和方形锂离子电池相比，圆柱形锂离子电池是商业化最早、生产自动化程度最高、当前成本最低的一种动力电池，基本保持着与软包和方形电池三分天下的局面。市面上常用的圆柱电芯为 18650 和 21700 两种，如图 7-13 所示。其中，"18" 代表电芯圆柱直径为 18mm，"65" 代表电芯圆柱高度为 65mm，最后的 "0" 代表电芯为圆柱形。圆柱电芯的发展时间是最长的，技术也最为成熟，标准化程度高。

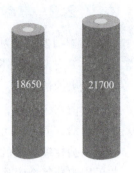

图 7-13 圆柱电芯

圆柱电芯主要由正极、负极、隔膜、集电极、安全阀、过电流保护装置、绝缘件和壳体共同组成。早期的壳体以钢壳居多，当前以铝壳为主。电芯过电流保护装置，每个厂家的设计并不相同，根据对安全性要求和价格要求不同，可以进行定制。一般的安全装置主要有正温度系数（PTC）电阻和熔断装置两大类。PTC 电阻安全装置的原理为，当出现过大电流，电阻发热，温度积累更促进 PTC 阻值的上升；当温度超过一个阈值以后，阻值陡然增大，相当于把故障电芯从总体回路中隔离开来，避免进一步热失控的发生。熔断装置原理上就是一个熔丝，遇到过大电流，熔丝熔断，回路被断开。两种保护装置的区别在于前者可恢复，而后者的保护是一次性的，一旦故障发生，系统必须人为更换问题电芯才能正常工作。

但电池数量过多是一个比较棘手的问题，即便使用了高能量密度电池的车型，也需要将几千节圆柱电芯放在一起，这对车辆的电池管理系统也提出了更高的要求。除此之外，由于圆柱电芯在组合成电池组时需采用钢壳，其重量相对较高，理论上圆柱电芯的能量密度要比其他两种电池更低。

圆柱电芯，尤其是 18650，由于其自身结构特点和型号的标准化，圆柱电芯生产的自动化水平在三种主要电芯形式中为最高。这就使得高度一致性成为可能，成品率相应得到提高。有数据显示，国内外主要厂家良品率均超过 90%。

圆柱电芯的优点：

1) 如前面所述，单体一致性较好。

2) 单体自身力学性能好，与方形和软包电池相比，封闭的圆柱体在近似尺寸下，可以获得最高的弯曲强度。

3) 技术成熟，成本低，目前成本优化的空间也已经消耗得差不多了。

4) 单体能量小，发生事故时，形势易于控制。

圆柱电芯的缺点：

1) 在电动汽车上的应用中，电池系统的圆柱单体数量都很大，这就使得电池系统复杂度大增，无论机构还是管理系统，相对于其他两类电池，圆柱电池系统级别的成本偏高。

2) 在温度环境不均匀的条件下，大量电芯特性异化的概率上升。

3) 能量密度的上升空间已经很小。

面对当前人们不断提高比能量的现状，如果维持外形尺寸不变，又要提高能量密度，圆柱电芯 18650 面临诸多挑战：

1）NCA、硅碳等新材料供应链尚不成熟，成本高，供应难以稳定。比如更高能量密度的材料 811，本身稳定性和制程控制距离量产有一定差距，结果就是短期内 811 的 18650 贵很多，性能却差不少。

2）新材料制程对环境要求高，固定资产投资高，能耗巨大。

3）电芯容量低，电池成组技术要求和成本偏高。

4）电芯最多适应正单、负双极耳结构，而且对能量密度影响较为显著。

5）同时要求高能量密度与高倍率充电时，设计空间很小。18650 用 523 + 石墨体系，按新国标，1C 做到 2.4A·h 已到了设计的极限。

更大直径圆柱锂离子电池将成为必然趋势，更大尺寸电芯与 18650 在极耳设计和卷绕曲率两个角度进行对比，大尺寸电芯显示出明显优势。全面启用 21700 三元锂电池，开启了一个圆柱电池提升容量的新阶段。21700 电池能量密度在 300W·h/kg 左右，比 18650 电池能量密度提升 20% 以上，单体容量提升 35%，系统成本降低 9% 左右。将尺寸从 18650 提高到 21700，获得的好处如下：

1）在适当提高能量密度的情况下，可以选择常规材料，性能稳定、性价比高。

2）可以适当进行多极耳机构设计，降低内阻。

3）在同样的能量密度下，可以选择快充特性石墨，改善快充性能。

4）适当增加直径和高度，可以获得更多的有效体积。

5）电芯容量增大，辅助构件比例降低，降低电池成组成本。

工信部颁布的 GB/T 34013—2017《电动汽车用动力蓄电池产品规格尺寸》中，把原来征求意见稿中只有 18650 和 32650 修改成了囊括 21700 在内的 4 个规格。

关于电芯容量大小的问题，提升容量的路径与小电芯等价于安全性高的早期观点有所冲突。小型锂离子电池（<3A·h）及电池模组（<150A·h）的热安全性已经有很多较为成熟的方法进行防控，例如加入 PTC 电阻、引入电流中断机制或压力传感器等。大型锂离子单体电池（>6A·h）或模组（>200A·h）的安全性控制问题仍然存在挑战。大型锂离子电池相比于小型电池，由于其本身所含能量较高，当出现热安全性问题时，后果会更为严重；由于电池体积的增大，造成电池比表面积的减小进而使得电池单位体积散热面积降低。电池内部温度的不一致性也会随着锂离子电池的大型化和成组化而出现，这种单体电池之间的温度差异会使得电池热失控风险增加，进而导致电池出现一系列问题。

7.3 电芯制造

电芯是一个电池系统中最小的单元。多个电芯组成一个模组，多个模组再组成一个电池包，这就是车用动力电池的基本结构。电池就像一个储存电能的容器，能储存多大容量，是靠正极片和负极片所覆载活性物质的多少来决定的。正负电极极片的设计需要根据不同车型来量身定做。正负极材料克容量、活性材料的配比、极片厚度、压实密度等对容量等的影响也至关重要。

1. 工艺流程

电芯制作工艺流程，如图 7-14 所示。

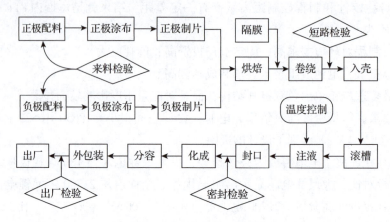

图 7-14　电芯制作工艺流程

1）正、负极材料各自干混→湿混→滚涂膏体在导电基体上→烘焙干燥→卷绕→切边（切成一定宽度）→辊压→卷绕（备下一步用）。

2）圆柱电芯的装配工艺流程：绝缘底圈入筒→卷绕电芯入筒→插入芯轴→焊负极集流片于钢筒→插入绝缘圈→钢筒滚线→真空干燥→注液→组合帽（PTC 元件等）焊到正极引极上→封口→X 射线检查→编号→化成→循环→陈化。

3）方形电芯装配工艺流程：绝缘底入钢盒→片状组合电芯入筒→负极集流片焊于钢盒→上密封垫圈→正极集流片焊于杆引极→组合盖（PTC 元件等）焊到旋引极上→组合盖定位→激光焊接→真空干燥→注液→密封→X 射线检查→编号→化成→循环→陈化。

装配工艺说明：干混采用球磨，磨球是玻璃球或氧化锆陶瓷球。湿混采用行星式拌粉机，其叶片分别装在 2~3 根轴上，混合效果更好。湿混中溶剂数量要恰当，形成合适的流变态，以获得平滑的涂层。滚涂电极膏体要保证一定的黏度，膏体涂于铝箔或铜箔的两面，而涂层的厚度取决于电池的型号。然后再相继通过 3 个加热区进行干燥，N-甲基吡咯烷酮（NMP）或水从涂层中随热空气或干燥氮气流动而挥发，溶剂可以回收再利用。辊压是为了提高涂层的密度，并使电极厚度能符合电池装配的尺寸，辊压阶段的压力要适中，以免卷绕时粉料散落。

以圆柱电芯为例（方形电芯基本过程相同）。卷绕芯入筒之前，将铝条（0.04~0.10mm 厚，3mm 宽）和镍条（0.04~0.10mm 厚，3mm 宽）分别用超声波焊接在正、负极导电基体的指定处作为集流引极。

电池隔膜一般采用 2 层（PE/PP）或 3 层（PP/PE/PP）设计，并且都是经过 120℃ 热处理过的，以增加其阻止性和提高其安全性。

正极、隔膜、负极 3 者叠合后卷绕入筒，由于采用涂膏电极，故必须让膏体材料与基体结合得好，以形成高密度电极。特别要防止掉粉，以免其穿透隔膜而引起电池内部短路。

在卷绕电芯插入钢筒以前，放一个绝缘底在钢筒底部是为了防止电池内部短路，这对于一般电池都是相同的。

电解质一般采用 $LiPF_6$ 和非水有机溶剂，在真空注液以前，电池要真空干燥 24h，以除去电池组分中的水分和潮气，以免 $LiPF_6$ 与水反应形成 HF 而缩短寿命。

电池密封采用涂密封胶、插入垫圈、卷边加断面收缩过程，基本原理与碱性可充电电池相同。封口以后，电池要用异丙醇和水的混合液除去油污物和溅出的电解液，然后再干燥。使用一种气味传感器或"嗅探器"元件检查电池漏液情况。

整个电池装配完成以后，电池要用 X 射线鉴定电池内部结构是否正常，对于电芯不正、钢壳裂缝、焊点情况、有无短路等进行检查，排除有上述缺陷的电池，确保电池质量。

最后一道工序是化成，电池第一次充电，会在阳极上形成保护膜，称为固体电解质界面膜（SEI 膜），它能防止阳极与电解质反应，是电池安全操作、高容量、长寿命的关键要素。电池经过几次充放电循环以后陈化 2~3 周，剔去微短路电池，再进行容量分选包装后即成为产品。

2. 搅拌制浆

搅拌制浆就是将活性材料通过真空搅拌机搅拌成浆状。这是电池生产的第一道工序，该工序质量的好坏，将直接影响电池的质量和成品合格率，而且该工序工艺流程复杂，对原料配比、混料步骤、搅拌时间等都有较高的要求。

搅拌车间对粉尘严格管控水平相当于医药级别。在搅拌的过程中需要严格控制粉尘，以防止粉尘对电池一致性产生影响。

正极混料流程如下：

（1）原料的预处理

1）钴酸锂脱水：一般用 120℃ 常压烘烤 2h 左右。

2）导电剂脱水：一般用 200℃ 常压烘烤 2h 左右。

3）黏接剂脱水：一般用 120~140℃ 常压烘烤 2h 左右，烘烤温度视分子量的大小决定。

4）NMP 脱水：使用干燥分子筛脱水或采用特殊取料设施，直接使用。

（2）物料球磨 4h 结束，过筛分离出球磨；将 $LiCoO_2$ 和 Carbon ECP 倒入料桶，同时加入磨球（干料:磨球 = 1:1），在滚瓶上进行球磨，转速控制在 60r/min 以上。

（3）原料的掺和 使粉料初步混合，钴酸锂和导电剂黏接在一起，以提高团聚作用和导电性。配成浆料后不会单独分布于黏接剂中，球磨时间一般为 2h 左右；为避免混入杂质，通常使用玛瑙球作为球磨介子。

（4）干粉的分散、浸湿 固体粉末放置在空气中，随着时间的推移，将会吸附部分空气在固体的表面上，液体黏接剂加入后，液体与气体开始争夺固体表面；如果固体与气体吸附力比固体与液体的吸附力强，则液体不能浸湿固体；如果固体与液体的吸附力比固体与气体的吸附力强，则液体可以浸湿固体，将气体挤出。当润湿角 ≤90°，固体浸湿。当润湿角 >90°，固体不浸湿。

正极材料中的所有组分都能被黏接剂溶液浸湿，因此正极粉料分散相对容易。分散方法对分散的影响：

1）静置法：时间长，效果差，但不损伤材料的原有结构。

2）搅拌法：自转或自转加公转，时间短，效果佳，但有可能损伤个别材料的自身结构。

搅拌桨对分散速度的影响。搅拌桨大致包括蛇形、蝶形、球形、桨形、齿轮形等。一般蛇形、蝶形、桨形搅拌桨用于分散难度大的材料或配料的初始阶段；球形、齿轮形用于分散难度较低的状态，效果佳。

搅拌速度对分散速度的影响。一般来说，搅拌速度越高，分散速度越快，但对材料自身结构和设备的损伤就越大。

浓度对分散速度的影响。通常情况下，浆料浓度越小，分散速度越快，但浓度太稀将导致材料的浪费和浆料沉淀的加重。

浓度对黏接强度的影响。浓度越大，柔制强度越大，黏接强度越大；浓度越低，黏接强度越小。

真空度对分散速度的影响。高真空度有利于材料缝隙和表面的气体排出，降低液体吸附难度；材料在完全失重或重力减小的情况下，分散均匀的难度将大大降低。

温度对分散速度的影响。在适宜的温度下，浆料流动性好、易分散；温度太热，浆料容易结皮；温度太冷，浆料的流动性将大打折扣。

(5) 稀释 将浆料调整为合适的浓度，便于涂布。

(6) 具体操作步骤

1) 将 NMP 倒入动力混合机（100L）至 80℃，称取 PVDF 加入其中，开机；参数设置：转速 25r/min ± 2r/min，搅拌 115～125min。

2) 接通冷却系统，将已经磨好的正极干料平均分四次加入，每次间隔 28～32min，第三次加料时视材料需要添加 NMP，第四次加料后加入 NMP；动力混合机参数设置：转速为 20r/min ± 22r/min。

3) 第四次加料 30min ± 22min 后进行高速搅拌，时间为 480min ± 210min；动力混合机参数设置：公转为 30r/min ± 22r/min，自转为 25 r/min ± 22r/min。

4) 真空混合——将动力混合机接上真空，保持真空度为 -0.09MPa，搅拌 30min ± 22min；动力混合机参数设置：公转为 10r/min ± 22r/min，自转为 8r/min ± 22r/min。

5) 取 250～300mL 浆料，使用黏度计测量黏度；测试条件：转子号 5，转速为 12r/min 或 30r/min，温度为 25℃。

6) 将正极料从动力混合机中取出进行胶体磨、过筛，同时在不锈钢盆上贴上标识，与拉浆设备操作员交接后可流入拉浆作业工序。

(7) 注意事项 完成后需清理机器设备及工作环境；操作机器时，需注意安全，避免砸伤头部。

负极混料流程如下：

(1) 原料的预处理

1) 石墨：混合，使原料均匀化，提高一致性。300～400℃ 常压烘烤，除去表面油性物质，提高与水性黏接剂的相容能力，修圆石墨表面棱角（有些材料为保持表面特性，不允许烘烤，否则效能降低）。

2) 水性黏接剂：适当稀释，提高分散能力。

(2) 掺和、浸湿和分散 石墨与黏接剂溶液极性不同，不易分散。可先用醇水溶液将石墨初步润湿，再与黏接剂溶液混合。应适当降低搅拌浓度，提高分散性。

分散过程为减少极性物与非极性物距离，提高势能或表面能，因此为吸热反应，搅拌时总体温度有所下降。如果条件允许，则应该适当升高搅拌温度，使吸热变得容易，同时提高流动性，降低分散难度。搅拌过程如加入真空脱气过程，排除气体，促进固-液吸附，则效果更佳。分散原理、分散方法同正极配料中的相关内容。

(3) 稀释 将浆料调整为合适的浓度，便于涂布。

(4) 物料球磨 将负极和KetjenblackECP倒入料桶同时加入球磨（干料:磨球=1:1.2）在滚瓶上进行球磨，转速控制在60r/min以上；4h结束，过筛分离出球磨。

(5) 具体操作步骤

1）纯净水加热至80℃倒入动力混合机（2L）。

2）加CMC，搅拌60min±2min；动力混合机参数设置：公转为25min±2min，自转为15r/min±2r/min。

3）加入SBR和去离子水，搅拌60min±2min；动力混合机参数设置：公转为30r/min±2r/min，自转为20r/min±2r/min。

4）负极干料分四次平均顺序加入，加料的同时加入纯净水，每次间隔28~32min；动力混合机参数设置：公转为20r/min±2r/min，自转为15r/min±2r/min。

5）第四次加料30min±2min后进行高速搅拌，时间为480min±10min；动力混合机参数设置：公转为30r/min±2r/min，自转为25r/min±2r/min。

6）真空混合——将动力混合机接上真空，保持真空度为-0.09~0.10MPa，搅拌30min±2min；动力混合机参数设置：公转为10min±2min，自转为8r/min±2r/min。

7）取500mL浆料，使用黏度计测量黏度；测试条件：转子号5，转速为30r/min，温度为25℃。

8）将负极料从动力混合机中取出进行磨料、过筛，同时在不锈钢盆上贴上标识，与拉浆设备操作员交接后可流入拉浆作业工序。

(6) 注意事项 完成后需清理机器设备及工作环境；操作机器时，需注意安全，避免砸伤头部。

1）防止混入其他杂质。

2）防止浆料飞溅。

3）浆料的浓度（固含量）应从高往低逐渐调整，以免增加麻烦。

4）在搅拌的间歇过程中要注意刮边和刮底，确保分散均匀。

5）浆料不宜长时间搁置，以免沉淀或均匀性降低。

6）需烘烤的物料必须密封冷却之后方可以加入，以免组分材料性质变化。

7）搅拌时间的长短以设备性能、材料加入量为主要判定依据。

8）搅拌桨的使用以浆料分散难度进行更换，无法更换的可将转速由慢到快进行调整，以免损伤设备。

9）出料前对浆料进行过筛，除去大颗粒以防涂布时造成断带。

10）对配料人员要加强培训，确保其掌握专业知识。

11）配料的关键在于分散均匀，掌握该核心，其他方式可自行调整。

3. 浆料涂布

浆料涂布是将搅拌好的浆料涂在铜箔上——涂布工序。这道工序就是将上一道工序后已经搅拌好的浆料以 80m/min 的速度均匀涂抹到 4000m 长的铜箔上下面。涂布前的铜箔只有 6mm 厚，可以用"薄如蝉翼"来形容。

涂布至关重要，需要保证极片厚度和重量一致，否则会影响电池的一致性。涂布还必须确保没有颗粒、杂物、粉尘等混入极片，否则会导致电池放电过快，甚至会出现安全隐患。

4. 冷压分切

冷压分切是将铜箔上负极材料压紧再切分，冷压分切对提升能量密度很重要。在碾压车间里，通过辊将附着有正负极材料的极片进行碾压，一方面让涂覆的材料更紧密，提升能量密度，保证厚度的一致性，另一方面也会进一步管控粉尘和湿度。

将冷压后的极片根据需要生产电池的尺寸进行分切，并充分管控毛刺（这里的毛刺只能在显微镜下看清楚）的产生，这样做的目的是避免毛刺扎穿隔膜而产生严重的安全隐患。

5. 模切分条

切出电池上正负极的小耳朵——极耳模切与分条。极耳模切工序就是用模切机形成电芯用的导电极耳。电池是分正负极的，极耳就是从电芯中将正负极引出来的金属导电体，通俗来讲，电池正负两极的耳朵是在进行充放电时的接触点。分条工序就是通过切刀对电池极片进行分切。

6. 卷绕堆叠

卷绕工序将完成电芯的堆叠。电池的正极片、负极片、隔离膜以卷绕的方式组合成裸电芯。目前，生产线采用视觉检测设备实现自动检测及自动纠偏，从而确保电芯极片不错位。

7. 烘焙注液

烘焙与注液是去除水分和注入电解液。水分是电池系统的大敌，电池烘烤工序就是为了使电池内部水分达标，确保电池在整个寿命周期内具有良好的性能。

注液就是往电芯内注入电解液。电解液就像电芯身体里流动的血液，能量的交换就是带电离子的交换。这些带电离子从电解液中运输过去，到达另一电极，完成充放电过程。电解液的注入量是关键中的关键，如果电解液注入量过大，则会导致电池发热甚至直接失效；如果注入量过小，则又会影响电池的循环性。

8. 化成老化

化成是电芯激活的过程。化成是对注液后的电芯进行激活的过程，通过充放电使电芯内部发生化学反应形成 SEI 膜（SEI 膜是锂电池首次循环时由于电解液和负极材料在固液相间层面上发生反应时形成的一层钝化膜，就像给电芯镀了一层面膜），保证后续电芯在充放电循环过程中的安全、可靠和长循环寿命。将电芯的性能激活，还要经过 X 光监测、绝缘监测、焊接监测，容量测试等一系列"体检过程"。

化成工序当中还包括对电芯"激活"后第二次灌注电解液、称重、注液口焊接、气密性检测；自放电测试高温老化及静置保证了产品性能。

所有制造好后的每一个电芯都具有一个单独的二维码，记录着各自的出生日期、制造环境、性能参数等。强大的追溯系统可以将任何信息记录在案。如果出现异常，则可以随时调取生产信息；同时，这些大数据可以有针对性地对后续改良设计做出数据支持。

在锂离子电池装配完成后，就进入了最后一道生产工序——化成与老化。刚刚装配好的锂离子电池是没有电的，需要对电池进行小电流的充放电。电池的首次充电激活过程就叫作"化成"。

锂离子电池的化成主要有两个方面的作用：一是使电池中的活性物质借助于第一次充电转化成具有正常电化学作用的物质；二是使电极主要是负极形成有效的钝化膜或 SEI 膜。为了使负极碳材料表面形成均匀的 SEI 膜，通常采用阶梯式充放电的方法，即在不同的阶段，充放电电流不同，搁置的时间也不同，应根据所用的材料和工艺路线具体掌握。通常，化成时间控制在 24h 左右。

在锂离子电池的电化学反应中，负极表面的钝化膜对电池的稳定性有着重要的作用。因此电池制造商除将材料及制造过程列为机密外，化成条件也被列为各公司制造电池的重要机密。电池化成期间，最初的几次充放电会因为电池的不可逆反应使得电池的放电容量在初期会有减少。待电池电化学状态稳定后，电池容量即趋稳定。因此，有些化成程序包含多次充放电循环以达到稳定电池的目的。在化成过程中会产生部分气体同时伴随少量电解液的消耗，有些电池厂家会在此过程后进行电池排气和补液的操作。

老化一般就是指电池装配注液完成后第一次充电化成后的放置，可以有常温老化也可有高温老化，两者作用都是使初次充电化成后形成的 SEI 膜性质和组成更加稳定，保证电池电化学性能的稳定性。老化的目的主要有 3 个：

1）电池经过预化成工序后，电池内部石墨负极会形成一定量的 SEI 膜，但是这个膜结构紧密且孔隙小；而将电池在高温下进行老化，将有助于 SEI 结构重组，形成宽松多孔的膜。

2）化成后电池的电压处于不稳定的阶段，其电压略高于真实电压，老化的目的就是让其电压更准确稳定。

3）将电池置于高温或常温下一段时间，可以保证电解液能够对极片进行充分的浸润，有利于电池性能的稳定。

电池的化成 - 老化工艺是必不可少的。在实际生产中，可以根据电池的材料体系和结构体系选择电池充放电工艺，但是电池的化成必须在小电流的条件下充放电。制造商不同，具体的化成及老化的工艺也不相同。另外，经过这两步关键工艺后，再对稳定下来的电池进行分容，选择容量相近的电芯进行配组，最终组装成电池组。

7.4 电芯性能

电芯的性能主要分为电气性能、安全性能、力学性能和环境性能四个方面。

1. 电气性能

（1）额定容量 0.5C 放电，单体电池放电时间不低于 120min，电池组放电时间不低于 114min（95%）。

（2）1C 放电容量 1C 放电，单体电池放电时间不低于 57min（95%），电池组放电时间不低于 45min（90%）。

（3）低温放电容量 -20℃ 下 0.5C 放电，单体电池或电池组放电时间均不低于 72min（60%）。

（4）高温放电容量 55℃ 下 0.5C 放电，单体电池放电时间不低于 114min（95%），电池组放电时间不低于 108min（90%）。

（5）荷电保持及恢复能力 满电常温下搁置 28 天，荷电保持放电时间不低 96min（80%），荷电恢复放电时间不低于 108min（90%）。

（6）储存性能 进行储存实验的单体电池或电池组应选自生产日期不足三个月的，储存前充 50%~60% 的容量，在温度为 40℃±5℃、相对湿度为 45%~75% 的环境储存 90 天。储存期满后取出电池组，用 0.2C 充满电搁置 60min 后，以 0.5C 恒流放电至终止电压，上述实验可重复测实 3 次，放电时间不低于 72min（60%）。

（7）循环寿命 单体电池或电池组采用 0.2C 充电，0.5C 放电做循环，当连续两次放电容量低于 72min（60%）时停止测试，单体电池循环寿命不低于 600 次，电池组循环寿命不低于 500 次。

（8）高温搁置寿命 应选自生产日期不足三个月的单体电池进行高温搁置寿命试验，进行搁置前应充入 50%±5% 的容量，然后在环境温度为 55℃±2℃ 的条件下搁置 7 天。7 天后将电池取出，在环境温度为 20℃±5℃ 下搁置 120~300min。先以 0.5C 将电池放电至终止电压，30min 后按 0.2C 进行充电，静置 30min 后，再以 0.5C 恒流放电至终止电压，以此容量作为恢复容量。以上步骤为 1 周循环，直至某周放电时间低于 72min（60%），实验结束。搁置寿命不低于 56 天（8 周循环）。

2. 安全性能

（1）持续充电 将单体电池以 0.2C 恒流充电，当单体电池端电压达到充电限制电压时，改为恒压充电并保持 28 天，实验结束后，应不泄漏、不泄气、不破裂、不起火、不爆炸（相当于满电浮充）。

（2）过充电 将单体电池用恒流稳压源以 3C 恒流充电，电压达到 10V 后转为恒压充电，直到电池爆炸、起火、充电时间为 90min 或电池表面温度稳定（45min 内温差≤2℃）时停止充电，电池应不起火、不爆炸；将电池组用稳压源以 0.5C 恒流充电，电压达到 5nV（n 为串联单体电池数）后转为恒压充电，直到电池组爆炸、起火、充电时间为 90min 或电池组表面温度稳定（45min 内温差≤2℃）时停止充电，电池应不起火、不爆炸。

（3）强制放电（反向充电） 将单体电池先以 0.2C 恒流放电至终止电压，然后以 1C 电流对电池进行反向充电，要求充电时间不低于 90min，电池应不起火、不爆炸；将电池组其中一只单体电池放电至终止电压，其余均为充满电态的电池，再以 1C 恒流放电至电池组的电压为 0V 时停止放电，电池应不起火、不爆炸。

(4) 短路测试 将单体电池经外部短路 90min，或电池表面温度稳定（45min 内温差 ≤2℃）时停止短路，外部线路电阻应小于 50mΩ，电池应不起火、不爆炸；将电池组的正负极用电阻小于 0.1Ω 的铜导线连接，直至电池组电压小于 0.2V 或电池组表面温度稳定（45min 内温差≤2℃），电池应不起火、不爆炸。

3. 力学性能

(1) 挤压 将单体电池放置在两个挤压平面中间，逐渐增加压力至 13kN，圆柱形电池挤压方向垂直于圆柱轴的纵轴，方形电池挤压电池的宽面和窄面。每只电池只能接受一次挤压，实验结果应符合相关标准的规定。在电池组上放一直径为 15cm 的钢棒对电池组的宽面和窄面挤压电池组，挤压至电池组原尺寸的 85%，保持 5min，每个电池组只接受一次挤压。

(2) 针刺 将单体电池放在一钢制的夹具中，用 $\phi3\sim\phi8mm$ 的钢钉从垂直于电池极板的方向贯穿（钢针停留在电池中），持续 90min，或电池表面温度稳定（45min 内温差≤2℃）时停止实验。

(3) 重物冲击 将单体电池放置于一刚性平面上，用直径 15.8mm 的钢棒平放在电池中心，钢棒的纵轴平行于平面，让重量 9.1kg 的重物从 610mm 高度自由落到电池中心的钢棒上；单体电池是圆柱形时，撞击方向垂直于圆柱面的纵轴；单体电池是方形时，要撞击电池的宽面和窄面，每只电池只能接受一次撞击。

(4) 机械冲击 将电池或电池组采用刚性固定的方法（该方法能支撑电池或电池组的所有固定表面）将电池或电池组固定在实验设备上。在三个互相垂直的方向上各承受一次等值的冲击。至少要保证一个方向与电池或电池组的宽面垂直，每次冲击按下述方法进行：在最初的 3ms 内，最小平均加速度为 $735m/s^2$，峰值加速度应该在 $1225\sim1715m/s^2$ 之间。

(5) 振动 将电池或电池组直接安装或通过夹具安装在振动台面上进行振动实验。实验条件为频率 $10\sim55Hz$，加速度 $29.4m/s^2$，XYZ 三个方向，每个方向扫频循环次数为 10 次，扫频速率为 1oct/min。

(6) 自由跌落 将单体电池从电池组由高度（最低点高度）为 600mm 的位置自由跌落到水泥地面上的 20mm 厚的硬木板上，从 XYZ 三个方向各一次。

4. 环境性能

(1) 高温烘烤 将单体电池放入高温防爆箱中，以 52℃/min 的升温速率升温至 130℃，在该温度下保温 10min。

(2) 高温储存 将单体电池或电池组放置在 (75±2)℃ 的烘箱中搁置 48h，电池应不泄漏、不泄气、不破裂、不起火、不爆炸。

(3) 低气压 满足 UL1642（美国保险商实验室，Underwriters Laboratories Inc.）标准，电池在绝对压力为 11.6kPa、温度为 20℃±3℃ 的条件下储存 6h，电池不应爆炸或起火，不能有穿孔或泄漏。

习 题

7-1 电芯主要由哪几部分组成？对锂离子电池来说，为什么正极采用铝箔，负极采用铜箔？

7-2 电芯电解液构造成分有哪些？理想的锂离子电池电解液添加剂应该具备哪些特点？

7-3 隔膜的主要作用是什么？

7-4 电芯的构型有哪几种？方形电芯的优缺点有哪些？

7-5 电芯制作的工艺流程是什么？请举一例说明其制作过程。

7-6 电芯有哪些性能？其中，安全性能有哪些？

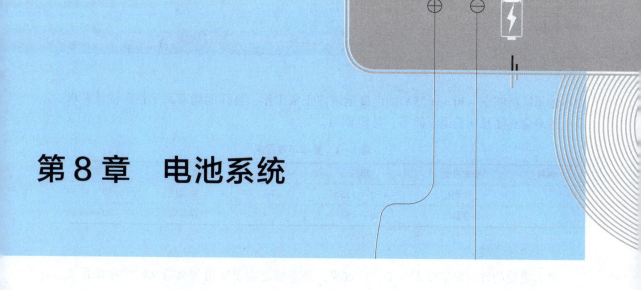

第 8 章 电池系统

电池系统通常由成百上千颗单体电池串并联组成,各单体电池在生产使用过程中,自放电率、内阻、电压、容量等参数不尽一致,串并联的单体电池电性能差异会导致过充电、过放电,进一步加剧电池组内各单体电池的离散特性,加速电池组最大可用容量衰减,缩短电池组的使用寿命。因此,电池管理系统对电池系统尤为重要,目前市场上所有的动力电池系统都匹配了相应的电池管理系统。

电池系统是电动汽车最为复杂的子系统之一,由电池模组、电池箱体、高压线束、低压线束、电池管理系统等组成。本书将电池系统分为两个部分来讲述,电池管理系统将在第三部分讲述,电池管理系统之外的动力电池系统需求、电气原理、模组设计、结构设计以及热管理将在第二部分讲述。

一切市场行为都是以需求为核心,动力电池系统设计也不例外,也是以需求为中心展开设计开发的。本章将讲述怎样获得动力电池系统需求,以及怎样将获得的需求转为电池系统设计指标。电池系统是电动汽车关键零部件,电池系统的需求来自整车需求,亦即电池系统需求必须满足整车开发需求,以实现整车开发目标。与电池系统需求相关的整车需求有环境、性能、结构和成本等方面。

8.1 系统需求

不论是工程设计,还是文学创作,都要先在脑海里形成一个概念,电池系统设计也不例外,也是根据输入的需求,先在脑海里形成一个概念。动力电池的概念,肯定不是来自电池系统本身,而是来自整车对于动力电池的需求。整车在环境、性能、结构、成本和控制参数等方面对动力电池提出需求。

1. 整车环境需求

整车环境需求方面有储存温度、工作环境温度等,与之对应的电池系统参数指标也应该支持整车在上述环境需求的指标。

在整车储存环境温度方面,通常要求整车能够在 $-40 \sim +65$℃的温度范围内存放,延伸到对动力电池的需求方面,就要求动力电池系统能够在 $-40 \sim +65$℃的温度范围内存放,且不影响电池的寿命以及再次工作后性能不明显衰退等。在整车工作环境温度方面,通常要求整车能够在 $-30 \sim +55$℃的温度范围内正常工作,延伸到对动力电池的需求方面,就要求动

力电池系统能够在 -30~+55℃的温度范围内正常工作,且性能能够满足整车设计需求,以及电池寿命遵循预期衰退规律等,见表 8-1。

表 8-1 整车环境需求

序号	整车参数	指标		电池参数	指标
1	工作温度	-30~+55℃	→	工作温度	-30~+55℃
2	储存温度	-40~+65℃	→	储存温度	-40~+65℃

2. 整车性能需求

动力电池的性能决定整车性能,反过来,整车性能需求决定怎么定义动力电池性能。在整车性能需求方面,有综合工况续驶里程、整车质保、设计寿命、整车工作电压平台、充电时间、最大爬坡度与 0—100km/h 加速时间等。综合工况续驶里程直接与电池系统所存储的能量相关,整车质保与电池系统循环寿命相关,整车设计寿命与电池日历寿命相关,整车工作电压平台与电池串并联方式相关,整车充电时间与电池充电倍率相关,最大爬坡度和 0—100km/h 加速时间与电池放电倍率相关,制动能量回馈功率与电池峰值充电倍率相关,30min 最高车速与电池持续放电倍率相关,见表 8-2。

表 8-2 整车性能需求

序号	整车参数	指标		电池参数	指标
1	综合工况续驶里程	300km	→	额定能量	≥100kW·h
2	30min 最高车速	120km/h	→	持续放电倍率	≥0.5C
3	最大爬坡度	30%	→	峰值放电倍率	≥3C
4	0—100km/h 加速时间	10s	→	峰值放电倍率	≥3C
5	充电时间	30h	→	持续充电倍率	≥2C
6	制动能量回馈功率	300kW	→	峰值充电倍率	≥3C
7	电压平台	DC550V	→	串并联方式	2P150S
8	整车质保	10年/20万km	→	循环寿命	≥3500 周
9	设计寿命	15年/60万km	→	日历寿命	≥15年

3. 整车结构需求

在整车结构需求方面,整车能够为电池系统提供的空间约束了电池包结构设计方案以及形成对电池体积能量密度的需求,整车底盘布置形式约束了电池包固定方式,整车整备质量需求约束了电池系统质量,见表 8-3。

表 8-3 整车结构需求

序号	整车参数	指标		电池参数	指标
1	空间尺寸	2500mm×1350mm×400mm	→	电池包尺寸	2500mm×1350mm×400mm
2	空间体积	1350L	→	能量密度	≥7.4W·h/L
3	整备质量	1850kg	→	比能量	≥160W·h/kg
4	布置位置	底盘下部	→	防护等级	IP67

4. 整车成本需求

在整车成本需求方面，整车规划中细分给电池系统的成本约束电池系统成本，该成本进一步约束电池系统能量，见表 8-4。

表 8-4 整车成本需求

整车参数	指标		电池参数	指标
成本	20 万元	→	电池成本	≤10 万元

5. 控制参数需求

动力电池系统设计除了满足整车的性能要求，同时要考虑电池系统自身的内部结构和安全及管理设计等方面。在动力电池系统设计开始阶段，整车厂会根据整车的性能目标及市场定位，针对动力电池系统提出控制参数要求，见表 8-5。

表 8-5 控制参数需求

序号	整车参数	指标		电池参数	指标
1	计算能力	好	→	主芯片	32 位
2	运算能力	强	→	主芯片	浮点运算
3	软件开发	模型化	→	策略软件	Simulink
4	软件更新	CAN 刷写	→	集成软件	Bootloader
5	软件标定	在线标定	→	标定协议	CCP
6	故障诊断	通用	→	诊断协议	UDS
7	通信通道	3	→	CAN 数量	≥3
8	通信协议	通用	→	CAN 协议	J1939

8.2 技术指标

设计人员通过对整车需求的整理及分析，明确动力电池系统的参数，为下一步开发提供明确的思路，整个后期电池系统工程设计需按照整个规范来开展，见表 8-6。

表 8-6 电池技术指标

序号	整车参数	指标		电池参数	指标
1	工作温度	-30 ~ +55℃	→	工作温度	-30 ~ +55℃
2	存储温度	-40 ~ +65℃	→	储存温度	-40 ~ +65℃
3	续驶里程	300km	→	额定能量	≥100kW·h
4	最高车速	120km/h	→	持续放电倍率	≥0.5C
5	最大爬坡度	30%	→	峰值放电率	≥3C
6	加速时间	10s	→	峰值放电倍率	≥3C
7	充电时间	30h	→	持续充电倍率	≥2C

(续)

序号	整车参数	指标		电池参数	指标
8	回馈功率	300kW	→	峰值充电倍率	≥3C
9	电压平台	DC550V	→	串并联方式	2P150S
10	整车质保	10 年/20 万 km	→	循环寿命	≥3500 周
11	设计寿命	15 年/60 万 km	→	日历寿命	≥15 年
12	空间尺寸	2500mm×1350mm×400mm	→	电池包尺寸	2500mm×1350mm×400mm
13	空间体积	1350L	→	能量密度	≥7.4W·h/L
14	整备质量	1850kg	→	比能量	≥160W·h/kg
15	布置位置	底盘下部	→	防护等级	IP67
16	成本	20 万元	→	电池成本	≤10 万元
17	计算能力	好	→	主芯片	32 位
18	运算能力	强	→	主芯片	浮点运算
19	软件开发	模型化	→	策略软件	Simulink
20	软件更新	CAN 刷写	→	集成软件	Bootloader
21	软件标定	在线标定	→	标定协议	CCP
22	故障诊断	通用	→	诊断协议	UDS
23	通信通道	3	→	CAN 数量	≥3
24	通信协议	通用	→	CAN 协议	J1939

经过从整车需求导出来的电池系统需求，需要进一步根据工程实际情况转换成能够实现的电池系统参数指标，以及根据电池系统技术现状，扩展出更多电池系统参数指标，以对下一步电池系统设计进行完整约束。完整约束就是：电池设计工程师根据概念开发工程师给出的所有参数需求指标，只能设计出一类电池系统，通俗一点讲就是概念工程师把所有的路都用参数指标约束堵死了，设计工程师只有一条路可走。

习 题

8-1 简述电池系统的组成。
8-2 简述电池管理系统的作用。
8-3 在电池系统的设计过程中需要提出哪些需求？

第 9 章 电气原理

电动汽车最核心的是电池系统,而电池系统最核心之一就是电气原理。电气原理的架构设计是以实现整车设计给电池系统提出的需求为前提,一旦设计定型,就决定了电池系统的功能。本章将讲述一些关于电池系统电气原理方面的知识。

9.1 电气构型

电池系统电气构型的需求来自电池系统需求,用简单的一句话来总结整车对电池系统的需求就是:为电动汽车安全可控地提供电能。这句话里面的三个关键词分别是电能、可控和安全。电能就是指电池系统里面得有电池模组等能够提供电能的零件;可控就是指电池系统里面得有电池控制单元(BCU)、接触器或继电器、电流/电压传感器等能够控制电流的零件;安全就是指电池系统里面得有熔断器、手动维修开关(MSD)等与系统安全相关的零件。图 9-1 所示为一个简单的电池系统电气构型,包括了上述三大类零件,其中有电池模组、电池控制单元(BCU)、主正接触器、主负接触器、快充正接触器、快充负接触器、预充继电器、预充电阻、电流传感器、带熔断器的手动维修开关(MSD)等零部件。

从图 9-1 中可以看出,该电池系统由 1 个主控板、数个从控板、1 个 MSD、数个电芯、高压继电器、低压线束及各种插接件组成。主控板负责高压继电器逻辑控制、总电压采集、高压接插件及 MSD 连接状态监测、电流采集、充电控制、整车通信、从板信息收集、故障诊断、程序升级等功能;每个从控板设定采集电芯电压(0~5V),并配置了温度传感器分布在箱体内的每个电池模组上。

图 9-1 中的电池系统比较简单,尚未包括水冷系统、加热系统以及温度控制系统等方面的子系统。

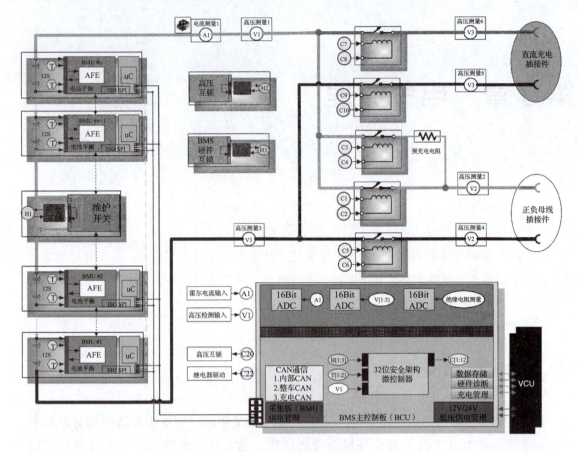

图 9-1 电池系统电气构型

9.2 电气原理

图 9-2 所示为一种电池系统电气原理,从图中可以看出,电池包内集成正、负极接触器,预充电接触器和预充电阻,MSD,电池管理系统和电流传感器;快/慢充和锂电池包内的接触器均由电池管理系统(BMS)控制,建议采用正控逻辑;正、负极接触器具备辅助触点,反馈信号至电池管理系统。

预充电回路为整车高压系统预充,预充电电压应为系统电压;电池管理系统主板的供电应有 ON 电、常电和充电唤醒接口,平时 ON 电激活,充电时由外充电源激活和供电;电池管理系统应具有绝缘电阻检测,母线电压、电流检测功能,电流检测可采用分流器或霍尔电流传感器,电池管理系统应有相应的绝缘电阻检测和故障处理策略,绝缘电阻检测要求详见电池设计输入表中相应要求;电池管理系统主板应能检测符合充电国标的充电控制和确认信号 CC/CP/CC2,交流充电方式按国标中的充电模式 3 连接方式 B 的典型控制导引电路原理设计,可通过家用 16A 插座和交流充电桩实现交流充电;在动力电池组的中间位置应具有维修开关和高压熔断器,如电池包为分箱系统,则建议每箱的电气中间位置设置维修开关和高压熔断器;MSD 和连接电池分箱之间的高压插接件应形成电池包内的互锁回路,互锁信号由电池管理系统检测;动力电池包总正、总负输出的高压接插件采用互锁

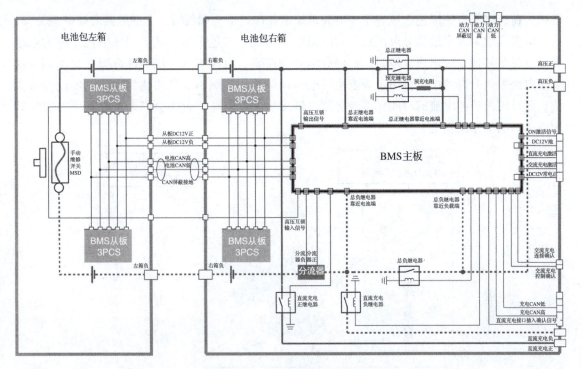

图 9-2 电池系统电气原理

接插件，与电力控制单元（PCU）和电机形成主回路的高压互锁控制互锁信号由整车控制器（VCU）检测。

电池管理系统采用主从式架构，主控板与从控板之间通过 CAN 总线通信，图 9-3 所示为电池系统内部 CAN 总线结构。

从图 9-3 可以看出，每个模组布置一个从控板，从控板与模组集成在一起，配置灵活，可扩展，制作标准化模组，满足共平台需求。电气设计主要是针对电池包的高压电路设计，其中包括高压电气安全、预充电路方案、高压线缆选型、MSD 和电流传感器等方面的设计开发。

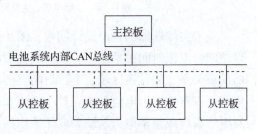

图 9-3 电池系统内部 CAN 总线结构

9.3 高压安全

高压电气安全存在两个方面的设计问题：一个是与结构相关的高压绝缘、电位均衡、防水防尘、电气间隙和爬电距离等方面的设计，这个属于结构开发范畴，参考 GB/T 18384.3—2015《电动汽车　安全要求　第 3 部分：人员触电防护》的要求开展设计即可；本节主要讨论的是从系统层面考虑的，在电池系统出现短路、断路以及其他危险时，高压电气系统怎样设计才能既保护驾乘人员的安全，又可以保护电池系统。

图 9-4 所示为电池系统中主继电器、主熔断器（通常在 MSD 中）和电芯熔断器选型设计关系，图中粉色虚线以内，为电池系统正常工作的区域，继电器选型设计要求紧包着这个

区域。粉色虚线右侧绿色区域表示在电池系统电流超过最大阈值时，主继电器需要带载分离，这个电流区域为规定最低分离次数下的电流取值情况。粉色虚线区域上面的橙色区域为电池系统或整车其他系统出现故障时，根据故障处理逻辑，电池管理系统主动分离主继电器，这类小电流带载分离的次数也用于规范主继电器设计要求。图中红色实线为主继电器设计最大值，超过该曲线的电流或时间，主继电器应该发生断路损坏，否则会带来系统其他方面的问题或影响电池系统安全。

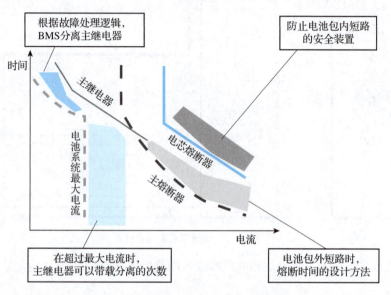

图9-4 主继电器、主熔断器和电芯熔断器选型设计关系（见彩插）

关于主熔断器的选型设计问题，图9-4也给出了相应的规范。图中深蓝色虚线为主熔断器熔断的电流时间关系曲线，该曲线上面的浅蓝色区域为电池包外短路时，熔断电流与时间的约束关系，超过该区域以上，熔断器必须立即熔断，否则会带来电池系统安全问题。从图中还可以看出，当电池系统在较小电流和较长时间的工况中出现意外问题时，由主继电器来对电池系统或整车电力系统采取保护作用；当电池系统处于大电流较短时间的工况中出现过流问题时，由主熔断器担任系统保护角色。

图9-4还给出了电芯熔断器的选型设计规范，图中黑色实线为电芯熔断器熔断曲线。当电芯发生内短路时，电芯熔断器熔断，从而保护整个电池的安全。从以上分析可知，当电池系统发生外短路时，由在手动维修开关中的主熔断器起到保护作用；当电池系统发生内短路时，由在电芯层面设计的熔断器起保护作用，并且电芯熔断器的电流熔断阈值和承受时间必须大于主熔断器的相应阈值，且有一定的余量，以便系统出现电流相关故障后，主熔断器先损坏，这样电池系统损失最小而且便于维修。

9.4 预充电路

开关电源的输入电路大都采用电容滤波型整流电路。在进线电源合闸瞬间，由于电容器上的初始电压为零，电容器充电瞬间会形成很大的浪涌电流，特别是大功率开关电源，采用容量较大的滤波电容器，会使浪涌电流达到100A。在电源接通瞬间产生如此大的浪涌电流，往往会导致输入熔断器烧断或合闸开关的触点烧坏，整流桥过流损坏。在纯电动汽车回路中，同样存在着大量的容性负载，高压电路在瞬时上电时，将会对整个高压系统电路造成上电冲击。为此，在上电过程中需要对高压电路进行防电流瞬态冲击的预充电，图9-5所示为高压预充电路原理。

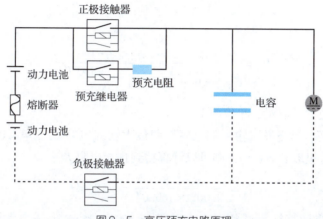

图9-5 高压预充电路原理

在电池系统输出高压电之前，先通过预充电回路对电池系统外部的高压系统进行预充电。预充电回路的设计主要实现了以下三个功能：保护负载电容、保护单体电池和保护继电器（防止电弧产生）。由于高压零部件的高压正、负极之间设计有补偿电容，如果没有预充电电阻，那么在高压回路导通瞬间，补偿电容将会由于瞬间电流过大而烧毁。如图9-5所示，电池所带的电机控制器负载，前端都有较大的电容。在冷态启动时，电容上无电荷或只有很低的残留电压；当无预充电时，正/负极主接触器（RLB+/RLB-）直接与电容接通，此时电池电压有DC300V以上的高压，而负载电容上电压接近0，相当于瞬间短路，负载电阻仅仅是导线和继电器触点的电阻 R_{unload}，一般 $R_{unload} \ll 20m\Omega$。按欧姆定律，冲击电流 I_{impact} 为

$$I_{impact} = \frac{V_B - V_C}{R_C} \tag{9-1}$$

式中，V_B 是电池电压，单位为V；V_C 是负载电容上的电压，单位为V；R_C 是电池回路电阻，单位为Ω。

如此大的电流流过，正负极接触器、车载设备和电池本身必损坏无疑。因此，高压系统中必须设计有预充电回路。在动力蓄电池输出高压电之前，先通过预充电回路对电池外部的高压系统进行预充电。根据纯电动物流车项目设计需求，预充电时间要求小于2s，预充电回路控制器件为BCU、预充电继电器和预充电电阻。

预充电过程为先断开正极接触器，让阻抗较大的预充电继电器和预充电电阻构成的预充电回路先接通。当预充电电路工作时，负载电容上的电压 V_C 越来越高，预充电电流 I_C 越来越小，当负载电容上的电压接近电池电压时（$\Delta V = V_B - V_C$ 足够小），这时BCU切断预充电继电器，接通正极接触器，不再有大电流冲击。

设预充电时间即高压系统电容充电放电时间为 t_C，电池回路电阻为 R_C，V_0 为电容上的初

始电压值，V_1 为电容最终可充到或放到的电压值，V_t 为 t 时刻电容上的电压值，则

$$V_t = V_1 + (V_0 - V_1) e^{\frac{-t_C}{R_C}} \qquad (9-2)$$

一般 V_t 取电池系统电压的 95% 以上。考虑到电池系统总电压较高，为使接触器两端压差在 20V 以下，本方案取 96%。假定 $V_0 = 0$，则

$$V_t = (1 - e^{\frac{-t_C}{R_C}}) V_1 \qquad (9-3)$$

那么

$$R_C = \frac{t_C}{C_{\text{motor}} \times \ln \frac{V_1}{V_1 - V_t}} = \frac{-t_C}{C_{\text{motor}} \times \ln 0.04} \qquad (9-4)$$

式中，C_{motor} 是负载电容的容量，单位为 F。

根据项目整车高压线路最大输入端电容按照最大输入电容 $C_{\text{motor}} = 2000\mu F$ 计算，预充电时间通常 $t_C < 2s$，这里取 $t_C = 1.8s$，则可以计算得到预充电阻 R_p：

$$R_p = \frac{-1.8}{0.002 \times \ln 0.04} = 279.6\Omega \qquad (9-5)$$

预充电电阻结合计算结果圆整要求，取 $R_p = 300\Omega$。综合上述参考因素，选取电阻为 300Ω，电池端电压 V_B 与电容端电压 V_C 压差仍然按 588V 计算，在接通一瞬间，流过预充电回路进入电容的最大电流为

$$I_p = \frac{588}{300} = 1.96A \qquad (9-6)$$

9.5 高压线束

GB/T 25085—2010《道路车辆 60V 和 600V 单芯电线》、GB/T 25087—2010《道路车辆 圆形、屏蔽和非屏蔽的 60V 和 600V 多芯护套电缆》，对于额定电压为 60~600V 的单芯或多芯电缆做了规定和要求，但未涉及新能源汽车使用的 600V 以上的高压线缆。QC/T 1037—2016《道路车辆用高压电缆》则规定了额定电压 AC1000V/DC1500V 及以下道路车辆用高压电缆的要求、试验方法、检验规则、包装和标记标准。

QC/T 1037—2016 大部分测试项目和要求沿用了 GB/T 25085 和 GB/T 25087 的内容，与电缆材料有关的差别主要有如下 5 点：

(1) 绝缘检查电压更高 AC600V/DC900V 检查电压为 8kV，AC900V/DC1500V 检查电压为 10kV。

(2) 外观颜色要求 电线外层只能使用鲜艳的橙色。

(3) 耐磨要求更高 耐磨要求规定了最小往复次数 1000~1500 次。

(4) 耐蚀性更好 耐化学试剂浸渍时间改为 10s；腐蚀性强的如汽油、柴油单次浸渍后热老化 240h；弱腐蚀性液体如冷却液、玻璃水则分 4 次浸渍，热老化 3000h，然后进行卷绕和绝缘测试。

(5) 阻燃性能更好 阻燃要求更高，延燃实验自熄时间要求小于 30s，而 GB/T 25085 和 GB/T 25087 的自熄时间要求为小于 70s。

基于上述标准，对高压电缆进行了初步设计选型，见表9-1。

表9-1 电池系统高压电缆设计选型

序号	回路	线缆	铜排	规格
1	模组间		间距≤250mm	50mm²
2	主回路		间距≤250mm，路径不规则	50mm²
3	预充回路	线径小		4mm²
4	慢充回路	线径小		4mm²
5	快充回路		间距≤250mm，路径不规则	50mm²

主回路参数计算，最大持续放电功率为108kW，最大电流为：108kW/588V＝184A。峰值放电功率为182kW，最大电流：182kW/588V＝310A。

从表9-1中可以看出，此次高压电缆设计选型主要为50mm²铜芯线，若是电池包内部的铜排或极柱连接片，也必须设计为50mm²的截面积，否则会出现通流瓶颈。

只要高压线束与其他用电设备、零件、器件连接，那么连接处的装配都会非常明确地要求必须紧固，不得松动，原因是：

1）如果松动，电流经过时会出现接触电阻增大，导致发热甚至打火引起火灾，最终引起安全事故的发生。对于动力电池而言，高压线连接更是关联车辆安全。

2）如果松脱断开，对电池包而言，气密封失效，继而发出绝缘警告，车辆出现行驶受限故障。

9.6 插接器

高压电气连接系统主要包含高压线束和插接器。整车故障报修中，电气连接系统有一定占比，成为高压系统中较为薄弱的一个环节。高压插接器通常称为高压插件，在电气连接系统中，插接器的质量尤为重要，是保障电气连接安全可靠至关重要的因素。国内外的一些高压插接器标准见表9-2。

表9-2 高压插接器标准

序号	类型	归口单位	标准号	标准名称
1	国外标准	国际电工协会	IEC 783	电动道路车辆的线束和插接器
2			IEC 61851-2-1	电动车辆交流/直流电源连接要求
3		美国SAE	USCAR-2	汽车电气插接器的性能标准
4			USCAR-37	高压插接器性能
5			SAE J1772	电动车辆传导式充电插接器
6			SAE J1742	道路车辆高压插接器试验方法
7		德国汽车制造商	LV215-1	高压插接器电气性能要求
8	国内标准	全国汽车标准化技术委员会	GB/T 18487.1—2015	电动汽车传导充电系统 第1部分：通用要求
9			GB/T 20234—2015	电动汽车传导充电用连接装置
10			GB/T 37133—2018	电动汽车用高压大电流线束和连接器技术要求

插接器选型应用时，需要根据部件使用环境（如温度、湿度、海拔等）、安装位置（振动条件、体积结构、密封等级要求）、载流特性、成本核算等合理选择产品。对高压插接器的理想期望，是产品有较高的安全防护等级、高耐温、大载流、低功耗、抗油脂、体积小、轻量化、长寿命周期且低成本。插接器的安全防护主要指电气性能满足设计要求，如绝缘、耐压、电气间隙、爬电距离、防呆、防触指（端子周围加绝缘材料，高出端子高度或者端子加塑料帽）设计等符合规定要求。除了以上性能要求，应用时需重点关注插接器高压互锁（HVIL）和密封防护、电磁兼容性能。

1. 插接器安全防护

插接器安全防护包括高压互锁（HVIL）、防护等级（IP）和电磁兼容（EMC）3个方面，分别从电气安全、机械结构安全和电磁安全3个方面对插接器进行要求。

（1）高压互锁 高压互锁通过使用电气信号，可以确认高压系统连接的完整性，也可以作为盖板打开检测。高压插接器设计时，要考虑插拔过程中的高压安全保护，如断开时，HVIL首先断开，后断开高压端子；而接合时则相反。插接器HVIL在结构设计上一般有内置式和外置式，由于内置式结构紧凑体积较小，目前普遍使用内置式（图9-6），高压互锁回路安装在高压端子之间。

图9-6 内置式高压互锁原理示意图

在应用中，部分内置式插接器缺少互锁装置的插接器定位件（Connector Position Assurance，CPA），如果插接器结构设计得不好，在某些恶劣的条件下，部分供应商的产品由于互锁装置位移会导致互锁信号的不连续性，给车辆调试及安全驾驶带来不必要的问题。

在实际使用过程中，高压互锁回路主要通过信号（如电平、PWM信号）注入法检测，失效模式主要考虑HVIL电路故障短路（包含对电源、对地短路，采用电平检测，存在系统可能无法正确判断的风险）或断开（产品需确保互锁装置不位移）。另外，插接器选型设计时应考虑插接器HVIL装置接触电阻及线束回路电阻，避免由于信号压降造成的HVIL检测失效。

（2）防护等级 防护等级是由两个数字组成的，第一个数字表示防止固体侵入的密封等级；第二个数字表示防止液体（一般指水）侵入的密闭等级。数字越大，表示防护等级越高。高压插接器密封一般要求至少达到IP67，6表示尘密，可完全防止灰尘侵入；7表示防止浸水时的水侵入，在水中一定时间和水压在一定标准以下，能确保不因进水而造成插接器损坏。汽车在一些特殊场合选型时甚至要求IP6K9K，K表示即便在高压冲洗时也满足使用要求。目前产品防护要求及验证方法主要参考GB/T 4208—2017《外壳防护等级（IP代码）》，把部件或插接器放置于水箱1m深处，静置30min，以检测其防护等级IP67是否通过。

车辆的实际工况需要经历疲劳荷载，面临材料老化问题。例如，长期面临振动条件；极端天气下，需面对极寒极热情况；涉水时，水分中含有其他杂质，需应对腐蚀性等情况。为保障全生命周期内产品性能，在实际运用当中，重要的是在车辆接近寿命尾声时，密封情况的好坏。

插接器在实验室的浸水防尘测试，无法完全模拟车辆插接器的实际环境。将插接器产品先经过机械疲劳、振动、热冲击、盐雾等测试后，再进行IP67测试，可以尽可能完整地预估系统生命终期的密封性能。另外，值得注意的是，密封材料一般为橡胶材质，本身面临寿命衰减，目前插接器产品应用中缺少有效的风险报告，在系统设计时，也需要考虑如何预防因密封材料寿命衰减带来的问题。如果产品全生命周期内可以保证密封性能，则插接器密封在应用设计中主要考虑以下几处：①插接器和部件之间（主要涉及部件结构设计控制）；②插接器和电缆之间（产品保证密封圈位置限位不移动及线束生产时控制装配准确性）；③插接器公母端之间（产品结构工艺及装配的完整性）。

（3）电磁兼容　由于新能源汽车使用大量电力电子器件，高压和大电流产生的电磁场会对其他的通信设备产生电磁干扰，整车和零部件必须要有抗干扰和抗辐射的能力。高压电气连接系统设计时，要求插接器具备360°屏蔽层，并有效地和电缆屏蔽层连接；屏蔽层要覆盖整个插接器长度，以保证足够的屏蔽功能，并尽量减少屏蔽界面之间的电阻；在产品生命周期内，屏蔽连接接触电阻<10mΩ。对于由塑料制成的高压插接器，屏蔽须用金属面来实现。

2. 插接器耐温功耗

插接器（主要指其中的接触件）超过规定使用温度限值时，插接器会因发热而降低安全特性，甚至失效损坏。造成插接器温升增高的主要原因如下。

（1）环境因素　布置位置易受高温影响或处于热量集中的密封舱内。在避免不了其布置位置的情况下，选型时也需要对插接器的耐温进行考虑。插接器工作温度范围见表9-3。

表9-3　插接器工作温度范围

序号	标准	温度范围	级别
1	GB/T 37133—2018《电动汽车用高压大电流线束和连接器要求》	-40~125℃	T3
2	SAE USCAR-37《高压插接器性能》	-40~175℃	T3
3	LV215-1《高压插接器电气性能要求》	-40~150℃	—

（2）插接器自身发热　影响因素主要为插合接触件的接触电阻功耗发热或压接不良。

插接器电性能重要的衡量指标为插接器之间的接触电阻，接触电阻越小，则电压降越小，意味着电损耗越低，也意味着温升较低，连接端子可以获得较高的使用寿命。接触件受热后将影响镀层，或在接触区域形成绝缘薄膜层，增大接触电阻，进一步加剧温升，形成恶性循环。

插接器受热超过限值，热失效严重时线束烧毁，且将导致绝缘材料产生化学分解，降低绝缘性能，严重时有可能出现插接器正负极柱间因绝缘材质热熔后击穿短路现象。通常要求插接器接触电阻不能超过一定限值，具体范围见表9-4。

表9-4 插接器接触电阻范围

电缆横截面积/mm²	压接电阻		接触电阻或称总电阻	
	未用过/mΩ	老化后/mΩ	未用过/mΩ	老化后/mΩ
2.5	0.17	0.35	1.17	2.34
4.0	0.11	0.22	0.72	1.44
6.0	0.09	0.18	0.68	1.36
16	0.05	0.10	0.43	0.86
25	0.035	0.07	0.4	0.80
35	0.029	0.059	0.39	0.78
50	0.025	0.05	0.36	0.72

插接器线缆压接完成后，接触电阻计算公式为

$$R_{total} = R_{crimp1} + R_{contact} + R_{crimp2} \tag{9-7}$$

插接器接触电阻示意图如图9-7所示。

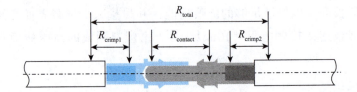

图9-7 插接器接触电阻示意图

一般而言，线束压接外包给选配的插接器厂家代工，可以更好地保障插接器压接的可靠性。实际应用中，插接器热失效大部分是由于线束压接不良造成的，如压接比率不足，导致飞边压接，或者压接比率过剩，导致压接不完全。通用的插接器压接拉拔力强度要求见表9-5。

表9-5 压接拉拔力强度要求

电缆横截面积/mm²	2.5	4.0	6.0	16	25	35	50	70	95
拉拔力/N	200	310	450	1500	1900	2300	2800	3400	4200

插接器的界面结构，如材质/镀层种类及它的纯度、厚度、几何形状等，决定了插接器的性能，包括接触电阻、插拔力和插拔寿命。

高压插接器端子接触件结构主要有开片式、冠簧式、扭簧式、表带式等，如图9-8所示，不同的结构形式决定了电接触方式（面接触、线接触和多点接触），选用何种形式需要根据插接器的应用场合决定。对于经常插拔的插接器，根据并联分流原理，利用载流桥数量多少以达到降低接触电阻的目的。

插接器镀层一般选择接触电阻较低的银

图9-8 高压插接器端子接触件结构

(表 9-6),不同厂家产品镀层厚度各不相同(镀层太薄,磨损厉害;镀层太厚,附着力不足),选用时需根据不同的适用场合决定,如室内/室外、是否需要频繁插拔等。比如充电插接器,实验室插拔实验可满足国标规定的 10000 次目标,但在户外实际使用条件下,首先面临的环境条件比实验室恶劣(如潮湿、炎热、粉尘等);其次,人员操作是否规范具有随机不确定性。若使用或维护不当,充电插接器局部镀层将磨损严重,出现"漏铜"现象,使用中将产生铜锈,导致有效的载流面/点减少。

表 9-6 金属材质导电特性

序号	材料	电导率/(S/m)	电阻率/($\Omega \cdot mm^2/m$)
1	银	62	0.016
2	铜	57	0.017
3	金	41	0.024
4	镍	14	0.070
5	锡	9	0.110

在插接器的选型应用中,还应关注插接器端子的结构形式,如插件器端子以 90°直角连接,则应避免选用螺纹连接的结构形式。此结构形式对螺纹齿纹配合精度要求非常高,但在螺纹加工以及线束装配过程中,无法避免不完全连接接触。尤其是大电流端子连接,长期使用中,端子螺纹齿口会由于局部过热,使插接器面临热失效风险。通常标准规定电缆出线以 90°、180°方式,在 90°方式下不允许螺纹连接。

3. 插接器寿命成本

对于插接器性能寿命要求,通常标准中规定:乘用车开发项目必须保证全功能能力生命周期——至少 15 年或 300000km(交流工作时间≤8000h,直流工作时间≤30000h);商用车须保证至少 15 年或 1000000km。在插接器选型过程中,产品成本不应是第一考虑因素,只有在满足性能要求的基础上,降本增效才有可能。当然,为保证产品性能,选型中也应避免结构和规格的过度选配,造成产品成本的提升。

高压电气连接系统涉及电气架构及安全,插接器产品关乎整个产业链的发展。产品的性能决定于产品的结构和材料,在产品结构被优化到极致之前,产品性能的竞争就是基础材质与物理研究的竞争。在产品选型应用中,如果不掌握插接器界面材质,不了解插接器的失效机理,就无法科学评估插接器的可靠性。近年来,整车电压平台向 DC800V 以上发展,这就需要 DC1000V 高压系统的插接器,对插接器提出了更高的性能要求。

9.7 接触器

新能源汽车一般采用高压电池组为电动汽车提供动力驱动。为保证电气系统正常通断,在电动汽车的电池系统和电机控制器之间需配置高压直流接触器(习惯称其为继电器),如图 9-9 所示,当系统停止运行后起隔离作用,当系统运行时起连接电路作用;当车辆关闭或发生故障时,能安全地将储能系统从车辆电气系统中分离,起到分断电路的作用。因此,高压直流接触器是新能源汽车关键的安全器件。目前，乘用车主流的工作电压平台一般为DC350V上下，商用车主流工作电压平台为DC550V上下，远高于传统汽车的DC12/24V低压平台。如此高的工作平台电压，要求高压直流接触器产品需具备良好的耐高压、抗冲击和分断能力。本节将针对新能源汽车用高压直流接触器进行剖析，探寻其技术发展趋势及设计理念。

图9-9 高压直流接触器

高压直流接触器早期由美国军方为其相关军事装备研制，后因民用市场对接触器的高电压、大电流的切换提出需求，尤其是目前的新能源汽车市场对高压直流接触器的使用需求。目前高压直流接触器的结构分为两种，一种是圆形设计理念，一种是方形设计理念。圆形设计理念为早期的塑封胶技术，实际的使用不如后续的方形陶瓷密封技术；后来，圆形设计也采用陶瓷密封技术。

高压直流接触器的耐负载能力、灭弧能力、分断能力和抗冲击能力是其基本性能要求，直接影响接触器的电气寿命性能；而触点结构及材料是影响性能的最为关键的因素之一，触点的熔断、粘连将会导致产品寿命的终结。

接触器的触点应具有良好的导电性、热导率、抗氧化和耐烧蚀性，当电路中存在浪涌电流时，不易发生触点瞬间粘连。其次，接触器触点的运动部件应具备摩擦小、动作顺畅、无卡滞、机械寿命长的特性。高压直流接触器正负电极大部分采用铜基触点，该类触点在空气中极易发生氧化而导致产品性能下降，需采用密封腔体来防止触点氧化；有部分接触器选用银合金触点来弥补这一缺陷，银合金触点还具有耐粘连、耐电弧烧损的特点。

1. 接触器工作原理

高压直流接触器主要是用来接通或断开主电路的。所谓主电路是指一个电路工作与否是由该电路是否接通为标志的。主电路的概念与控制电路相对应，一般主电路通过的电流比控制电路大。因为大电流断开会产生电弧，所以容量大的接触器一般都带有灭弧罩。高压直流接触器的铁心与交流接触器不同，没有涡流，因此通常由软钢或工业生产的纯铁制成。

高压直流接触器的结构原理如图9-10所示。当接触器线圈通电后，线圈电流产生磁场，磁场力推动铁心向上平移，并带动接触片向上运动，实现接触片分别与正极柱和负极柱搭接，致使正极与负极导通。当线圈断电时，电磁吸力消失，铁心在复位弹簧的作用下向下平移，并带动接触片向下运动，实现接触片与正极柱和负极柱分离，致使正极与负极断开。

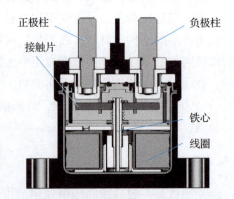

图9-10 高压直流接触器的结构原理（见彩插）

高压直流接触器常常被应用到需要远距离接通或者是分断的直流电路当中，以及需要频繁起动、停止、反转和反接制动直流的电动机里进行安装使用，主要起到频繁的接通与断开起重电磁铁、电磁阀、离合器的电磁线圈等作用。

高压直流接触器工作原理中的电磁机构是采用铁心、线圈和衔铁等零部件组装而成。因为线圈里面是流通的直流电,所以在正常的工作状态下铁心不会出现涡流现象,并且不会有发热和铁心损坏情况发生。

高压直流接触器设计与选用必须注意以下 4 点:

(1) **磁吹灭弧** 利用永久磁铁将电弧吹散拉长,提升灭弧能力。充入灭弧气体,提升产品灭弧性能,防止触点氧化。

(2) **密封结构** 触点部分或产品整体置于密封结构当中,与外部空气隔离。

(3) **线圈节电** 线圈在起动时,需要较大的电磁力,而在正常工作过程中,不需要过大的电磁力。因此,工作过程中需要采用线圈节电的方式为整车尽量节省更多的能量。

(4) **辅助触点** 辅助触点是接触器在主回路外旁通一个弱点控制回路,判断接触器闭合或断开,整车需要进行实时监控,以便于整车故障诊断。

2. 接触器磁吹灭弧

若是电路中存在电流,接触器不论是闭合时还是断开时,在接触片与正负极之间都会产生电弧,如图 9-11 所示。

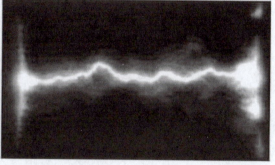

图 9-11 高压直流接触器电弧

接触器内部气体中直流电弧的电压正比于电弧的长度,当电源提供的电压低于电弧的维持电压时,电弧将会变弱并熄灭,电弧产生的特点为:

1) 当接通和断开负载时,触点之间会产生电弧。
2) 电压越高或电流越大,电弧越强。
3) 电弧如果不能及时熄灭,将会对接触器产生破坏性的影响。
4) 电弧是带电粒子组成的等离子体。

新能源电动汽车不同于普通的燃油汽车,动力电池系统本身的工作电压远高于传统汽车的 12V/24V,由于直流电无"过零点",在直接触电器触点断开的过程中极易产生电弧,电压等级越高,电弧越大,触点烧蚀危害越大;如果采用特别措施,缩短拉弧时间,使得电弧能量降低,减少触点烧蚀危害,可延长接触器寿命。因此,快速灭弧可提高高压直流接触器的电寿命性能。灭弧方式主要有磁吹灭弧、窄缝灭弧和格栅灭弧等方式。目前市面上的大部分厂家都采用磁吹灭弧方式,该方案具有结构和工艺简单、成本低、灭弧效率高的特点。其原理是两个极性相反的磁钢平行放置,并与触点中心呈轴对称,在触点中心形成匀强磁场,中心的磁场强度越高,吹弧效果越好,灭弧能力越强,产品的耐负载能力也越高。熄灭电弧的原理是带电粒子在磁场中会发生偏转。磁吹灭弧的原理是在接触器中增加永久磁钢,将通断过程中产生的电弧吹散、拉长,从而使较小的接触器能够熄灭高压大电流电弧。

如图9-12所示,接触片与电极之间的间隙越大,耐压越高,分断时更容易断弧,不易粘连;接触片与电极之间的间隙越小,耐压越低,分断时形成的电弧不易断开,触点容易粘连。因此,增大接触片与电极之间的距离将对高压直流接触器的电寿命性能起到积极的促进作用。

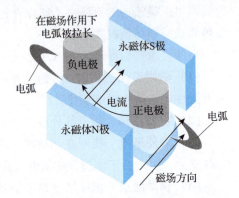

图9-12 高压直流接触器磁吹灭弧

通常情况下,高压直流接触器的极性为:在高压直流接触器开始闭合的过程中,接触器只能通正向高压电流,不能通反向高压电流;而在接触器闭合成功后,可以通正向或反向高压电流。有极性的接触器在正向连接时,电弧会往两侧偏转;而在反接时,电弧会往中间偏转,导致电弧连接无法熄灭,如图9-13所示。

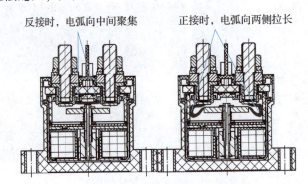

图9-13 高压直流接触器有极性灭弧

有部分成本较高的高压直流接触器在闭合过程中,既可以通正向高压电流,也可以通反向高压电流,没有极性,通常称为无极性接触器。如图9-14所示,将接触器中的磁钢改变方向,使磁场的方向与接触片上电流方向平行,从而使正向电流与反向电流条件下的电弧方向对称。

3. 接触器密封结构

电子元器件及电路板在潮湿的环境下容易发生性能改变甚至失效,因此高压直流接触器的工作空间内所有部件必须密封,包括电路板节电器均处于密封室内,不受空气潮湿等因素的影响,如图9-15所示。密封的作用有:

1) 隔离外界的水蒸气、氧气,防止触点氧化。
2) 充入灭弧气体,提升产品灭弧性能及额定工作电压。
3) 防止电弧外露,使产品可以在恶劣的环境下工作。

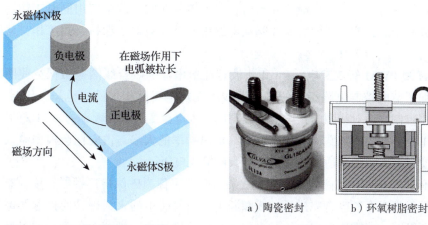

图9-14 高压直流接触器无极性灭弧　　图9-15 高压直流接触器密封结构

高压直流接触器采用不同密封结构的优缺点对比见表9-7。

表9-7 高压直流接触器密封结构对比

密封结构	优点	缺点
陶瓷密封	基于真空需求，漏气速率低于10^{-10}Pa·m³/s；密封部件耐温高，可以承受剧烈的温度变化，可以在高过载的条件下保持气密性；内核可以作为小型化的产品单独使用；封接部件能够承受高达600℃以上的高温	陶瓷需要进行金属化处理；参与密封的零部件要求能够承受超过800℃的高温；工艺相对复杂，成本较高
环氧树脂密封	密封工艺简单，价格便宜	需要使用大量的环氧树脂，增加重量；环氧树脂本身的耐温等级较低，在高温下容易发生漏气现象；在极端条件下环氧树脂会燃烧

4. 接触器线圈节电

高压直流接触器线圈节电的必要性与可行性：

1）降低线圈的发热及对电源的消耗。

2）对于常开型的接触器，当接触器处于断开状态时，接触器的磁路中气隙大且磁阻较大，需要较大的线圈电流才能使动铁心克服弹簧反力向接触器闭合方向运动。当接触器处于闭合状态时，磁路气隙缩小（近似于0），磁路的磁阻显著降低，较小的线圈电流即可以产生足够的吸力来使动铁心克服弹簧反力，使接触器保持在闭合状态。

3）线圈节电的原理就是在接触器起动（吸合）时，使电源的功率都加在线圈上，线圈流过较大的电流，使接触器闭合；当接触器完成闭合后（一般为几十毫秒），线圈节电功能起动，降低线圈的电流，使接触器保持在吸合状态。

高压直流接触器线圈典型的节电方式有双线圈节电、单线圈PWM斩波节电和磁保持节电。

(1) 双线圈节电 一个线圈中有两个绕组,其中一个绕组电阻小,为起动线圈;另一个绕组电阻大,为保持线圈。当接触器起动时,节电器使线圈的两个绕组同时工作,使接触器闭合;当完成起动后,节电器使起动线圈从电路中断开,只保留保持线圈工作,从而实现节电的目的。

(2) 单线圈PWM斩波节电 PWM斩波智能节电器的吸合线圈兼做保持线圈。在线圈的输入端增加了节电控制电路板,使接触器线圈在加电瞬间施加满幅电压,历时约100ms。随后节电电路控制电源对线圈的供电,使线圈的输入电源变为重复频率为20kHz的脉冲信号,脉冲信号在1个周期中的占空比大小决定最终输出功率的大小。占空比会根据输入电压自动调节,从而实现节能目的并适应变化幅度较大的输入电压。

(3) 磁保持节电 使用磁保持节电方式的接触器也称为磁保持接触器。接触器吸合时线圈供电,使接触器吸合。吸合完成后,线圈断电,由磁路中的永久磁铁使接触器保持在吸合状态。需要断开时,线圈通反向电流或专门的释放线圈通电,抵消永久磁铁的磁场,使接触器断开。接触器断开后,释放线圈断电,由永久磁铁或弹簧使接触器保持在释放状态。

高压直流接触器线圈3种节电方式优缺点对比见表9-8。

表9-8 高压直流接触器线圈节电方式对比

节电方式	优点	缺点
双线圈	电路简单、可靠性高	线圈工作电压范围相对较小
PWM单线圈	可以自动适应输入电压和在线圈电压不稳定的工况下工作	电路较复杂、有斩波产生的电磁干扰
磁保持	非常节电,适合在极需要节能的工况下工作	体积较大、控制相对复杂

5. 接触器辅助触点

高压直流接触器是否真实执行控制器的指令(闭合或断开电路),需要一个监控,以便于整车故障诊断。在工程实际应用中,通常采用接触器两端电压测量,或者采用接触器辅助触点来实现接触器闭合或断开的监测,因此,高压直流接触器辅助触点功能是接触器的可选择项。高压直流接触器辅助触点的主要用途有2个:

1)直接用于控制需要与主触点回路保持同步的电路。

2)作为能够反映主触点状态的指示器,确认是否采取下一步的动作。

高压直流接触器在很多应用中都是为了处理大功率的电源(如动力电池),这些电源蕴含很大的能量,为了保证安全,需要接触器能够在必要的时候断开负载。当由于各种非正常的因素导致接触器异常时,接触器可能出现带故障工作的状态,这样的状态会使接触器的可靠性降低。辅助触点可以有效地反馈主触点的状态,在接触器工作异常时及时反馈,避免用户使用时出现大的故障。如图9-16所示,在铁心的顶部有一个黑色的辅助触点,闭合

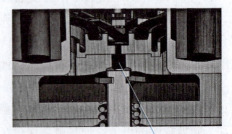

图9-16 高压直流接触器辅助触点(见彩插)

过程中，随着铁心向上移动，接触片与正负电极搭接的同时，辅助触点也闭合接触器状态监测开关，从而实现接触器状态监测。高压直流接触器辅助触点有3种实现方式，分别是簧片式、干簧管式和微动开关式，它们之间的优缺点对比见表9-9。

表9-9 3种辅助触点结构优缺点对比

触点结构	优点	缺点
簧片式	全对称结构、结构简单可靠	簧片材料要求高、表面镀金、成本较高
干簧管式	可以通过非接触的方式来控制，可以将辅助触点安装在密封室外部，减少绝缘件密封点	装配较复杂，需要很高的安装精度
微动开关式	成本低、较易实现	质量取决于微动开关的质量，行程短、不够稳定、不能反映主触点的状态

6. 继电器与接触器

在工程实际中，继电器和接触器的名字经常混合使用，实际上，它们之间有稍许不同。电磁式的继电器和接触器，它们的工作原理是一样的，有时就是同一个器件，用在这个电路作为接触器，用到另外一个电路又作为继电器使用，区别的方法就是看它们具体的用途。

继电器主要是起信号检测、传递、变换或处理作用的，通断的电路电流通常较小，即一般用在控制电路（与"主电路"对比）。继电器主要用于二次回路，只能通过小电流（几安培到十几安培），可以实现各种控制功能。继电器的种类很多，有中间继电器、时间继电器、热继电器、电流继电器等。在继电器的触点容量满足不了要求时，也可以用接触器代替。接触器主要是用于一次回路的，可以通过较大的电流（可达几百到一千多安培），当接触器的辅助触点不够用时可加一中间继电器作辅助触点来实现各种控制。

如果某个主电路工作电流较小，则可以采用继电器来控制主电路的通断，即将继电器作为接触器使用。但若某个主电路工作电流非常大，超出继电器工作电流范围，就必须采用接触器。从功能来看，接触器是为了直接控制电器设备，强调大电流通断可靠性和触点不烧结；继电器是为了控制继电器或其他辅助设备（灯光阀体之类的），强调功能性；二者的原理是一样的，只是设计理念不一样，就如同电力电缆和信号电缆。

7. 接触器功能需求

为了实现高压直流继电器的安全性能指标，在进行产品的设计时应充分考虑各部件的工艺简化、可行性、科学性及可靠性设计。作为新能源汽车中关键的安全器件——高压直流继电器，需具备耐高压、过载能力强、抗冲击、灭弧能力强和分断能力强的基本功能。

（1）耐高压 新能源电动汽车的工作平台电压都较高，乘用车的工作电压平台一般为DC350V以上，商用车达到DC500V，远高于传统汽车的12V/24V，因此要求其配套的高压直流继电器能够承受较高的工作电压和高压带载中可靠的闭合与分断。

（2）过载能力强 新能源乘用车和商用车的电动机额定功率一般可达30kW和60kW以上，峰值功率分别达到60kW和120kW，按上述提到的电压平台（乘用车为DC350V，商用车为DC500V）来看，要求接触器的额定通流能力分别达到170A和240A。在产品性能、成本的双重压力下，要求相同体积下，接触器的负载能力强，同时还要具备额定负载电流数倍的瞬时过载能力；以及在相同的负载能力下，接触器的体积越小越好。

(3) **抗冲击**　新能源汽车用高压直流接触器不仅要具备耐受较高的电压和承载足够电流的基本功能，还要抵抗闭合瞬间电容性负载巨大电流的冲击。这个电流一般是负载额定电流的数倍至数十倍，常规的接触器都无法承受这一瞬间电流的冲击。这个冲击电流极易导致接触器触点粘连，造成接触器触点分离失效，使电源切断失控，严重时可造成车毁人亡等安全事故，危害极大。因此，新能源汽车用的直流接触器产品应具有良好的抗冲击性能。

(4) **灭弧能力强**　电弧是接触器触点闭合与分断动作过程中不可避免的问题，它大大降低了接触器触点的使用寿命。采用一些特殊的快速灭弧手段可以降低电弧能量，减少对接触器触点的损害，延长产品的使用寿命。因此，灭弧能力强也是接触器需具备的基本特点。

(5) **分断能力强**　汽车在运行过程使用工况复杂，在紧急情况下，如电气系统短路时，回路中的瞬间电流骤升，此时要求接触器在极限大电流下能够顺利地切断电路，而不发生触点粘连或接触器爆炸等异常状况的发生，防止电池出现过放电短路起火或爆炸等安全事故，这就要求接触器触点具有良好的抗冲击和抗粘连能力。

8. 接触器发展趋势

除上述提到的高压直流接触器的基本功能外，还将要朝着轻量化、节能、智能化、低成本方向发展。

(1) **轻量化**　据统计，汽车发动机发出的能量中，约70%的能量用在车身的重量上。若汽车的重量减轻10%，则能量使用效率可提高6%～8%。能量使用效率的提高意味着续驶里程会有相应的提升，这将对新能源汽车的推广使用具有积极的促进作用。然而，降低新能源汽车的整车重量不单纯是整车厂的责任，也是新能源汽车供应链上的每一个零部件供应商应该肩负的责任。

对于高压直流接触器而言，在目前高压直流接触器现有高压和负载等技术参数同等的条件下，其轻量化发展要求是产品的体积和重量应尽可能小；或者在相同体积和重量的条件下，产品可以做到更高的耐压和更大的负载电流。

增大触点间隙可以提高高压直流接触器的耐压能力，但是增大触点间隙意味着吸合功率增大，在磁效率一定的情况下，需要增加线圈的直径，同时保证线圈匝数，从而使线圈的重量增加，最终将会导致产品的重量与能耗增加，这与新能源节能的发展要求相违背。因此，只有提高磁效率、减小触点运动部件的摩擦力，从而降低吸合功率，才能实现产品的轻量化、节能的发展需求。

(2) **节能**　节能就是尽可能减少能源的消耗量，延长整个系统的运行时间。节能要求技术可靠、经济可行、环境和社会都可接受。对于新能源汽车高压直流接触器来说，要保证产品具有良好的耐负载、耐高压及抗冲击能力，增大接触器触点间隙，又要求产品的体积和线圈功率减小，才能符合新能源汽车轻量化及节能要求，这就需要有核心技术来解决这一矛盾。接触器的线圈在产品闭合过程中一直处于通电状态，以维持接触器的触点闭合状态。线圈的维持电流越小越节能，各运动部件之间的摩擦小，可以用很小的线圈功率驱动触点的闭合。采用触点吸合大功率和触点闭合维持小功率的方式，实现产品节能的要求。

(3) 智能化 高压直流接触器经历了一定的发展周期，已经基本形成了一个比较完整的产品系列，但是，单一功能（通、断）的直流接触器不能充分满足当今时代新能源汽车智能化的发展要求。新能源汽车技术发展要求单一功能的接触器中增加触点闭合状态检测与显示、触点寿命监测等相关自检功能，做成具有电子辅助功能的智能接触器，这将成为高压直流接触器又一全新的发展思路。高压直流接触器的安全可靠性能要求也越来越高，单一功能的接触器产品难以适应行业多方面的应用发展要求。为实现新能源汽车技术发展要求，对高压直流接触器触点的状态检测，需增加接触器的外围电路，间接进行触点的状态判断。

抗容性负载大电流冲击的高压直流接触器。目前市场上，电动汽车用主电源控制接触器都是采用预充电路来防范闭合瞬间的大电流冲击，电路复杂、体积大，同时又需要有专门的控制程序来控制预充接触器与主接触器的开关顺序，增加了使用成本且应用不便利。而抗容性负载大电流冲击的直流接触器产品，能有效避免容性负载瞬间大电流冲击，同时省去预充电路。

(4) 低成本 同样车型的情况下，新能源汽车价格高于传统汽车，不利于市场化推广。随着新能源汽车补贴的退坡，各整车厂的利润被压缩，势必会降低新能源汽车产业链中各阶段的采购成本。这是因为在保证产品性能的前提下，生产成本越低，市场竞争能力越强；产品的生产工艺越简单，所需的生产设备要求越低，生产成本越低。目前市面上主流的接触器产品大部分采用陶瓷钎焊工艺，钎焊的温度为780℃左右，时间长达几个小时；而紫铜的退火温度低于600℃，钎焊的高温会使紫铜的硬度下降40%～50%，接触器紫铜引出端的强度下降影响连接强度，同时也加剧了触点的氧化。采用陶瓷冷装工艺，不仅可以避免陶瓷钎焊高温对引出端和触点的损害，同时可采用较为理想的银合金触点，使得接触器具备了抗粘连、抗冲击、耐高压的特点，并且降低了成本。

9.8 维修开关

电动汽车高压系统电气断开部位有两处：一处是主继电器/接触器，前面已讲过；另一处是手动维修开关（Manual Service Disconnect, MSD），也称紧急维修开关，如图9-17所示，只有在车辆维修、存在漏电危险等特殊情况时才使用手维修开关。MSD的功能被广泛定义成"为了保护在高压环境下维修电动汽车的技术人员安全或应变某些突发的事件，可以快速分离高压电路的连接，使维修等工作处于一种较为安全的状态"。从以上定义来讲，MSD似乎成了电动汽车不可或缺的一部分，或者成了应急救援必备的断开装置。

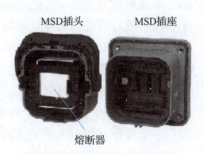

图9-17 MSD结构示意图

手动维修开关电气部位布置一般有两种：一种是位于高压电源的正极，另一种是布置于电池组中间。若是手动维修开关位于电池包的正极，那么在电池正极与紧急维修开关之间有一段电路；如果采用此类布置方式，则需要保证此段电路处于人体不能接触区域。通常来说，MSD布置在电池组的中间，置于电池包上，这样做的好处是卸下MSD后，切断高压回路的同时还将电池的最高电压降一半，以及将电池的能量等分为两部分，有利于后期检修安全。

手动维修开关作为高压安全部件,它的操作部位布置需遵循一些原则,包括以下三大方面:操作部位应能长期保持干燥,不易接触到水、饮料等液体,并有适当隔离物进行隔离;操作部位应靠近驾驶人,以便出现紧急情况时驾驶人能较快操作;操作开关的布置应易于操作,覆盖物的拆卸不应设计得太过烦琐,以便出现紧急情况时能较快操作。有些电动轿车将手动维修开关布置于行李舱,远离驾驶人位置,不便于紧急操作;有些电动轿车则将手动维修开关位于后排座椅旁,并存在卡扣式的盖板,方便操作,能较好地兼顾三方面的要求。此外,MSD 还需要采用防直触设计。

关于 MSD 的选型,若电池系统最大放电电流为 310A,在夏季工作条件下熔断器环境温度应在 50℃ 左右,此处的温度折损系数取 0.85,熔断器使用在直流环境下,故频率折损系数取 1.0,温度传导系数取 0.8,故折损系数 $K_{fuse} = 0.85 \times 1.0 \times 0.8 = 0.68$,最小熔断器的额定电流 $I_{fusemin} = 310A/0.68 = 456A$。

电池系统的额定电压为 DC588V,等效内阻大约为 100mΩ,短路电流 $I_{fusemax} = 588A/0.1 = 5880A$。根据经验要求,熔断器需要在 5ms 内熔断。

电池系统包含两个电池包,在其中一个箱体内布置一个 MSD,此产品集成了一个熔断器于其内部,既起到了出现危险状况时,手动断开电池包高压维护开关的作用,又起到了熔断器作用(在电池系统意外出现严重过载或者短路的情况下,断开电池模块间的串连接)。由于集成到 MSD 中的熔断器密封散热更加苛刻,而且还跟连接 MSD 的动力电缆的截面积大小有关,此次系统中采用 50mm² 的动力电缆与 MSD 连接,连接处温升较大,故升级 MSD 集成的熔断器电流至 500A。

基于电气安全、经济成本和结构空间考虑,在整车高压系统(或部件)设计过程中,有必要重新思考并定义 MSD 的功能。MSD 功能是否可以得到实现,须结合整车高压电气架构分析,尤其是动力电池系统。一定数量的单体电池经过串并组合后构成电池模组,然后多个电池模组再进行组合,配置上电池管理系统及电气器件等,最终构成一个电池系统,为电动汽车的驱动提供能量。

对于储能系统的切断标准,SAE J2344、EN 1987、ISO 6469、GB 18384—2020《电动汽车安全要求》等条例具有相应的切断装置的要求,见表 9-10。

ISO 6469,EN 1987 关于电池系统切断说明中要求至少断开 1 个极,电池系统切断开关可通过手动操作(如钥匙开关或其他附加的装置)来控制断开和吸合;GB 18384—2020《电动汽车安全要求》只说明 B 级电压出现问题时可通过断电的方式进行保护;而 SAE J2344 则明确要求在某些事件触发时,需同时对电池系统正负极实现电隔离,且分别明确了自动断开和手动断开的要求。

表 9-10 电动汽车安全标准关于切断装置条例

序号	起草单位	标准编号	过流断开装置	电路切断开关
1	美国	SAE J2344	○	自动/手动
2	欧洲	EN 1987	○	○
3	国际标准化组织	ISO 6469	○	○
4	中国	GB 18384—2020	○	未具体说明

从以上标准而言，除了 SAE J2344 中明确提到在车辆维修及保养时，可通过手动断开装置实现危险电压的电隔离，其他标准均未提及手动断开装置。另外，在 GB 38032—2020《电动客车安全要求》中，则直接硬性规定了电池系统需安装维修开关和熔断器。为了实现电池系统的过流断开和切断，在整车高压电气架构中，目前普遍通过熔断器（熔丝）和接触器这两类器件实现。如何将熔断器和接触器通过一定方式组合来有效确保电安全，不同类型车型（如乘用车和商用车）电池系统不同，两者系统方案面临不同选择，而系统方案的不同，则决定了电气器件（如 MSD）的应用条件（功能和意义）。

考虑碰撞安全、空间干涉、离地间隙、车辆重心、前后轴荷等问题，目前乘用车电池普遍布置在底盘，电池组统一封装在一个壳体内。相对而言，商用车电池布置空间选择余地稍大，主要有底盘、车顶及车厢局部等方案。多包电池需面临电池包间的线缆（高/低压）、水管路（热管理）连接、能量分配和采样检测管理等问题。

MSD 拔下时，若电池存在失效风险：

1）MSD 在电池中间位置，在单点失效（接触器粘连）时，可降低失效电压等级，失效电压最大值为 $U_{max} = 1/2 U_{Battery}$。

2）若 MSD 放置于电池正极或负极，在单点失效（接触器粘连）时，失效电压最大值为 $U_{max} = U_{Battery}$。

值得注意的是，由于乘用车动力电池标称电压普遍≤DC300V，因此，MSD 布置在电池中间位置时，失效最大电压 $1/2 U_{Battery}$ ≤DC60V，属于危险电压。车辆维护时，为避免人员触碰到该危险电压，MSD 基座的防触指设计及正确的操作规范（操作前须用万用表和绝缘测试表确认状态）就显得尤为重要。

评价上述以 MSD 替代熔丝方案的必要性，首先需明确在满足过流断开的作用上，两者作用一致；其次，基于审视 MSD 的基础定义，需明确 MSD 的使用环境是在何时、何种情况下才会使用，维修开关的操作对象主要是针对电池系统或其他高压总成的维修（拆卸和装配）；进一步可以理解为，不是车辆一发生任何问题，就需要操作 MSD，也不意味当车辆发生故障或紧急状态（如起火）下，操作 MSD 就可以确保电气隔离安全或阻止紧急状态的继续发生；另外，由于乘用车结构空间有限，MSD 的布置位置及安放尺寸会限制电池包壳体设计，微型 MSD 的出现就是为了适应部分乘用车对尺寸的严格要求。

相对而言，由于商用车装载电池能量较多，无法将电池组统一封装在一个壳体内，电气设计面临多电池包问题。另外，目前商用车电池系统设计还比较粗放，例如未设计主动热管理，较少考虑单体电池和模组间的失效风险。在评价商用车电池系统使用 MSD 方案时，设计中若忽视了单体电池短路和模组短路情况，而只考虑系统级别短路情况，在紧急情况下（如碰撞、漏液等），将存在严重的安全隐患。

综上所述，针对手动维修开关：

1）脱离了整车电气架构及电池系统的安全设计，MSD 的功能及安全意义将被弱化。在设置了 MSD 的电池系统中，不代表切断了 MSD 就意味着电安全。

2）针对单包电池系统，设计时若有合理的断开机制，并确保人员操作的正确规范，为了满足结构设计的特殊要求，可以视情况省略 MSD（以熔丝替代）。

3)紧急救援时,切断高压的有效方式是车辆熄火(关闭钥匙)、切断低压蓄电池(12V或24V)供电,而非操作 MSD。

9.9 电流传感器

电池包电流检测目前存在两种方式,即采用霍尔式电流传感器或分流器进行测量。不同电流传感器的对比见表 9-11。

表 9-11 不同电流传感器的对比

序号	名称	优点	缺点	成本/元
1	霍尔式电流传感器	汽车级,性能良好,应用广泛	远距离采集可能受干扰	100~200
2	普通分流器	成本低,有一定的应用	工业级采集电压需要隔离	50~100
3	带 CAN 的分流器	汽车级,带 CAN 通信,性能良好	成本高,应用还不普及	1800~2000

根据上述对比分析和电动汽车实际需求,采用双量程霍尔式开环电流传感器,线性度为 ±1%,测量范围 ±30A 和 ±350A,有利于解决小电流采集精度不高的问题,供电电压为 5V,工作温度在 -40~+125℃,这是目前广泛应用的一款专用于新能源汽车电池电流采集的汽车霍尔式电流传感器。

9.10 低压线束

电池系统的低压线束是一个成本低、利润小,但责任重大的零部件,它的设计或制造出了错误,将可能直接导致电池重大故障。若是设计的电池系统分为两个电池箱,低压线束部分包括箱体间的低压线束、主控板与从控板间的通信线束、主控板与高压继电器、分流器之间的连接线束,考虑线束的整洁及制造生产,将箱体间的低压线束与整车线束放在一起,两个电池箱分别提供一个线束接口与整车线束对接即可。

电池左箱主要包括电池模组和从控板,低压线束包括与从控板的插接件、高压互锁线的插接件以及整车线束的插接器。电池右箱的线束相对复杂,主要包括电池模组、从控板、主控板、高压接触器、快慢充接口等,考虑到实际的制造安装,在低压线束部分通过插接件的形式与电池箱部件连接;电池右箱的低压线束包括主控板连接的插接件、从控板连接的插接件、高压互锁连接的插接件、高压采集点连接端子、与高压接触器连接的插接件、与快慢充接口连接的插接件、与整车线束对接的插接器等。在样车阶段,为方便调试以及程序刷新,在右箱主线束上需要设计一个诊断接口,增加一根诊断连接线及插接器。

低压线束技术在传统车上已经发展得相对成熟,电动汽车低压线束与其最大的区别是,通信线大量采用带屏蔽层的双绞线。基于此,下面只简单介绍一下双绞线,其他方面不再赘述。双绞线（Twisted Pair）是两根金属线依据距离周期性扭绞组成的电信传输线，其采用一对互相绝缘的金属导线相互绞合的方式来抵御一部分外界电磁波干扰，更主要的是降低自身信号的对外干扰。

汽车上应用双绞线的系统很多，如电喷系统、影音娱乐系统、安全气囊系统、CAN 网络等。双绞线分为屏蔽双绞线、非屏蔽双绞线。其中屏蔽双绞线在双绞线与外层绝缘封套之间有一个金属屏蔽层，如图 9-18 所示。

屏蔽层可减少辐射，防止信息泄露，也可阻止外部电磁干扰，使用屏蔽双绞线比同类的非屏蔽双绞线具有更高的传输速率。对于屏蔽双绞线，线束一般直接采用成品屏蔽线使用。而对于非屏蔽双绞线，有加工能力的厂家一般都是采用绞线机进行绞合。在绞线加工或使用的过程中，尤其需要注意的两个重要参数就是绞距和解绞距离。双绞线的绞距指的是同一根导线上相邻两个波峰或者波谷之间的距离（也可看作两个同向绞节的间距），如图 9-19 所示，绞距 $S_{twist} = S_{twist1} = S_{twist2} = S_{twist3}$。

图 9-18　带屏蔽层的双绞线实物

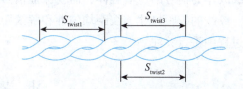

图 9-19　双绞线绞距

绞距会直接影响信号的传输能力，不同的绞距对不同波长的信号有不同的抗干扰能力。然而，除 CAN 总线以外，国际和国内的相关标准都没有对双绞线的绞距做出明确规定。在 GB/T 36048—2018《乘用车 CAN 总线物理层技术要求》中规定，CAN 线绞距尺寸范围为 25mm±5mm（33~50 绞/m），与 SAE J2284 在 250kbit/s 车辆用高速 CAN 中对 CAN 绞距的规定相同。

一般各车企都有自己的绞距设定标准，或者遵从各子系统对绞线绞距的要求。例如，北汽福田汽车采用的绞距为 15~20mm；某些整车厂推荐按照如下标准进行绞距选定：

1) CAN 总线：20mm±2mm。
2) 信号线、音频线：25mm±3mm。
3) 驱动线路：40mm±4mm。

一般来讲，绞距越小，对于磁场的抗干扰能力越好，但需考虑导线的直径和外皮材质的可弯曲范围，并根据传输距离和信号波长确定最合适的绞合距离。当多根双绞线一起铺设时，不同的信号线最好采用绞距不同的双绞线，以减弱由互感产生的干扰。

双绞线的绞距应保持均匀。双绞线的绞距误差会直接影响其抗干扰水平，绞距误差的随机性会造成双绞线串扰预测的不确定性。双绞线制作设备参数转轴角速度是影响双绞线感性耦合大小的关键因素，在双绞线制作过程中必须予以考虑，以保证双绞线的抗干扰能力。

解绞距离 $L_{untwist}$ 是指双绞线末端导线因安装到护套内需开叉而未绞合部位的尺寸,如图 9-20 所示。

图 9-20　双绞线解绞距离

解绞距离在国际标准中并无规定,QC/T 29106—2014《汽车电线束技术条件》中规定,开绞距离应不大于 80mm;而 SAE 1939 中对 CAN 线双绞线的规定是,未绞合尺寸也不应超过 50mm。因此国内行标的规定对于 CAN 线来说尺寸较大,并不适用。目前各车企或线束厂对于高速 CAN 线的解绞距离限定在 50mm 或 40mm 以内,以保证 CAN 信号的稳定性。例如德尔福的 CAN 总线要求解绞距离小于 40mm。

在线束加工过程中,为防止绞线松散导致更大的解绞距离,应在绞线的解绞处进行包胶处理。SAE 1939 中规定,为保持导线绞合状态,需在解绞处安装热缩管;QC/T 29106—2014《汽车电线束技术条件》规定使用胶带包胶处理。

双绞线作为信号的传输载体,需要保证信号传输的准确性和稳定性,其应有较好的抗干扰能力。绞线的绞距尺寸、绞距均匀性和解绞距离对于其抗干扰能力有重要影响,需在设计和加工过程中重点关注。

习　题

9-1　请解释 MSD 的含义以及手动维修开关的操作部位布置原则。

9-2　电池包电流检测的方式是什么?

9-3　电动汽车与传统汽车在低压线束技术方面有什么区别?

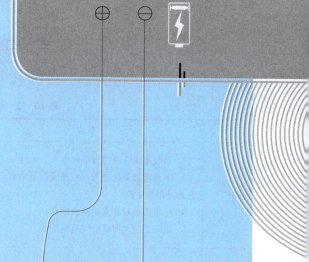

第 10 章 电池模组

电池模组可以理解为锂离子电芯经串并联方式组合,加装单体电池监控与管理装置后,形成介于电芯与电池包的中间产品。本章将介绍关于模组的一些设计事宜。

10.1 模组构型

1. 成组数量

电池模组开发前要优先确定模组中的电芯数量,通常会根据整车给予电池系统的空间来综合考虑,然后再根据单个模组的重量来进行限制,具体分析见表 10-1。

表 10-1 模组成组数量分析

序号	事项	分析	数量
1	模组成本	单个电芯≤2.17kg,美国劳工法规定单人作业搬运重量低于18kg,双人作业搬运重量是18~22kg	≤8
2	故障成本	模组生产后是不可逆拆的整体,考虑产品不良率及后期故障成本和更换成本,根据经验分析	≤8
3	生产成本	模组中除电芯外仍包含其他辅料,考虑辅料成本及成本效率,根据经验分析	≥6
4	采集性	采集板最大采集电芯数量为12串	≤12
5	通用性	不同车型、不同包络空间对模组的限定尺寸	—
6	互换性	其他公司进行模组开发,电芯数量为10个	10

结合表 10-1 各种分析数据,电池模组开发中电芯数量确定为 10 支,成组后重量 ≤25kg。

2. 成组方式

电池系统电芯集成采用 94A·h 电芯 2P160S,电池模组开发前需要确定模组中电芯串并联形式。串并联方案分为两种:第一种方案,电池模组中 10 支电芯采用 2 并 5 串的组合方式,系统中 32 个电池模组采用串联方式;第二种方案,电池模组中 10 支电芯采用 1 并 10 串的组合方式,系统中 16 个模组先进行串联,然后 2 个 16 串模组进行并联。两种方案优缺点对比见表 10-2。

表 10-2 成组串并联方式分析

方案	优点	缺点
2P5S	1. 系统集成仅需考虑单体电压一致性 2. 电池管理系统分为主控单元和采集单元两级，目前是市场主流 3. 电池系统对外直接输出电压 4. 电池系统主回路电气电路简单	1. 管理系统仅检测每并单体，单个电芯故障无法检测 2. 单个电芯故障，可能会造成整车动力丢失
1P10S	1. 每个电芯均被检测，可以反馈单支故障信息 2. 单个电芯故障。整车限功率，动力不丢失	1. 系统集成除电芯一致性外，还需考虑模组一致性 2. 电池系统外部需配备放电电阻 3. 电池系统主回路电气电路复杂 4. 系统并联前需要判定压差，压差过大（>5V），需要进行调整

根据表 10-2 的分析，该电池系统模组设计优先采用 2P5S 方式。

截至目前统计，世界上几乎大多数的动力电池系统基本上都是采用先并后串的方式，若是采用先串后并的方式，则有以下缺点：若是一个电芯损坏，则整个回路所有的电芯都将失去作用；若是两个串联回路电压不一致，则将出现相互充放电情况。而先并后串的优点是，即使一个电芯损坏，与其并联的其他电芯可以继续通流工作，对于采用 18650 型的小电芯来说，该种方式优点更大。

关于电芯大小以及并联数量的问题，通常来说，电芯大则并联数量少，优点是结构简单、成组方便，缺点是电芯成品的差异将导致成组后各电池单体差异较大。类似于 18650，电芯小则并联数量多，缺点是结构复杂、成组难度大，优点是成组后电池单体内的电芯数量众多，即使电芯存在一定差异。类似于某电动汽车企业电池系统采用 7104 节电池，但是串联在一起的电池只有 96 节，不管并联多少节电池，并联在一起的众多电池只能算作一节电池，因为电池组只计算串联的个数而不是并联的个数，所以可以计算得到采用 74 个电芯并联，大的基数将克服单个电芯差异问题，从而使电池组中各电池单体产生一致性较高的结果。电池组中每一个电池单体都由几十个电芯组成，虽然单个电芯存在差异，但是所有电池单元都存在较好和较差电芯（电池单体）的概率可能就会一致，这个一致就带来电池组中各电池单体的一致。此外，该电动汽车企业近期将电芯型号从 18650 换成 21700，可能就是考虑到电芯生产的一致性、电芯组合成电池单体的一致性以及电芯成组的结构复杂性等方面，经过通盘优化后的方案。

3. 成组方式

模组的成组结构由成组数量和方式决定，2P5S 模组中若干个电芯排列组合，电芯与电芯/端板之间布置一片硅胶垫；电芯底部布置一片环氧树脂板；侧板与电芯之间布置一片绝缘片；电芯上部放置一个绝缘板；电芯之间的串并联采用连接片，连接片与电芯极柱之间采用激光焊接方式；模组上方安装一个模组防护罩；模组正/负极处安装防护盖，具体结构如图 10-1 所示。

图 10-1 指示了单体电池,在这里简单阐述一下电芯、单体电池、电池单元的定义区别。通常把生产制造出来的电池最小个体称为电芯或单体电池。电池系统通常不会由一颗电芯构成,而是由多个电芯先并联再串联而成。在电池系统中,数个电芯(或单体电池)并联而成的最小组合通常称为电池单元。除上述所述,电池模组中还包含了温度采集线束(含温度传感器)和电压采集线束,采集线束最终集成在一个插件上,如图10-2所示。

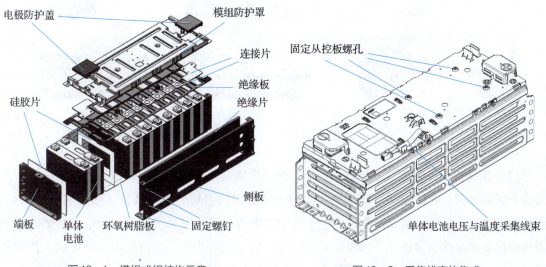

图 10-1 模组成组结构示意　　图 10-2 采集线束的集成

10.2 模组连接

常见的模组类型,根据电芯与导电母排的连接方式可以分成焊接、螺接和机械压接三种形式。有研究表明,电芯与模组母排之间的连接方式,不仅会影响制造效率,其是否可以实现自动化也对电池装车以后的性能表现有不容忽视的影响。

1. 激光焊接

激光焊接的原理是利用激光束优异的方向性和高功率密度等特性进行工作,通过光学系统将激光束聚焦在很小的区域内,在极短的时间内使被焊处形成一个能量高度集中的热源区,从而使被焊物熔化并形成牢固的焊点和焊缝,如图 10-3 所示。

激光焊接通常可以分为热传导焊接和深熔焊(图 10-4),二者的主要区别在于单位时间内施加在金属表面的功率密度,不同金属下临界值不同。

(1) 热传导焊接 又称为缝焊,激光光束沿接缝将合作在工件的外表熔化,熔融物汇流到一同并固化,构成焊缝。该方法主要用于相对较薄的材料,材料的最大焊接深度受其导热系数的约束,且焊缝宽度总是大于焊接深度。热传导焊接应用到模组焊接通常又称为缝焊,缝焊相比穿透焊,只需较小功率的激光焊机。缝焊的熔深比穿透焊的熔深要高,可靠性相对较好,但连接片需冲孔,加工相对困难。

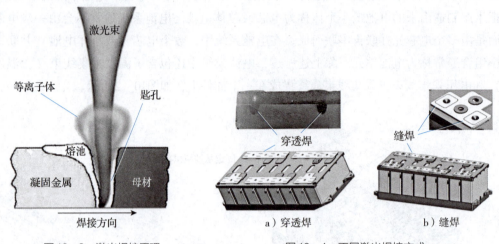

图 10-3 激光焊接原理   图 10-4 不同激光焊接方式

(2) 深熔焊 又称为穿透焊,当高功率激光聚集到金属外表时,热量来不及散失,焊接深度会急剧加深,此焊接技术即深熔焊。因为深熔焊技术加工速度极快,热影响区域很小,而且使畸变降至最低,因而此技术可用于需求深度焊接或几层材料一起焊接。深熔焊应用到模组焊接通常又称为穿透焊,连接片无须冲孔,加工相对简单。穿透焊需要功率较大的激光焊机。穿透焊的熔深比缝焊的熔深要低,可靠性相对较差。

动力电池制造过程焊接方法与工艺的合理选用,将直接影响电池的成本、质量、安全以及电池的一致性。目前,电池模组激光焊接使用的主要材料为铝片、铜片和镍片。对于铝片来说,采用激光可焊接2mm厚的材料,且焊接效果良好;对于铜片来说,可以焊接1mm左右的厚度;对于镍片来说,激光焊通常只能焊接厚度≤2mm的镍片材料,2mm以上的焊接可靠性太差。对于不同材料之间的混合焊接,激光焊无法焊接,只能采用转接片的方式焊接,但其工艺复杂且成本高;对于同种材料的组合焊接,激光焊接效果良好,可靠性、拉力、熔深均能达到工艺要求。

从图10-4可以看出,穿透焊是激光能量穿透上层连接与下层极柱使两个工作的材料熔合在一起的焊接方式;缝焊是激光能量通过连接片与电芯极柱之间的缝隙将两工件材料熔化后连接两个工件的焊接方式。

相比铜片,同截面积的铝片过电流能力低,但可以通过增加铝片厚度到2mm,其过电流能力将超过采用穿透焊铜片的过电流能力,采用铜片的优势将不存在。通过对上述方案的比较及分析,可以初步得出:采用铝片与缝焊的方式,无论是成本、效率还是焊接的可靠性都较优,图10-5所示为焊接实验情况。

缝焊的焊接功率需求为1kW,远小于穿透焊的4kW,整个焊接装配过程简单,时间短,但是对电芯有一定的影响,图10-6所示为采用缝焊的方式焊接对电芯的影响。

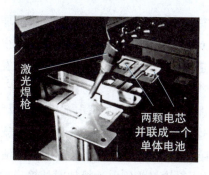
图10-5 激光焊接实验情况

图10-6 焊接过程中对电芯的影响

从图10-6中可以看出,电芯OSD塑料油被烟熏黑,但塑料未烧毁,亦即激光焊接过程中存在OSD塑料被激光灼烧的可能。

2. 螺栓连接

螺栓连接,简称螺接,是用防松螺钉固定电芯与母排之间的连接。这种形式在工艺上比较简单,但主要应用于单体容量比较大的电池系统,尤其在方形电池组中,如图10-7所示。

图10-7 方形电池组的螺栓连接

3. 机械压接

软包电芯机械压接方案是依靠狭缝式的弹性导电结构,把软包电池极耳直接夹持在模组导电件上,以获得稳定的电气连接。该方式省去了焊接过程,同时拆卸方便。如图10-8所示,小模组中圈出来的位置,即为电气连接位置。

圆柱电池也可以采用机械压接方案,由于依靠导电件的弹性变形保持电池与回路间的电连接,占用空间略大,导致能量密度受到影响,但好处在于电池在梯次利用中拆解方便并且获得完整电芯的可能性高。

图10-8 软包电芯通过机械压接成组

4. 连接比较

焊接的内阻小于螺接,连接电阻小,储存在电池里的电能能够以更高的效率支持汽车行驶更远的距离,这是焊接明确的优点;焊接的生产效率提升空间大,总体上,焊接优于螺接。

螺接一般应用在大型电池上,其更强的导电能力得以凸显,而效率低的劣势被削弱。机械压接的好处在于拆装灵活,后期维护以及二次回收利用成功率高;缺点是组装效率很难大幅度提升,若机械连接结构设计不够合理,在长期的道路车辆运行环境下,接触电阻发生变化的可能性高。

焊接螺接对比实验。选取某厂家软包装钛酸锂电池进行成组,锂电池模块由钛酸锂电池、模块安装板、绝缘隔离块、罩壳、长连接排、短连接排和极柱组成。每两个模块安装板中间放置一个电池,形成5P3S结构形式,串并联连接使用长连接排和短连接排将电池连接在一起,电池与长/短连接排之间以螺钉连接方式紧固。极柱作为锂电池模块对外输出的接口,与短连接排相连,连接方式也为螺钉螺母连接。长连接排与短连接排之间以绝缘隔离块进行电气隔离。

(1) 连接方式一 全螺钉连接的锂电池模块,即锂电池与长/短连接排、短连接排与极柱之间的连接全部采用螺钉连接的方式。

(2) 连接方式二 半激光焊接半螺钉连接的锂电池模块,即锂电池与长/短连接排之间的连接采用激光焊接方式,而短连接排与极柱之间的连接采用螺钉连接方式。

(3) 连接方式三 激光焊接与一体式极柱的锂电池模块,即锂电池与长/短连接排之间的连接采用激光焊接方式,而短连接排与极柱做成一个整体的零件。

测试方法,单独测试螺钉连接和激光焊接的连接阻抗,各取一块短连接排与一节锂电池分别做螺钉连接和激光焊接实验,记录下各自的连接阻抗。同时通过测量锂电池模块正负极两端来得到整个模块的内阻值,从而比较不同连接方式下锂电池模块的内阻差异。

在锂电池模块内布置若干热电阻或热电偶作为温度测量点,通过充放电实验测试锂电池模块不同温度点的温度情况。锂电池模块额定电流为100A,考虑到超负荷运行情况下的极限电流大约为120A,故在实验测试中以120A的极限情况进行充放电。记录充放电过程中各温度测量点的最高温度、温升和温差。连接方式一的锂电池模块温度测量点为4个(受当时条件限制,只测了4个关键点),采用的是热电阻测温。连接方式二和三的锂电池模块温度测量点为12个,采用的是热电偶测温。

经过实验测试,不同连接方案的连接阻抗见表10-3。

表10-3 不同连接方案的连接阻抗

序号	测试项	数值/Ω
1	螺栓连接的连接阻抗	0.27
2	激光焊接的连接阻抗	0.02
3	连接方式一的模块内阻	3.77
4	连接方式二的模块内阻	1.56
5	连接方式三的模块内阻	1.00

从表10-3的数据可以看出,螺栓连接的连接阻抗要远远大于激光焊接的连接阻抗。导致螺栓连接的连接阻抗大的主要影响因素有:连接面表面不平整(表面粗糙度较大);受到环境因素影响,长/短连接排和电池接触面产生氧化或腐蚀;螺丝拧紧力不够,每个螺丝的拧

紧力矩不一致；外界因素干扰引起螺丝松动，包括在运输、搬运过程中振动引起的螺丝松动。由于激光焊接是将光能转化为热能，使材料熔化，从而达到焊接的目的，相当于将两者熔为一体，因此这种连接方式的阻抗必定会比较小。从锂电池模块内阻上看，连接方式三的锂电池模块内阻优于连接方式一和连接方式二。

不同连接方式的锂电池模块经过120A充放电（一个充放电循环），实验结果见表10-4，表中数据为测试点最高温度，同时计算出相应的温升和温差结果。

表10-4 不同连接方式的实验结果 （单位：℃）

方式	初温	点1	点2	点3	点4	点5	点6	点7	点8	点9	点10	点11	点12	温升	温差
一	21	37	51.5	51	36	—	—	—	—	—	—	—	—	30.5	15.5
二	29.2	42.4	42.8	42	41.9	43	42.3	55.1	40.8	41.3	41.5	46.7	40.4	25.9	14.7
三	28.9	38.2	39.8	39.5	39.5	39.4	38.3	39.2	38.2	40.3	38.3	38	11.4	2.3

从表10-4数据可以看出，连接方式三的温升和温差最小，连接方式二次之，连接方式一的温升和温差最大。因此，在模组连接方式性能方面，激光焊接优于螺栓连接。

10.3 模组生产

单个电芯是不能使用的，只有将众多电芯组合在一起，再加上保护电路和保护壳才能直接使用，这就是所谓的电池模组（Module）。通过严格筛选，将一致性好的电芯按照精密设计组装成模块化的电池模组，并加装单体电池监控与管理装置。模组全自动化生产线，全程由十几个精密机械手协作完成。另外，每一个模组都有自己固定的识别码，出现问题可以实现全过程的追溯。从简单的一颗电芯到电池包的生产过程需要多道工序，也相当复杂。

1. 电芯上料

装配模组工艺流程的第一步是上料，将电芯传送到指定位置，用机械手自动抓取送入模组装配线。

2. 电芯清洗

由于电芯表面可能存在污垢，需要对每个电芯表面进行清洗，通常采用等离子处理技术，保证在清洗过程中的污染物不附着在电芯底部。等离子清洗技术是清洗方法中最为彻底的剥离式清洗方式，其最大优势在于清洗后无废液，对金属、半导体、氧化物和大多数高分子材料等都能很好地处理，可实现局部和整体以及复杂结构的清洗。

3. 框架焊装

不论是软包电芯模组，还是方形电芯模组，都需要做一个框架结构，将电芯固定在这个框架结构内部。电池模组多采用铝制端板和侧板焊接而成，待设备在线监测到组件装配参数（如长度/压力等）确认后，启动焊接机器人，对端/侧板完成焊接，及焊接质量100%在线检测以确保质量。

4. 盖板装配

模组四周框架结构形成后，接着是装配模组盖板。盖板上面通常会固定模组的低压线束，因此，也称为线束隔离板。焊接监测系统准确定位焊接位置后，绑定线束隔离板物料条码至生产调度管理系统，生成单独的编码以便追溯。打码后通过机械手将线束隔离板自动装入模组。

5. 电极焊接

模组电芯之间的电极需要根据设计进行串并联，模组电芯电极之间的串并联通常采用激光焊接，通过自动激光焊接来完成极柱与连接片的连接，从而实现电池串并联。

6. 下线测试

模组生产出来后，下线前需要对模组全性能进行检查，包括模组电压/电阻、单体电池电压、耐压测试和绝缘电阻测试。标准化的模组设计原理可以定制化匹配不同车型，每个模块还能够安装在车内最佳适合空间和预定位置。

习 题

10-1 动力电池系统通常分为几个层级？

10-2 模组构型包括哪几个方面？请简单叙述包括哪些内容。

10-3 模组连接包括哪些方式？

10-4 请简述电池模组定义以及模组生产过程。

第 11 章　电池包结构

　　动力电池系统通常分为三个层级,第一个层级就是电芯层面,是电池系统中最小个体,第二个层级是模组层面,由数个电芯通过适当的串并联方式组合成一个模组,第三个层级是系统或包的层面,由数个模组通常是串联起来,组成一个电池包,本章将介绍关于电池包结构设计的一些事宜。

11.1　结构设计

　　发展新能源汽车是有效缓解能源和环境压力,推动汽车产业可持续发展的重要途径。动力电池作为新能源汽车能量供给的核心零部件,其性能直接影响了新能源汽车的性能表现。其中,动力电池箱体作为动力电池的载体,在动力电池安全工作和防护方面起着关键作用。传统电动汽车动力电池箱体大多采用金属材料制造,随着制造材料的发展,为了提高新能源汽车经济性,实现动力电池轻量化,复合材料被逐渐应用到动力箱体设计中。

　　电池包结构设计需满足 GB/T 18384.1—2015《电动汽车　安全要求　第 1 部分:车载可充电储能系统(REESS)》。电池系统爆炸图如图 11-1 所示。

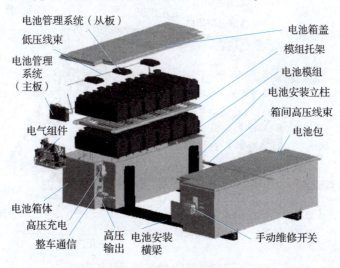

图 11-1　电池系统爆炸图

电池包内部布置情况如图 11-2 所示。电池包高压控制电气组件布置情况如图 11-3 所示。从图 11-3 中可以看出,该电池包高压回路采用两路电流采集,一路是在正极回路上采用霍尔式传感器采集,一路是在负极回路上采用分流器采集。通过两路采集电流,可以有效避免电流传感器损害带给电池系统失效的可能性,提高电流采集的准确性。

动力电池箱体对材料的要求有高强度、轻量化以及优良的耐蚀性,碳纤维在这三方面具有极大的优势。首先,碳纤维复合材料具有较高的比强度(材料的拉伸强度和密度之比)和比模量(材料的弹性模量与密度之比),其比强度是钢材的 5 倍,碳纤维和环氧树脂复合后的密度为 $1.4 kg/m^3$;其次,该材料还具有优良的耐蚀性和阻燃性。因此,结合碳纤维复合材料设计的特点,研究碳纤维动力电池箱体设计方法,以满足动力电池轻量化的需求。

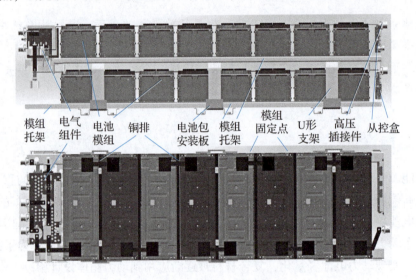

图 11-2 电池包内部布置情况

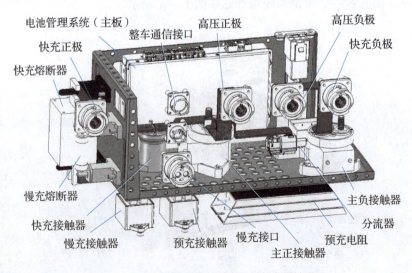

图 11-3 电池包高压控制电气组件布置情况

1. 功能需求

电池箱体作为电动汽车用动力电池的防护零件,对结构设计、重量等方面的要求都很高。在电池模块的重量和尺寸确定之后,设计电池箱体时考虑的因素比较多:

1)电池箱体是电池模块的承载件,电池模块需要通过它连接到车身上。

2)动力电池一般安装在车体下部,考虑到电池模块的工作环境,电池箱体需要具有对模块的防护功能,需要考虑模块的防水防尘以及道路环境对电池箱体的腐蚀;电池箱体还需要考虑承受车辆运行过程中的振动和冲击等。

2. 方案设计

根据电池模块的形状和布置方式,结合动力电池在车身上的位置,本着尽量利用空间的原则,将电池箱体的外包络设计为接近方形的箱体结构。其主体结构层由碳纤维布铺附而成,并且辅以树脂,在连接处使用了金属接头,金属接头和主体结构层之间用结构胶连接。

电池模块组和箱体之间采用金属紧固件进行连接。为了增加零件的强度和模态,在一些大面积的结构面上,加强筋是提高结构稳定性的典型形式,而帽形筋条相对来说承载效率高、重量低。鉴于连续纤维复合材料的特性,在碳纤维加强结构凸筋和凹筋处做等厚设计。

3. 工艺设计

碳纤维复合材料产品的成型方式有很多种,其中适用于碳纤维电池箱体的加工工艺有模压成型、真空辅助成型、树脂传递模塑等。

(1) 模压成型 模压成型工艺是将一定量预浸料放入到金属模具的对模模腔中,利用带热源的压机产生一定的温度和压力,合模后在一定的温度和压力作用下使预浸料在模腔内受热软化、受压流动、充满模腔成型和固化,从而获得复合材料制品的一种工艺方法。

模压成型和 RTM 工艺适用于零件批量大的情况;VARI 工艺所需模具成本较低,成型产品的纤维含量较高,但整个成型过程耗时长,适用于批量要求小、成本低的零件生产。模压成型工艺的特点是在成型过程中需要加热,使预浸料中的树脂软化流动,充满模腔并加速树脂基体材料的固化反应。在预浸料充满模腔的过程中,不仅树脂基体流动,增强材料也随之流动,树脂基体和增强纤维同时填满模腔的各个部位。

只有树脂基体黏度很大、黏结力很强,才能与增强纤维一起流动,因此模压工艺所需的成型压力较大,这就要求金属模具具有高强度、高精度和耐蚀性,并要求用专用的热压机来控制固化成型的温度、压力、保温时间等工艺参数。

模压成型方法生产效率较高,制品尺寸准确,表面光洁,尤其对结构复杂的复合材料制品一般可一次成型,不会损坏复合材料制品性能。其主要不足之处是模具设计与制造较为复杂,初次投入较大。尽管模压成型工艺有上述不足之处,但其目前在复合材料成型工艺中仍占有重要的地位。碳纤维模压成型的工艺流程为:

1)准备工作。做好预浸料、成型工装模具、随炉试件的配套工作,并清理模具中上一次使用残留的树脂、杂物,保持模具的干净和光滑。

2)预浸料裁剪与铺层。将即将做成产品的碳纤维的原料准备好,预浸料复验合格后,计算好原料的用料面积、用料张数,把原料一层层叠加起来,同时对叠加的材料进行预压,压成形状规整、质量一定的密实体。

3）装模固化。把叠好的原料放置到模具中，同时在内部放入塑料气囊，合模；将整体放入合模机中，对内部塑料气囊加恒定的压力和温度，设置恒定的时间，使其固化。

4）冷却脱模。对经过热压处理一段时间的模具先冷却一段时间，然后揭开模具，进行脱模处理并清理好工装模具。

5）加工成型。脱模后的产品需要对其进行清理，用钢刷或铜刷刮去残留的塑料，并用压缩空气吹净，对成型的产品进行打磨，使表面光滑整洁。

6）无损检测及最终检验。按设计文件要求对制品进行无损检测和最终检验。

（2）真空辅助成型（Vacuum Assisted Resin Infusion，VARI） VARI 是一种新型的低成本的复合材料大型制件的成型技术，是在真空状态下排除纤维增强体中的气体，利用树脂的流动、渗透，实现对纤维及其织物浸渍，并在一定温度下进行固化，形成一定树脂/纤维比例的工艺方法。

VARI 作为一种先进的液体模塑成型工艺，具有的主要优点是成本低，特别适合大尺寸、大厚度结构件的制作，还可以在结构件内表面嵌入加强筋、内插件和连接件等；工艺稳定性好；制品纤维体积含量高（最高可达 70%～85%）、孔隙率低，性能与热压罐工艺接近；闭模成型，比较环保。由于工艺的特殊性，VARI 对树脂体系、封装系统、控制系统有着特定的要求：

1）需要黏度低并能在常温下固化的树脂基体，最佳黏度范围为 100～300mPa·s。

2）树脂凝胶前的低黏度平台时间要足够长，以保证充分的操作时间。

3）对于高温环境下使用的树脂，应具有较高的玻璃化转变温度（T_g）。

4）树脂应具有良好的力学性能和阻燃性能。

5）真空负压最佳值≤0.095 MPa，以保证纤维铺层压实致密。

6）良好的密封有利于提高真空度和排出气泡，减少制品孔隙率。

7）恰当地选择制品成型厚度。

8）合理的树脂流道和真空通道设计，保证能排出气体和树脂能均匀地浸渍增强材料，避免产生缺陷。

（3）树脂传递模塑（Resign Transfer Molding，RTM） RTM 是将树脂注入闭合模具中浸润增强材料并固化的工艺方法，也是碳纤维操控台常用的成型工艺之一。树脂传递模塑的主要工艺流程：

1）铺层。由熟悉碳纤维铺层工艺的工艺人员制定工艺生产图纸，确定每一层碳纤维所用的碳纤维布层的形状和铺设要求，按照规定的数量和表面处理方法由铺层工人根据铺层工艺卡片将碳纤维布层一层一层地铺设到模具中。

2）压紧。将碳纤维布层铺设到模具中后，进行合模。通过定位装置，将模具的凸凹模合在一起，并通过螺栓压紧。

3）注塑固化。模具压紧后，通过模具注塑口向模具中注入一定温度的环氧树脂。在注入过程中，在模具内部通入循环热油，使模具的温度始终保持在一定的温度范围内。注塑完成后，保温一定时间进行脱模。注塑过程中，如果生产工艺控制不好，会导致在碳纤维复合材料内部产生气泡，从而影响碳纤维复合材料的性能。为了能够有效地消除气泡，采用以下方法：使模具内部真空度保持为 10^5Pa，树脂穿透空隙，从而大幅度降低空隙率，纤维被完全浸润。在进行注塑的过程中，使模具整体处于振动状态，振动会产生高的剪切速度，使树脂黏度下降，从而改变树脂的流动，充分浸渍预成型体，提高树脂的固化交联度，降低气泡含量。

4）脱模。将压紧模具的螺钉松开，凸模和凹模脱离。此时，碳纤维毛坯件位于凹模中，使用特制起模工具进行起模，形成碳纤维毛坯件。

5）后处理。脱模完成后，碳纤维毛坯件表面较为粗糙，边缘飞边较多。为了便于拼接，需对拼接面进行表面处理和去飞边。表面处理和去除飞边后，对分型毛坯件进行机加工，机加工拼接孔。

在拼接工装的辅助作用下，将分型件按照图纸要求在拼接面处涂黏接剂，并采取一定措施进行紧固。在工装的固定下，保持一定时间待黏接剂完全凝固，从而形成整型毛坯件。

在经过成型之后，则还需对特殊的装配表面和安装孔及安装面进行机加工，从而形成喷漆前的机加工件。机加工件再进行表面喷涂，若是零部件需要具备电磁屏蔽效果，则还需在内表面涂导电漆，经过多道工序后才能制造出一个完整的碳纤维产品。

4. 铺层设计

VARI 是一种将干织物通过真空辅助导入成型的工艺方式，其工艺原理是在单面刚性模具上以柔性真空袋膜包覆，密封纤维增强材料，利用真空负压排除模腔中的气体，并通过真空负压驱动树脂流动而实现树脂对纤维及其织物的浸渍。电池箱体的工艺方案为：凹模成型模具，表面进行高光或者亚光处理，在模具上铺设一定层数的碳纤维布料后，通过导流网、导流管、密封条的辅助，由真空泵将混合好的树脂材料抽吸在纤维布中，最后进行固化。固化成型后脱模，并对边界及需要开孔的部位进行切割加工。

电池箱体的碳纤维编织布可以采用 T300-3K 和 T300-12K 两种织布混合的方式，共 10 层碳纤维平纹织布加树脂的设计。铺层时主要考虑了以下注意事项：铺层角的均衡性、同一铺层方向的数量要求、铺层的对称性、铺层层间角度的偏差、限制最大连续铺层数。电池箱体零件采用了 10 层平纹织布交叉平铺的方式，铺层方式为[0 /45 /0 /45 /0 /0 /45 /0 /45 /0]。

5. 连接设计

电池模块需要通过电池箱体连接在车体上，电池箱体在连接处采用了金属紧固件进行连接，这些紧固件部分采用埋入方式，通过控制埋入的深度使连接处能够承受较高的拉伸强度；部分紧固件和碳纤维本体之间采用结构胶粘结在一起。

11.2 结构分析

碳纤维动力电池箱体需要从强度、模态、疲劳及振动等四个方面对动力电池箱体结构进行仿真分析，为动力电池系统的耐久性研究和结构优化提供参考。

1. 强度分析

按照表 11-1 中的数值，分 4 个工况对动力电池进行加载，主要是考察电池系统在车辆正常行驶过程中，由于制动、转向、跳跃等因素，电池系统承受来自不同方向载荷下的结构强度。

分析结果显示，工况 4 下的最大应力小于钢材的屈服应力，见表 11-2。

表 11-1　强度分析载荷工况表

载荷方向	X	Y	Z
工况 1	—	—	$-1g$
工况 2	$1g$	—	$-1g$
工况 3	—	$1g$	$-1g$
工况 4	—	—	$-3g$

表 11-2　强度分析结果

序号	应力分量	最大应力/MPa	最小应力/MPa
1	S11	12.4	-7.8
2	S22	6.2	-1
3	S33	0.7	-0.6

2. 模态分析

模态是机械结构的固有振动特性，模态分析用于确定设计结构或机器部件的振动特性，即结构的固有频率和振型。对于动力电池箱体来说，模态分析主要是考察蓄电池系统结构的前六阶固有频率及振型。由于随机振动标准 SAE J2380 在 Z 向振动要求中，35~40Hz 及以下频率段属于高振动能量区，故要求电池包 Z 向低阶模态应尽可能高于 35~40Hz。对模型进行模态分析后，结果显示电池壳体结构的一阶模态为 61Hz，符合对低阶模态的要求。

3. 疲劳分析

采用 ISO 16750 中规定的方法对动力电池箱结构的抗机械冲击能力进行疲劳分析。冲击脉冲采用半正弦形脉冲波形，峰值加速度为 $500m/s^2$，持续时间为 6ms。冲击的加速度在所用 6 个方向上进行。分析结果显示，电池托盘和壳体的最大应力为 76.5MPa，远小于材料的许用应力。

4. 振动分析

动力电池箱体的振动分析选用 SAE J2380 中的标准。按 SAE J2380 中规定的方法对动力电池箱结构的抗机械振动能力进行分析。分析结果显示，电池托盘和壳体的最大应力远小于材料的许用应力，碳纤维电池壳体满足设计要求。

习　题

11-1　电池包结构设计需要满足哪些标准？

11-2　适用于碳纤维电池箱体的加工工艺有哪些？简要介绍各自的内容。

11-3　简述树脂传递模塑的主要工艺流程有哪些？

第 12 章　电热管理

电池包作为电动汽车上装载电池组的主要储能装置,其性能直接影响电动汽车的性能。目前电池普遍存在比能量和比功率低、循环寿命短、使用性能受温度影响大等缺点。由于车辆空间有限,电池工作中产生的热量累积会造成各处温度不均匀,从而影响单体电池的一致性;此外,还会降低电池充放电循环效率,影响电池的功率和能量发挥,严重时还将导致热失控,影响系统安全性和可靠性。为了使电池组发挥最佳的性能和寿命,需要对电池进行热管理,将电池包温度控制在合理的范围内。

12.1　热管理系统需求

电池管理系统直接检测及管理电动汽车的储能电池运行的全过程,包括电池充放电过程管理、电池温度检测、电池电压电流检测、电量估计、单体电池故障诊断等。电池充放电过程管理,即适时监控电池充放电时的温度、电压、电流等参数,在发现异常情况时,及时做出断开充电电路、发出报警信息等相应处理。电池温度检测,即对电动汽车动力电池单个电池进行温度检测,依据电池类型设定该型号电池安全温度参数范围,当发现温度不在安全范围时做相应处理,并发出报警信息,提示问题电池的位置。电池电压电流检测,即检测动力电池各组电压、电流,依据检测参数,通过算法判断电池好坏,并估算 SOC。电量估计,即电池剩余电量的测量,依据电池电量经验及所测参数积分计算。单体电池故障诊断,即依据所测单个电池温度、电压等参数,对比其正常参数范围做出诊断处理。

在电动汽车上实现热管理的难点和关键在于:如何根据采集的每块电池的电压、温度和充放电电流的历史数据,建立每块电池剩余容量的精确的数学模型。电池管理系统的功能是通过采集动力电池中各模块电池的电压、电池组的总电压、电池本身的温度以及电池的充放电电流等信号,来确定电池的荷电状态(SOC)。当电池电压、充放电电流、电池温度过低或过高时,电池管理系统给中央处理单元发送警告信息。通过总线实现被检测模块和中央处理单元之间的通信。

电池包热管理模块设计。电池包的位置及外部条件都可能导致不均匀的温度分布。温度分布不均匀会引起单体电池之间的电压不均衡,从而影响电池及整车性能。电池温度平衡的主要方法是通风处理和使用散热板。采用有限元方法对并行通风和串行通风进行分析,表明并行通风的散热效果要明显高于串行通风。在电池包的不同位置共安置了 6 个数字温度传感器 DSI8820。每隔 1s，系统就通过总线对 DSI8820 进行采样，当检测到任一点的温度或者温度变化率高于设定值时，起动变速风机。仅当所有点的温度及其变化率都低于设定值时，才会停止变速风机。

1. 热管理约束条件

电池热管理的主要功能包括电池温度的准确测量和监控、电池组温度过高时的有效散热、低温条件下的快速加热、保证电池组温度场的均匀分布、电池散热系统与其他散热单元的匹配。热管理系统设计的主要约束条件有：

1）保持电池的温度在工作范围内。
2）保持电池的温度均衡。
3）降低电池包中温度分布不均，以避免电池温度不平衡而降低性能。
4）消除与失控温度有关的潜在威胁。
5）通过使用空气、液体与电池直接或间接接触来主动或被动加热/冷却电池包。
6）提供通风，保证电池所产生的潜在有毒气体及时排出，从而保证电池能够安全运行。

2. 热管理设计目标

选定合适类型的电池。考虑整车的运行环境，以保证电池包中电池在适宜温度下运行。了解电池正常运行的平均运作温度，例如，锂离子电池一般运行温度为 -20 ~ +60℃，正常运行的最适宜温度为 25℃。根据不同类型车辆（BEV、HEV、PHEV）的电动机及发动机功率分配，利用整车动力学仿真软件进行整车系统性能分析，计算出所需电池能量。根据电压电流需求分析，采取相适应的电池串并联方式，考虑是否采用模块化进行管理（即将几个电池组成一个模块密集布置）。

模块内由于电池数量较少，内部温差小，通过在模块外包覆隔热材料以减少模块间的相互影响，从而保证各模块温度的均匀性。这样就能减少由于大量电池密集排列而产生的中间温度高、边缘温度低、最高温与最低温之间温差较大，从而导致电池模块间不均衡现象。根据电池的几何形状和数目，结合车上可装载电池的有效空间，基于最小空间原则，初步确定电池布置。纯电动汽车由于电池数量需求较大，电池包发热量也较大，但空间有限，一般选择在车辆底板布置；而此处受环境温度的影响较大，就需要更有效的热管理。而在行李舱布置，受外界影响较小，温度环境变化较小一点。

确定电池包及电池模块内可接受的温差范围。模块由于大小和类型不同，可接受的温度范围也不一样。一般小模块最多可接受的温差为 2~3℃，大模块正常工作可接受的最大温差为 6~7℃。由于车辆类型不同，电池包大小不同，整体可接受温度范围也不一样。有的小电池包的正常工作内部能够允许 2~3℃ 的温差（例如串联的 HEV 电池包），有的大电池包（如 BEV）能够允许 7~8℃ 的温差。

12.2 电池系统热分析

电池系统的性能随环境温度、电压和电流等变化。

1. 温度影响分析

电池的温度高，使得电池的活性增加，能量能得到更加有效的发挥，包括电池的充放电平台、效率、可用容量等，但是，电池长时间工作在高温环境下，电池的使用寿命会明显缩短。电池温度低的时候，电池的活性明显降低，电池的内阻、极化电压增加，实际可用容量减少，电池的放电能力下降，放电平台低、电池更加容易达到放电截止电压，表现为电池的可用容量减小，电池的能量利用效率下降。

1）温度升高，电解液黏度变低，电池内阻降低，功率、容量有提升或基本不变，如图12-1所示。高温环境下，由于正极晶格结构的稳定性变差，电池的安全性降低，这个时候充电上限电压需要适当降低。

2）温度降低，电解液黏度增加甚至冻结，电池内阻提高。当温度在10℃以下再降低时，电池功率和容量都会大幅度降低。

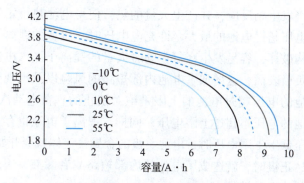

图12-1 温度对电池容量的影响（见彩插）

低温下充电容易出现金属锂的沉积而发生安全事故。低温环境下，对于石墨负极来说，锂的嵌入和脱出的能力下降，特别是嵌入能力下降得更厉害，因此，低温下充电比放电更难。这时候对锂离子电池充电可能由于锂离子的沉积速度大于嵌入速度，而致使大量的金属锂沉积在电极的表面，发生安全隐患。

低温下，锂离子在石墨负极中的扩散速度慢。而较低的扩散速度是致使锂离子电池低温性能差的主要原因。充电时，由于锂离子在石墨中的扩散速率较慢，嵌入表面的锂离子来不及向石墨本体扩散，石墨微粒表面锂离子浓度较高，产生极高的浓度极化，使电池电压快速上升至截止电压。电池性能参数与温度的关系可以用阿伦尼乌斯公式来进行定性分析，即

$$k = Ae^{-\frac{E_a}{RT}} \quad (12-1)$$

式中，k 是温度 T 时的反应速度常数；A 是指前因子，也称为阿伦尼乌斯常数，单位与 k 相同；E_a 是实验活化能，一般可视为与温度无关的常数，单位为 J/mol 或 kJ/mol；T 是绝对温度，单位为 K；R 是摩尔气体常数，单位为 J/(mol·K)；e 是自然对数的底。

阿伦尼乌斯公式（Arrhenius equation）是由瑞典的阿伦尼乌斯所创立的化学反应速率常数随温度变化关系的经验公式。该定律除对所有的基元反应适用外，对于一大批（不是全部）复杂反应也适用。

温度对日历寿命与循环寿命的影响：

1）温度升高时，内阻随搁置时间和循环次数加速增长，容量加速降低。

2）温度降低时，电池极化严重，此时进行充电，寿命加速下降。

平均温度比较高的冷却方式，其电池寿命较短，而平均温度低的冷却方式，其寿命较长。风冷与水冷相比，在试验测试的条件下，寿命相差1~3年。

其他方面的影响：

1）温度升高，副反应增多，库伦效率降低，但是对于锂离子电池而言，效率的降低不明显。

2）温度升高，副反应增多，自放电率增加。

3）温度不均衡造成电池的寿命及性能不一致。

4）温度超过一定值后，电池变得本质不安全，长时间搁置易造成自发反应导致热失控。

2. 电压影响分析

锂离子电池在使用过程中，需要对电池的上限电压进行监控。当电池电压高于电池的限制电压时，电池内部将发生副反应，并产生大量的热，使得电池热稳定性下降，容易发生热失控。当电池的充电电压超过电池的最大允许充电电压时，过量的锂离子将从电池的正极脱出，造成正极晶格结构破坏，容易发生释氧；同时大量的锂离子嵌入电池负极，不能嵌入的锂离子则沉积在电池负极表面，这增加了电池内部短路的风险以及出现热失控的可能性。在使用电池过程中，电池的电压超过电池的上限是绝对禁止的。在电动汽车使用电池的时候，必须保证所有单体电池的电压不超过上限电压。同样，锂离子电池也存在下限电压。在使用过程中，当电池的电压低于下限电压时，电池负极的金属集流体就会开始熔解，再次充电时，会在附近沉积，当到达正极时，就造成了电池的内部短路或者漏液。因此，当电池出现严重过放电的时候，电池的充电是被禁止的。

3. 电流影响分析

电池都存在一定的内阻，当电池的工作电流太大时，电池内部的发热明显增加，电池温度升高，从而导致电池的热稳定性下降，并形成反馈。锂离子电池正负极脱嵌锂离子的能力是有限的，对应的就是电池的最大允许充放电电流。当电池的充放电电流大于电池的脱嵌能力时，势必导致电池的极化电压明显增加，电池提前达到充放电截止电压，电池的实际容量减小，电池的能量利用效率下降，严重时，还会导致锂离子的沉积，从而影响电池的安全性。

4. 系统热安全分析

在车用锂离子电池的安全性方面，锂离子电池的电解液采用有机溶剂，这给锂离子电池带来更低的熔点（使得电池能适用于温度更低的场合）和更高的电压平台的同时，也使其沸点低、闪点低、具有可燃性、电池电压接近分解电压、有机溶剂黏稠以及导电性能差等问题。其中，有机溶剂闪点低、具有可燃性是锂离子电池出现安全事故的根源。

电池的滥用会导致电池内部的热效应加剧（主要包括SEI膜分解、嵌锂负极与电解液的反应、电解液的分解、正极活性物质的分解、过充电锂离子与电解热的反应、欧姆热效应及短路等），这是锂离子电池出现安全性问题的起因，并最终表现为热失控。

导致电池热失控的原因主要有过充电、过放电、过电流和过温。

(1) 过充电 当电池充满电（放完电）的时候，如果继续充电（放电），这部分能量就会完全转变成副反应，导致电池的容量下降，甚至引发安全事故。锂离子电池并不像铅酸电池或者镍氢电池那样具有内部的氧循环机制，因此，充满电（放完电）后，电池不能继续充电（放电）。对于成组使用的锂离子电池，也不能采用涓流充电的方式进行均衡。电池之间的一致性问题加之不合理的充电管理模式（如从铅酸电池继承来的基于电池组端电压的充电模式），会导致部分电池先于其他电池充满电，然而基于电池组端电压不能及时地检测到单体电池的状态，仍旧按照比较大的电流充电，导致电池严重过充电，造成电池电压超高、副反应产生、严重发热、锂离子沉积、内部短路并最终出现热失控。电池出现过充电，首先会表现为电池的电压超高，因此通过对所有电池的电压进行实时监控，并将其纳入充电控制就能有效地防止电池出现过充电。

（2）过放电 串联电池组电池之间的一致性问题会导致部分电池会先于其他电池放完电，然而基于电池组端电压不能及时检测到单体电池的状态，仍旧按照比较大的电流放电，导致电池严重过放电。电池出现过放电，首先会表现为电池的电压超低，因此通过对所有电池的电压进行实时监控，并将其纳入放电控制就能有效地防止电池出现过放电。

（3）过电流 电池出现过电流主要有以下几种情况：低温环境下的充放电，由于电池的导电性和扩散性下降，特别是电池碳负极的锂离子嵌入和脱出能力下降，表现为电池的欧姆内阻和极化电压增加，电池可接受电流的能力下降，导致电池出现过电流；电池老化后，电池的性能下降（包括容量降低、内阻增加、倍率特性下降以及电池的内部结构钝化）后，仍然按照新电池的充电电流进行充电；电池大量的并联，由于单体电池之间的容量和内阻等差异，导致部分电池的充电电流可能远远大于平均电流；电池内外部短路也会造成电池过电流。

（4）过温 电池出现过电流主要有以下几种情况：电池的热管理措施失效；工作环境温度高；锂离子电池的放电本身就是放热过程，在使用的时候，电池的温度会持续增加。如果没有合适的热管理，电池产生的热量不能及时有效地散去，就会导致电池的温度持续增加。当电池严重过温的时候，会导致电池的电压明显下降以及金属熔解等现象，并最终导致内部短路和热失控。因此，通过提高温度检测电路的可靠性、建立必要的反馈机制、对电池箱内部风机容量的选择、改进风道布局、箱内温度场测试以及应急控制电路等措施，能有效提高电池的过温控制性能。

电池性能的发挥与电池温度有密切的关系。当电池的工作温度或者温度的上升率达到预选设置的值后，电池需要进行散热处理，包括风冷和水冷等措施，以保证电池的温度和温升控制在一定的范围内；当电池的温度管理失效以后，电池的温度达到最高允许值时，应有可靠的手段断开电路，停止对电池的使用操作，以保证电池的使用安全。

12.3 电池系统热设计

电池包作为电动汽车的主要储能装置，直接影响电动汽车的性能。锂离子电池因优异的功率输出特性和寿命长等优点，目前在电动汽车电池包中得到大量应用。由于车辆上空间有限，电池在工作中产生的大量热量受空间影响而造成各处温度不均匀，从而影响单体电池的一致性。因此，降低电池系统充放电循环效率，不仅会影响电池的功率和能量发挥，严重时还将导致热失控，影响系统安全性与可靠性。为了使电池组发挥最佳的性能和寿命，需要优化电池包的结构，设计电池包热管理系统（Battery Thermal Management System，BTMS）。

1. 热管理系统设计

(1) 初步设计电池热管理系统　运用计算流体力学或通过实验测试，估算出热管理所需风扇或泵的功率。通过分析和实验，确定各种辅助部件，如风机、水泵、热交换器及加热器等。设计控制系统，制定运作 BTMS 的控制策略，如选择风机种类、温度传感器的数量及测温点位置等。估计 BTMS 及组成零部件的成本，审议和评价可维修性、操作方便性及可靠性，比较不同方案的性能、能源需求、成本、复杂性和可维护性。初步设定一个 BTMS，制定出散热加热系统架构。

(2) 构建和测试电池热管理系统　在这个环节中，制造一个有 BTMS 的电池包。用电池包传热台式实验来验证有限元模型，评价传热与流动性能，微调 BTMS 设计，评估车辆在各种气候条件下运行的热控制策略。最后，将其安装在车辆上，并运用汽车测功机重复实验来验证改进。通过多轮次设计对 BTMS 进行实验验证来不断修正和完善这个管理系统。例如，是否需要通过调整风扇或泵功率加大流体流量，加快电池表面的换热速率；利用红外热成像来实验验证添加热管理后的电池包温度场的控制是否达到要求。

(3) 完善和优化电池热管理系统　为了使 BTMS 达到最佳效果，工程师可能需要重复上述的一些步骤，如考虑电池的性能和寿命、对车辆的性能影响、成本以及是否易于维护等。以风冷散热为例，设计散热系统是在保证一定散热效果的情况下，应该尽量减小流动阻力，降低风机噪声和功率消耗，提高整个系统的效率，可以用实验、理论计算和计算流体力学的方法来估计压降和流量，并估计风机的功率消耗。当流动阻力小时，可考虑选用轴向风扇；当流动阻力大时，选用离心式风扇。当然，也要考虑风机所占空间的大小和成本的高低，寻找最优的风机控制策略。必要时，重复前面的步骤，优化设计。

2. 系统热管理方案

电池包的冷却有风冷和液冷两种方式。研究表明风冷方式易实现，但电池包温度梯度变化较大，不利于电池稳定工作。通过冷却液与空调系统的制冷剂进行换热的液冷方式逐渐成为主流。对新能源汽车电池热问题的科学管理，需要考虑多个系统的相互影响。电池包冷却与汽车空调系统、电机冷却系统、发动机冷却系统等多个系统存在不同程度的耦合，因此在做电池系统温度控制策略、热管理时，就要同时分析与其他系统的影响关系。

在温度过低或过高的情况下，电池的性能不能得到很好的利用，甚至有可能出现安全事故和加速电池的衰退。因此，需要创造条件，对电池的工作温度进行主动式管理，使得电池工作在最佳温度范围内。

对于锂离子电池而言，充电时的工作温度为 $-10 \sim +45$℃，放电时的工作温度为 $-30 \sim +55$℃。因此，通过一定的措施，保证锂离子电池温度在充放电使用的大部分时间内保持在这一范围内。

对于防止电池温度过高的问题，可以进行强制风冷的策略。通过电池管理系统的实时监测，得到电池组中各单体电池的温度信息。当锂离子电池温度达到开风机阈值时，电池管理系统起动风机对电池进行降温，直到温度降到关风机阈值时停机。电池管理系统通过对风机的滞环控制，实现对电池的冷却。当电池温度达到故障阈值时，电池管理系统发出控制和警告信息，停止对电池的充放电使用，以保证锂离子电池的安全。

在低温时，由于电池的活性差，电池负极石墨的嵌入能力下降，这时候，大电流充电可能出现电池热失控甚至安全事故。为了避免这个问题，当电池管理系统监测到电池温度过低时，会发出控制信息，充电机根据电池管理发送的温度信息，进行小电流充电。另外，由于低温环境（<10℃）下，电池的内阻会随着温度的下降而增加。在充电过程中，电池欧姆压降损失的能力增加，这部分能量转化为热量，使得电池的温度逐渐升高。在进行一定时间的小电流充电后，电池管理监测到温度正常，即可通知充电机恢复至正常电流模式充电。对于锂离子电池而言，低温下电池负极石墨嵌入能力下降。因此，低温主要是对锂离子电池充电有负面影响，对电池的放电则影响不大。特别地，电池放电过程属于放热反应，再加上低温下增大的内阻产生的热量，电池的工作温度会很快上升到适宜的温度，呈现负反馈的机制。因此，这一个过程不需要主动地去管理。综合以上策略，锂离子电池的热管理控制流程如图12-2所示。

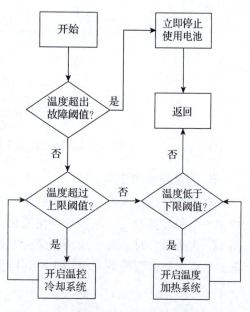

图12-2 锂离子电池的热管理控制流程

电池热管理的冷却方案可以分为两种，一种是被动冷却方案，另一种是主动冷却方案。被动冷却方案，就是不采用任何冷却手段，整个电池系统自然冷却。主动冷却方案就是电池系统采用液体或气体等进行主动热量交换的方案。采用风扇等在电池系统内部进行电芯与气体之间的热交换，一是交换效率低，二是会导致热均衡问题，目前市场上较少采用。市场上较多采用液体或制冷剂的主动冷却手段。

3. 气液自然热交换方案

电池热管理采用气液自然热交换方案，就是采用普通散热器及其附带的风扇，将电池散热系统里面的液体通过普通散热器散热。整个热交换过程都是电池系统与自然空气之间的热交换，没有引入任何强制加热或冷却手段，属于被动冷却方案，如图12-3所示。气液自然热交换方案，只能有限冷却电池系统，若要加热还得使用其他手段。

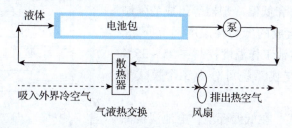

图12-3 电池热管理采用被动冷却方案

4. 液液辅助热交换方案

电池系统热管理液液辅助热交换方案，就是另设一个强制液热循环系统，与电池的液热循环系统进行强制热交换，属于主动冷却方案，如图12-4所示。另设这个强制液热循环系统，多与驾驶舱冷却加热装置进行辅助热交换，因此又称为辅助热交换。对于液液辅助热交换方案来说，由于外部液热循环系统可以进行加热或者冷却，可以实现电池冷却和加热功能。

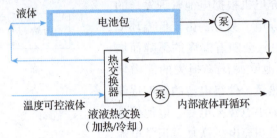

图12-4 电池热管理采用驾驶舱冷却加热装置的主动冷却方案

5. 混合强制热交换方案

电池系统热管理采用混合强制热交换方案，就是在采用液液辅助热交换的基础上，再增加一个制冷剂系统，可以与电池液热循环系统进行强制热交换，实现电池冷却功能，如图12-5所示。对于混合强制热交换方案来说，通常情况下，外部液热循环系统用于加热电池系统，外部制冷剂系统用于冷却电池系统。

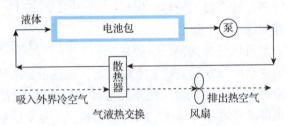

图12-5 电池热管理采用独立冷却加热装置的主动冷却方案

图12-6所示为一种电池热管理混合强制热交换案例，图中A回路用于电池系统强制加热，B回路用于电池系统强制冷却，C回路用于电池系统温度调节。图12-6中的三个冷却回路可根据需要进行切换，分别是集成热泵系统等组成的强制加热回路、压缩机制冷剂循环和低温冷却器等组成的强制冷却回路、散热器等组成的低功耗温度调节回路。通过热管理，可以把电池工作温度控制在25~35℃温度范围内，电池热交换系统可分为3个模式来控制：

(1) 强制加热模式 在低温环境，电池温度低于正常温度范围时，采用强制加热模式，实现电池温度快速提升。

(2) 强制冷却模式 在高温环境或者快充过程中，由于电池温升较大，采用强制冷却模式，将电池温度控制在正常温度范围内。

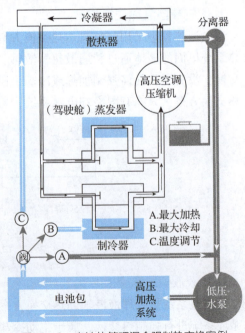

图12-6 电池热管理混合强制热交换案例

(3) 低功耗温度调节模式 低功耗温度调节模式主要用于温度环境不是非常恶劣的情况,可以利用驾驶舱或外部环境的空气与电池系统内部液热循环交换热量,实现给电池系统的温度调节。

6. 采用制冷剂的直冷方案

直冷就是制冷剂的蒸发吸走大量热量,电池系统热管理采用制冷剂的直冷方案如图 12-7 所示。制冷剂采用 R134a,其优点是制冷剂直接冷却,冷却效率比液冷高出 3~4 倍,更能满足快充需求,且结构紧凑,降低了潜在成本,避免了乙二醇溶液在电池箱体内部流动,降低了电池系统重量以及漏液带来的高压安全风险。

快充是电动汽车一个非常重要的功能,因此,电池系统的散热能力都将基于快充时的散热需求来设计。

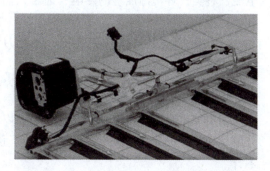

图 12-7 电池热管理采用制冷剂的直冷方案

12.4 电池热产生理论

为了对锂离子电池进行有效的散热,就需要了解热量的整个来去过程,即热量是如何产生、如何传导、如何散发的。因此,研究电池的生热机理和传热特性是电池热管理的基本前提,对电池热安全性有很大的意义,也为电池的热仿真提供了相关参数。系统热计算理论基础分为热量的产生、热量的传递和传热的计算三个部分。

锂离子电池的生热机理,即电池在充放电过程有哪些热量产生以及是如何产生的,根据电池反应原理,从电化学角度分析,可知电池热量主要来源于四部分:电化学反应热 Q_r、焦耳热 Q_j、极化反应热 Q_p 和副反应热 Q_s。

1. 电化学反应热

充放电时,锂离子在正负极材料间摇摆运动,进行嵌入与脱嵌,由此产生的热量即为电化学反应热。该热量是可逆的,充电时吸收热量,放电时产生热量,其计算式为

$$Q_r = \frac{n_{bat} m_{bat} Q_{che} I_{bat}}{M_{mol} F} \tag{12-2}$$

式中,n_{bat} 是电池数量;m_{bat} 是电池电极质量;Q_{che} 是化学反应产生热量的代数和;I_{bat} 是电流;M_{mol} 是摩尔质量;F 是法拉第常数。

2. 焦耳热

电池内部由于有电阻的存在,充放电时有电流流过,因此会产生焦耳热,为正值。该热量占锂离子电池总产热量的绝大部分,其计算式为

$$Q_j = I_{bat}^2 R_{bat} \tag{12-3}$$

式中,需要得到电池电阻 R_{bat} 对 SOC 的函数关系。

3. 极化反应热

当锂离子电池有电流通过时，电极电位会发生偏移从而发生极化现象，进而使电池平均开路电压与端电压发生差异而产生压降，因此而产生了极化热。该热量是变化的，它受电池电流、种类、环境温度等的影响，通常人们用虚拟等效极化内阻产生的焦耳热来计算极化热，其计算式为

$$Q_\mathrm{p} = I_\mathrm{bat}^2 R_\mathrm{p} \tag{12-4}$$

式中，R_p 是等效极化内阻。

4. 副反应热

当电池过充电、过放电、发生自放电以及温度过高时，电极材料和电解质会发生一定的分解从而产生一定的热量，即副反应热。该热量很小，相比于其他三部分产热值可以忽略不计。

5. 总生热计算

综上所述，只有充电时的化学反应热为负值，其余均为正值，因此充电时的产热量小于放电时的产热量。电池系统总生热功率 Q_bat 的计算公式为

$$Q_\mathrm{bat} = \frac{n_\mathrm{bat} m_\mathrm{bat} Q_\mathrm{che} I_\mathrm{bat}}{M_\mathrm{mol} F} + I_\mathrm{bat}^2 R_\mathrm{bat} + I_\mathrm{bat}^2 R_\mathrm{p} \tag{12-5}$$

对于锂离子电池，生产厂家都会说明电池的标准充放电电流和电压并有严格的限定值。一般电池的充电电流都比较小，而放电电流却相对大很多，而且化学反应热在充电时为负，放电时为正，因此电池在放电时的温升比充电时大。

12.5 电池热传递理论

锂离子电池的传热特性就是指由电池内部产生的热量，经电池外壳，最后散发到外界空气的全过程所表现出来的特性。锂离子电池的传热特性见表 12-1。

表 12-1 锂离子电池的传热特性

类型	发生类型	发生部位	发生原理
1	热传导	电池内部	根据锂离子电池内部构造及传热学的基本原理可知，电池发生反应产生的热量在电池内部的传递方式是热传导
2	热对流	电池表面	内部热量最终会到达电池表面，由于电池表面温度与外界环境温度存在温度差，而温度高的物体会向温度低的物体传递热量，所以电池表面与外界进行着对流换热
3	热辐射	电池表面	由于温度高的物体能向周围环境发射电磁波，因此电池表面同时还进行着辐射换热

1. 传热术语

（1）传热速率　单位时间内通过传热面传递的热量 Q_rate，单位为 W。

（2）热通量　又称为热流，是指单位时间通过某一面积的热能，是具有方向性的矢量。进一步定义热通量密度或热流密度，即通过单位面积的热通量，也作为单位时间内单位传热面积上传递的热量 q，在国际单位制的单位为瓦/平方米（W/m^2）。

（3）层流　规则的层状流动，流体层与层之间互不相混，质点轨迹为平滑的随时间变化较慢的曲线，如图 12-8 所示。

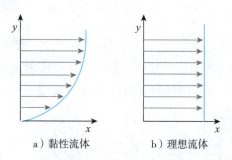

a）黏性流体　　　b）理想流体

图 12-8　平板表面层流曲线

（4）湍流　无规则的运动方式，质点轨迹杂乱无章而且迅速变化，流体微团在沿流向运动的同时，还做横向、垂向及局部逆向运动，与周围流体混掺，随机、非定常、三维有旋流。

不同流体的雷诺系数为

$$Re = \rho \frac{uL}{\mu} = \begin{cases} Re < 1000 & \text{层流} \\ 1000 < Re < 1500 & \text{过渡流} \\ 1500 < Re < 10000 & \text{湍流} \\ Re \geq 10000 & \text{充分发展的湍流} \end{cases} \tag{12-6}$$

式中，ρ 是流体的密度；u 是流体的流速；L 是特征长度；μ 是流体的黏性系数。

2. 热传导

热传导是指系统内存在温度差且系统内物质不发生相对运动的条件下，物质间或物质本身进行的热量传递，它发生在电池内部。电池内部的电解质、电极、隔膜及电池外壳等都是传导体，进行着热传导。热传导遵循傅里叶定律，其计算公式为

$$q_f = -\lambda \frac{\partial T}{\partial n} \tag{12-7}$$

式中，q_f 是热流密度，单位为 W/m^2；λ 是导热系数，单位为 $W/(m \cdot K)$；$\frac{\partial T}{\partial n}$ 是电极等温面法线方向的温度梯度，单位为 K/m。

3. 单层平壁热传导

如图 12-9a 所示，单层平壁热传导公式为

$$Q_{\text{single}} = \frac{T_1 - T_2}{\frac{b}{\lambda A}} = \frac{\Delta T}{R} = \frac{\text{推动力}}{\text{阻力}} \tag{12-8}$$

式中，Q_{single} 是单层平壁导热量，单位为 J；T_1 是第一层平壁表面温度，单位为 K；T_2 是第二层平壁表面温度，单位为 K；b 是平壁厚度，单位为 m；A 是平壁的传热面积，单位为 m^2；λ

是平壁传热系数,单位为 W/(m·K);R 是平壁热阻,单位为 $m^2 \cdot K/W$。

4. 多层平壁热传导

如图 12-9b 所示,多层平壁热传导公式为

$$Q_{\text{multi}} = \frac{\sum_{i=1}^{n}(T_1 - T_{n+1})}{\sum_{i=1}^{n} \frac{b_i}{\lambda_i A_i}} = \frac{\sum_{i=1}^{n} \Delta T_i}{\sum_{i=1}^{n} R_i} = \frac{总推动力}{总阻力} \quad (12-9)$$

式中,Q_{multi} 是多层平壁导热量,单位为 J;T_{n+1} 是第 $n+1$ 层平壁表面温度,单位为 K;b_i 是第 i 层平壁厚度,单位为 m;A_i 是第 i 层平壁的传热面积,单位为 m^2;λ_i 是第 i 层平壁传热系数,单位为 W/(m·K);R_i 是第 i 层平壁热阻,单位为 $m^2 \cdot K/W$。

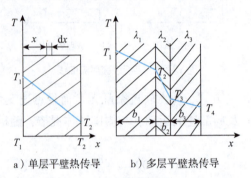

a) 单层平壁热传导　　b) 多层平壁热传导

图 12-9　平壁热传导

5. 热对流

热对流是指处在流体介质中的固体,由于两者存在温差,会发生热量交换现象。它发生在电池表面,由电池表面与流过电池表面的气体或液体发生对流换热,计算表达式为

$$q_e = h(T_a - T_b) \quad (12-10)$$

式中,q_e 是热流密度,单位为 W/m^2;h 是对流换热系数;T_a 是电池面温度;T_b 是与电池表面发生热交换的介质温度。

6. 对流传热

传热过程在流动的流体中存在传热边界层,同样包括湍流主体、过渡区、层流底层。在湍流主体中,热量传递主要靠对流传热,导热的作用很小可以忽略不计;在层流底层中,由于流体层间没有质点的交换,主要靠热传导传递热量,传热阻力大、温度变化大;在过渡区,不仅有热传导也有对流传热,两者的作用相当,均不能忽略。

在热流体中,假设将流体中全部的传热阻力(包括湍流主体中的对流传热阻力、过渡区中的导热和对流传热阻力、层流底层中的导热阻力)集中在一定厚度 δ_t 的流体层中,如图 12-10 所示,并且该层只有导热没有对流,这样流体中复杂的对流传热过程就转化为一定厚度的流体中的导热问题,就可以用以下方程来描述流体中的对流传热过程。

$$Q_{\text{conv}} = KA\Delta T_m \quad (12-11)$$

其中

$$\frac{1}{K} = \frac{1}{\alpha} + \frac{1}{\lambda} \quad (12-12)$$

$$\alpha = \frac{\lambda_1}{\delta_t} \quad (12-13)$$

式中，Q_{conv} 是换热器单位时间内的传热量，单位为 W；A 是换热器的传热面积，单位为 m^2；K 是换热器的总传热系数，单位为 $W/(m^2 \cdot K)$；ΔT_m 是冷热体温度差的平均值，单位为 ℃/K；λ 是间壁的传热系数，单位为 $W/(m^2 \cdot K)$；λ_1 是液体的传热系数，单位为 $W/(m^2 \cdot K)$；α 是对流传热系数，单位为 $W/(m^2 \cdot K)$；δ_t 是流体与间壁交界面附近层底流层区的厚度，单位为 m。

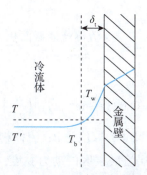

图 12-10　流体通过间壁传热过程示意

T 是图中横虚线所在截面温度，单位为 K；T' 是图中实线所在截面的温度，单位为 K；T_b 是图中实线与竖虚线交叉点处的温度，单位为 K；T_w 是图中实线与金属壁界面交点处的温度，单位为 K。

如果按照传热基本方程计算进行换热设计，需要先得出 α。流体在圆形直管内做强制湍流时的 α 和努塞尔特准数 Nu 为

$$\begin{cases} Nu = \dfrac{\alpha L}{\lambda} \\ Nu = 0.023 \, Re^8 Pr^n \\ \alpha = 0.023 \, \dfrac{\lambda}{L} Re^8 Pr^n \\ Re = \dfrac{\rho v L}{\mu} \\ Pr = \dfrac{v}{\alpha} = \dfrac{c_p \mu}{\lambda} \end{cases} \quad (12-14)$$

式中，α 是流体的表面对流换热系数，单位为 $W/(m^2 \cdot K)$；L 是传热面的几何特征长度，垂直于传热面方向的尺度，单位为 m；λ 是流体的导热系数，单位为 $W/(m \cdot K)$；Re 是雷诺数，一种可用来表征流体流动情况的无量纲数，物理上表示惯性力和黏性力量级的比；Pr 是普朗特数，表示流体中能量和动量迁移过程相互影响的无因次组合数，表明温度边界层和流动边界层的关系，反映流体物理性质对对流传热过程的影响；ρ 是流体密度，单位为 kg/m^3；v 是流场的特征速度，单位为 m/s；μ 为动力黏度，单位为 $N \cdot s/m^2$；υ 是运动黏度，单位为 m^2/s；c_p 是比定压热容，指在压强不变的条件下，1kg 物质温度升高 1℃ 时所吸收的热量，单位为 $J/kg \cdot K$。

冷却液的参数：$\lambda = 0.39 \text{W}/(\text{m} \cdot \text{K})$，$c_p = 3312 \text{J}/(\text{kg} \cdot \text{K})$，$\mu = 0.004378 \text{kg}/(\text{m} \cdot \text{s})$，$\rho = 1072 \text{kg}/\text{m}^3$，$Pr = 37$。

空气的相关参数：$\lambda = 0.026 \text{ W}/(\text{m} \cdot \text{K})$，$c_p = 1.01 \text{ J}/(\text{kg} \cdot \text{K})$，$\mu = 1.81 \times 10^{-5} \text{ kg}/(\text{m} \cdot \text{s})$，$\rho = 1.2 \text{kg}/\text{m}^3$，$Pr = 0.703$。

(1) 当 $Re < 10000$ 时，需乘以校正系数

$$f = 1 - \frac{6 \times 10^5}{Re^{1.8}} \tag{12-15}$$

(2) 当管道不是圆形管时

$$d = \frac{4 \times \text{流体流通截面积}}{\text{润湿周边}} \tag{12-16}$$

(3) 高黏度流体

$$\alpha = 0.023 \frac{\lambda}{L} Re^{0.33} Pr^{0.8} \left(\frac{\mu}{\mu_W}\right)^{0.14} \tag{12-17}$$

式中，$Re > 10^4$；$Pr = 0.6160$；特征尺寸 L 取值为 d；流体物性参数按定性温度 $t_m = (t_1 + t_2)/2$ 取；μ_W 是流体与间壁交界面附近层流底层区的动力黏度，单位为 $\text{N} \cdot \text{s}/\text{m}^2$，用 $t_{Wm} = (t_{W1} + t_{W2})/2$ 求 μ_W。

(4) 强制层流

当 $Gr \leq 25000$ 时，有

$$Nu = 1.86 \left(\frac{RePrd}{l}\right)^{\frac{1}{3}} \left(\frac{\mu}{\mu_W}\right)^{0.14} \tag{12-18}$$

当 $Gr > 25000$ 时，有

$$\begin{cases} Nu = 0.8(1 + 0.015 Gr^{\frac{1}{3}}) \\ Gr = \frac{g \alpha_v \Delta r T \rho L^3}{\mu^2} \end{cases} \tag{12-19}$$

式中，Gr 是格拉晓夫数，流体动力学和热传递中的无量纲数；α_v 是体积变化系数，对于理想气体即等于绝对温度的倒数；g 是重力加速度，单位为 m/s^2；L 是特征尺度，单位为 m；ΔT 是温差，单位为 K。

7. 流动过程中的压差

黏性流体做稳定流动时的伯努利方程，可用于计算泵和风机的压头。

$$P_1 + \frac{1}{2}\rho v_1^2 + \rho g h_1 = P_2 + \frac{1}{2}\rho v_2^2 + \rho g h_2 \tag{12-20}$$

适用条件：

1) 定常流：流体任何一点性质不随时间改变。
2) 不可压缩流：密度为常数。
3) 层流：流体沿着流线流动。

如果进出水口高度相同，则压降即为损耗

$$\Delta P = P_1 - P_2 = 1/2 \rho v_2^2 - 1/2 \rho v_1^2 + \Delta E \tag{12-21}$$

如果进出口大小一样，则压降即为损耗

$$\Delta P = \Delta E \tag{12-22}$$

圆管压降为

$$\Delta P = \frac{\lambda \rho v^2 l}{2D} \tag{12-23}$$

式中，λ 是摩擦系数；ρ 是流体密度；D 是管道直径；v 是流速；l 是管长。

管道非圆管时，采用当量直径，水里半径定义为当量直径的 1/4，则

$$D_e = \frac{4A}{x} \tag{12-24}$$

式中，A 是截面积；x 是周长。

8. 热辐射

物体温度只要高于绝对温度都会发生热辐射，而温度不同的物体间发生热辐射时能够传递热量，且温度越高，传递的热量越多，因此电池表面在进行对流换热的同时进行着辐射换热。热辐射遵循斯特潘 - 玻耳兹曼（Stefan-Boltzmann）定律，从定律中可知，热辐射的大小与物体表面材料、面积大小以及两者的绝对温差等有关，计算公式为

$$Q_w = \varepsilon \delta A_1 F_{12} (T_1^4 - T_2^4) \tag{12-25}$$

式中，Q_w 是辐射换热量；ε 是热辐射率，也是物体的黑度；δ 是斯特潘 - 玻耳兹曼常量；A_1 是辐射面 1 的面积；F_{12} 是辐射面 1 对被辐射面 2 的形状系数；T_1 和 T_2 分别是辐射面 1 和被辐射面 2 的绝对温度。

由以上三种传热方式可知，对于电池内部的热传导，其跟电池自身因素相关，无法改变。对流换热和热辐射与流经电池表面的介质和被辐射对象有关，是可以改变的，而对电池的散热工作就是从这方面入手，以达到散热的目的。

12.6 电池系统热计算

电池系统热计算包括电池系统生热率、热容量和温度场等方面的计算。

1. 电池总热量计算

总热量计算公式为

$$\begin{cases} Q_{bat} = m_{sb} c_{pb} (T_{b1} - T_{b2}) + m_{sc} c_{pc} (T_{c2} - T_{c1}) + \dfrac{T - T_E}{\sum R} & \text{总热量计算} \\[2mm] Q_{transfer} = KA \Delta T_m & \text{传热速率} \\[2mm] \dfrac{1}{K} = \dfrac{1}{\alpha_1} + \dfrac{b}{\lambda} & \text{总传热系数} \\[2mm] \alpha_2 = 0.0023 \dfrac{\lambda}{d} Re0.8 Pr^n & \text{对流给热系数} \end{cases} \tag{12-26}$$

式中，Q_{bat} 是产生的热量；$m_{sb} c_{pb} (T_{b1} - T_{b2})$ 是电池温度的升高量；$m_{sc} c_{pc} (T_{c2} - T_{c1})$ 是冷却液带走或供给的热量；$\dfrac{T - T_E}{\sum R}$ 是传导到环境的热量。

1)产生的热量,按照工况数据计算。
2)电池温度升高,电池比热容见表12-2。
3)冷却液带走热量,按照质量流量计算。
4)传导到环境的热量,可能需要分传导到驾驶舱和车外。如果考虑车辆行驶,则需要采用对流换热公式计算车速。

表12-2 不同类型锂离子电池比热容

序号	电池类型	应用	平均温度/℃	比热容/[J/(kg·℃)]
1	NiMH-P	HEV	33.2	677.4
2	Li-ion	HEV	33.1	795
3	Li-ion Polymer	BEV	18	1011.8
4	NiMH	BEV	33.9	787.5
5	NiMH-C	HEV	19	810
6	VRLA	HEV	32	660

2. 电池系统生热率

在车辆不同工作状态下,电池工作状态不同,生热速率也不同。电池产生的热量主要取决于电池的类型、电池工作状态(充电/放电)、电池荷电状态(SOC)及环境温度条件等。电池内部的生热率受工作电流、内阻及SOC等的影响。实验证明,初始温度不同和荷电状态不同,电池的生热速率也不相同。某款电池在不同放电速率和不同温度下的发热量见表12-3。

表12-3 电池不同状态下的发热量

序号	放电倍率	SOC	0℃/(W/cell)	22~25℃/(W/cell)	40~50℃/(W/cell)
1	1C	50%~80%	0.6	0.04	-0.18
2	5C	50%~80%	12.07	3.5	1.22

实际过程中,可以通过热量计测量,也可以根据电能平衡来估计产生的热量。计算生热率时,常用的是Bernardi生热速率模型。生热率 q_{bat} 的估算公式为

$$q_{bat} = \frac{I_{bat}}{V_b}\left[(U_{bat} - U_0) + T_{bat}\frac{dU_0}{dT_{bat}}\right] \qquad (12-27)$$

式中,V_b 是单体电池体积;I_{bat} 是充放电电流;U_{bat} 是单体电池电压;U_0 是电池开路电压;T_{bat} 是环境温度;dU_0/dT_{bat} 是温度系数;$T_{bat}dU_0/dT_{bat}$ 是可逆反应热;$U_{bat} - U_0$ 是焦耳热。

3. 电池系统热容量

电池的热容量取决于电池类型、SOC、电池工作状态及环境温度条件等。热容量随着温度和SOC等的变换而变化,这是由电池材料以及电池电化学反应的特性决定的。可以通过对组成成分材料的热容加权平均进行估算,也可以用热量计测量获得电池的热容量。平均加权估计一般采用下式计算

$$c = \frac{1}{m}\sum_{i=1}^{n}c_i m_i \qquad (12-28)$$

式中，c 是单体电池的比热容；m 是单体电池的质量；m_i 是单体电池每种材料的质量；c_i 是单体电池每种材料的比热容。

4. 电池系统温度场

在预测电池包的热场及温度时，需要重复利用热力学和传热学的理论知识，分析电池包中各单体内部及电池之间的生热和传热原理，并制定出电池热理论模型。应用有限元软件和数值计算方法等对电池热场及温度进行预测计算。

电池生热模型为

$$\rho c_p \frac{\partial T}{\partial t} = \kappa_x \frac{\partial^2 T}{\partial x^2} + \kappa_y \frac{\partial^2 T}{\partial y^2} + \kappa_z \frac{\partial^2 T}{\partial z^2} + q \qquad (12-29)$$

式中，ρ 是电池平均密度；c_p 是电池的质量定压热容；T 是环境温度；t 是时间；κ_x、κ_y、κ_z 分别是电池内部沿 x 轴、y 轴、z 轴方向的热导率；q 是单位体积热量产生速率。

式（12-29）左侧表示单位时间内电池微元体热力学能的增量，右侧前 3 项表示通过界面的传热而使电池微元体在单位时间内增加的能量，右侧最后一项 q 为电池微元体的生热速率。

计算的初始条件为

$$T(x, y, z, 0) = T_0 \qquad (12-30)$$

式中，T_0 是电池初始温度。

由牛顿冷却定律给出边界条件

$$\begin{cases} -\kappa_x \dfrac{\partial^2 T}{\partial x^2} = \alpha(T - T_\infty) \, x = 0 \text{ 和 } l \\ -\kappa_y \dfrac{\partial^2 T}{\partial y^2} = \alpha(T - T_\infty) \, y = 0 \text{ 和 } b \\ -\kappa_z \dfrac{\partial^2 T}{\partial z^2} = \alpha(T - T_\infty) \, z = 0 \text{ 和 } h \end{cases} \qquad (12-31)$$

式中，α 是电池与外界热交换系数；T_∞ 是环境温度；l、b、h 分别是电池的长度、宽度和高度。

通过实验测量或估算出电池以及电池模块整体的各向热导率或主要组成部分（电池核心和电池壳）的热导率；同时运用流体力学计算，或通过实验测试，获得传热介质和模块之间的传热系数。然后利用有限元分析单体电池或模块的稳态和瞬态温度场，得到电池在车辆各种工作情况下的温度场。

运用热分析相关软件分析车辆在各种工作情况下，整个电池包采取不用的加热/冷却流体（空气和液体）、不同的流动路径（液体直接或间接接触、气体并行或串行通风）及不同流速时的温度场。比较选择合适的传热介质、流动路径及流量。在这一环节中最终确定 BTMS 是否需要，以及需要的类型。

电池的实际产热情况十分复杂，为了减少电池温度场相关数值计算的复杂程度，计算时通常进行相应简化，即对电池做如下假设：

1）组成电池的各种材料介质均匀，密度一致，同一材料的热容为同一数值，同一材料在同一方向各处的热导率相等。

2) 组成电池材料的比热容和热导率不受温度和 SOC 的变化影响。
3) 电池充放电时,电池内核区域各处电流密度均匀,生热速率一致。
然后基于电池生热理论计算模型,求解导热微分方程。因此只需要解决 3 个关键问题:
1) 热物性参数,即电池的密度、比热容及热导率。
2) 载荷即生热速率。
3) 定解条件(初始温度和边界换热条件等)。

习 题

12-1 热管理系统设计的主要约束条件有哪些?
12-2 简述温度对日历寿命与循环寿命的影响。
12-3 简述电池热管理的冷却方案分类。
12-4 从电化学角度分析,电池热量主要来源有哪些?
12-5 为降低电池温度场相关数值计算的复杂程度,通常对电池作何简化假设?

第 13 章　电池管理系统

本书第三部分将介绍电池管理系统（Battery Management System，BMS），也可以称为电池控制系统，是动力电池的关键技术之一，其控制技术水平将直接决定电池的安全。本书第三部分将从电池控制、功能安全、控制硬件、基础软件、应用策略 5 个部分展开介绍。

13.1　电池管理系统需求

锂离子电池的缺点是鲁棒性较差，一次过放电就会造成电池的永久性损坏。极端情况下，锂离子电池过热或者过充电会导致热失控、电池破裂，甚至爆炸。锂离子电池需要电池管理系统来严格控制充放电过程，避免过充电、过放电和过热等。电池管理系统是一种能够对蓄电池进行监控和管理的电子装置，通过对电压、电流、温度以及荷电状态等参数的采集、计算，来控制电池的充放电过程，实现对电池的保护和提升电池的综合性能。作为新能源汽车"三电"核心技术之一，电池管理系统在新能源汽车上扮演着十分重要的角色。按照新能源汽车对电池管理的需求，电池管理系统具备的功能包括电压/温度/电流采样及相应的过电压/欠电压/过温/过电流保护、SOC 估算、健康状态（SOH）估算、功率状态（SOP）预测、故障诊断、均衡控制、热管理和充电管理等。电池主控单元控制需求如图 13 - 1 所示。

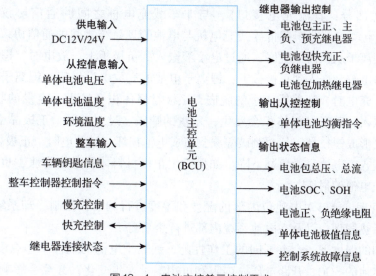

图 13 - 1　电池主控单元控制需求

电池系统通常由成百上千颗单体电池串并联组成，各单体电池在生产使用过程中，自放电率、内阻、电压和容量等参数不尽一致，串并联的单体电池电性能差异会导致过充电、过放电，进一步加剧电池组内各单体电池的离散特性，加速电池组最大可用容量衰减，缩短电池组的使用寿命。因此，电池管理系统对电池系统来说尤为重要，目前市场上所有的动力电池系统都匹配了相应的电池管理系统。

电池管理系统负责对电池组工作状态进行监测和控制，并与整车通信网络进行信息交互，是动力电池系统的控制核心，需符合 QC/T 897—2011《电动汽车用电池管理系统技术条件》的要求。根据动力电池系统的功能与性能需求，电池管理系统的需求可以分为系统层面需求和控制层面需求。

1. 系统层面需求

系统层面需求是从电池系统宏观和整体层面定义电池管理系统需要具备的功能或特征。下面将从系统架构、冗余设计、充电管理、环境管理、高压控制、高压安全、高压互锁、远程监控、电压检测、电流检测、温度采集、绝缘监测 12 个方面的需求进行介绍。

(1) 系统架构　电池管理系统通常可以分为两种，一种是主从架构，另一种是集成架构。采用主从式架构，能够方便地进行电池箱布置，主控板和从控板之间通过 CAN 总线通信，大大减少了线束；电池管理系统采集板与电池模组集成在一起，一个采集板管理一个电池模组，可实现标准化电池模组，大幅提高系统的适用性和可扩展性。

(2) 冗余设计　电流采集采用两个电流传感器，一个为分流器，另一个为霍尔式传感器，从而保证电流信号的可靠性。采用整车控制器（VCU）和电池管理系统同时对高压接触器进行控制，以确保高压上电的可靠性，保证整车行驶的可靠性。

(3) 充电管理　低压为 DC12/24V 直流充电系统；能与车载充电机或充电桩进行通信，完成充电管理，满足交直流充电功能；应能检测符合充电国标的充电控制和确认信号 CC/CP/CC2；交流充电方式应符合 GB/T 20234.2—2015《电动汽车传导充电用连接装置　第 2 部分：交流充电接口》中的充电模式 3 连接方式 B，应能自动识别家用 16A 插座和交流充电桩并实现交流充电；直流充电方式应符合 GB/T 20234.3—2015《电动汽车传导充电用连接装置　第 3 部分：直流充电接口》，与非车载充电桩之间的通信协议应符合 GB/T 27930—2015《电动汽车非车载传导式充电机与电池管理系统之间的通信协议》。

充电时，锂离子从正极板脱嵌，通过电解液嵌入到负极板上；放电时，锂离子从负极板上脱嵌，并经由电解液嵌入到正极板上；锂离子电池的充放电过程就是锂离子在极板上的嵌入和脱嵌过程。充电时，随着锂离子的脱嵌，正极材料体积会发生一定量的收缩；放电时，随着锂离子的嵌入，正极材料体积会发生一定量的膨胀。过充电时，正极晶格会产生崩塌，锂离子在附近会形成锂枝晶，从而刺破隔膜，造成电池损坏。过放电时，正极材料活性变差，阻止锂离子的嵌入，电池容量急剧下降。如果发生正极材料体积过度膨胀，也会破坏电池的物理结构，造成电池的损坏。

(4) 环境管理　能够对电池包内部的温度和湿度进行调节；控制冷却系统和加热系统，对电池系统进行热管理，以及在电池系统内部进行热平衡。

电池在不同的温度下，会有不同的工作性能，锂离子电池的最佳工作温度为 25~40℃。温度变化会使电池的 SOC、开路电压、内阻和可用电量发生变化，甚至会影响电池的使用寿命。通过电池管理系统可以控制电池工作的环境温度，从而改善电池特性。

当前市场上电池管理系统多数不具备检测所有单体电池温度的功能，但是从技术角度考虑，采集电池每个电芯的温度非常重要。当电池连接松动、使用不当和内部出现故障灯的情况时，很重要的表现就是温度上升，通过检测电池每个电芯的温度，可以实时了解电池运行状况，提供异常警告，避免发生事故。

（5）**高压控制**　高压控制具备继电器驱动功能，可完成高压上下电，需控制总正继电器、总负继电器、预充继电器、快充继电器和慢充继电器；具备正/负接触器状态监控功能，可通过辅助触点和电压判断方式确认状态；具备预充功能，预充电压至少为系统电压的95%，预充时间≤1s。

（6）**高压安全**　在电池串联中间点附近设置带高压熔断器的手动维修开关（MSD），从而满足系统可以通过机械方式切断高压回路，以及高压回路过电流熔断机制。

（7）**高压互锁**　高压互锁信号线穿过手动维修开关（MSD）、高压插接件等，能够有效检测维修开关是否断开、高压插接件是否连接，从而有效保护人员和车辆。

（8）**远程监控**　在停车状态下具备电池监控功能，例如当电池在停车状态下发生故障时，具备动力电池低压警告功能，能够通过整车控制器上报给监控中心；兼容DC12/24V电源。

（9）**电压检测**　具备高压采集功能，精度≤0.5%FSR；具备单体电压采集功能，精度≤10mV。电池管理系统采用高压检测来确认高压接触器状态，能够确保高压接触器安全可靠。

单体电池电压采集必须具备，电池管理系统需要根据采集到的每串单体电池的电压判断充电终止和放电终止条件，防止过充电和过放电，保护电池使用安全。

（10）**电流检测**　具备电流采集功能，精度≤0.5%FSR。电池管理系统采用分流器和霍尔传感器同时进行电流测量，高精度的电流采集，能够有效保护电池，并提高SOC估算精度等。所有的电池管理系统都具备电流测量功能，电池管理系统将测量到的电流传给主控制器，形成闭环反馈控制。一方面可以准确控制充电过程中充电机的输电电流，实现既定充电策略；另一方面可以控制负载放电电流，保护电池放电过程中的安全。电池管理系统对电流策略的精度很高，因为许多电池管理系统的SOC基于电流计算，高精度的电流测量才能够保证高精度的SOC计算。

（11）**温度采集**　具备在电池系统内多点温度采集功能，精度≤2%。

（12）**绝缘监测**　具备绝缘检测功能，按照GB/T 18384—2020《电动汽车安全要求》进行，绝缘电阻计算精度≤5%。

2. 控制层面需求

控制层面需求是从电池系统控制和实操层面定义电池管理系统需要具备的功能或特征。下面将从硬件激活、隔离设计、均衡控制、故障诊断、标定匹配、通信协议、程序刷写、荷电状态、健康状态、能量状态、功能状态、功率状态12个方面的需求进行介绍。

（1）**硬件激活**　电池管理系统硬件具备3种以上激活模式，满足ON电激活、直流和交流充电激活。

（2）**隔离设计**　在高压采集控制板上，通过隔离芯片将高压部分与低压部分隔离，提高系统的抗干扰性。

(3) 均衡控制 大容量锂离子电池存在比较明显的不一致性，不一致性会影响电池的充放电能力及循环寿命。电池管理系统能够通过均衡控制来改善不一致性，从而提升锂离子电池的整体性能。具备电池均衡控制功能，支持被动均衡。

第一类不一致性：也可称为容量不一致，是由电池自身容量的差异（电池生产制造工艺不完善）导致的不一致性，同一批次的电池容量有一定的离散性。其影响是充电时，最小容量电池先达到截止电压，充电终止；放电时，电池同时达到截止电压，放电终止；电池组的充放电能力受容量最小单体制约。

第二类不一致性：也可以称为电量不一致，纯粹由各个单体电池初始电量差异导致的不一致性。第二类不一致性不依赖于第一类不一致性存在。其影响是充电时，电量大的单体电池先达到截止电压，充电终止；放电时，电量小的单体电池先达到截止电压，放电终止；电池组实际容量由最大和最小两类电池综合决定。

电池管理系统可以通过均衡功能解决电池组使用过程中存在的容量和电量两类不一致问题。均衡分为主动均衡和被动均衡。被动均衡以电阻能耗法为代表，该方法可以实现充电均衡。主动均衡又分为四种，每种方式均可以实现充电均衡和放电均衡：一是电池组向单体均衡（放电均衡效果尤佳）；二是单体向电池组均衡（充电均衡效果尤佳）；三是电池组与单体之间双向均衡；四是单体与单体之间的均衡。

实际应用中，容量和电量两类不一致性均同时存在，严重影响电池组的充放电循环能力。电池组在实际应用过程中，因为内阻差异、自放电率差异等原因，第二类不一致性会从无到有，从弱到强。

关于均衡的认识误区：

1）均衡能够修复性能恶劣的电池：均衡不能对性能下降的电池进行修复，只能缓解不一致性造成的影响。

2）均衡可以代替电池分选：电池分选不可替代，解决不一致性依赖于均衡的原理及均衡能力，均衡只能起到调理作用，治标不治本。

3）纯粹的充电均衡或者放电均衡可以解决不一致性问题：纯粹的充电均衡或者放电均衡只能解决电量不一致性问题，且依赖于均衡能力，对电池自身容量差异问题毫无办法，只有同时具备充放电均衡才能改善容量不一致性问题。

4）均衡能够提升电池使用安全性：理解比较片面、狭隘，电池使用的安全性不依赖于均衡。

对于锂离子电池而言，电池管理系统需要均衡功能，但是由于技术和成本原因，并非所有电池管理系统都具备均衡功能。选择均衡要看两个方面：均衡形式（充电均衡、放电均衡还是充放电均衡）和均衡能力（多大的均衡电流）。如果只是解决电量不一致性问题，仅仅是充电均衡或者放电均衡就可以，均衡电流不需要非常大（1A 左右即可）；对于容量不一致性问题，必须同时进行充电均衡和放电均衡才能改善，并且要求大电流均衡，均衡电流的值与具体的不一致性程度相关。

(4) 故障诊断 支持 UDS 协议，能够进行故障分析、存储和处理；具备故障诊断及保护功能，能够实现在线警告，实时进行故障处理、故障存储、历史故障记录等；设计多等级的故障诊断，能够从多方面保护电池、整车及人员；各种故障诊断能够及时警告，并对故障进行处理；能够对电池系统的状态进行监控，并执行相关诊断。

(5) **标定匹配** 满足 CCP（CAN Calibration Protocol）协议，通过 CAN 总线进行匹配标定，实现精确控制以及优化各项控制参数，满足预定的要求。

(6) **通信协议** 满足 SAE J1939 协议，电池管理系统硬件具备至少 3 路 CAN 总线，分别是：与整车控制器通信的整车 CAN、与充电系统通信的充电 CAN 以及电池系统内部各控制器通信的内部 CAN。

(7) **程序刷写** 支持 Boot loader 功能，能够进行 FLASH 刷写。

(8) **荷电状态** SOC 表征电池的荷电状态，计算方法如下

$$\text{SOC}_{\text{bat}} = 1 - \frac{Q_{\text{discharge}}}{Q_{\text{rated}}} = \frac{Q_{\text{rest}}}{Q_{\text{rated}}} \quad (13-1)$$

式中，$Q_{\text{discharge}}$ 是已经放出的电量；Q_{rated} 是额定电量；Q_{rest} 是剩余电量。

1）化学法：通过测量电解液的比重或 PH 来指示电池的 SOC（适用于没有密封的铅酸电池）。

2）电压法：建立电池充放电过程中电压与 SOC 的对应关系，通过读取的电压参数来反映 SOC（受电流和温度影响）。电压法不依赖于历史状态，无累积误差，各单体 SOC 相对独立，但是磷酸铁锂正极的锂离子电池电压曲线平缓，不易判断。

3）电流积分：即所谓的安时积分法，将充放电电流与充放电时间进行积分，计算电量（需要校准）。安时积分法依赖于历史状态，有累积误差，在有均衡的情况下，SOC 测算难度加大。但是，安时积分法可以通过补偿、校准来提高精度，目前应用最广泛。

4）压力法：电池内部压力随着充电的持续而增加，可以根据检测到的压力来判断 SOC 大小（适用于镍氢电池）。

5）电阻测量法：用不同频率的交流电激励电池，测量电池内部的交流电阻，通过计算模型得到 SOC 估计值。但是，SOC 与电阻等参数之间的关系复杂，传统数学方法难以建模。

锂离子电池在使用过程中，需要知道电池的 SOC 参数，通过 SOC 预测电池的剩余电量。电池管理系统能够实时测算锂离子电池的 SOC，满足客户应用需求（通常要求 SOC 估算精度≤8%）。

SOC 测算是电池管理系统必不可少的功能，通过 SOC，用户可以预估电池剩余电量。单体电池 SOC 测算也非常重要，因为最小单体的 SOC 决定了整个电池组的 SOC，也可以通过单体 SOC 判断均衡使能。SOC 测算是行业难题，很难有一种算法能够适应所有型号的电池以及所有使用工况。

(9) **健康状态** SOH 是用来表征电池是否可以正常工作的一个指标，当 SOH 较差时，电池可能已经处于失效状态。SOH 主要表现在以下几个方面：容量衰减，内阻增大导致有源功耗，自放电率增大，循环次数累加，初始放电电压下降。其计算公式为

$$\text{SOH}_{\text{bat}} = \frac{C_{\text{measured}}}{C_{\text{rated}}} \quad (13-2)$$

式中，C_{measured} 是测量的电池容量；C_{rated} 是额定电池容量。

通常情况下，$0 < \text{SOH}_{\text{bat}} < 1$，动力电池的寿命结束设定 SOH 为 0.8。SOH 估算精度要求

≤8%。

(10) **能量状态** 能够估算电池系统的能量状态（State of Energy，SOE），估算精度要求≤8%。

(11) **功能状态** 能够估算电池系统的功能状态（State of Function，SOF），估算精度要求≤8%。电池的 SOF 通过电池的 SOC、SOH、近期的使用情况和当前的环境温度等因素计算而得。通过 SOF 值可以得出电池在某种环境下还能工作多长时间，从而推算出电动汽车当前的剩余里程。

(12) **功率状态** 能够估算电池系统的功率状态（State of Power，SOP），估算精度要≤8%。SOP 是下一时刻比如下一个 2s、10s、30s 以及持续的大电流的时候，电池能够提供的最大的放电和被充电的功率（这里面还应该考虑到持续的大电流对熔丝的影响）。该功能可以换算成系统实时的最大充放电电流能力。

3. 关于电池管理系统的认知误区

(1) **功能越多越好** 功能可以满足需要即可，并非越多越好，系统越简单，可靠性才可能越高。

(2) **刻意追求电压或温度等参数的采集精度** 精度满足需求即可，过高的精度不一定会提升电池管理系统的性能，相反会增加成本。

(3) **电池管理系统能够修复性能差的电池** 电池管理系统不能修复性能差的电池，充其量能够减缓其变差、抑制其负面影响。

(4) **均衡能够解决电池自身容量不一致性** 单独的充电均衡或者放电均衡对容量差异无明显改善，只有大电流充放电均衡才能改善容量不一致性问题。

(5) **盲目追求充电或放电截止电压一致** 对于只有充电均衡或者放电均衡的电池管理系统，盲目追求末端的截止电压一致性没有任何意义。只有同时具备大电流充放电均衡时，才有必要研究末端截止电压一致性问题。

13.2 电池管理系统架构

电池管理系统（BMS）在电动汽车上的应用可以追溯到丰田 HEV 车型对镍氢电池的管理。与管理锂离子电池不同，由于镍氢电池具有一致性高、安全性好且单体电压偏低（DC1.0~1.7V）的特点，其电池管理系统通常不需要均衡功能，不需要控制接触器，也不需要对每节电池进行电压采集，可将 6 节电池串联作为一个整体进行电压监控。虽然镍氢电池的电池管理系统硬件功能相对简单，但由于镍氢电池的记忆效应以及电压外特性与 SOC 对应关系复杂，所以难点在于如何估算 SOC 以及如何控制和调整充放电区间，避免电池迅速衰减。随着锂离子电池技术的应用，动力电池系统能量密度更高，容量更大，运行时间更长，对电池管理系统的功能也提出了新的要求。从拓扑架构上看，电池管理系统根据不同项目需求分为集中式（Centralized）和分布式（Distributed）两类。

1. 集中式拓扑架构

集中式电池管理系统架构的电压、温度采集以及均衡等功能均由主控板完成（无从控板），主控板与电池无总线通信，直接通过导线相连，如图13-2所示。其优点是设计与构造简单、成本低；缺点是连线长、连线多、可靠性不高、管理电池数量不能太多。

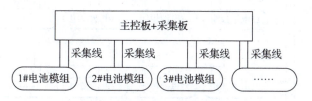

图13-2　集中式电池管理系统架构

集中式成本虽然较低，但是线束比较复杂，而且需要和单体电池一一对应，如果接错会有电池短路起火的风险。集中式电池管理系统一般常见于容量低、总压低、电池系统体积小的场景中。

集中式架构的电池管理系统硬件可分为高压区域和低压区域。高压区域负责进行单体电池电压的采集、系统总压的采集、绝缘电阻的监测；低压区域包括了供电电路、CPU电路、CAN通信电路、控制电路等。随着乘用车动力电池系统不断向高容量、高总压、大体积的方面发展，在插电式混动、纯电动车型上主要还是采用分布式架构电池管理系统。

2. 分布式拓扑架构

分布式电池管理系统架构能较好地实现模块级和系统级的分级管理。由从控单元（BMU）负责对模组中的单体进行电压检测、温度检测、均衡管理以及相应的诊断工作；由高压管理单元（HVU）负责对电池包的电池总压、母线总压、绝缘电阻等状态进行监测（母线电流可由霍尔传感器或分流器进行采集）；且BMU和HVU将分析后的数据发送至主控单元（BCU），由BCU进行电池系统评估（BSE）、电池系统状态检测、接触器管理、热管理、运行管理、充电管理、诊断管理，以及执行对内外通信网络的管理。

分布式电池管理系统架构的优势在于可以根据不同的电池系统串并联设计进行高效的配置，电池管理系统连接到电池之间的线束距离更短、更均匀、可靠性更高，同时也可以支持体积更大的电池系统设计。从控单元实现电压采集、温度采集、均衡管理，主控单元兼顾电流测量、总电压测量、绝缘监测、热管理以及其他设备通信等功能。电压、温度采集以及均衡等功能分布到电池模组，通过总线与主控单元通信。分布式电池管理系统架构的优点是设计、构造简单，连线少，可靠性高，便于扩展；缺点是从控板数量较多，安装烦琐，成本高。

在一主多从的结构中，电压、温度采集以及均衡等功能由从控单元完成，一个从控单元管理若干电池模组，主控单元与从控单元总线通信。其优点是不需要在每个模组上安装控制电路板，连接灵活；从控单元离电池近，避免长连线，便于扩展；缺点是需要考虑主从之间的通信隔离，通信多样且控制复杂。

分布式电池管理系统架构目前较多分为一个采集板管理一个模组和一个采集板管理多个模组的形式，如图13-3所示。

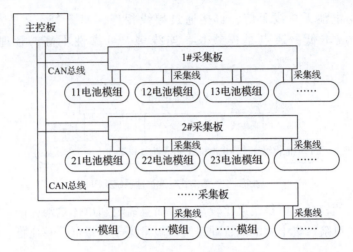

图13-3 分布式电池管理系统架构

分布式电池管理系统成为主流应用方案的另一个原因在于其更好地满足了动力电池系统模块设计的趋势。随着动力电池系统在汽车领域广泛的应用和产量规模的攀升,统一标准的电池模块在业内逐渐提上议程。若没有标准模块作为产业化推进的支撑,则老款电动车型在使用若干年后将遭遇无电池备件可换的尴尬局面,从车用领域退役下来的动力电池将面临无法得到有效梯次利用的境地。而标准化的模块需要将电池管理系统的部分功能(单体状态采集和管理)与电池进行高度集成,从而实现空间利用率高、可靠性高、通用性强的要求。因此,从控单元(LECU)已经逐渐成为标准模块中不可或缺的关键部件之一。

当然采用分布式架构在技术上也带来了新问题,即如何保证多个 ECU 单元之间通信的有效性和可靠性,如何高效地完成 LECU ID 的编号等。分布式的线束相对简单,能够方便地进行电池箱布置,但是单体管理单元(CSC)仍然需要和单体电池保持一一对应的关系,这就需要通过在 CSC 上设置软地址或者硬地址来解决,给生产和维护带来了额外的工作量。

综上所述,电池管理系统采用主从式架构,通过布置在每个电池模块上的从控板采集电池信息和监控电池状态。主控板通过内部 CAN 网络获取电池系统的信息,进行 SOC、SOE、SOH 估算,估算电池系统的最大充放电能力,进行高压接触器控制、热管理控制、均衡控制、充电管理、故障诊断等。电池管理系统设计过程中要充分考虑功能安全,设计相应的故障诊断及电池保护方案,确保电池及整车安全。

习 题

13-1 电池管理系统分为哪几个层面?请简述相关层面的具体内容。
13-2 从拓扑架构上看,BMS 根据不同项目需求分为哪几类?有哪些优缺点?
13-3 请简述分布式 BMS 成为主流应用方案的原因。

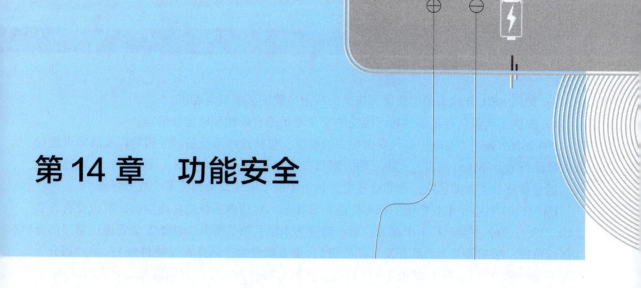

第 14 章　功能安全

随着汽车与电力电子技术的深度融合发展,汽车逐渐从"强机械属性产品"变换为"强电气属性产品"。在电动汽车上,电气零部件的价值更是超过机械零部件,汽车已经不再是传统的"机械汽车",而是"电气汽车"。随着汽车电气系统复杂性的进一步提高,以及软件和硬件更广泛的应用,来自系统硬件或软件随机失效的风险也日益增加,ISO 26262《道路车辆功能安全》为避免这些风险提供了可行性的要求和流程。

14.1　功能安全概述

为了保证汽车电子电气的可靠性设计,国际标准化组织(International Organization for Standardization,ISO)在 2011 年发布了 ISO 26262《道路车辆功能安全》,该标准是国际电工委员会(International Electrotechnical Commission,IEC)发布的 IEC 61508《电气/电子/可编程电子安全系统的功能安全》在道路车辆方面功能安全要求的具体应用。ISO 26262 适用的对象为:最大总质量不超过 3.5t 量产乘用车(不适用于为残疾人设计的特殊目的的车辆)上与一个或多个电子电气系统安全相关的系统(系统研发早于 ISO 26262 发布日期且也不在标准要求之内),旨在提高汽车的安全性。对动力电池系统来说,ISO 26262 适用于电池包电气系统及电池管理系统,不适用于电池包的电芯及机械结构件等。

功能安全受研发过程(包括具体要求、设计、执行、整合、验证、有效性和配置)、生产过程和服务流程以及管理流程的影响。安全事件总是与通常的功能和质量相关的研发活动及产品伴随在一起。ISO 26262《道路车辆功能安全》强调了研发活动和产品的安全相关方面。安全在将来的汽车研发中是关键要素之一,不仅适用于辅助驾驶,也应用于车辆的动态控制和涉及安全工程领域的主动安全系统,这些新功能的研发和集成,将增加系统研发过程的功能安全需求,也为满足预期安全目的提供了验证依据。

系统安全可以从大量的安全措施中获得,包括各种技术的应用(机械、液压、气动、电力、电子、可编程电子元件)。尽管 ISO 26262 是关于电子电气系统的标准,但仍然提供了基于其他技术安全相关的系统框架。

1)提供了汽车生命周期(管理、研发、生产、运行、服务、拆解)和生命周期中必要的改装活动。

2)提供了决定风险等级的具体风险评估方法——汽车安全完整性等级(ASIL)。

3）使用 ASIL 方法来确定获得可接受的残余风险的必要安全要求。

4）提供了确保获得足够的和可接受的安全等级的有效性和确定性措施。

ISO 26262 表述了与电子电气安全相关的系统，包括这些系统的相互影响以及故障可能导致的危险行为，不包括电击、火灾、热、辐射、有毒物质、可燃物质、反应物质、腐蚀性物质、能量释放及类似的危险，除非这些危险是由于电子电气安全相关系统故障导致。

ISO 26262 对电子电气系统的标称性能没有要求，对这些系统的功能性能标准也没有什么要求。ISO 26262 主要包括十个部分：第一部分为术语；第二部分为功能安全管理；第三部分为概念阶段；第四部分为产品开发（系统级）；第五部分为产品开发（硬件级）；第六部分为产品开发（软件级）；第七部分为生产和运行；第八部分为支持过程；第九部分为以 ASIL 和安全为导向的分析；第十部分为指南。

目前，许多汽车企业和零部件企业在控制器开发过程中均采用 ISO 26262 这个标准。ISO 26262 包括了汽车电子电气开发中与安全相关的所有应用，制定了汽车整个生命周期中与安全相关的所有活动。ISO 26262 从需求开始，当中包括概念设计、软硬件设计，直至最后的生产、操作，都提出了相应的功能安全要求，其覆盖了汽车整个生命周期，从而保证与安全相关的电子产品的功能性失效不会造成危险的发生，其过程模型概览如图 14-1 所示。

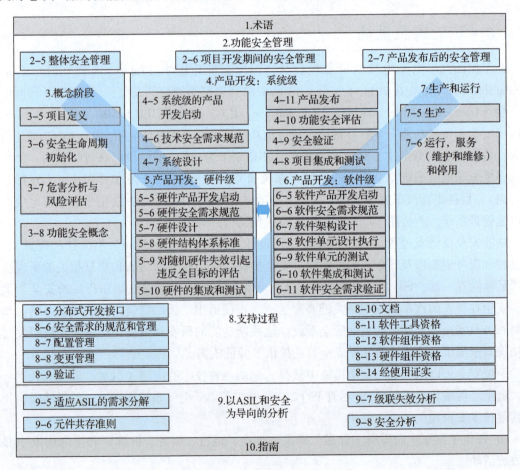

图 14-1　ISO 26262 过程模型概览

14.2 相关术语定义

ISO 26262《道路车辆功能安全》对一些常用的术语有明确定义,下面将简单介绍这些定义。

1. 功能安全定义

功能安全定义（Function Safety Definition）：不存在由电子电气系统的功能异常而引起的危害而导致不合理的风险。

为了保证避免不可接受的风险,功能安全开发流程在 ISO 26262 标准中进行了详细的阐述。概念阶段的功能安全需求（Function Safety Requirement）应当能够满足整车层面的安全目标（Safety Goal）,电子电气层面开发出来的技术安全需求（Technical Safety Requirement）同时也应该满足概念阶段的功能安全需求,最后一步是确定零部件级别的软件和硬件的功能安全需求。图 14-2 所示为 ISO 26262 开发途径。

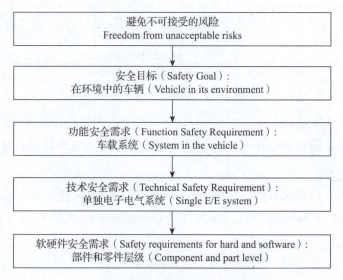

图 14-2　ISO 26262 开发途径

2. 故障、错误、失效

故障（Fault）：可引起要素或相关项失效的异常情况。

错误（Errors）：计算的、观测的、测量的值或条件与真实的、规定的、理论上正确的值或条件之间的差异。

失效（Failure）：要素按要求执行功能的能力的终止。

基于上面的定义,三者之间存在一定的因果关系,故障会产生错误,而错误会引起功能或者系统的失效,如图 14-3 所示。

图 14-3　故障、错误、失效之间的因果关系

在 ISO 26262 标准中,我们要区分两类故障、错误和失效:随机性和系统性失效。系统性失效可以在设计阶段通过合适的方法来避免,而随机性失效只能降低到可接受程度。系统性甚至随机性失效会发生在硬件当中,而软件的失效更多是系统性的失效。失效同时还可以分为单点失效和多点失效。

单点失效是指要素中没有被安全机制所覆盖,并且直接导致违背安全目标的故障。多点失效是指由几个独立的故障组合引发,直接导致违背安全目标的失效。在多点失效中有个特别的失效叫作双点失效,即由两个独立故障组合引起,直接导致违背安全目标的失效。故障发生的时间关系如图 14-4 所示。

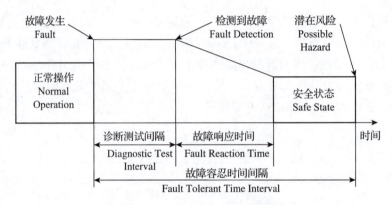

图 14-4 故障发生的时间关系

诊断测试间隔（Diagnostic Test Interval）:通过安全机制执行在线诊断测试的时间间隔。

故障响应时间（Fault Reaction Time）:从故障探测到进入安全状态的时间间隔。

3. 风险安全等级

风险定义（Risk Definition）:可以看成一个功能函数 F,包括三个变量,分别是出现概率函数（Frequency of Occurrence,f）、可控性（Controllability,C）和潜在严重性（Potential Severity,S）。

$$R = F(f, C, S) \tag{14-1}$$

$$f = E\lambda \tag{14-2}$$

式中,f 是发生概率（Exposure,E）危害时间发生概率 λ 的函数。

ISO 26262 标准中分别对 E、C、S 进行了相应的定义,见表 14-1 ~ 表 14-3。

表 14-1 发生概率定义

等级	E0	E1	E2	E3	E4
描述	不可能	非常低概率	低概率	中等概率	高概率

表 14-2 可控性定义

等级	C0	C1	C2	C3
描述	原则上可控（一般,易控,可控）	简单可控	正常可控（一般）	难以控制或不可控

表 14-3　潜在严重性定义

等级	S0	S1	S2	S3
描述	无伤害	轻度和中度伤害	严重和危及生命的伤害（有存活的可能）	危及生命的伤害（存活不确定），致命的伤害

（1）发生概率（Exposure，E）　对于每一个危害事件，应基于确定的理由预估每个运行场景的发生概率。根据表 14-1 为发生概率指定一个 E0、E1、E2、E3 或 E4 的概率等级。

（2）可控性（Controllability，C）　对于每一个危害事件，应基于一个确定的理由预估驾驶人或其他潜在处于风险的人员对该危害事件的可控性。根据表 14-2 为可控性指定一个 C0、C1、C2 或 C3 的可控性等级。

（3）潜在严重性（Potential Severity，S）　对于每一个危害事件，应基于一个已确定的理由来预估潜在伤害的严重度。根据表 14-3，应为严重度指定一个 S0、S1、S2 或 S3 的严重度等级。

（4）汽车安全完整性等级（Automotive Safety Integration Level，ASIL）　ISO 26262 中常见的工作之一是确定"汽车安全完整性等级（ASIL）"，其定义见表 14-4，即通过三个指标（严重性 S、发生概率 E、可控性 C）来评价。

表 14-4　汽车安全完整性等级定义

严重度等级	发生概率等级	可控性等级		
		C1	C2	C3
S1	E1	QM	QM	QM
	E2	QM	QM	QM
	E3	QM	QM	A
	E4	QM	A	B
S2	E1	QM	QM	QM
	E2	QM	QM	A
	E3	QM	A	B
	E4	A	B	C
S3	E1	QM	QM	A
	E2	QM	A	B
	E3	A	B	C
	E4	B	C	D

1）严重性 S：S0~S3。表示可能对人员造成伤害的级别。其中，S0 表示没有伤害，S3 表示致命伤害。

2）发生概率 E：E0~E4。表示这个风险在实际应用中发生的概率。其中，E0 表示不可能发生，E4 表示常见的。

3) 可控性 C：C0~C3。表示这个风险发生后，人员采取措施控制后可以避免伤害的能力。其中，C0 表示总是可控的，C3 表示很难或无法控制。

上面三个参数确定后，就可以使用 ASIL 表来确定等级。其中，QM 表示不需要特别的功能安全流程，只需要正常质量管理。ASIL 等级可分为 A、B、C、D，越往后表示风险越高、风险越不可容忍。开发中常见降低风险的手段有：质保体系（文档化、流程、认证）、校验方法（方法设计、测试）、安全验证分析（失效分析、故障树分析、失效率）、可靠性分析（工具、零件、人员）。

由于电池管理系统属于新能源汽车高压电池系统的一部分，欧洲汽车研发委员会（European Council for Automotive Research &Development，EUCAR）定义了高压电池系统的危害等级，见表 14-5。

表 14-5 高压电池系统的危害等级

描述（Description）	危害等级（Hazard-Level）
没有影响（No effect）	0
被动防护（Passive protection activated）	1
瑕疵/损害（Defect/Damage）	2
小规模泄漏（Leakage with mass loss <50%）	3
大规模泄漏（Venting with mass loss ≥50%）	4
着火（Fire or Flame）	5
断裂（Rupture）	6
爆炸（Explosion）	7

当电池管理系统不能够很好地监测或者保护电芯时，表 14-5 中的危害事件就有可能发生。ISO 26262 的目标是保护乘客免受伤害，因为表 14-5 中 Level 5 以上就算是严重危害事件，因此有必要定义一个电芯工作的最大允许危害级别，5 以上时是肯定不允许的。

14.3 功能安全流程

ISO 26262 功能安全流程如图 14-5 所示。第一步，通过不同的驾驶情况及不同的环境来确定不同的场景；第二步，分析不同场景下的事故所引起的风险情况。第三步，确定这些风险情况的 ASIL 等级，这一部分有很大的主观因素，每个公司考虑问题的角度不一样，针对不同的风险情况设定的 ASIL 等级也会不一样（比如有些整车厂定义热失控的 ASIL LEVEL 为 C，有些整车厂设定热失控 ASIL LEVEL 为 D，不过目前来看热失控在以后的 ASIL LEVEL 会是 D，因此，高压电池包的安全等级可设为 D，包括电池包里面的电气架构和电池管理系统)。第四步,根据上一步确定的不同故障模型的 ASIL 等级来定义最大 ASIL 等级。第五步,根据上一步确定的最大 ASIL 等级就可以设定安全目标了。第六步,根据安全目标就可以导出功能安全需求。

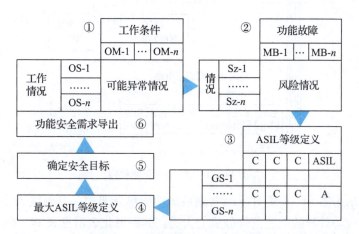

图 14-5　ISO 26262 功能安全流程

因为 ISO 26262 涉及产品的整个开发周期,那么谁该负责整个流程,是整车厂还是供应商?如果电池管理系统是由供应商开发提供给主机厂,那么理论上前五步都应该是整车厂来主导分析,输出安全目标给供应商,供应商根据安全目标导出功能安全需求,接着是系统设计、硬件设计、软件设计等。同时,整车厂也会参与到 V 模型右边的测试部分(零部件测试、子系统测试、整车需求确认)。

14.4　功能安全要求

根据上面的分析,将电池管理系统视为一个独立安全单元(Safety Element out of Context)。独立安全单元的意思是在产品的开发周期内,不用考虑整车内的其他要素(Element)。

1. 元件定义分析

元件定义(Item Definition)首先要确定元件的范围(Scope)、元件的边界及与元件相关的部件,确定元件与外界部件的交互接口、CAN 信号、传感器信号等。通常采用方框来表示元件的要素(Element),通过这些元件和元件之间的信息交互,就能够确定这个系统的大致架构。

图 14-6 所示为一个电池系统抽象架构,电池高压系统主要有接线盒(Junction Box)、电池模组(Module)、电芯串并联高压电路、高压接触器模块(HV Contactor Module)、电池管理系统等。电池管理系统通过将传感器采集的数据进行处理,计算电池 SOC/SOH、故障诊断等,同时通过整车 CAN 与 VCU 进行信息交互。

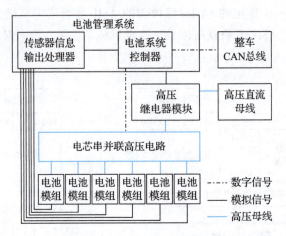

图14-6 电池系统抽象架构

图14-7所示为图14-6所对应的电池系统功能单元架构。点画线表示高压电池系统的边界线,高压系统与外界的交互信号分成七大类,其图形化表示见表14-6。

表14-6 信号图形化表示

序号	名称	内涵
1	点画线	标识高压电池系统的边界线
2	机械	机械载荷(震动、振动等)
3	高压电力	高压($U>60$V)传输功率的能量信号
4	低压电力	低压($U<60$V)传输功率的能量信号
5	电子通信	数据和信号传输
6	热	热能交换(辐射、对流)
7	颗粒/流体	气流、液流

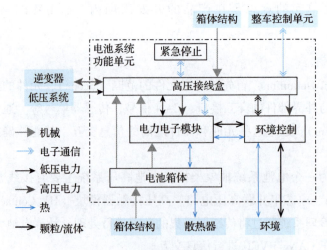

图14-7 电池系统功能单元架构

上面定义了不同类的子系统，图14-7中的电力电子模块如图14-8所示。

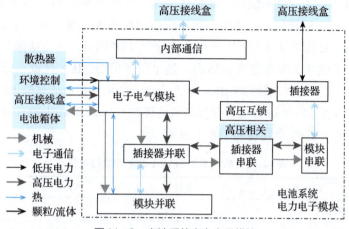

图14-8 电池系统电力电子模块

图14-8中的电子电气模块如图14-9所示。

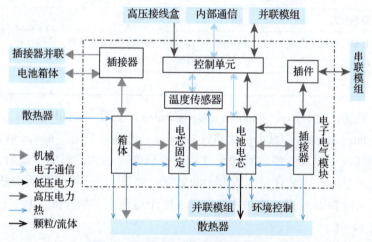

图14-9 电池系统电子电气模块

这样一层一层像剥洋葱一样分解系统，很方便追溯所有的信号来源。系统与其他外部部件之间的联系、系统内部之间的联系、子系统之间的联系都可以一目了然。例如我们想追踪温度传感器的信号流，首先可以从电子电气模组框图开始，温度传感器到控制单元，控制单元与外部的内部通信交互信息，然后由上一层的连接模组的内部通信与外界的高压接线盒交换信息，最后由顶层的高压接线盒与外界的整车控制单元交互信息。

本书的元件定义（Item Definition）是针对动力电池包，电池管理系统则没有这么多子系统。在具体实践中发现，把高压系统的电气系统和电池管理系统作为一个大系统来进行功能安全分析会更加全面，工作也更好展开。

2. 功能安全等级

功能安全等级就是ASIL等级，前面进行了概念阶段的Item Definition分析，应当尽可能将系统的接口描述清楚。比如电池系统电压分类、高压线路的功率能力、CAN通信协议和其他信号的说明、信号电压电流范围以及正常值等。

Item Definition 不仅需要将系统的功能描述清楚,同时也要将 Item 的失效模式描述清楚,这样才能清楚知道 Item 应该是怎么样的,而不应该出现哪些表现形式。在 ISO 26262-3 中,风险可以通过头脑风暴或者设计失效模式与影响分析(DFMEA)等方法来确认,从整车级别分析这些危害会对车辆或者乘客造成的影响。这个阶段的 DFMEA 可以不用考虑造成这些危害的可能原因有哪些,而在后面的 DFMEA 工作中再具体来分析造成这些风险的可能原因。

表 14-7 是根据图 14-7 进行危害分析和风险评估(Hazard Analysis and Risk Assessment,HARA)得到的,定义了 93 个功能和 136 个故障。

表 14-7 电池系统 HARA 功能和故障数量

部件	零件	功能	故障
电池箱体	电池箱体	6	6
高压配电盒	绝缘防护装置,主控板,电流传感器,熔断器,主正接触器,主负接触器,预充继电器,预充电阻,高压插接件,DCDC 继电器,PDU 箱体	44	62
热管理部件	风扇,水泵,水管,散热器	6	7
急停部件	急停开关	3	4
模组	数据采集模块,从控单元,插接器,模组腔体,电芯,温度传感器,高压互锁,低压线束,低压插头,高压插接件,高压线束	34	57
总计	28 个零件	93	136

选取了 6 个路况,地下车库(subterranean garage)、县道(small streets)、省道(middle streets)、国道(large streets)、城市快速路(highway)和高速公路(motorway),同时选取了 23 个常见的驾驶工况,以及一些常见的天气情况来研究对场景的影响,最后得到了 3128 个可能性较大的危害事件。3128 还是个非常大的数字,如果一条一条地进行分析,那么工作量会很大。因此,从这 3128 个危害事件中选择了 142 个进行进一步分析。电池系统典型功能故障危险分析见表 14-8。

表 14-8 电池系统典型功能故障危害分析

功能 F001:给高压母线提供电流	
故障 mf 001	当需要的时候,不能提供电流给母线
故障 mf 002	非预计电流进入母线
功能 F002:从母线获得电流故障	
故障 mf 003	从高压直流母线不能获得需要的电流
故障 mf 004	电池包充电过程中,过充电故障
故障 mf 005	电池包充电过程中,电流过大
功能 F003:电芯温度门限	
故障 mf 006	内短路导致电芯过温
故障 mf 007	热管理失效导致电芯过温
故障 mf 008	大电流导致电芯过温

在定义好故障后，就可以根据风险安全等级定义中的三个参数 S（Severity）、E（Exposure）、C（Controllability）来确定风险的 ASIL 等级。电芯过放电风险分析见表 14-9。在这个表格中，在城市道路上发生电芯热失控导致车辆起火的 ASIL Level 是 C；车辆在速度比较低的时候，ASIL Level 是 A。

表 14-9　电芯过放电风险分析

驾驶工况	风险	S	E	C	ASIL
低速工况	深度放电导致电池包内短路与失火	S3	E3	C1	A
城市工况	深度放电导致电池包内短路与失火	S3	E4	C2	C
大城市工况	深度放电导致电池包内短路与失火	S3	E3	C3	C

电池系统过充电风险分析见表 14-10。

表 14-10　电池系统过充电风险分析

驾驶工况	风险	故障	S	E	C	ASIL
车速≤10km/h	过充电导致热失控	电池包充电量超过允许存储能量	S3	E3	C1	A
10km/h＜车速≤50km/h	过充电导致热失控	电池包充电量超过允许存储能量	S3	E4	C2	B
车速＞50km/h	过充电导致热失控	电池包充电量超过允许存储能量	S3	E3	C3	C

这两个表格中的参数 C（Controllability）在很大程度上取决于驾驶人将车辆停靠在安全位置的速度，车速越快，驾驶人就需要更多的时间去寻找一个安全位置将电芯热失控的车辆安置好。这两个表格中第二行 S/E/C 的值都是一样，而 ASIL LEVEL 却不一样。

有个很简单的公式来确定 ASIL LEVEL。如果 S + E + C 的值小于 7，那么 ASIL LEVEL 是 A，详见表 14-11。

表 14-11　ASIL 评定方法

S + E + C 的值	7	8	9	10
ASIL	A	B	C	D

对一个高压电池系统风险分析后给出的安全目标见表 14-12。与表 14-9 和表 14-10 对比可知，不同组织对相同故障给出的 ASIL LEVEL 是不同的，例如表 14-10 对过充电的 ASIL LEVEL 是 C，而在表 14-12 中则为 D。

表 14-12　电池系统功能安全目标

故障	ASIL
电池箱体破坏	B
存在高压危害	C

(续)

故障	ASIL
电芯监控失效	D
未知电流负载	QM
高压回路不能断开	D
正在过充电	D
冷却效果不好	A
急停开关失效	B
数据传输失败	C
电芯固定损坏	C
电芯机电热过载	D
脱焊，传感器失效	D
电池系统过温	C

由安全目标衍生出应该考虑以下内容：
1）运行模式。
2）故障容错时间区间（间隔）或故障容错时间。
3）安全状态。
4）紧急操作时间区间。
5）功能冗余（例如故障容错）。

应为每一个安全目标定义至少一项功能安全要求（FSR），尽管一个功能安全要求能够覆盖不止一条安全目标，见表14-13。每一条 FSR 从相关 SG（安全目标）继承最高的 ASIL，然后将 FSR 分配给相关项。如表14-13中的 SG1 就定义了两个 FSR。

表14-13 功能安全要求定义

		ASIL
安全目标 SG1：防止电池包一个或多个电芯深度放电		
ID	安全要求	
FSR1.1	电池包 SOC 应该被监测和传输给其他控制器：当电池包 SOC 不在规定范围内时，要求跟踪到电芯的能量流以便系统能够做出相应反应，并且 SOC 不在规定范围内的信息应该传输给整车其他系统	C
FSR1.2	如果检测到深度放电状态，在规定时间内电流应该被切断；为了保护电芯，避免损坏，阻止诸如内短路带来深度放电危险操作导致热失控或燃烧，如果检测到电池包深度放电，应该断开电流母线	
安全目标 SG2：防止电池包一个或多个电芯过充电		
ID	安全要求	
FSR2.1	过充电指示应该被计算以及传输给动力系统其他控制器；过充电指示应该被传输给电池管理系统和动力系统其他控制器，从而能够及时停止充电。如果门限达到，电池系统应该不能进行充电	

(续)

ID	安全目标 SG2：防止电池包一个或多个电芯过充电	ASIL
	安全要求	
FSR2.2	如果检测到过充电情况，电流应该在规定时间内切断：功能安全要求代表一个可以依靠的安全要求，当充电枪或回馈制动持续给电池充电时，检测到过充电门限条件满足，应能够阻止过充电。在发生其他一些故障的过程中，功能安全要求允许电池管理系统能够保护电池避免过充电	C

在 ISO 26262-9 中定义了 ASIL 分解，为了降低安全目标实施成本，可以将一个高 ASIL 安全目标分解成两个相互独立的低一级安全目标。以上文的 SG1（防止电池包一个或多个电芯深度放电）作为一个例子，在这里我们假设负载只有驱动电机，可以通过将 SG1 分解成两个独立的 FSR，如图 14-10 所示。

1) FSR1.2a：在 $x$ms 内断开高压回路。
2) FSR1.2b：通过 CAN 报文请求负载将需求功率降低为 0。

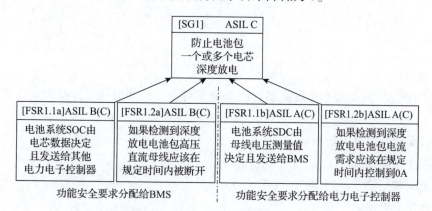

图 14-10 SG1 分解为低一级的 FSR

在标准中，每个阶段都有一个独立标准来描述该阶段的流程和工作内容。在概念阶段的主要活动见表 14-14。

表 14-14 概念阶段的主要活动

序号	概念阶段活动	具体内容
1	对象定义	在整车层面划定范围，确定需遵照的相关标准、工作环境、工作条件等确定开发类型
2	初始化安全生命周期	影响分析和安全生命周期裁剪辨识可能的危害和确定可能的风险
3	危害分析和风险辨识	确定安全完整性等级和安全目标
4	功能安全概念	完成安全目标的功能概念

动力电池系统主要包括电池管理系统（BMS）、单体电池（Cell）、电子电气部件（EE）、控制算法（Algorithm）、热管理系统（Thermal）和机械结构（Mechanical Structure）等部件，

外部主要与整车控制器（VCU）和充电机（Charger）进行交互，并给电机等其他部件提供能量，如图 14-11 所示。

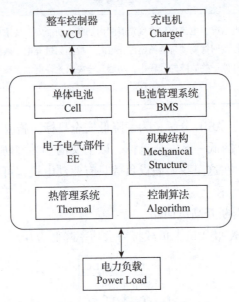

图 14-11　动力电池系统

可以采用概念阶段的安全生命周期方法来定义对象工作环境和工作状况。潜在的工作环境有：

1) 人员设计和调试电池系统。
2) 人员生产电池系统。
3) 人员驾驶车辆。
4) 人员维修电池。
5) 人员回收、报废电池。

潜在的工作状况有：

1) 零件的拆解、替换。
2) 电池包的组装、搬运。
3) 电池测试设备的链接、运行、监控、充电/放电过程中的能量存储和释放。
4) 电池意外状况，例如，非正常安装、变形、跌落、触电、碰撞、浸泡、温湿环境等（常见标准中的各种电池安全测试模拟的状况）。

电池系统高压安全功能的 3 种潜在失效：

1) 高压电能失效，车辆失去动力。
2) 高压下电失效，高压回路一直带电，有触电危险。
3) 状态监控失效，电池出现过充电、过放电、过温等超出限制的状况。

动力电池系统设计到高压安全的功能一般有：电池管理系统、高压互锁（HVIL）、碰撞、继电器、高压绝缘。其功能安全和失效模式对应关系如图 14-12 所示。

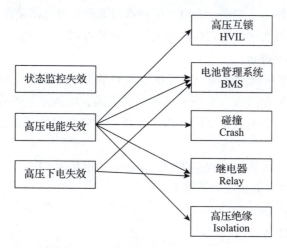

图 14-12 功能安全和失效模式对应关系

3. 动力电池系统 ASIL 的使用

（1）电池管理系统（BMS）

严重性 S：如果电池管理系统失效，则不能监控高压电池系统，可能产生错误的动作或失去保护能力。常见的工况如行驶过程高压回路断开，失去动力，或车辆充电出现过充电而不能保护，定义严重性为 S3。

发生概率 E：高速行驶、充电可以说是每天发生的事情，定义发生概率为 E4。

可控性 C：车辆失去动力后，经过训练的人员应该可以依靠惯性将车辆驶离主车道；车辆充电着火，驾驶人可以通过门窗逃生，可控性为 C2。

（2）高压互锁（HVIL）

严重性 S：HVIL 失效后可能导致高压暴露，采取高压保护的人员可能触电，严重度定义为 S3。

发生概率 E：正常情况下，人员不会触碰高压部件，只有在维修时才可能接触，发生概率为 E2。

可控性 C：经过训练的人员可以采取防护来防止触电，定义为 C2。

（3）碰撞（Crash）

严重性 S：碰撞时，碰撞传感器发出信号请求切断高压回路。若失效，则可能导致二次风险，例如短路造成的起火、爆炸；同时，暴露的高压可能导致人员触电，定义为最高级 S3。

发生概率 E：碰撞检测和触发由气囊传感器执行，因此故障发生概率与气囊触发的发生概率一样，发生概率较低，定义为 E1。

可控性 C：要求电池管理系统检测到碰撞信号的第一时间切断高压，由于车辆在碰撞情况下存在不可预知性，可控性定义为 C3。

（4）继电器（Relay）

严重性 S：继电器异常一般包括无法闭合、粘连、触电跳动。功能失效时，可能导致车辆失去动力，定义为 S2。

发生概率 E：日常停车、驾车、充电、维修都可能涉及继电器动作，定义为 E4。

可控性 C：继电器可通过诊断判断是否失效，定义为 C2。

（5）高压绝缘（Isolation）

严重性 S：绝缘失效可能导致漏电，绝缘不良的车辆可能导致人员触电，定义为 S3。

发生概率 E：高压回路通常与车身和低压回路隔离，电池系统外壳与车身连接，正常不会同时接触高压正负极，只有在需要时才拆下来维护，此时可能接触正负极，一年可能发生几次，定义为 E2。

可控性 C：维修时，人员通过相应防护防止触电，定义为 C1。

通过查 ASIL 表可以知道相应的等级为：

1）电池管理系统：ASIL C。
2）高压互锁：ASIL A。
3）碰撞：ASIL A。
4）继电器：ASIL B。
5）高压绝缘：QM。

本节通过例子说明了 ASIL 等级的确定过程，针对具体产品的 ASIL 等级还需要根据具体情况进行详细分析以及风险识别和评估。

14.5 技术安全要求

技术安全要求（Technical Safety Requirements，TSR）是对功能安全要求的具体落实，分为要求导出、系统设计和要求分配。

1. 要求导出

技术安全要求导出，图 14-13 所示为通过分层的方法，从危害分析与风险评估的结果出发得出安全目标，再由安全目标得出功能安全要求。

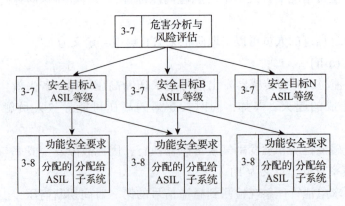

图 14-13　安全目标和功能安全要求层级

图 14-14 所示为 ISO 26262 相应部分中的安全要求的结构和分布说明，将功能安全要求分配给初步架构要素。

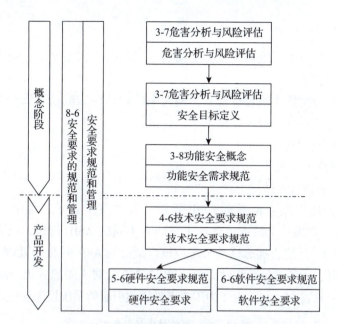

图 14-14 安全要求的结构和分布说明

技术安全要求（TSR）是对功能安全要求（FSR）的提炼，细化了功能安全的概念，同时考虑功能性的概念和初步的体系架构。通过分析技术安全要求来验证是否符合功能安全要求。在整个开发生命周期，技术安全要求是要落实功能安全概念的技术要求，覆盖从细节的单级功能安全要求到系统级的安全技术要求。技术安全要求应根据功能安全概念、相关项的初步架构设想和如下系统特性来定义：

1) 外部接口，例如通信和用户接口。
2) 限制条件，例如环境条件或者功能限制。
3) 系统配置要求。

从安全目标可以导出电池管理系统的功能安全要求，而从功能安全要求可以导出技术安全要求。由表 14-13 中功能安全要求 FSR1.2 导出的技术安全要求见表 14-15。

表 14-15 功能安全要求导出技术安全要求

ID：TSR1.2.1	当电池包 SOC 低于设定门限值时，高压直流母线应该在设定时间内与电池包断开
ASIL 等级	ASIL B（C）
描述	如果电池包或单个电芯 SOC 低于设定门限值，电池管理系统应该切断高压直流母线。电池管理系统应该禁止高压直流母线再次连接，直到整车进入充电模式。只有电池包和电芯的 SOC 超过设定门限值，才能再次放电
分配给	电池管理系统主板
故障诊断手段	直流电路电压测量
安全状态过渡时间	100ms
故障容忍时间间隔	3000ms
应急操作时间间隔	2000ms

2. 系统设计

在这个阶段，系统及子系统需要贯彻上面所定义的技术安全要求，还需要反映前面定义的安全检测及安全机制。

技术安全要求应分配给系统设计要素，同时系统设计应完成技术安全要求，关于技术安全要求的实现，在系统设计中应考虑如下问题：

1）系统设计的可验证性。
2）软件硬件的技术实现性。
3）系统集成中的执行测试能力。

系统和子系统架构应该满足各自 ASIL 等级的技术安全要求，每个元素应实现最高的 ASIL 技术安全要求。如果一个系统包含的子系统有不同的 ASIL 等级，或者是安全相关的子系统和非安全相关的子系统，那么这些系统应该以最高的 ASIL 等级来处理。

在系统设计阶段，为了避免系统性失效，ISO 26262 针对不同的 ASIL 等级推荐了不同的系统性失效分析方法，见表 14-16。由于内因或者外因而引起的系统性失效应当避免或者消除。

表 14-16 系统性失效分析方法

序号	方法	ASIL A	ASIL B	ASIL C	ASIL D
1	演绎分析	○	+	++	++
2	归纳分析	++	++	++	++

注：○表示不用执行，+表示推荐执行，++表示必须执行。

表 14-16 中，演绎分析方法包括故障树分析（FTA）、可靠性框图、鱼骨图。归纳分析方法包括潜在失效模式与影响分析（FMEA）、事件树分析（ETA）、马尔可夫（Markov）模型。为减少系统性失效，宜应用值得信赖的汽车系统设计原则，这些原则可能包括：

1）值得信赖的技术安全概念的再利用。
2）值得信赖的要素设计的再利用，包括硬件和软件组件。
3）值得信赖的探测和控制失效机制的再利用。
4）值得信赖的标准化接口的再利用。

为了确保值得信赖的设计原则或要素在新相关项中的适用性，应分析其应用结果，以及应在再利用之前检查其基本设想。

ASIL A、B、C、D 规定，为避免高复杂性带来的故障，架构设计应该根据表 14-17 中的原则来展现模块化、层次化、简单化的属性。

表 14-17 模块化系统设计的属性

序号	属性	ASIL A	ASIL B	ASIL C	ASIL D
1	分层的设计	+	+	++	++
2	精确定义的接口	+	+	+	+
3	避免硬件组件和软件组件不必要的复杂性	+	+	+	+
4	避免接口不必要的复杂性	+	+	+	+
5	维护期间的可维护性	+	+	+	+
6	开发和运行期间的可测性	+	+	++	++

基于上面定义的 TSR 和概念阶段定义的基本架构图，精炼后的电池管理系统架构图如图 14 - 15 所示。

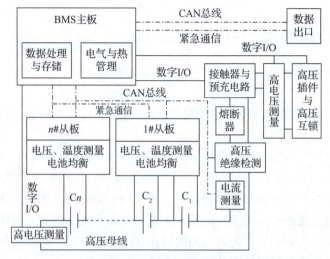

图 14 - 15　电池管理系统架构图

3. 要求分配

下一步是在定义系统架构基础上，将 TSR 分配给硬件和软件，同时定义好软硬件接口 (Hardware Software Interface，HSI)。

软硬件接口规范应规定硬件和软件的交互，并与技术安全的概念保持一致，应包括组件的硬件设备，是由软件和硬件资源控制支持软件运行的。软硬件接口规范应包括以下属性：

1) 硬件设备的工作模式和相关的配置参数，以及硬件设备的操作模式，如缺省模式。
2) 初始化、测试或高级模式，配置参数，如增益控制、带通频率或时钟分频器。
3) 确保单元之间的独立性和支持软件分区的硬件特性。
4) 共享和专用硬件资源，如内存映射、寄存器、定时器、中断、I/O 端口的分配。
5) 硬件设备的获取机制，如串口、并口。
6) 每个涉及技术安全概念的时序约束。

硬件和其使用的软件的相关诊断功能应在软硬件接口规范中规定：

1) 定义硬件诊断功能，例如检测过流、短路或过热。
2) 在软件中实现的硬件诊断功能。软硬件接口规范在系统设计时制定，在硬件开发和软件开发时被进一步细化。应使用表 14 - 18 列出的方法验证系统设计对于技术安全概念的符合性和完备性。

表 14 - 18　系统设计验证

序号	方法	ASIL A	ASIL B	ASIL C	ASIL D
1a	系统设计检查	+	+ +	+ +	+ +
1b	系统设计走查	+ +	+	○	○
2a	仿真	+	+	+ +	+ +
2b	系统原型和车辆测试	+	+	+ +	+ +
3	系统设计分析	见表 14 - 16			

表 14-18 中，方法 1a 和 1b 用于检查技术安全要求是否得到完整和正确的实施，方法 2a 和 2b 可作为故障注入技术有效地使用。

14.6 硬件功能安全

对于硬件系统功能安全设计来说，硬件的详细安全需求来自于 TSR、系统架构及系统边界 HSI。

根据 ISO 26262-8 章节 6.4.2 "硬件安全需求规范"，应包括与安全相关的每一条硬件要求，包括以下几点：

1）为控制要素硬件内部失效安全机制的硬件安全要求和相关属性，这包括用来覆盖相关瞬态故障（例如，由于所使用的技术而产生的瞬态故障）的内部安全机制。
2）为确保要素对外部失效容错的硬件安全要求和安全机制的相关属性。
3）为符合其他要素的安全要求的硬件安全要求和安全机制的相关属性。
4）为探测内外部失效和发送失效信息的硬件安全要求及安全机制的相关属性。
5）没有定义安全机制的硬件安全要求。
6）每个涉及技术安全概念的时序约束。

硬件安全要求应按照 ISO 26262-8 第 6 章和第 9 章的要求进行验证，以提供证据证明。硬件设计可以从硬件功能方块图开始，硬件方块图的所有元素和内部接口应当展示出来；然后设计和验证详细的电路图，最后通过演绎法（FTA）或者归纳法（FMEA）等方法来验证硬件架构可能出现的故障。

对系统设计来讲，最大的挑战是满足 ISO 26262 硬件架构度量。针对 ASIL C 或 D，ISO 26262 强烈推荐计算单失效和潜在失效概率，具体计算法见 ISO 26262-8 附件。单点故障（Single-Point Faults，SPF），对应单点故障度量（Single-Point Fault Metric，SPFM），潜在失效故障对应潜在故障度量（Latent-Fault Metric，LFM）。对于每一个安全目标，由 ISO 26262 要求的 "潜伏故障度量" 的定量目标值见表 14-19。

表 14-19 SPFM 和 LFM 目标值

类别	ASIL B	ASIL C	ASIL D
单点故障度量（SPFM）	≥90	≥97	≥99
潜在故障度量（LFM）	≥60	≥80	≥90

对 BMS 来讲，电池包电压传感器是一个非常重要的传感器。因此，针对不同的 ASIL 等级，需要分析电池包电压传感器不同的失效模式。电池包电压传感器常见失效模式及覆盖度见表 14-20。

表 14-20 电池包电压传感器常见失效模式及覆盖度

部件		高压电池包电压传感器
失效模式覆盖度	60%（低）	电压或低或高超出量程，量程内电压是常数
	90%（中）	电压或低或高超出量程，量程内电压是常数，直流电压偏移
	99%（高）	电压或低或高超出量程，量程内电压是常数，直流电压偏移，测不到电压，测量值振荡

ISO 26262 推荐两个可选的方法以评估违背安全目标的残余风险是否足够低。

两个方法都评估由单点故障、残余故障和可能的双点故障导致的违背安全目标的残余风险。如果显示为与安全概念相关，也可考虑多点故障。在分析中，对残余和双点故障将考虑安全机制的覆盖率，并且对双点故障也将考虑暴露持续时间。

第一个方法包括使用概率的度量，即随机硬件失效概率度量（Probabilistic Metric for Random Hardware Failures，PMHF），通过使用例如定量故障树分析（FTA）或者 FMEDA 及将此计算结果与目标值相比较的方法，评估是否违背所考虑的安全目标。

第二个方法包括独立评估每个残余和单点故障，以及每个双点失效是否导致违背所考虑的安全目标。此分析方法也可被考虑为割集分析。随机失效目标值见表 14-21。

表 14-21 随机失效目标值

ASIL B	ASIL C	ASIL D
$<10^{-7}$	$<10^{-7}$	$<10^{-8}$

ISO 26262 标准中引入了失效率等级。硬件元器件失效率的失效率等级评级应按以下原则确定：

1) 失效率等级 1 对应的失效率应少于 ASIL D 的目标除以 100，见表 14-21。

2) 失效率等级 2 对应的失效率应小于或等于 10 倍的失效率等级 1 对应的失效率，见表 14-22。

表 14-22 失效率等级

失效率等级	门限值	备注
FRC1	$<10^{-10}h^{-1}$	目标是 ASIL D（$<10^{-8}h^{-1}$）的 1/100
FRC2	$<10^{-9}h^{-1}$	10 倍 FRC1
FRC3	$<10^{-8}h^{-1}$	100 倍 FRC1
FRCi（$i>3$）	$<10^{-10+(i-3)}h^{-1}$	10^{i-1} 倍 FRC1

如果单点失效违背 ASIL C 的安全目标，那么对应的合适的失效率等级为 FRC1 或者有其他额外测量的 FRC2。采样均衡电路的失效可能会导致电芯过充电，进一步引起热失控。因此，根据安全目标推导出的功能安全要求如图 14-16 所示。

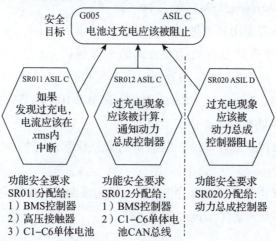

图 14-16 功能安全要求

根据图 14-16 的功能安全要求，可以推导出技术安全要求，如图 14-17 所示。

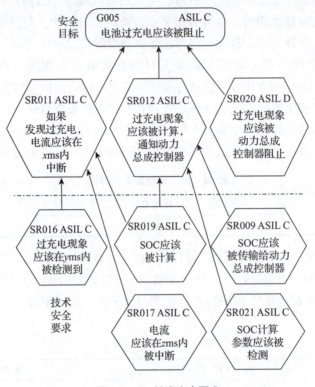

图 14-17 技术安全要求

这是由安全目标导出的系统技术安全要求，需要从中分离出单独与硬件相关的或者与软硬件都相关的技术安全要求。因此，硬件的技术安全要求为：

1) 过充电条件应该在规定门限时间内被检测。

2) 电池包电流应该在规定门限时间内被切断。

3) 根据上面的分析，有两条技术安全要求分配给了硬件系统。分配给硬件的过充电保护安全机制（Safety Mechanisms，SM）见表 14-23。

4) 实施安全机制中需要用到硬件元器件预估失效率（Failure in Time，FIT）。用于确定硬件元器件失效率和失效模式分布的业界公认的来源包括 IEC/TR 62380、IEC 61709、MIL HDBK 217 F notice 2、RIAC HDBK 217 Plus、UTE C80-811、NPRD95、EN 50129：2003、Annex C、IEC 2061:2005、Annex D、RIAC FMD97 和 MIL HDBK 338。选取数据库 MIL HDBK 217 和芯片供应商所提供的数据来评估安全机制。

5) 采用过充电二级保护芯片对过充电保护的安全机制的评估，安全目标的失效模式覆盖率为 99%。

6) 一旦完成硬件架构的设计和样件设计，系统集成测试也应该定义好。在 ISO 26262—8 中，针对不同的 ASIL 等级推荐了不同的测试方法。

表 14 – 23　分配给硬件的过充电保护安全机制

序号	安全机制
SM1	采用过电流保护芯片实现电池包充放电时电路切断
SM2	采用气压计感知计算实现电池包充放电时电路切断
SM3	采用气压计和过电流保护芯片可同时用来切断电路
SM4	采用过电压保护芯片实现电路切断

14.7　软件功能安全

前面介绍了基于 ISO 26262《道路车辆功能安全》标准开发电池管理系统的系统及硬件部分，最后一部分介绍软件部分。至此，整个电池管理系统的功能安全开发流程就简单梳理了一遍。中国国家标准化管理委员会发布了 GB/T 34590—2017《道路车辆　功能安全》，虽是推荐标准，但是以后越来越多的整车厂会要求供应商将其列为强制标准，这对零部件企业的电子电气系统开发是个极大的挑战。

在汽车行业，软件开发流程一般遵循 V 模型（图 14 – 18）。模型左边是开发过程，右边是对应的测试过程。ISO 26262 第六部分推荐的软件开发流程也是 V 模型，与硬件的 V 模型开发流程基本一样，即需求→架构→详细设计。

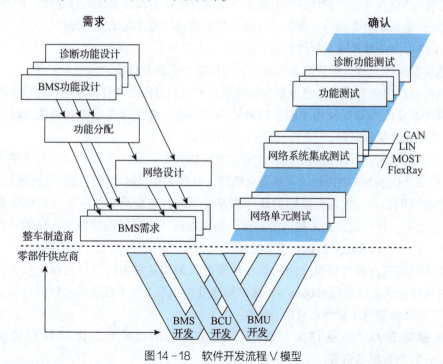

图 14 – 18　软件开发流程 V 模型

1. 软件架构设计

软件开发流程与硬件开发基本一样，由软件 TSR 和系统需求可以确定软件基本架构。软件安全要求需要与软件架构以及与安全相关的其他软件要求一起实施。在软件架构中，由于软件单元获得了分配给它们的不同软件安全性要求，因此考虑这些可能与不同 ASIL 的要求是否可以共同存在同一软件单元中也很重要。如果不符合这些标准，则需要根据所有分配的安全要求的最高 ASIL 来开发和测试软件。这些标准可能包括内存保护和保证的执行时间。

软件架构包含静态和动态方面，静态方面主要包括与不同软件单元之间的接口：

1）软件结构包括其分级层次。
2）数据处理的逻辑顺序。
3）数据类型和它们的特征参数。
4）软件组件的外部接口。
5）软件的外部接口及约束（包括架构的范围和外部依赖）。

动态方面主要包括：

1）功能性和行为。
2）控制流和并发进程。
3）软件组件间的数据流。
4）对外接口的数据流时间的限制。

为了说明这两个方面，软件架构所用到的标记法有非正式标记法、半正式标记法和正式标记法。ASIL 等级越高，标记法越正式。

在软件架构设计中，需要重点考虑软件的可维护性及可测试性。在汽车行业，软件在整个产品周期内都应当考虑维护性，同时还要考虑软件架构的设计测试的容易性。在 ISO 26262 标准中，测试是非常重要的一方面，任何设计都应该同时考虑测试的方便性。

为避免高度复杂性导致系统性故障，ISO 26262 列出来一些推荐的标准：

1）软件层次性，软件模块的高内聚性，可以通过限制软件模块大小来实现。
2）软件模块之间的接口应当尽量少且简单，可以通过限制软件模块的耦合度实现。
3）软件调度应当避免使用中断，如果使用了中断，要注意考虑中断的优先级。其目的是确保软件单元的执行时间。

在软件架构层面，可以检测不同软件单元之间的错误。ASIL 等级越高，要求的安全机制越多。下面是 ISO 26262 中提到的一些安全机制，有些安全机制之间可能会有所重复。

1）数据范围检查。数据在不同的软件模组读写时，这个简单的方法可以确保数据在正常合理范围之内。任何超出这个范围的数据，都可以被认为是错误的数据，比如单体电池电压超出 5V，就可以认为这个数据是无效的。

2）真实性检查。软件模组之间的信号传递可以采用这种方法进行合理性检查。比如汽车在 1s 内从静止状态加速到 100km/h，这个加速度在汽车上是不现实的。同时可以采用参考模型或者其他来源信息来评估信号的合理性。

3）数据错误检查。有许多方法可以检查数据的正确性，比如数据校验（Data Checksums）冗余数据备份等。

4）控制流监控。通过监控软件单元的执行流程，可以检测到某些故障，包括跳过的指令和软件卡在无限循环中。

5）多样化软件设计。在软件设计中使用多样性设计可以高效地检测软件故障。该方法是设计两个不同的软件单元进行互相监控；如果二者行为不同，那么说明其中一个发生故障。

由于软件设计师犯类似错误的情况并不罕见，为了避免类似的错误，软件功能越多样化，出现这些类型的错误的可能性就越低。

一旦软件错误被检测到，应该有相应的错误处理机制。在软件架构级别，ISO 26262 详列的错误处理安全机制如下：

1）静态恢复机制。其目的是从破坏的状态回到可以继续正常运行的状态。

2）适度降级。当发生故障时，该方法让系统进入安全运行模式。汽车软件的通常做法是亮起警告灯来通知驾驶人某部件出现了问题。

3）独立并行冗余。该安全机制可能会需要硬件冗余，因此成本相对而言较高。这个概念假设基于两个冗余硬件同时发生错误的概率相对很低，并且有一个硬件一直处于正常无故障运行模式。

4）数据纠错码。对于数据错误，有机制可以纠正这些错误。这些机制都是基于添加冗余数据来提供不同级别的保护。使用的冗余数据越多，可以更正的错误就越多。这通常用于 CD、DVD 和 RAM，但也可以在汽车领域使用。

一旦软件架构设计结束后，就需要对软件架构的需求进行测试。ISO 26262 详列了一些方法：

1）设计走查。一种同行审查的形式，软件架构设计者将这种架构描述为一组审查人员，目的是检测任何潜在的问题。

2）设计检查。与走查相比，检查更正式。它包括以下几个步骤：规划，离线检查，检查会议，返工和更改的后续工作。

3）仿真。如果软件架构可以通过软件进行仿真，那么仿真是一种有效的方法，特别是在架构的动态部分找到故障。

4）生成原型。与仿真一样，原型设计对于动态部件来说也是非常有效的。分析原型和预期目标之间的任何差异也是很重要的。

5）形式验证。这种方法是用数学证明或反驳正确性，很少用于汽车行业。它可用于确保预期的行为，排除意外行为，并证明安全要求。

6）控制流分析。这种类型的分析可以用在静态代码分析，目的是在架构层的软件执行中找到任何安全关键路径。

7）数据流分析。这种类型的分析可以用在静态代码分析，目的是在软件架构层面找到任何安全关键的变量。

2. 软件单元测试

一旦软件安全要求确定了，单元级别的软件架构已完成，那么就可以展开软件单元的设计和实施了。ISO 26262 支持手动编写的代码（Manually Written Code）和自动生成的代码。如果生成代码，则可以省略对软件单元的要求，前提是使用的工具已经通过 ASIL 等级认证。在本节中，重点将介绍人工编写的代码。

与软件架构的规范一样，ISO 26262 规定了应用于软件单元设计的符号。ISO 26262 要求适当组合所使用符号，并且始终强烈推荐自然语言。此外，该标准建议使用非正式符号、半正式符号和正式符号。

关于软件单元实施，ISO 26262 中提到的许多设计原则有些可能不适用（取决于开发过程），有些也可能被使用的编码指南所涵盖：

1）子程序和函数采用一个入口和一个出口：多个出口点通过代码使控制流复杂化，代码难以理解和维护。

2）无动态对象或动态变量，在其产生过程中也没有在线测试：动态对象和变量存在两个主要挑战，即不可预测的行为和内存泄漏，两者都可能对安全产生负面影响。

3）变量初始化：没有初始化变量，变量可能是任何值，包括不安全的和非法的值。这两者都可能对安全产生负面影响。

4）不能重复使用变量名称：使用相同名称的不同变量有风险。

5）避免全局变量，否则需证明对全局变量的使用是合理的；全局变量从两个方面来说都是坏的，即它们可以被任何人读取并被任何人写入。开发安全相关的代码，强烈建议从这两个方面控制变量。有些时候，可能存在全局变量优先的情况，如果使用全局变量可以被证明安全，那么 ISO 26262 允许这些情况。

6）限制使用指针：使用指针的两个重大风险是变量值的破坏和程序的崩溃，两者都应该避免。

7）无隐式类型转换：即使编译器支持某些编程语言，也应避免这种情况，因为它可能导致意外的行为，包括数据丢失。

8）无隐藏数据流或控制流：隐藏的流程使代码更难以理解和维护。

9）没有无条件跳转：无条件跳转使得代码更难以分析和理解。

10）无递归：递归是一种强大的方法，然而它会使代码复杂化，使其难以理解和验证。

在软件单元设计和实现的时候，需要验证软硬件接口和软件安全要求是否满足安全需求。此外，应确保软件代码符合编码准则，软件单元设计与预期硬件兼容。ISO 推荐的方法基本与软件架构的一样。

1）静态代码分析：分析的基础是调试源代码而不执行它。通常包括语法和语义的分析以及检查编码指南，如 MISRA-C、变量估计、控制流和数据流分析。

2）语义代码分析：该方法一般考虑的是源代码的语义方面，是一种静态代码分析。其可以检测的示例包括未正确定义和以不正确方式使用的变量和函数。

习 题

14-1 简述软硬件接口规范应包括的属性。

14-2 简述软件架构级别 ISO 26262 的错误处理安全机制。

14-3 对硬件功能安全来说，评估违背安全目标的残余风险是否足够低的方法有哪些？

14-4 安全目标导出的系统技术安全要求（TSR）中，硬件的技术安全要求（TSR）有哪些？

14-5 软件开发流程模式是什么？

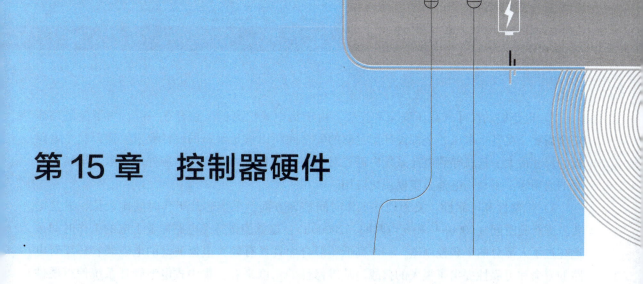

第 15 章　控制器硬件

控制器硬件是电池管理系统中的关键零部件之一,是电池控制策略的载体。

15.1　发展概述

在一块电路板上实现一个完整的电池管理系统,其硬件和软件的复杂度,特别是在高低压混合的情况下尤其突出,外围的高低压线束使得整个电池管理系统在硬件设计上难以实现。正是由于以上原因,在实际设计过程中,一般采用后续两种实际设计路径,在硬件结构和功能分配上主要采用集中式与分布式两种结构。集中式电池管理系统是把所有的电池信息测量集中在一个底层控制器上,然后把很多的功能通过辅助的方式由上层控制器来进行管控,电池管理系统进行数据的采集、处理和状态估算。而在分布式的电池管理系统中,目前应用最为普遍的是只把电池系统作为一个低压普通控制器,把接触器控制总成、电池电压和温度测量单元智能化,形成一个内部较为复杂的串行网络单独管理。

1. 集中式电池管理系统

集中式电池管理系统在电动汽车的设计中出现较早,在设计上可以节约成本和空间,整个通信过程基本集中在印制电路板(PCB)内,有利于传感器采集信号的同步管理,并且是一个性价比非常高的方案。

在电池管理的算法要求中,对于单体电池信号的采样频率与对数据实时分析和处理有实质性的要求。在功率输出变化较大的时候,由于时间上的差异,单体电压之间也会存在不同步问题,电压和电流也会有时间差,这会直接影响 SOC 的估算精度和各个单体 SOC 不一致性分析。系统对不同信号的数据采样频率和同步要求不同,电压与电流信号变化较快,采样频率和同步性要求很高。在集中式的设计中,最大的优势是可以利用板间通信的高速性保证电压同步,每个采集子板中单体间的电压采样时间差保持很小,电流传感器信号也可以通过自身采集,不需要通过发送 CAN 时间帧来实现。

集中式电池管理系统的主要缺点有以下 3 个方面:

1)插接器和线束设计复杂:电池管理单元都有 6~8 个插接器,对应的采样线束走线比较长,使得在计算过程中需要对采样线束的线路阻抗进行测量和校准由线路压降引起的误差。整个模组内部线路也需要考虑采样线路在不同段出现短路和过电流时候的保护。

2）电路板的尺寸、高压安全和安装：由于集中式把高低压整合在一起，为了满足高压安全需要，在各个电压差上都设计了足够的安全间距以满足耐压的设计要求，使得整个电路板的尺寸很大。这就导致电池系统内需要对电池管理系统的布置提出额外的要求，限制了布置的通用性，不利于电池系统模块化应用。

3）维修性和可靠性：关于硬件工作时间核算方面，采集芯片工作时间比较长，通常需要考虑行驶时间（8000h）和充电时间（20000h），这就使得整个电路需要上电的工作时间远远超过了大部分的车载控制器。一个高低压混合而且具有较大电流波动的电磁兼容环境对电路的寿命和可靠性提出了很大的挑战。从维修性的角度来看，集中式电池管理系统使得硬件设计充满了挑战性。

2. 分布式电池管理系统

分布式电池管理系统是通过模块化的设计，将电池管理系统分为电池包管理单元（Pack Management Unit，PMU）和电芯管理单元（Cell Management Unit，CMU）。电池包管理单元（又称为电池主控）需要完成电池管理的核心算法功能，完成电池组高压电压采集、电流采集、接触器驱动和诊断、绝缘检测等功能。电芯管理单元（又称为电池从控或附控）完成电池单元电压采集、均衡和温度测量。整个电池管理系统由电池包管理单元、电芯管理单元，继电器管理总成（PRA）和低压线束等组成电池内部的通信与控制网络。电芯管理单元布置在动力电池模组上，置于电池包内，重点考虑内部模组供电端和12V供电端的隔离安全性和抗干扰性；在电源设计上设置足够的电应力冗余，以保证其能在恶劣的环境中稳定可靠地工作。电池包管理单元可以置于电池包内，也可以置于电池包外。

从硬件结构上来看，分布式管理系统极大地简化了设计的难度，实现了模块化的考虑，可以在PHEV/BEV上实现很大程度的复用，有很强的适用性。其缺点包括：

1）为了保证通信完整性，需要在网络层面做足够的设计，在CAN的高速网络中实现抗干扰的设计和时间同步参考帧来控制每个采集子板中采样数据的时间差。在出现强干扰的情况下，需要采取故障安全设计。

2）成本较高，布置上也需要模组通盘考虑。由于每个子板独立出来，在使用环节需要编号和组网刷写程序；在模组的结构上，可以采取内置和外置的模式，不仅多了PCB，外壳的成本也对整个生产过程有一定的影响。部件的复杂性使得我们对于每个部件的追溯和信息管理都要进行管控，后期维修也需要一定的处理。

15.2 硬件需求

电池管理系统的发展目前已经成为一项核心内容，其管控对象锂电池容量大、串联节数多、系统复杂，作为汽车核心动力总成的储能单元，应具有安全性、耐久性、动力性等性能要求高的特点，这就导致对电池系统进行有效管理和保证其安全性成为影响电动汽车推广普及的瓶颈之一。为了确保锂离子电池工作在安全工作范围内，必须通过管理系统进行有效控制与管理，充分保证电池的安全性、耐久性和动力性；与此同时，电池管理系统本身的功能安全特性、可靠性和耐久性都成为汽车企业关注的核心。

1. 功能需求

（1）功能模块　从硬件结构上来看，电池管理系统由传感器、控制器、执行器、高低压线束等组成。

1）电池参数检测（传感器层）：包括电池系统总电压、总电流、单体电池电压检测、温度检测、烟雾探测、绝缘检测、碰撞检测等。

2）接触器控制与电池安全保护（执行层）：电池管理系统具备驱动接触器的电路和诊断接触器各个高压节点的实际状态。电池管理最后手段是断开接触器，诊断到故障后，根据故障的危害来分级处理，并通过串行网络通知整车控制器进行有效处理；在极端情况下超过一定安全阈值时，电池管理系统也可以切断主回路电源，防止违反电池安全目标等对乘员产生伤害。

3）MCU 计算核心：这部分是整个电池管理系统的算法，也是电池系统作为一个整车控制器实现既定的功能安全目标最基础的电路结构。

4）故障电路：这部分是有关整个电池管理系统本身和外部情况的处理，包括故障检测、故障类型判断、故障定位、故障信息输出等。故障检测是指通过采集到的传感器信号，采用诊断算法诊断故障类型。

5）均衡电路：整个电池系统的不一致性直接影响电池系统的实际可用容量，这个不一致性会随着时间进行累积。电池均衡电路和相应的控制算法，是根据单体电池的信息，采用均衡方式尽可能使电池组容量接近于最小单体的容量。

6）电源管理电路和电磁兼容抑制：电池管理系统从电池模组和 12V 电池上取电，通过合理的保护电路来管控不同节点的电源情况。由于电池系统处在一个高压大电流的环境里面，外部的负载会导致在母线上有大量的暂态分量，在电池系统内部的电池管理系统需要具备良好的抗电磁干扰能力，这就要求在电源端以及信号端具备良好的布局和处理。

7）网络通信和唤醒电路：电池管理系统需要与整车动力总成、车身网络等整车网络节点通信，也需要进行对应的网络管理和唤醒休眠管理。在整个电池寿命周期里，电池管理系统需要完成刷写配置、在线标定、监控、升级维护等。一般而言，电池管理系统包含多路串行通信网络。

8）信息存储单元：用于存储关键数据，比如在整个生命周期内客户使用的情况。这部分的核心内容是记录电池系统超出预期的滥用数据的时间和频次。

9）其他辅助电路：在实际的设计中会考虑加入时钟模块等电路。

10）可选电路：在电池管理系统中可以加入绝缘检测电路等。

如图 15-1 所示，电池管理系统硬件架构较为复杂。

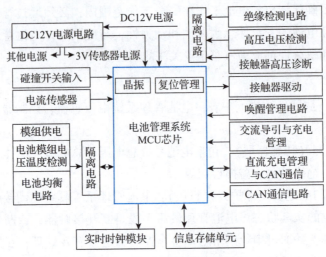

图 15-1 电池管理系统硬件架构

(2) 基础功能 电池管理系统的基础功能主要是 QC/T 897—2011《电动汽车用电池管理系统技术条件》中明确要求的功能,以及与国标充电系统兼容需要具备的功能。

1)电源管理与唤醒:整车 KL30 和充电桩可为 PMU 提供 12V 供电,PMU 再通过电压变换为 CMU、传感器、继电器等执行单元提供电源。若控制器芯片采用双核方案时,可以考虑主副芯片独立电源以进一步提高可靠性。PMU 唤醒方式一般可以是 KL15 或充电 key 唤醒(唤醒后通过 Power-lock 功能维持),还可以采用 CAN 唤醒和 RTC 唤醒。

2)状态检测:包括单体电压检测、系统内温度检测、系统总压检测、系统电流检测、系统绝缘电阻检测以及充电接口温度检测。

3)交互通信:电池管理系统一般采用 CAN 总线与其他控制器或设备进行数据交互,例如在分布式电池管理系统方案中一般至少具备 3 路 CAN,分别为整车 CAN、快充 CAN 以及电池管理系统内部 CAN。除此之外,还有整车 KL15 信号、OBCM 的唤醒信号、连接确认 CC 信号、控制引导 CP 信号以及快充连接确认 CC2 信号。

4)执行器控制:包括继电器控制、散热器/水泵控制以及均衡控制。

5)数据存储:采用 MCU 或片外带电可擦可编程只读存储器(EEPROM)存储电池管理系统状态信息、运行记录及诊断信息等。

(3) 其他常见功能

1)高压互锁(HVIL):虽然目前 QC/T897—2011 中未明确要求,不过 HVIL 基本上已经是主流电池管理系统标配功能之一,并且在即将发布的电池管理系统国家标准中极有可能在故障诊断项目中明确提出采用 HVIL 功能。目前实现 HVIL 的常见手段有三种,分别是高低电平诊断、PWM 诊断以及恒流源诊断。其中,采用恒流源方式进行诊断,不仅能识别出 HVIL 是否连接,还能在一定程度上识别出连接不完全、虚接的问题。

2)碰撞开关(Crash Switch,CSW):碰撞开关的实现方式可以有很多形式,可以从 VCU 的硬件电平信号中获取车辆碰撞信息,也可直接从车辆辅助防护系统(SRS)获取(满足安全气囊的弹开条件时,SRS 则会给出电平信号)。一旦碰撞信号电平变化,则无须电池管理系统软件进行判断,电池管理系统硬件可在 10ms 内断开高压继电器,从而切断动力电池系统高压输出。此外，还需有匹配的检测功能使得在软件上识别到电平的变化，从而完成故障诊断。

3) 故障专线 (Fault Line, FLN)：在分布式电池管理系统架构中，从控单元可对单体过电压/欠电压故障进行硬件诊断，并通过 FLN 与主控交互。另外，FLN 还能起到从控初始化 ID 自动标定的功能。在正常状态下，故障诊断信号始终保持 50% 占空比的 PWM 信号；一旦出现故障，则将故障诊断信号置为高电平；当进入 ID 标定状态时，PMU 先将 Fault Out 置为低电平并完成 1 号 CMU 的 ID 标定，再由 1 号 CMU 将下一个 CMU 从控 Fault In 置低，依次完成标定，最终返回至 BMU 的 Fault In，标定完成。

2. 性能需求

电池管理系统的主要任务是保证电池系统的设计性能，包括：

1) 感知电池状态：读取单体电池的电压、电流和温度信息。
2) 安全性：根据已知的状态信息，保护单体电池或电池组免受损坏，防止出现安全事故。
3) 耐久性：使电池工作在可靠的设计范围内，保证工作的温度和 SOC 区间，延长电池的使用寿命。
4) 功率与动力性：维持电池工作在满足车辆要求的状态下，判定电池的充放电功率。

3. 总体需求

将从电池管理系统的硬件需求、主板设计、从板设计以及关键参数指标等方面介绍硬件开发。

4. 硬件需求

电池管理系统硬件应具备的功能有：支持 Bootloader 功能、支持标定和诊断功能、支持下电延时功能、故障数据实时记录功能、支持高压环路互锁检测功能、硬件故障自诊断功能、电池均衡管理功能、数据采集功能（总电压、总电流、单体电池电压等，需要有冗余的手段检测电池过电压和欠电压）、绝缘电阻测量功能、实现正负极双边绝缘检测功能、PCB 温度测量、继电器驱动及状态监控功能（继电器驱动电路包括续流功能）、CAN 通信（整车 CAN、充电 CAN、内部 CAN）、支持充电管理功能、支持热管理功能等。电池管理系统硬件总体需求见表 15 - 1。

表 15 - 1 电池管理系统硬件总体需求

序号	需求	描述
1	控制方式	主从结构，单板最多可控制 12 路电压
2	工作电压	兼容 12V (6~16V) /24V (10~32V)
3	基本功能	SOC/SOH 计算、热管理、均衡功能、放电管理、快/慢充电管理、电池保护、故障管理、电气伤害保护等
4	功能安全	ASIL C 安全等级
5	软件架构	AUTOSAR 开放式软件架构
6	电芯类型	镍钴锰三元锂离子电池
7	高压安全	整车高压互锁、维修开关高压互锁、控制板连接线高压互锁

5. 参数需求

电池管理系统的硬件参数需求见表15-2。

表15-2 电池管理系统的硬件参数需求

序号	项目	单位	需求
1	工作电压平台	V	24
2	电源供电电压	V	18~32
3	工作时的功耗	W	≤50
4	BMS静态功耗	mA	≤0.2
5	工作温度	℃	-40~85
6	工作湿度	%	20~95
7	储存温度	℃	-40~85
8	总电压采集范围	V	0~800
9	总电压采集精度	%FSR	≤±0.5
10	总电流采集范围	A	-300~400
11	总电流采集精度	%FSR	≤±0.5
12	温度测量范围	℃	-40~125
13	温度测量精度	℃	≤±1
14	温度采集点数量	个	64
15	单体电压测量范围	V	0~5
16	单体电压测量精度	%FSR	≤±0.5
17	全部单体电压测量时间	ms	≤200
18	电池均衡方式	—	被动均衡
19	均衡能力	mA	≥60
20	外壳防护要求	—	IP55
21	CAN通道数量	个	≥3
22	继电器驱动数量	个	≥5
23	继电器控制方式	—	高、低边驱动
24	接触器状态反馈检测	—	需具备
25	绝缘监测要求	—	GB/T 18384—2020《电动汽车安全要求》
26	绝缘电阻精度	%	≤8
27	高压环路互锁	—	需要检测
28	慢充接口满足标准	—	GB/T 20234.2—2015《电动汽车传导充电用连接装置 第2部分：交流充电接口》
29	快充接口满足标准	—	GB/T 20234.3—2015《电动汽车传导充电用连接装置 第3部分：直流充电接口》
30	绝缘要求	MΩ	≥20

15.3 主控单元

电池管理系统主控单元硬件架构如图 15-2 所示。

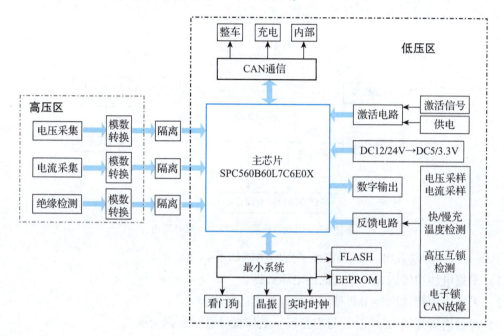

图 15-2 电池管理系统主控单元硬件架构

从图 15-2 中可以看出，其主要实现的功能如下：

1）电池组总电压、总电流、绝缘电阻等的检测。

2）总正/总负继电器控制及状态反馈、快/慢充电继电器控制、预充继电器控制。

3）电池热管理，包括加热及冷却系统控制；检测 MSD 及高压插接器的连接状态。

4）通过内部 CAN 与从控板通信，实现数据读取和从控板均衡控制、从控板程序升级等。

5）通过整车 CAN 与整车控制器通信，实现远程监控设备、车载充电机等数据交换，有效实现高压控制、车载充电控制等。

6）通过充电 CAN 与快速充电设备进行通信确认、数据交换，有效实现快速充电。

7）估算系统的 SOC、SOH、SOE、实际容量、充放电循环次数、持续充放电功率、瞬时充放电功率等。

8）记录历史数据，记录故障数据，并诊断系统故障状态。

9）在整车搁置不使用过程中，定时自激活系统，检测系统状态并发送给整车控制器，由整车控制器通过通用分组无线服务（GPRS）发送到监控中心。

10）负责检测 CC/CP/CC2 等外连接信号，实现充电控制。

15.4 从控单元

1. 从板设计

电池管理系统从控单元硬件架构如图 15-3 所示。

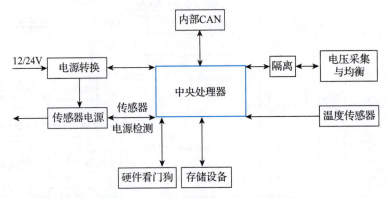

图 15-3　电池管理系统从控单元硬件架构

从图 15-3 可以看出，CMU 主要实现的功能如下：
1) 采集电池箱体内每一串电池的电压数据。
2) 采集电池箱体内各个典型温度场分布点的温度值。
3) 通过内部高速 CAN 总线与主控板、上位机等进行数据交换。
4) 实现温度场控制，冷却设备及加热设备控制等。
5) 根据主控板命令，实现单体电池间的均衡控制。
6) 诊断系统故障状态。

2. 均衡概述

电池为什么需要均衡？电池本身还有可用容量，却因为电池之间不均衡以及为保护电池设置的安全电压的限制导致电池系统无法继续发挥应有的性能。另外，电池在车上的使用寿命比车辆本身的寿命短，即使车辆还没有到达报废年限，却要为满足动力性能而更换电池。但是，更换电池的成本又相当高，这在很大程度上制约了电动汽车的发展。

造成电池不均衡的最主要原因是温度。一般情况下，当锂离子电池的使用环境温度高于其最佳温度 10℃时，锂离子电池的寿命会降低一半。由于车载电池系统的串联数量非常多，一般在 88~100 个之间，其容量一般在 20~60kW·h，每串电池装载的位置不同会产生一定的温度差。即使在同一个电池箱内，也会因为位置和电池受热不同出现温度差，而这个温度差会对电池寿命产生重大负面影响，使电池出现不均衡，从而导致续驶里程下降、循环寿命缩短。正是由于这些问题，导致整个电池系统的容量无法完全使用，造成电池系统损失，而减缓这样的系统损失也就会大大延长电池系统的使用寿命。

电池系统损失与均衡效果如图 15-4 所示。电池系统初期容量是 100%，在使用的过程中电池会因为各种原因（主要是温度）逐渐衰减，这是锂电池的特性。这部分的衰减无法通过均衡挽回，而造成系统容量下降的最主要的原因是电池容量不均衡导致的系统损失。系统损失并不是所有电池容量减少，而是指电池系统因为不均衡造成有容量也无法使用的状况。

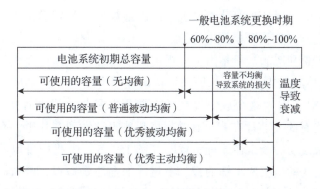

图 15-4　电池系统损失与均衡效果

一般情况下，电池容量下降至 70%~80% 的时候会更换电池以保持续驶里程，电池容量保持在 70% 以上的时间越长，电动汽车的成本也就越低。在没有均衡和一般的被动均衡技术下，电池系统的容量不到 3 年（每天一次满充满放）就会下降至 70% 以下。做得较好的被动均衡可以将电池容量勉强维持在 70%。与此形成鲜明对比的是，做得较好的主动均衡可以将系统损失降到最低度。这样的主动均衡可以有效地降低因容量不均衡导致的系统损失，进而延长电池系统的使用寿命，延缓电池系统的更换时期，同时增加续驶里程。

由于制造和使用条件的不同，电池组中的电池单元性能特征存在差异，如自放电率或内阻等。这些差异如果在充、放电过程中没有得到应有的控制，将会进一步加大，日积月累，可能会明显影响整个电池组的表现，导致部分电池发生过充电、过放电现象，造成电池容量和寿命的急剧下降。

被动均衡的工作原理是每个电池单元都通过一个开关连接到一个负载电阻，该方法只适用于在充电模式下抑制最前电池单元的电压攀升。其优点是电路结构简单，成本较低；但是缺点也很明显，只能做充电均衡。由于均衡时产生的热量难以做到大均衡电流，一般仅为 30~100mA，所以均衡效果很难显现。

主动均衡的工作原理是通过合理转移电池单元的电能，理论上只是转移电能，不产生或产生很少热量。一是直流母线转移法，通过隔离型 DC/DC 模块，电池与电池组直流母线之间的电能交换实现均衡，主要缺点是电池电压与电池组电压相差过大，使得两者之间的电能转移电路设计难度大。二是通过电池单元间的电能平衡电路逐级转移，虽然相邻电池单元之间的电能转移不受总电压的影响，但是电池组串联级数多时，电能转换次数多，能量损失大，均衡效率低。

均衡之于动力锂电池组的重要性就不再赘述，没有均衡的锂电池组就像不做保养的发动机，没有均衡功能的电池管理系统只是一个数据采集器，很难称得上是管理系统。主动均衡和被动均衡都是为了消除电池组的不一致性，但两者的实现原理可谓是截然相反。因为也有人把依靠算法由电池管理系统主动发起的均衡都定义为主动均衡，为避免歧义，这里把凡是使用电阻耗散能量的均衡都称为被动均衡，凡是通过能量转移实现的均衡都称为主动均衡。

被动均衡先于主动均衡出现,由于电路简单、成本低廉,至今仍被广泛使用。其原理是依照电池的电量和电压成正相关,根据单串电池电压数据,将高电压的电池能量通过电阻放电以与低电压电池的电量保持相等状态,也可以以最高电压为判据,比如三元锂电池最高电压为 4.2V,凡是超过 4.2V 就开始放电均衡。

电池管理系统概念和产品最早是由国外提出的,国外半导体厂商最先设计出专用集成电路(IC),开始只是检测电压和温度,后来均衡的概念提出后,就采用了电阻放电的方法并将该功能加入到 IC 中(因为这个放电控制的功能很容易集成进芯片里)。现在广泛应用的 TI/MAXIM/LINER 均有此类芯片在产,有的是将开关驱动做到芯片里,有的甚至试图将开关也做进了芯片里。从被动均衡工作原理示意图(图 15-5)中我们可以看出,如果将电池组比作木桶,串接的电池就是组成木桶的板,电量低的电池是短板,电量高的就是长板,被动均衡做的工作就是"截长不补短"。电量高的电池中的能量变成热耗散掉,电能使用效率低。不仅如此,将电能转变成热量耗散还带来了两难的问题,这就是如果均衡电流大,热量就多,最后如何散热成为问题;如果均衡电流小,那么在大容量电池组中电量差别大的情况下所起到的电量平衡作用效率就很低,要达到平衡需要很长时间,在应用中有种隔靴搔痒的感觉。权衡利弊,现在被动均衡的电流一般都在百毫安(100mA)级别。

由于被动均衡的局限,主动均衡的概念得以提出并发展。主动均衡是把高能量电池中的能量转移到低能量电池中,相当于对木板"截长补短"。不像被动均衡只有"截",主动均衡在如何"补"的问题上也能充分发挥其优势。除了电容的方案(因为适用串数低,转移有局限性而未能成为主流),还有变压器的方案,变压器方案中又包含各种拓扑结构。半导体厂家也设计了电池专用的 DC/DC 变换芯片,命名为主动均衡控制芯片来推向市场,显然是不想错过这班车。

主动均衡带来的好处显而易见:效率高,能量被转移,只有变压器线圈损耗,且占比较小;均衡电流可以设计得较大,达到几安甚至 10A 级别,均衡见效快。虽然有这些好处,但主动均衡也带来了新的问题。首先是结构复杂,尤其是变压器方案。几十串甚至上百串电池需要的开关矩阵要如何设计,驱动要怎么控制,这都是令人头痛的问题,这也是为什么至今主动均衡功能无法完全集成进专用 IC 的原因。半导体厂家一直希望能做出大一统的芯片,但在电池管理系统上实在是力有不逮。电池管理系统整机厂家也是如此,在主动均衡电路结构方面,少有厂家的设计可以令人耳目一新,击节叫好。其次是成本问题,复杂的结构必然带来复杂的电路,成本与故障率上升是必然的,现在有主动均衡功能的电池管理系统的售价会高出被动均衡的很多,这也在一定程度上限制了主动均衡电池管理系统的推广。

电池包是由很多个电芯组合起来的,通常是数颗电芯并联组成单体电池,然后再将一百个左右的单体电池串联组成电池系统。即使是同样的制造工艺与材料,每一颗电芯诸如内阻等方面的性能参数也有微小差异,这就导致每一个单体电池内阻等性能指标的差异性。工作一段时间之后,这种差异性将会扩大,从而导致电池系统性能指标下降。

根据基尔霍夫电流定律,电池系统中电流回路的电流大小是一样的,内阻大的单体电池放电时电压就大;根据电功率计算公式可以知道,该单体电池放电量就多,结果就是该单体电池中的电压最先下降到截止电压下限;为防止该单体电池过放电,电池管理系统将停止电池系统对外供电,而此时,其他单体电池却存在一定量的电能量未放出,最终的结果就是整个电池系统的容量未得到充分利用。相反,充电过程中,内阻大的单体电池电压高,导致该单体同一时间获得的电能多,随之带来该单体最先达到电芯截止电压上限;为防止单体电池过充电,电池管理系统将停止对电池系统的充电,而此时,电池系统中其他单体电池尚未充满电,最终结果就是整个电池系统的容量未得到充分利用。

  基于电芯性能不一致现象肯定存在以及上述原因,在设计电池系统电气原理时增加了均衡设计。当单体电池的电压差异超出预设值时,电池管理系统将启动均衡控制,将电压高单体中的电能适当泄放,尽可能平衡各单体电池之间的电压,以充分利用电池系统的容量。

  目前市面上有被动均衡和主动均衡两类均衡方式,被动均衡就是通过在电路中旁接一个电阻,将电压高的单体中的能量泄放掉,以将各单体电池电压差控制在预设范围内。主动均衡是通过一些内部回路,将电压高的单体电池能量泄放到电压低的单体电池内,从而提高能量利用效率,但这会导致均衡电路非常复杂,大大增加成本并且降低了系统可靠性等。被动均衡的优点是电路简单可靠且成本低,但是部分能量被泄放,电能利用效率相对较低。

  单体电池之间的均衡也不是随时可以打开的,通常电池系统充放电工作过程中不能均衡,因为单体电池动态电压测试精度非常低,导致测得的单体压差的置信度也非常低,不能用来判定是否打开电池均衡开关。因此,通常是在电池系统充电完成后,单体电池满电情况下,根据静态单体压差情况进行判定是否打开均衡开关。

  若是电芯一致性好,则动力电池在实际工作过程中就很少需要做均衡,被动均衡就能满足系统工作需要,采用主动均衡的用处不大且得不偿失。若是电芯一致性较差,即使采用主动均衡且假定均衡电路可靠,那么单体电池之间也会经常进行充放电均衡工作,从而消耗能量,这样算下来,电能利用率反而比一致性好采用被动均衡的电池系统低。此外,同时做到整个电池系统单体之间进行主动均衡是非常困难且复杂的,通常只是在一个电池模组内部的单体之间进行均衡,效果非常有限且还未能实现整体最优化。因此,把用于主动均衡增加的成本移到购买电芯的成本上,购买一致性好的电芯更为有利。另外,买一致性较差的电芯的目的通常就是为了控制成本,但因此而采用主动均衡难免违背设计初衷。综上分析,不论电芯一致性好或差,采用被动均衡最为实用。

  就国外市场情况来说,也基本上不用主动均衡,主要是考虑成本问题。以 96 节串联的电池组为例,可以算出在最差情况下,被动均衡到底浪费了多少电量。如果均衡电流是 0.1A,一节电池在被均衡时大约要浪费 0.4W。最差的情况是有 95 节电池都需要放电,此时的耗电量为 $0.4 \times 95 = 38W$,还不如汽车的一个前照灯(大约 45W)费电。如果不是最差的情况,那么也许只要十几瓦甚至几瓦就够了。可以看出,被动均衡浪费的电量较小。

3. 被动均衡

  被动均衡一般通过电阻放电的方式,对电压较高的电池进行放电,以热量形式释放电量,为其他电池争取更多的充电时间。这样整个系统的电量受制于容量最少的电池。充电过程中,锂电池一般有一个充电上限保护电压值,当某一串电池达到此电压值后,电池管理系统会切断充电回路,停止充电。如果充电时的电压超过这个数值,也就是俗称的"过充电",锂电池就有可能燃烧或者爆炸。因此,电池管理系统一般都具备过充电保护功能,防止电池过充电。

如图15-5a所示,充电过程中2号电池先被充电至保护电压值,触发电池管理系统的保护机制,停止电池系统的充电,这样直接导致1号、3号电池无法充满。整个系统的满充电量受限于2号电池,这就是系统损失。

为了增加电池系统的电量,电池管理系统会在充电时均衡电池。如图15-5b所示,均衡启动后,电池管理系统会对2号电池进行放电,延迟其达到保护电压值的时间,这样1号、3号电池的充电时间也相应延长,进而提升整个电池系统的电量。但是,2号电池放电电量100%被转换成热量释放,造成了很大的浪费(2号电池的散热是系统的损失,也是电量的浪费)。

如图15-5c所示,除了过充电对电池会有严重影响外,过放电也会造成电池严重损坏。同样,电池管理系统具备过放电保护功能。放电时,2号电池的电压到达放电保护值时,触发电池管理系统的保护机制,停止系统放电,直接导致1号、3号电池的电池余量无法被完全使用,均衡启动后会改善系统过放电。

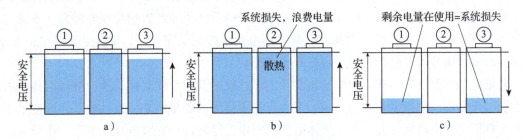

图15-5 电池被动均衡工作原理

图15-6所示为被动均衡电路原理,从图中可以看出,被动均衡电路实质上就是由一个金属氧化物半导体型场效应管(MOSFET)开关、一个防反二极管和两个电阻组成的。当需要均衡时,打开MOSFET开关,通过电阻适当放掉电池中的能量。

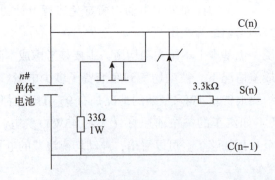

图15-6 动力电池被动均衡电路原理

均衡电流大小选择与均衡板的温升相关,图15-7所示为采用94mA和144mA均衡电流时通道数量与温升的关系。

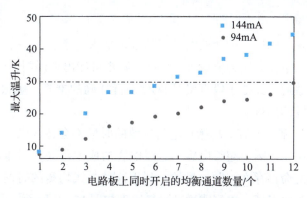

图 15-7　不同均衡电流情况通道数量与温升的关系

从图 15-7 中可以看出，若以温升 30K 为电路板承受门限，使用 94mA 均衡电流，可同时开启所有均衡通道；使用 144mA 电流，最大可以同时开启 6 个通道。同时在均衡板中设置温度传感器，当温度超过使用范围后，可关闭均衡功能，进行保护。

被动均衡的优点是成本低和电路设计简单；而缺点是以最低电池残余量为基准进行均衡，无法增加残量少的电池的容量，均衡电量 100% 以热量形式被浪费。

4. 主动均衡

主动均衡是以电量转移的方式进行均衡，效率高，损失小。不同厂家的方法不同，均衡电流也从 1～10A 不等。目前市场上出现的很多主动均衡技术不成熟，导致电池过放电，加速电池衰减的情况时有发生。市场上的主动均衡大多采用变压原理，依托于芯片厂家昂贵的芯片；并且此方式除了均衡芯片外，还需要昂贵的变压器等周边零部件，体积较大，成本较高。

动力电池主动均衡原理如图 15-8 所示，每 6 串电池为一组，取 6 串电池的总电量转移给容量小的电池。电感式主动均衡以物理转换为基础，集成了电源开关和微型电感，采用双向均衡方式，通过相近或相邻电池间的电荷转移均衡电池，并且不论电池处于放电、充电还是静置状态，都可以进行均衡，均衡效率高达 92%。

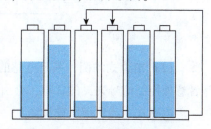

图 15-8　动力电池主动均衡原理

主动均衡的具体实施方案有很多种，从理念上可以再分成削高填低型和并联均衡型两大类。通常被质疑主动均衡影响电池寿命的，特指削高填低这类主动均衡。

削高填低，就是把电压高的电芯的能量转移一部分出来，给电压低的电芯，从而推迟最低单体电压触及放电。截至阈值和最高单体电压触及充电终止阈值的时间，获得系统提升充入电量和放出电量的效果。但是在这个过程中，高电压单体和低电压单体都额外进行了充放电。电池的寿命被称为"循环寿命"，仅仅就这颗电芯来说，额外的充放电负担会带来寿命的消耗是确定的；但对电池包系统而言，总体上是延长了系统寿命还是降低了系统寿命，目前还没有明确的实验数据予以证明。

削高填低的均衡，包括电容式均衡、电感式均衡和变压器式均衡，此三种均衡方式包括充电过程中的均衡以及静置过程的均衡。另外，还有一种主动均衡，叫作并联式均衡，它只在充电过程中发挥作用。

也有人认为应该在车辆运行中和放电过程的末尾加入均衡，但一般认为系统电流值的波动比较大，如果依然以单体电压为依据进行均衡，则很可能出现误判，影响均衡效果。当然，随着技术的发展，能够通过其他手段直接对 SOC 进行准确的推算，则根据 SOC 进行的均衡，将不会再受到这个问题的困扰。

(1) 电容式均衡　基于电容的均衡在电路失效的时候不会造成电池的过放电，不过主动均衡电容充当电量搬用工，需要超级电容。超级电容的成本很高，耐压却不高，容易出现老化、损坏等问题，其寿命也存在问题。另外，利用这种方式均衡的时候，电压压差越小，均衡效率越低，可靠性无法保证。电容式主动均衡原理如图 15-9 所示，设 B1、B3 单体电池分别为组内电压最高和最低的单体。图 15-9 中所有开关管为常开，当均衡器发出均衡指令时，功率开关管 S_1、Q_2 闭合，此时单体电池 B1 给电容充电，通过控制功率开关管的占空比来控制充电功率和时间。充电结束后，开关管 S_3、Q_4 闭合，电容给单体电池 B3 充电，此时电池组内不均衡度降低，均衡结束。

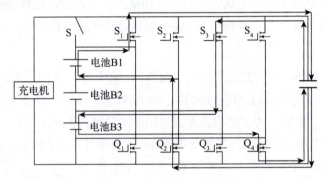

图 15-9　电容式主动均衡原理

(2) 电感式均衡　基于电感的均衡存在一个风险，就是均衡开关打开的时候出现死机或者意外控制信号失灵的状态，会引起大电流损坏电路，无法保证可靠性。

电感式主动均衡原理如图 15-10 所示，充电过程中，开关管 S 闭合，充电机给电池组充电。此时电池组右侧开关管全部断开，均衡系统不开启。当单体电池 B1 电压开始明显高于其他电池并达到均衡阈值时，均衡系统开启，S_1、Q_2 开关管闭合，电感与单体电池 B1 并联，起到分流的作用，电感储存来自充电机与电池 B1 的能量；当 S_1、Q_2 开关管断开，Q_3、S_4 开关管闭合时，电感向充电过程的单体电池 B3 释放一定能量。

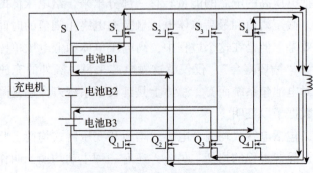

图 15-10　电感式主动均衡原理

静置过程中，开关管 S 断开，当单体电池 B1 电压高于其他电池并达到均衡阈值时，均衡系统开启，S_1、Q_2 开关管闭合，电感与单体电池 B1 并联，电感吸收 B1 能量；当 S_1、Q_2 开关管断开，Q_3、S_4 开关管闭合时，电感向单体电池 B3 释放电量。

（3）变压器式均衡　基于反激式均衡变压器进行参数设计，变压器既作为吸收能量源又作为释放能量源，吸收与释放能量的转换在于能量在磁能与电能之间的转换。

变压器式主动均衡原理如图 15 - 11 所示。同样，设单体电池 B1 电压最高，将 S_1、Q_2 闭合，其他开关管断开，此时变压器作为吸收能量源，能量由 B1 电池的电能转换为磁能；S_1、Q_2 断开，Q_3、S_4 闭合，能量由一次绕组传递给二次绕组，能量释放给单体电池 B3，能量由磁能重新转换为电能。

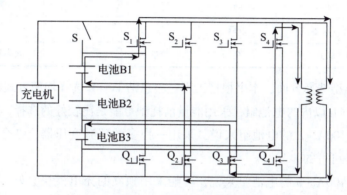

图 15 - 11　变压器式主动均衡原理

（4）并联均衡　理想的均衡方式是所有电池能量及端电压相同，并联电池组内单体电池电压始终相等，与连通器原理一样，两边水柱永远水平，并联电池中先天性单体电压高的自发给单体电压低的电池充电。但串联电池组内想要应用该原理，就需要稍微改变原电池组的拓扑结构。

并联主动均衡原理如图 15 - 12 所示。在该并联拓扑结构，因为每节单体电池都有一个单刀双掷的开关继电器，所以 n 节串联电池组内就需要 n + 1 个继电器。控制原理如下：设电池组内 B4 电压最高，B2 电压最低，控制继电器 S_5、S_3、Q_4、Q_2 闭合，此时两节单体电池并联，两单体电池自动均衡，电压趋于一致。该拓扑的缺点是在充电过程中不能进行均衡，只能在静置去极化时进行并联均衡。

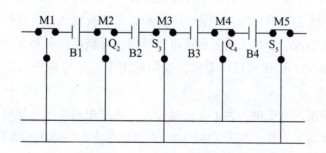

图 15 - 12　并联主动均衡原理

并联均衡，总体上就是在充电过程中，分流充电电流，给电压低的电芯多充电，而电压高的少充电。于是，不会出现"劫富济贫"的过程，避免了最高和最低电压电芯的额外充放电负担，也就不用担心均衡过程对个别电芯寿命的影响而拖累系统寿命的问题。模组之间的均衡，这种形式在实际应用中很少见，但芯片供应商提供的方案蓝本中已经出现了相邻模组可以相互均衡的功能。主动均衡类型特点比较见表15-3。

表15-3 主动均衡类型特点比较

序号	方式	均衡效率	控制难易	能量转移	特点
1	集中电容式	较低	较难	较高	要求有足够的压差
2	集中电感式	高	较难	较高	适用范围较广
3	双向反激变压器式	较低	难	中等	有漏磁现象
4	主动并联式	高	较难	高	效率较高，技术难度大

在主动均衡类型选择方面，本书根据工程经验总结了一套选择均衡方式的方法：

1）对于10A·h以内的电池组，采用能量消耗型可能是比较好的选择，控制简单。

2）对于10~100A·h的电池组来说，采用一拖多的反激变压器，结合电池采样部分来做电池均衡应该是可行的。

3）对于超过100A·h的电池组来说，可能采用独立的充电模块会好一些，这类电池组的均衡电流都在10A左右，如果串联节数再多一些，均衡功率会很大，引线到电池外，采用外部DC/DC或AC/DC均衡更安全。

5. 电压采集

单体电压是直接测量值，可以实时在线测量，这使它成为衡量系统电芯一致性水平的有利条件。不仅如此，在常见电池管理系统管理策略中，把单体电压值作为触发条件的情况还有放电终止条件和充电终止条件等。

单体电池之间的一致性，是电池系统容量最直接也是最重要的参数。容量是一个不能短时间直接测量得到的参数，根据经验，单体电池的容量跟它的开路电压有一一对应的关系。因此，考察已经装车运营的系统中电池一致性的指标最终落在电芯电压上。

处于这样位置的一个参数，单体电压一致性差异过大，则直接限制了电池包充电电量和放电电量。基于此，人们用电池均衡方法解决已经处于运营状态的电池组单体电压差异过大的问题，以此来提高电池组容量。从而也就可以得出，均衡手段延长了续驶里程，延长了电池使用寿命之类的推论。从这里可以看出，我们的均衡并非很理想，只是暂时没有更好的办法。

单体电压采集精度：一般地，为了安全监控，电池组中的每串电池电压都需要采集。不同的体系对精度的要求不一样，对于LMO/LTO电池，单体电压采集精度只需达到10mV；对于$LiFePO_4/C$电池，单体电压采集精度需要达到1mV。但目前单体电池的电压采集精度多数只能达到5mV。

15.5 电磁兼容

电磁干扰的主要方式是传导干扰、辐射干扰、共阻抗耦合和感应耦合。对这几种途径产生的干扰，我们应采用相应的对策：传导干扰采取滤波措施，辐射干扰采用屏蔽和接地等措施，就能够大大提高产品抵抗电磁干扰的能力，也可以有效降低对外界的电磁干扰。本节从滤波设计、接地设计、屏蔽设计和 PCB 布局布线四个角度来介绍电磁兼容的设计技巧。

1. 滤波设计

电磁兼容设计中的滤波器通常指由电感和电容构成的低通滤波器。滤波器结构的选择是由"最大不匹配原则"决定的。即在任何滤波器中，电容两端存在高阻抗，电感两端存在低阻抗。图 15-13 所示为利用最大不匹配原则得到的滤波器的结构与 Z_S 和 Z_L 的配合关系，每种情形给出了 2 种结构及相应的衰减斜率（n 表示滤波器中电容元件和电感元件的总数）。

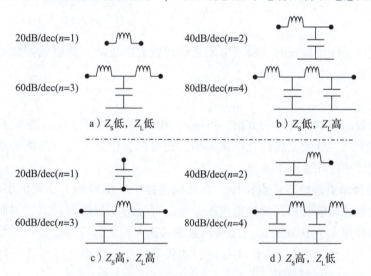

图 15-13 滤波器的结构与 Z_S 和 Z_L 的配合关系

(1) 去耦合电容的自谐振频率 电容的寄生电感 L_S 的大小基本上取决于引线的长度，对圆形、导线类型的引线的典型值为 10nH/cm。典型的陶瓷电容的引线约有 6mm 长，会引入约 15nH 的电感，引线电感可以根据式（15-1）进行估算。

$$L_S = \frac{\mu_S}{2\pi} l \left\{ \left[\frac{l}{r} + \sqrt{\left(\frac{l}{r}\right)^2 + l} \right] + \left[\frac{r}{l} - \sqrt{\left(\frac{l}{r}\right)^2 + l} \right] \right\} \tag{15-1}$$

式中，μ_S 是线圈内部磁芯的相对磁导率，空心线圈 $\mu_S = 1$；l 是引线的长度；r 是引线的半径。

寄生电感会与电容产生串联谐振，即自谐振。在自谐振频率 f_0 处，去耦电容呈现的阻抗最小，去耦效果最好。但对频率 f 高于 f_0 的噪声成分，去耦电容呈电感性，阻抗随频率的升高而变大，使去耦或旁路作用大大下降。实践中，应根据噪声的最高频率 f_{max} 来选择去耦电容的自谐振频率 f_0，最佳取值为 $f_0 = f_{max}$。

(2) 去耦电容容量的选择　在数字系统中,去耦电容的容量通常按式(15-2)估算。

$$C = \frac{\Delta I}{\Delta V/\Delta t} \qquad (15-2)$$

式中,ΔI 是瞬变电流;ΔV 是逻辑器件允许的电源电压变化;Δt 是开关时间。

工程上,去耦电容的容量可按 $C = 1/f$ 选用,f 为电路频率。去耦电容的容量选择必须满足以下条件:

1)芯片与去耦电容两端的电压差 ΔV_{diff} 必须小于噪声容限 V_{Nl},即

$$\Delta V_{\text{diff}} = \frac{L\Delta I}{\Delta t} \leqslant V_{\text{Nl}} \qquad (15-3)$$

2)从去耦电容为芯片提供所需的电流的角度考虑,容量要满足

$$C \geqslant \frac{\Delta I \Delta t}{\Delta V} \qquad (15-4)$$

3)芯片开关电流 I_c 的放电速度必须小于去耦电流的最大放电速度,即

$$\frac{dI_c}{dt} \leqslant \frac{\Delta V}{L} \qquad (15-5)$$

此外,当电源引线比较长时,瞬变电流会引起较大的压降,此时就要加容纳电容以维持元件要求的电压值。

2. 接地设计

接地是最有效的抑制干扰源的方法,可解决 50% 的电磁兼容问题。系统基准地与大地相连,可抑制电磁干扰。外壳金属件直接接大地,还可以提供静电电荷的泄漏通路,防止静电积累。在地线设计中应注意以下 4 点。

(1) 正确选择单点接地与多点接地　在低频电路中,信号的工作频率小于 1MHz,它的布线和元件间的电感影响较小,而接地电路形成的环流对干扰影响较大,因而应采用单点接地。当信号工作频率大于 10MHz 时,地线阻抗变得很大,此时应尽量降低地线阻抗,应采用就近多点接地。当工作频率在 1~10MHz 时,如果采用一点接地,其地线长度不应超过波长的 1/20,否则应采用多点接地法。

(2) 将数字电路与模拟电路分开　电路板上既有高速逻辑电路,又有线性电路,应使它们尽量分开,而两者的地线不要相混,分别与电源端地线相连。要尽量加大线性电路的接地面积。

(3) 尽量加粗接地线　若接地线很细,接地电位则随电流的变化而变化,致使电子设备的定时信号电平不稳,抗噪声性能变坏。因此应将接地线尽量加粗,使它能通过印制电路板的允许电流。如有可能,接地线的宽度应大于 3mm。

(4) 将接地线构成闭环路　设计只由数字电路组成的印制电路板的地线系统时,将接地线做成闭环路可以明显提高抗噪声能力。其原因在于:印制电路板上有很多集成电路组件,尤其遇有耗电多的组件时,因受接地线粗细的限制,会在地结上产生较大的电位差,引起抗噪声能力下降。若将接地结构成环路,则会缩小电位差值,提高电子设备的抗噪声能力。

3. 屏蔽设计

屏蔽就是以金属隔离的原理来控制某一区域的电场或磁场对另一区域的干扰。它包括两

个含义：一是将电路、电缆或整个系统的干扰源包围起来，防止电磁干扰向外扩散；二是用屏蔽体将接收电路、设备或系统包围起来，防止它们受到外界电磁干扰的影响。屏蔽按照机理可以分为电场屏蔽、磁场屏蔽、电磁场屏蔽三种不同方式。

(1) 电场屏蔽 电子设备中的电场通常是交变电场，因此可以将两个系统间的电场感应认为是两个系统之间分布电容 C_j 的耦合，如图 15-14 所示。其中，U_g 为干扰源交变电压，U_S 为接受器的感应电压，C_j 为 G、S 间的分布电容，Z_S 为接受器的接地电阻，ω 为电流频率，则可得

$$U_S = \frac{j\omega C_j Z_S}{1 + j\omega C_j (Z_g + Z_S)} U_g \tag{15-6}$$

由此可知，U_S 的大小与 C_j 的大小有关：C_j 越大，则 U_S 越大。因此，为了减小 U_S，应设法减小 C_j，设法将干扰源 G 和接受器 S 尽可能远离。如果受条件所限不能远离，则应在二者之间采用屏蔽措施。

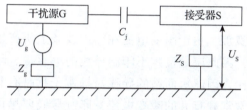

图 15-14 电场耦合示意图

如图 15-15 所示，在干扰源 G 和接受器 S 之间加入屏蔽体 P。若屏蔽体 P 的接地电阻为 Z_P，则可得屏蔽体的感应电压为

$$U_P = \frac{j\omega C_1 Z_P}{1 + j\omega C_1 (Z_g + Z_P)} U_g \tag{15-7}$$

则接受器上的感应电压为

$$U_S = \frac{j\omega C_2 Z_S}{1 + j\omega C_2 (Z_P + Z_S)} U_P \tag{15-8}$$

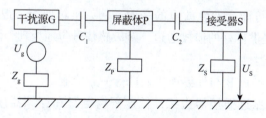

图 15-15 加入屏蔽体后的电场耦合示意图

由此可知，要使接受器的感应电压 U_S 减小，Z_P 应尽可能小。因此，屏蔽体必须选择导电性能良好的材料，而且须有良好的接地。否则，由于 $C_1 > C_j$ 和 $C_2 > C_j$，若屏蔽体的接地电阻较大，将使屏蔽体加入后造成的干扰反而变得更大。

(2) 磁场屏蔽 磁场屏蔽是指对低频磁场和高频磁场的屏蔽。低频磁场的屏蔽采用高磁导率的铁磁性材料。利用铁磁性材料的高磁导率对干扰磁场进行分路，使通过空气的磁通大为减少，从而降低对被干扰源的影响，起到磁场屏蔽的作用。由于是磁分路，屏蔽材料的磁

导率越高，屏蔽罩越厚，磁分路流过的磁通越多，屏蔽效果越好。

高频磁场的屏蔽采用低电阻率的良导体作为屏蔽材料。外界高频磁场在屏蔽体中产生涡流，涡流形成的磁场抑制和抵消外界磁场，从而起到屏蔽的作用。与低频磁屏蔽不同，由于高频涡流的趋肤效应，屏蔽体的尺寸并不是屏蔽效果的关键所在，而且屏蔽体接地与否和屏蔽效果也没有关系。但对于高频磁屏蔽的金属良导体而言，若有良好的接地，则同时具备了电场屏蔽和磁场屏蔽的效果。因此，通常高频磁屏蔽的屏蔽体也应接地。

(3) 电磁场屏蔽 电磁场屏蔽是利用屏蔽体对电场和磁场同时加以屏蔽，一般用来对高频电磁场进行屏蔽。由前述可知，对于频率较高的干扰电压，选择良导体制作屏蔽体，且有良好的接地，则可起到对电场和磁场同时进行屏蔽的效果。但是必须注意，对高频磁场屏蔽的涡流不仅对外来干扰产生抵制作用，同时还可能对被屏蔽体保护的设备内部带来不利的影响，从而产生新的干扰。

4. PCB 布局布线

(1) 选择合理的导线宽度 由于瞬变电流在印制线条上所产生的冲击干扰主要是由印制导线的电感成分造成的，因此应尽量减小印制导线的电感量。印制导线的电感量与其长度成正比，与其宽度成反比，因此短而精的导线对抑制干扰是有利的。时钟引线、行驱动器或总线驱动器的信号线常常载有大的瞬变电流，印制导线要尽可能短。对于分立组件电路，印制导线宽度在 1.5mm 左右时，即可完全满足要求；对于集成电路，印制导线宽度可在 0.2~1.0mm 之间选择。

(2) 布线策略 采用正确的布线策略可以降低干扰，布线时需要注意以下 10 个方面：

1) 保持环路面积最小，降低干扰对系统的影响，提高系统的抗干扰性能。并联的导线紧紧放在一起，使用一条粗导线进行连接，信号线紧挨地平面布线可以降低干扰。电源与地之间增加高频滤波电容。

2) 使导线长度尽可能缩短，减小印制板的面积，降低导线上的干扰。

3) 采用完整的地平面设计和多层板设计，铺设地层，便于干扰信号泄放。

4) 使电子元件远离可能会发生放电的平面，例如机箱面板、把手、螺钉等，保持机壳与地良好接触，为干扰提供良好的泄放通道。对敏感信号包地处理，降低干扰。

5) 尽量采用贴片元器件。

6) 模拟地与数字地在 PCB 与外界连接处进行一点接地。

7) 高速逻辑电路应靠近插接器边缘，低速逻辑电路和存储器应布置在远离插接器处，中速逻辑电路则应布置在高速逻辑电路和低速逻辑电路之间。

8) 电路板上的印制线宽度不要突变，拐角应采用圆弧形，而不是直角或尖角。

9) 时钟线、信号线也尽可能靠近地线，并且走线不要过长，以减小回路的环面积。

10) 印制电路板的尺寸与器件的布置。印制电路板大小要适中，过大时印制线条长，阻抗增加，不仅抗噪声能力下降，成本也高；过小则散热不好，同时易受临近线条干扰。在器件布置方面与其他逻辑电路一样，应把相互有关的器件尽量放得靠近些，这样可以获得较好的抗噪声效果。时钟发生器、晶振和 CPU 的时钟输入端都易产生噪声，要相互靠近些。易产生噪声的器件、小电流电路、大电流电路等应尽量远离逻辑电路，如有可能，应另做电路板。

15.6 车规定义

"车规级"指的是什么？汽车电子产品的价格普遍比较贵，其中的主要原因之一就是使用了车规级的电子元件，什么样的电子元件才是车规级的器件？先来看看电子元件在汽车上的应用和一般的消费电子元件在应用上有什么差异。

1. 环境要求

汽车对电子元件的工作温度要求比较宽，根据不同的安装位置等有不同的需求，一般都要高于民用产品的要求。AEC Q100 在 H 版中删除了 0~70℃ 这档温度的要求，因为没有哪个汽车产品的要求可以这么低。如发动机周边的温度要求为 -40~+150℃；乘客舱的温度要求为 -40~+85℃；民用产品的温度要求为 0~70℃。

其他环境要求如湿度、发霉、粉尘、水、电磁兼容以及有害气体侵蚀等，往往都高于消费电子产品的要求。由于汽车在运动的环境中工作，对很多相关产品来说会遭遇更多的振动和冲击。这种要求可能会比摆放在家里使用的产品要高很多。

2. 可靠性

汽车对可靠性的要求如下：

1）设计寿命：一般的汽车设计寿命都在 15 年或 20 万 km 左右，远大于消费电子产品的寿命要求。

2）在相同的可靠性要求下，系统组成的部件和环节越多，对组成部件的可靠性要求就越高。目前汽车上的电子化程度已经非常高了，从动力总成到制动系统，都装配了大量的电子装置，每个装置里面又由很多的电子元件组成。如果就简单地把它们看成串联关系，那么要保证整车达到一定的可靠性，对系统组成的每一个部分要求是非常高的，这也是为什么汽车零部件的要求经常是用 ppm（百万分之一）来描述。

3. 一致性要求

现在的汽车已经进入到了一个大规模生产的阶段，一款车 1 年可以生产数十万辆，这对产品质量的一致性要求就非常高了。在早些年，这一情况对于半导体材料来说，是具有一定挑战性的。毕竟生产半导体中的扩散等工艺的一致性是很难控制的，生产出来的产品性能易离散，早期只能依靠老化和筛选来完成，现在随着工艺的不断提高，一致性得到了极大提高。质量的一致性也是很多本地供应商和国际知名供应商的最大差异。对于组成复杂的汽车产品来说，一致性差的元件导致整车出现安全隐患是肯定不能接受的。

4. 制造工艺

虽然汽车的零件也在不断向小型化和轻量化发展，但相对消费产品来说，在体积和功耗上还相对可以放松。一般使用的封装较大，以保证有足够的机械强度并符合主要的汽车供应商的制造工艺。

5. 产品生命周期

虽然近些年，汽车产品不断降价，但汽车还是一个耐用的大件商品，必须要保持相当长时间的售后配件的供应能力。同时，开发一个汽车零件需要投入大量的验证工作，更换元件带来的验证工作也是巨大的，因此整车制造企业和零部件供应商也需要维持较长时间的稳定供货。

6. 标准

这样看来，满足汽车产品要求的确复杂，而且以上要求是针对汽车零件的，对于电子元件来说就是系统了，如何将其转换成电子元件的要求就变得十分困难。为了解决这个问题，就出现了一些规范标准，比较得到公认的就是 AEC 的标准：

1）AEC Q100：针对有源（Active Device）元件的要求。
2）AEC Q200：针对无源（Passive Device）元件的要求。

但是，它考核的是一个完整的汽车组件（由电子元件构成的系统），而非直接针对组成这些组件的电子元件的要求（电阻、电容、晶体管、芯片等）。虽然它的要求是可以用来参考对下级元件的选型，但作为电子元件测试等来说还是非常不合适的。

7. 车规的验证

很多车厂都会希望进行一些可靠性验证，以此来验证它是否满足车规要求。没有 AEC Q100/200 认证的电子元件，这些测试都只能是必要不充分测试，只能用于否定该器件的可用性，而不能确定其可以使用。原因很简单，样本数量太少，测试的项目并不充分。对于半导体这种大批量制造的元件，通过少量的样本测试来确定其可靠性是非常不靠谱的。

车规和工规，谁的要求高？普遍认同的标准高低顺序是：军工 > 汽车 > 工业 > 消费电子。工业是个很宽的范围，遇到的环境和可靠性需要也是差异巨大的。可以想象，一个大型工业设备（比如一个大型电厂的关键设备）的可靠性要求绝对不会比汽车要求低。同时，环境的苛刻度也可能会远超汽车的要求，并不能简单地说工规要求就比汽车低。

任何选择都不可能只有好处没有不足之处，使用车规电子元件有如下不足：

首先就是贵，体系要求高，开发验证花费大，低产量导致成本高出消费电子一大截。相对较高的门槛也导致存在较多的销售溢价。

其次就是选型困难。电子行业发展到今天，电子元件相当丰富，相同功能的产品可以有多种方案，复杂度也可能差异巨大，但有时为达到车规的要求，不得不放弃一些集成度高的方案。

还有一个比较明显的不足就是某些产品技术落后，大量的验证工作影响了新产品的上市速度。同时，芯片厂家一般的投放策略也是希望在消费电子市场上成熟后，才将该产品应用到汽车市场上。

使用非车规的电子元件在车上到底有多大的风险，这个问题还是比较复杂的，得从多个方面来判断。没有得到相关的认证，但其实产品的性能和可靠性是满足要求的，并且也得到过大量的应用验证。如果属于这种情况，则风险相对较小。

系统的性能和可靠性是由下一级的电子元件来构成的，在同样的设计下，使用非车规的元件产品性能肯定要差一些。好的设计可以降低元件的性能要求，例如，保护措施设计完善并能做到元件失效对系统影响轻微，就有可能使用非车规元件做出更好的产品。由于当前技术工艺限制的影响，不是每种需要用在汽车上的电子元件都可以达到所谓的车规要求。但为了实现汽车上的某些功能，就必须要用到这些元件。这种情况可以分为两类：

1) 该功能的安全要求高，不能接受偏差。紧急呼叫的 E – CALL 功能，为保证该功能，需要给设备安装上后备电池。而该功能是涉及生命安全的，按照某些公司的 ASIL（ISO 26262）评级，要求达到 B 级。电池要做到在 –40℃时保持高性能是很困难的，解决方案就是在电池上包上加热电阻丝，在低温时通过加热它来保证性能。此时，用单个元件的标准来看是不合格的，但作为零件总成，就可以满足车厂的标准要求。这也可以看出整车厂的企业标准和元器件标准之间的关系。

2) 该功能一般不涉及安全，可以考虑接受偏差。如娱乐系统的液晶屏，在低温时可能显示的响应和光学性能都会下降，但这种情况会被部分工程人员所接受。

习 题

15 – 1 电池管理系统在硬件结构和功能上主要分为哪两种结构？两种结构的原理是什么？

15 – 2 BMS 的硬件功能需求有几种？分别是什么？

15 – 3 BMS 的其他常见功能是什么？

15 – 4 BMS 硬件具备哪些功能？主/从控主要实现哪些功能？

15 – 5 什么是主动均衡？什么是被动均衡？

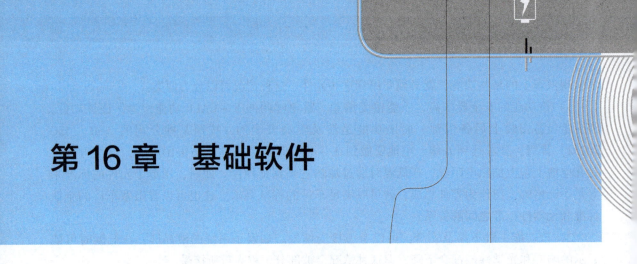

第 16 章　基础软件

电池管理系统基础软件部分将分为软件需求、软件系统、软件标定、软件集成和软件标准等几个部分来展开介绍。

16.1 软件需求

电池管理系统和整车控制器基础软件一样，嵌入式基础软件实现 IO 驱动、OS 任务调度、程序下载、CAN 通信、诊断协议、标定协议等功能，是硬件和上层应用软件之间的数据桥梁。基础软件除了 IO 驱动和嵌入式芯片相关，其他功能相同，可以平台化设计开发，以便在不同控制器硬件平台之间移植，缩短开发周期，降低开发成本。符合 AUTOSAR 标准的基础软件平台，其中的复杂驱动模块能够体现不同控制器特有的驱动程序；而非 AUTOSAR 标准的基础软件平台，则能够体现企业的个性化特点。

基础软件开发工作包括开发工具链和技术路线的建立，嵌入式软件系统及软件架构设计，平台软件开发与管理，系统软件集成与测试，软件版本配置与管理，标定技术支持，售后诊断工具及 Flash 刷新工具开发，DV、电磁兼容、EOL 等测试版本软件开发，开发流程建设和开发文件管理等。

图 16 - 1 所示为电池策略控制模块关系。从图中可知，电池管理策略需要含有的模块有系统调度、系统管理、数据采集、系统动作、核心算法、绝缘检测、故障诊断与系统保护等。

16.2 软件系统

软件系统将介绍软件架构、硬件依赖层、硬件抽象层、网络服务和复杂驱动等。嵌入式操作系统的设计是一个涉及嵌入式软件和硬件的非常复杂的问题，解决这个问题可基于这样一个基本原理：分解问题，各个击破。设计易于移植的嵌入式平台，应遵循层次化、模块化和对象化的设计方法。

层次化设计对于嵌入式操作系统而言，体现在嵌入式操作系统的纵向结构上。为了适应多种硬件平台，将操作系统划分出来一个可以直接与硬件通信的层次，然后为其上层提供抽象支持，下层通过应用程序接口（API）的形式向上层提供服务。这样上层在进行硬件操作时，不需要了解设备的具体细节，从而大大减少了系统理解和开发的复杂度。层次化的方法主要有以下优点：节省成本、易于理解、易于扩展、易于排错。

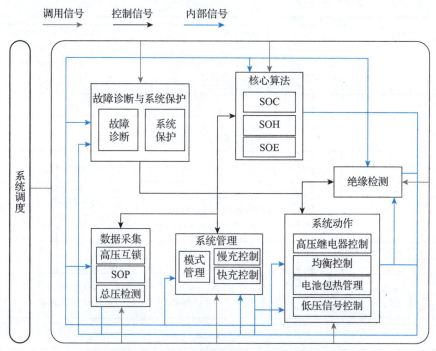

图 16-1　电池策略控制模块关系（见彩插）

模块化最大特点就是将接口和实现分离开来，将具体的功能块隐藏在抽象的接口背后，以保证每个模块可以在不影响其他模块的情况下进行改变。可将模块之间的依赖关系仅仅限定于接口。模块化方法与层次化方法不同，软件模块之间是相互独立的关系，而不是层次之间相互依赖的关系。

对象化是结构化使用模块的方法，面向对象设计方法将数据与数据上的操作封装在对象这个模块实体中，外界不能直接对对象内部进行访问和操作，只能通过消息的方式间接访问。面向对象设计方法能够使软件开发人员更加容易理解，并且也提高了软件的扩展性、维护性和重用性。

1. 软件架构

底层软件平台及电池控制策略集成在一起（应用程序）作为一个工程开发，生成一个独立的二进制文件，图 16-2 所示为基于模型开发的基础软件架构，包括软件平台层和应用层，软件平台层也通常称为底层，应用层通常称为控制策略层。

图 16-2 中，External World 为非软件的外部硬件等。嵌入式系统是一类特殊的计算机系统，它自底向上包括 3 个主要部分：硬件环境、嵌入式操作系统和嵌入式应用程序。硬件环境是整个嵌入式操作系统和应用程序运行的硬件平台，不同的应用通常有不同的硬件环境，因此如何有效地使嵌入式操作系统应用于各种不同的应用环境，是嵌入式操作系统发展中所必须解决的关键问题。通过硬件抽象层接口向操作系统以及应用程序提供对硬件进行抽象后的服务。当操作系统或应用程序使用硬件抽象层 API 进行设计时，只要硬件抽象层 API 能够在下层硬件平台上实现，那么操作系统和应用程序的代码就可以移植。这样，原先嵌入式系统的 3 层结构逐步演化为一种 4 层结构。图 16-2 显示了引入硬件抽象层后的嵌入式系统的结构。

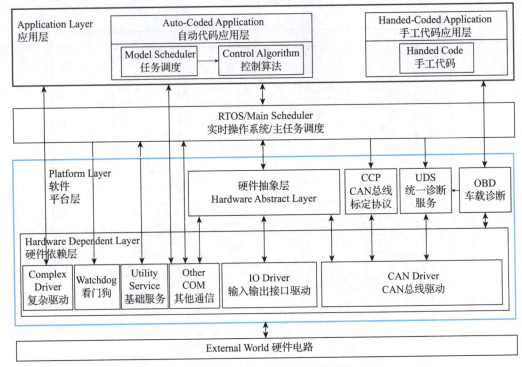

图16-2 基于模型开发的基础软件架构示意图

在整个嵌入式系统设计过程中,硬件抽象层同样发挥着不可替代的作用。传统的设计流程是采用瀑布式设计开发过程,首先是硬件平台的制作和调试,而后是在已经定型的硬件平台的基础上再进行软件设计。由于硬件和软件的设计过程是串行的,因此需要很长的设计周期;而硬件抽象层能够使软件设计在硬件设计结束前开始进行,使整个嵌入式系统的设计过程成为软硬件设计并行的V模式开发过程,如图16-3所示。这样两者的设计过程大致是同时进行的或是并发的,缩短了整个设计周期。

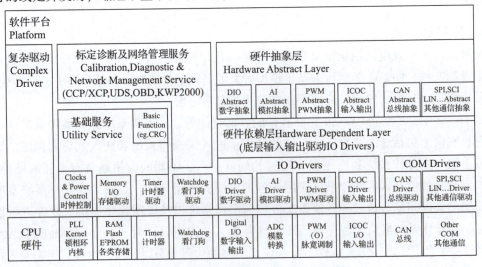

图16-3 电池管理系统底层软件平台示意图

作为硬件抽象层的一种实现，板级支持包（Board Support Package，BSP）是现有的大多数商用嵌入式操作系统实现可移植性所采用的一种方案。BSP隔离了所支持的嵌入式操作系统与底层硬件平台之间的相关性，使嵌入式操作系统能够通用于BSP所支持的硬件平台，从而实现嵌入式操作系统的可移植性和跨平台性，以及嵌入式操作系统的通用性和复用性。然而现有应用较为广泛的BSP形式的硬件抽象层，完全是为了通用或商业嵌入式操作系统在不同硬件平台间的移植而设计的，因此BSP形式的硬件抽象层与BSP所向上支持的嵌入式操作系统是紧密相关的。在同一种嵌入式微处理器的硬件平台上，支持不同嵌入式操作系统的BSP之间从组成结构向操作系统内核所提供的功能，以及所定义的服务接口都完全不同，因而一种嵌入式操作系统的BSP不可能用于其他嵌入式操作系统。这种硬件抽象层是一种封闭的专用硬件抽象层。因此，我们提出了为上层嵌入式操作系统内核的开发和构建提供一种开放、通用的硬件抽象层平台，使得在某种硬件平台上的嵌入式操作系统内核的开发能够在支持这种硬件平台的硬件抽象层上进行。

2. 硬件依赖层

硬件依赖层（底层驱动）包括复杂驱动、看门狗、基础服务（系统调度所需定时器、中断管理和一些通用处理函数，如PLL驱动、Flash驱动、内存管理驱动、定时器驱动）、IO、CAN等其他驱动。

3. 硬件抽象层

硬件抽象层是位于操作系统内核与硬件电路之间的接口层，其目的在于将硬件抽象化。它隐藏了特定平台的硬件接口细节，为操作系统提供虚拟硬件平台，使其具有硬件无关性，可在多种平台上进行移植。从软硬件测试的角度来看，软硬件的测试工作都可分别基于硬件抽象层来完成，使得软硬件测试工作的并行成为可能。硬件抽象层对IO口、PWM、CAN、SPI等功能模块进行抽象定义，使得应用程序实现不同底层平台的移植。

4. 网络服务

电池管理系统的网络服务包含实现软件标定测量的CCP、实现系统诊断控制的UDS协议。

CAN标定协议即CCP的全称是CAN Calibration Protocol，是基于CAN总线的ECU标定协议规范。CCP遵从CAN2.0通信规范，支持11位标准与29位扩展标识符。

电池管理系统里的标定系统采用的CCP版本为1999年发布的2.1版。CCP是一种基于主从通信模式的协议，系统中只有一个主机，它可以连接CAN总线上的一个或多个从机。主机即为PC机上如INCA、CANape等标定平台软件，从机为标定型ECU。主机通过从机地址实时建立主、从机之间的逻辑连接，连接在另一从机被选中或发出断开当前从机连接命令之前一直有效。CAN标定协议通信方式如图16-4所示，其中从设备是需要标定的ECU。根据CCP，一个主设备可通过CAN总线与多个从设备相连接，每个从设

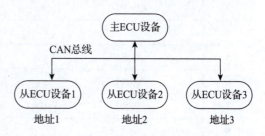

图16-4　CAN标定协议通信方式

备均有其特定地址。主设备通过每个 ECU 的地址,与其建立一一对应的关系。

该系统主要有如下两种模式:

(1) Polling 模式 主设备和从设备一一对应的通信方式,即主设备询问,从设备对应回答。当主从设备建立连接后,每次通信都是通过主设备首先发一条指令,请求从设备做出相应回应。通过返回一帧消息,提供主设备请求的数据及命令执行代码。这种通信方式实现简单,占用 ECU 资源少,但是效率比较低。

(2) DAQ 模式 DAQ 模式与 Polling 模式不同,其工作状态可以脱离主设备控制,按一定的时间周期自动向主设备发送数据。这种通信方式效率高,但是占用 CPU 资源高。

CCP 的实现依赖于两个 CAN 消息帧:主机发送给从机的命令接收对象(CRO)和从机发送给主机的数据传输对象(DTO),如图 16-5 所示。由于 CCP 是 CAN 数据域的应用层扩展,因此 CRO 和 DTO 均封装在 CAN 数据帧的数据域中,最大长度不得超过 8 个字节。因为 CCP 遵从 CAN 通信规范,所以 CCP 的通信都是以 CAN 报文的形式来传送。CCP 消息统一使用 8 个字节数据传输,所有 CCP 命令和参数都被包含在 8 字节数据场中。

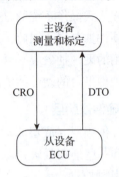

图 16-5 CCP 标定协议消息对象

统一的诊断服务(Unified Diagnostic Services,UDS)诊断协议是 ISO 15765 和 ISO 14229 定义的一种汽车通用诊断协议。ISO 15765 是由技术委员会 ISO/TC22 下属的道路车辆第 3 小组编写的电气和电子设备标准,由一般信息、网络层服务、统一诊断服务(UDS CAN)、相关排放系统要求四大部分组成。

ISO 15765 是基于开放式系统互联(OSI)的基本参考模型,其与 ISO 14229 服务协议的划分见表 16-1。ISO 14229-1 仅用来描述应用层,可以在诸如 CAN、LIN 等汽车总线上实现;在物理层方面,用户可以选用双绞线和光纤;数据链路层方面采用 CAN 总线的 ISO 11898-1 协议;ISO 15765-2 对网络层进行了定义。CAN 的 8 字节数据会有一个字节来表示网络层的信息。

表 16-1 ISO 15765 与 ISO 14229 服务协议的划分

序号	开放式系统互联(OSI)	车辆制造商增强诊断	车载自动诊断(OBD)
1	诊断应用	用户设定	ISO 15031-5
2	应用层	ISO 15765-3/ISO 14229-1	ISO 15031-5
3	表示层	无	无
4	会话层	ISO 15765-3	ISO 15765-4
5	传输层	无	无
6	网络层	ISO 15765-2	ISO 15765-4
7	链路层	ISO 11898-1	ISO 15765-4
8	物理层	用户定义	ISO 15765-4

UDS 的本质是一系列的服务，共包含 6 大类 26 种。每种服务都有自己独立的 ID，即 SID。UDS 服务通过命令列表来指示该服务的支持方式：支持、拒绝或不支持。拒绝或不支持服务请求统一由一个函数来处理；支持的服务请求，其积极响应和消极响应在同一个函数中实现。也就是说，支持某一个服务请求的响应，那么其各种响应模式由同一个函数来处理，服务请求的响应方式以服务 ID 检索处理的形式体现。图 16-6 所示为 UDS 诊断服务的软件架构。

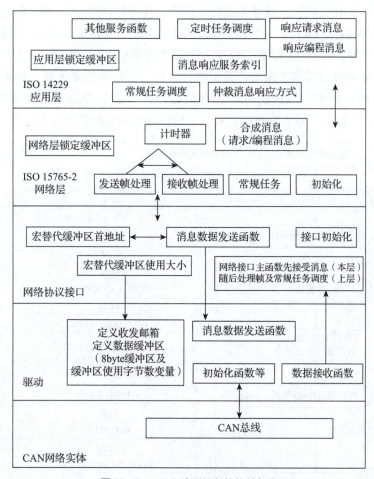

图 16-6　UDS 诊断服务的软件架构

5. 复杂驱动

复杂驱动是指外设芯片的驱动，例如实时时钟芯片 RTCpcf8563、高压检测芯片 AD7190、内存芯片 fm25lc160 和 mc25lc256、高低边数字驱动芯片等，如图 16-7 所示。

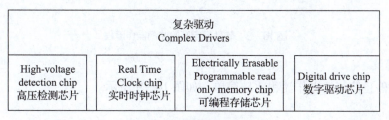

图 16-7　复杂驱动架构

16.3 软件标定

1. 开始监测

首先执行通信初始化操作，包括与 ECU 建立连接、镜像内存校验、对 ECU 中的 DAQ 列表进行配置等。初始化完成后，创建数据接收线程，程序将按照 CCP 规定的流程进行数据的收发。这里的镜像内存实际上是一个 IntelHex 格式的文件，保存于 PC 的工程文件夹中，文件内的数据与 ECU 的标定内存（存储了 ECU 控制参数的 RAM 区）数据一一对应。校验是指用同一种算法对标定内存数据和镜像内存数据进行计算，若计算结果不同，将提示标定人员进行选择：将镜像内存数据下载或将标定内存数据上传。这个功能主要在离线标定时使用。图 16-8 所示为软件标定开始监测操作流程，右侧描述了相应的命令收发过程。

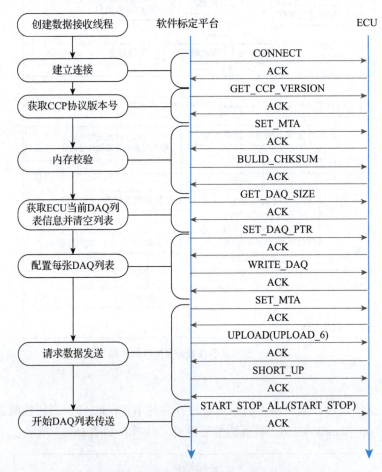

图 16-8 软件标定开始监测操作流程

2. 停止监测

软件标定停止监测的操作流程比较简单，如图 16-9 所示。

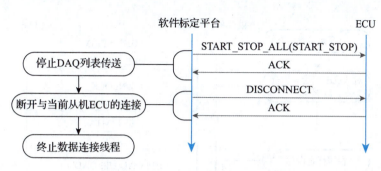

图16-9 软件标定停止监测操作流程

3. 离线标定

在离线标定方式下，软件并未与 ECU 建立实际连接。标定人员通过界面进行的操作，实际上是在修改镜像内存文件内的数据。修改完成后开始监测，此时由于镜像内存和标定内存的校验结果不相同，软件将提示是否下载镜像内存数据到 ECU，在选择下载选项后，标定内存的数据值将被更新，离线标定操作流程如图 16-10 所示。离线标定一般用于标定工作的初期，此时需要优化的参数较多，采用此方式可以避免对 ECU 的频繁读写。

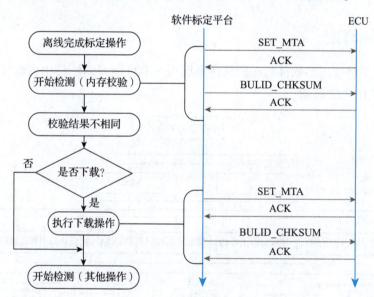

图 16-10 离线标定操作流程

4. 在线标定

在线标定方式中，软件已与 ECU 建立了连接，标定人员可以实时监测到参数值，并根据监测结果进行相应的标定操作，修改后的参数值将直接下载到标定内存。这里需要说明的是，ECU 的控制参数实际上固化于 ECU 的 Flash 区域，由于 Flash 的擦写次数有上限，因此必须避免频繁擦写的状况发生。可以通过采用如下方法来减少擦写次数：ECU 上电并开始监测任务后，将 Flash 区的控制参数拷贝到 RAM 区（标定内存），此后 ECU 将依据标定内存的数据来控制 ECU 的运行。标定过程中所有控制参数的改动，都是对 RAM 区的修改。试验结束时，由标定人员发出写 Flash 命令，此时再将标定内存的数据回写到 Flash 中固化。在线标定操作流程如图 16-11 所示。

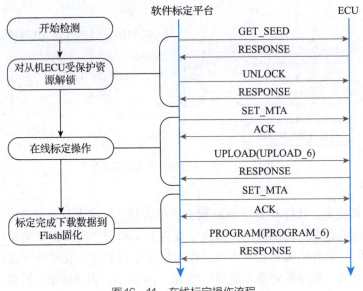

图 16-11　在线标定操作流程

16.4　软件集成

软件集成就是将应用层软件与底层软件集成为一个可刷写到硬件中的软件，软件集成变量映射关系如图 16-12 所示。

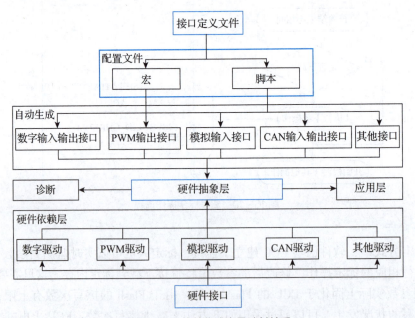

图 16-12　软件集成变量映射关系

控制策略与底层软件间有两种接口方式：全局变量和应用程序接口（API）。从图 16-12 中可以看出，硬件抽象层（HAL）将完成对底层信号到全局变量的映射。为实现硬件更改及平台移植，底层软件平台采用宏和脚本来完成全局变量和 API 的自动生成。

1. 引导程序

Boot-loader 作为一个单独的工程开发，可以生成一个独立的二进制文件，图 16-13 所示为基于 UDS 协议的 Boot-loader 架构。

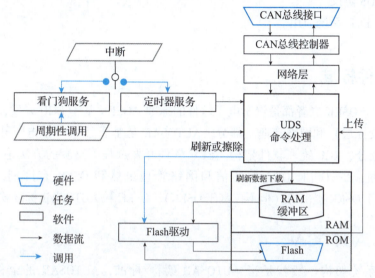

图 16-13　基于 UDS 协议的 Boot-loader 架构

2. 软件刷写

控制器复位后，将根据外部硬件配置选择 Boot-to-flash 模式，跳转到 Boot-loader，执行 RAM 自检。若自检成功并且监测到有效的应用软件，将跳转到应用软件；否则，进入 Boot-loader 模式，等待刷新有效的应用软件。图 16-14 所示为 Boot-loader 软件逻辑。

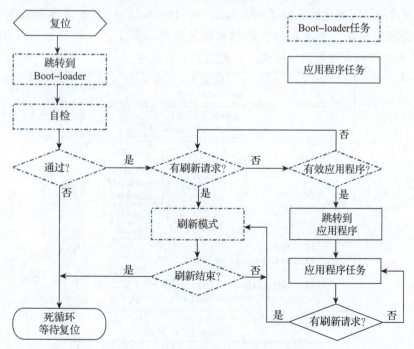

图 16-14　Boot-loader 软件逻辑（见彩插）

在图 16-14 给出的 Boot-loader 逻辑基础上，需要开发基于 CAN 总线的程序刷新 Boot-loader 软件的通用工具，该工具需具备的特征有：

1) 支持多种 CAN 工具（Value CAN、PEAK PCAN、Vector CANCaseXL）。
2) 支持 UDS 协议。
3) 在所有 ECU 系统通用。

16.5 软件标准

AUTOSAR 与 OSEK 二者都是汽车电子软件的标准。OSEK 基于 ECU 开发，标准包括操作系统、通信（交互层）和网络管理三部分。AUTOSAR 是基于整体汽车电子开发的，包括汽车电子功能的划分、ECU 统一软件架构、ECU 软件开发过程等整套的方法论。AUTOSAR 中规定的操作系统就是 OSEK OS，而通信和网络管理虽然和 OSEK 有区别，但思路一样。AUTOSAR 是基于 OSEK 提出的（但不仅基于 OSEK），OSEK 被 AUTOSAR 标准软件架构所包含。

16.5.1 AUTOSAR

汽车开放系统架构一般就是指 AUTOSAR 架构/标准，AUTOSAR 的全称是 Automotive Open System Architecture。随着多年的发展，越来越多行业内的公司加入到了 AUTOSAR 联盟中，这其中有汽车整车厂（OEM）、汽车零部件供应商（Tier1）、芯片制造商以及工具制造商，AUTOSAR 架构/标准也成了汽车 E/E 设计的发展方向。

AUTOSAR 是由全球汽车制造商、部件供应商及其他电子、半导体和软件系统公司联合建立的，各成员保持开发合作伙伴关系。自 2003 年起，各伙伴公司携手合作，致力于为汽车工业开发一个开放的、标准化的软件架构，如图 16-15 所示。AUTOSAR 架构有利于车辆电子系统软件的交换与更新，并为高效管理越来越复杂的车辆电子、软件系统提供相应基础。AUTOSAR 在确保产品及服务质量的同时，提高了成本效率。

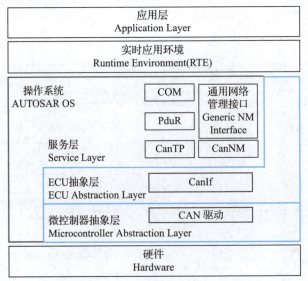

图 16-15 AUTOSAR 软件架构

该联盟首先发起并活跃于欧洲，2006年年底发布了2.1版规范，并对第一阶段的发展规划做了总结。2007—2009年是AUTOSAR的第二阶段，这一阶段制定的规范添加了新的性能（如安全性能等）。

AUTOSAR标准有四个核心内容，即ECU软件构架、软件组件（Software Components）、虚拟功能总线（Virtual Functional Bus）和AUTOSAR设计方法（Methodology）。AUTOSAR的特点：

1）定义了一套汽车ECU软件构架，将不依赖硬件的软件模块和依赖硬件的软件模块分别封装起来，从而可以让ECU集成由不同供应商提供的软件模块，增加了功能的重用性，提高了软件质量。软件可以根据不同的ECU功能需求和资源情况进行灵活配置。

2）定义了一系列的标准API来实现软件的分层化。

3）采用实时应用环境（Runtime Environment，RTE）实现了ECU内部和ECU之间的节点通信。RTE处于功能软件模块和基础软件模块之间，使得软件集成更加容易。

4）针对功能和通信总线制定了标准的测试规范，测试规范涵盖的范围包括对于AUTOSAR的应用兼容性（例如RTE的需求、软件服务行为需求和库等）和总线兼容性（总线处理行为和总线协议等），它的目标是建立标准的测试规范从而减少测试工作量和成本。

16.5.2　OSEK/VDX

OSEK（Open Systems and the Corresponding Interfaces for Automotive Electronics）是指德国的汽车电子类开放系统和对应接口标准，而VDX（Vehicle Distributed Executive）则是汽车分布式执行标准，后者最初是由法国独自发起的，后来加入了OSEK团体。两者的名字都反映出OSEK/VDX的目的是为汽车电子制定标准化接口。该标准完全独立，对目标系统只限制了少量的条件。这样一来，就可以应用一些简单的处理器替代那些昂贵的解决方案来控制任务执行，并不需要任何附加条件。事实上，在此基础上也可以合理使用一些更复杂的CPU，于是该标准便对任何可能的目标平台都没有了限制。

在1995年召开的研讨会上，众多的厂商对OSEK和VDX的认知达成了共识，产生了OSEK/VDX规范（1997年发布），本文中简称OSEK规范。它主要由四个部分组成：操作系统规范（OSEK Operating System，OSEK OS）、通信规范（OSEK Communication，OSEK COM）、网络管理规范（OSEK Net Management，OSEK NM）和OSEK实现语言（OSEK Implementation Language，OIL）。这样定义的一个好处是方便了各个组件版本的定义，且已经在实际应用中得到了体现，都是汽车电子软件的标准。

OSEK规范为实现制定的初衷并满足汽车控制领域对系统安全性和节省有限资源的特殊要求，制定了系统而全面的操作系统规范，如图16-16所示，主要有以下3个特点。

（1）实时性　由于越来越多的微处理器被应用到汽车控制领域，如汽车制动的防抱死系统、动力设备的安全控制等系统直接关系着人的生命安全，出现丝毫的差错也会导致危及生命安全的严重后果，因此要求操作系统具有严格的实时性。OSEK操作系统通过静态的系统配置、占先式调度策略、提供警告机制和优化系统运行机制以提高中断响应速度等手段来满足用户的实时需求。

(2) 可移植性 OSEK 规范详细规定了操作系统运行的各种机制,并在这些机制基础上制定了标准的应用程序编程接口,使那些独立编写的代码能够很容易地整合起来,增强了应用程序的可移植性。OSEK 还制定了标准的 OIL,用户只需更改 OIL 配置文件中与硬件相关的部分,便可实现不同微处理器之间的应用程序移植。通过这些手段,减少了用于维护应用程序软件和提高其可移植性的花费,降低了应用程序的开发成本。

(3) 可扩展性 为了适用于广泛的目标处理器,支持运行在广泛硬件基础上的实时程序,OSEK 操作系统具备高度模块化和可灵活配置的特性。它定义了不同的符合级别(Conformance Classes),并采用对不同应用程序有可靠接收能力的体系结构,从而增强了系统的可扩展性。OSEK 操作系统可以在很少的硬件资源(RAM、ROM、CPC 时间)环境下运行,即便在 8 位微处理器上也可以运行。

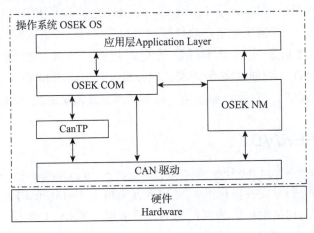

图 16-16　OSEK 软件架构

习　题

16-1　在嵌入式系统设计过程中,硬件抽象层充当着什么角色?

16-2　什么是 CCP?

16-3　什么是 UDS 协议?

16-4　离线标定与在线标定各有什么特点?

16-5　什么是软件集成?请简要描述软件刷写过程。

16-6　什么是 AUTOSAR?该标准有哪四个核心内容?

16-7　AUTOSAR 标准有哪些特点?

16-8　什么是 OSEK/VDX?该标准有哪些特点?

第 17 章　控制策略

应用策略即应用层控制策略（与"基础软件"概念对应），也称为上层控制策略（与"底层软件"概念相对应）或应用层软件。就电池控制器来说，硬件相当于人的躯体，基础软件相当于人的民族或国籍属性，应用层软件相当于人的灵魂，本章将介绍电池管理系统最核心的关键技术之———电池系统控制策略。

17.1　策略需求

电池管理系统（Battery Management System，BMS）是连接车载动力电池和电动汽车的重要纽带，其主要功能包括电池物理参数实时监测、电池状态评估、在线诊断和警告以及均衡控制等。由于电动汽车的动力和储能电池均是采用电池组的形式，因此根据电池特性，对电池组实施有效的管理对于确保电动汽车的安全、保持电池组性能、延长电池组寿命、提高电池组使用寿命具有重要意义。

根据电池包的功能和性能，以及自身特征，电池控制策略主要的功能需求有 7 大类型：任务调度存储、数据输入输出、电池系统检测、电池状态估计、电池安全保护、电池系统控制和电池充电控制。

整个电池控制策略有 22 个功能模块，包括：任务调度控制、信息存储模块、总线输入模块、总线输出模块、模拟量输入模块、数字量输入模块、数字量输出模块、系统自检模块、高压绝缘检测模块、高压互锁检测模块、健康状态估计模块、荷电状态估计模块、功率状态估计模块、能量状态估计模块、故障诊断模块、电池保护模块、系统模式管理、接触器的控制、电池均衡模块、温度控制模块、直流充电模块和交流充电模块。在控制策略内部，各个功能模块又相互关联，相互提供输入或输出数据，形成"你中有我，我中有你"的格局。

电池管理系统的作用是测量电池的电压、充放电电流和温度，并根据电压状态控制电池的充放电，根据电流大小提供充放电保护，根据温度状态推断电池当前的状态。电池管理系统的控制部分主要是根据采集的电压状态而选择充电模式，并在产生异常状态时（如过电压、过电流、欠电压等）对电池进行保护，防止电池损坏和确保使用安全。上述功能的实现，需要电池管理系统与外部建立良好的通信功能，而通信接口是管理系统内部各模块之间以及与中央控制系统之间进行信息传输的通道。图 17-1 所示为电池管理系统控制模型架构，其中输入/输出信号处理模块负责对相应信号的处理工作。

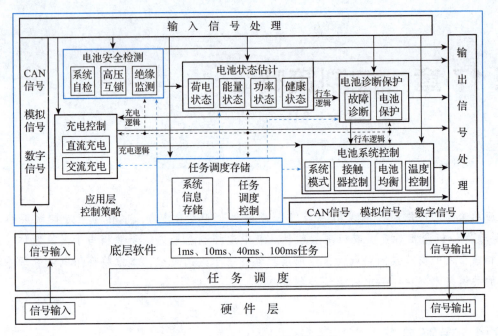

图 17-1 电池管理系统控制模型架构

17.2 任务调度存储

任务调度存储包括任务调度控制和系统信息存储两个功能，见表 17-1。

表 17-1 任务调度存储功能

序号	功能	描述
1	任务调度控制	相当于基础软件中的主函数，根据一定顺序调度各个功能模块执行计算
2	系统信息存储	用于存储关键数据，如 SOC、SOH、SOF、SOE、累积充放电电量、故障码和一致性等

17.2.1 任务调度控制

任务调度控制用于实现对底层工作模式的管理，包括以下几种工作模式。

（1）正在运行模式（**Running Mode**）　在此模式中，点火（Ignition）信号有效并且应用层所有模块被触发执行，系统设计的所有功能可以实现；应用层程序初始化完毕后首次被调用时进入 Running Mode；在 Running Mode 下，如果 KL15 信号无效，调度模块则转移至正在关闭模式（Shutting Down Mode）。

（2）正在关闭模式（**Shutting Down Mode**）　在 Shutting Down Mode 下，所有应用层模块仍保持被触发执行；当 KL15 信号无效且高压下电确认完成时，调度模式转移到关闭模式（Shutdown Mode）；在 Shutting Down Mode 下，当 KL15 信号确认有效时，调度模式转移到软件复位模式（Soft Reset Mode）。

（3）关闭模式（Shutdown Mode） 在此模式下，不触发执行应用层模块；调度模块要求底层平台软件进入休眠。

（4）软件复位模式（Soft Reset Mode） 在此模式下，不触发执行应用层模块；调度模块要求底层平台软件进行复位。

任务调度控制流程如图17-2所示。从图17-2中可以看出，任务调度模块主要是根据钥匙信号对整个控制策略的控制模块进行调用，图中也只是给出了任务调度的一部分。

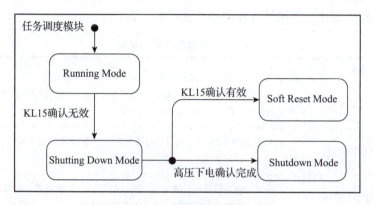

图17-2 任务调度控制流程

17.2.2 系统信息存储

电池管理系统需要存储关键数据，如SOC、SOH、充放电电量、故障码等。

动力电池作为混合动力电动汽车的关键零部件之一，由于其一致性差等原因易导致整组电池性能下降，从而直接影响到整车的可靠性与安全性。为了满足实际的整车控制需求而调整和优化控制器中的控制参数，需要收集大量的工作数据，以便离线分析电池性能以及进行系统标定。

传统的收集数据方法通常是利用串口或CAN总线将即时数据读入计算机，但是该方法还局限于实验阶段，一般需要计算机参与，在实际工作中的数据较难获得。基于电池管理系统的海量历史数据存储，有采用CAN总线的行车记录仪，但其体积较大且价格昂贵，仅适用于整车厂研发新车时使用。利用SD存储卡（Secure Digital Memory Card）轻巧、传输速度高、容量大、成本低、读写方便的优点，以及在原有电池管理系统上配置方便的特点，采用标准Windows系统FAT32文件格式存储，可以方便地将数据导入计算机中，一次换卡可以记录1年的数据，为电池管理系统和电池特性的研究准备了大量第一手数据。

电动汽车在运行时，电池管理系统会连续产生大量的监测数据，这些数据可分为监测量和诊断量。监测量为实时测量动力母线上的电压、电流、动力电池箱内的模块电压和温度等；诊断量为电池管理系统对实时量的处理结果，包括SOC、SOH和故障码等。

记录的历史数据对于电池工艺优化、整车控制器（VCU）研发以及电池管理系统研发都有重要意义。如对所记录的总电压、总电流以及SOC单独绘图；对总电流的大小和正负分布分析可以得到集成起动/发电一体化电机（ISG）的工作状况；对SOC分析可以得到整车控制器控制策略的效率；对总电压分析可以得到电池的性能信息。

17.3 数据输入输出

任何控制器都是数据处理器,都需要输入数据,然后根据自身逻辑对数据进行处理,并将结果数据输出给有需求的其他控制器。因此,电池控制策略最基本的功能之一就是数据的输入输出处理,包括 CAN 总线输入模块、CAN 总线输出模块、模拟量输入模块、数字量输入模块以及数字量输出模块。数据输入输出功能见表 17-2。

表 17-2 数据输入输出功能

序号	功能	描述
1	CAN 总线输入模块	对如 VCU、车载充电机(OBC)等其他控制器,通过 CAN 总线输入给 VCU 的信号进行解包、限幅及故障处理
2	CAN 总线输出模块	对 VCU 通过 CAN 总线输出信号进行打包、限幅及标定处理,包括电池管理系统传给 VCU、OBC 以及 BMU 等控制器的信号
3	模拟量输入模块	对模拟量输入信号(母线电流、四点电压值、主板温度、绝缘阻值等)的处理,包括物理值转换、故障检测、滤波以及限值处理
4	数字量输入模块	对数字量输入信号的处理,将模数转换器(ADC)采样值转换为布尔量,并进行防抖动处理,保证输入信号的可靠性
5	数字量输出模块	需要处理硬线控制的驱动信号值,供底层控制使用,包括预充继电器需求开关、主正继电器需求开关、主负继电器需求开关、快充正继电器需求开关、快充负继电器需求开关、慢充继电器需求开关、内部信息寄存开关、绝缘检测开关等

17.3.1 CAN 总线输入模块

该模块的作用是对输入电池管理系统的充电桩、VCU、BMU 的 3 路 CAN 总线中的信号进行一些预处理。

图 17-3 所示为 CAN 信号输入处理示意图,对 CAN 输入信号(BMS、MCU)进行解包、限幅及故障处理。

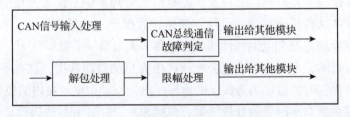

图 17-3 CAN 信号输入处理示意图

(1) CAN 信号解包处理 对 CAN 信号设置补偿值(Offset)及增益值(Gain),将原有信号数值乘以增益值加上补偿值后,从而完成信号的数据解包处理;对其他控制器(VCU、OBC)传来的 CAN 信号进行解包处理(分辨率、偏移量),得到实际物理值后供其他功能模块使用。

（2）**对关键信号的滤波处理** 在策略中，需要对某些关键信号进行一阶滤波处理（一阶滤波又叫一阶惯性滤波或一阶低通滤波，通过使用软件编程实现普通硬件 RC 低通滤波器的功能；在电路系统上可以提高电路抗干扰能力）。关键信号包括 OBC 充电电流、OBC 充电电压、电池温度、电池电压等。

（3）**对关键信号的限幅处理** 在策略中，需要对某些关键信号进行限幅处理，即设定该信号所能通过的最大值和最小值。关键信号包括电池温度、单体电池电压、OBC 充电电流、OBC 充电电压等。

对 CAN 信号进行限幅处理，设置信号上限 $upper_{limit}$ 及信号下限 $lower_{limit}$。当信号通过时，做一个限幅处理，使处理过的信号都处于此区间内。

（4）**故障信号处理** 需要对相关控制器上传故障信号进行防抖动（Debounce）确认处理，信号超限后需要对信号进行故障报错。

CAN 通信超时处理，通过各控制器传递来的滚动计数器（Rolling Counter）数据，判断 VCU 和相关控制器的 CAN 通信是否出现丢帧和离线故障。CAN 信号经过处理后，可分为三级故障：

1）正常状态：通信正常。
2）A 级故障：瞬时性丢帧。
3）B 级故障：确认性丢帧。
4）C 级故障：CAN 通信离线。

17.3.2 CAN 总线输出模块

CAN 通信输出信号处理是指对 CAN 输出信号打包、限幅及标定处理，图 17-4 所示为 CAN 通信输出信号处理示意图。

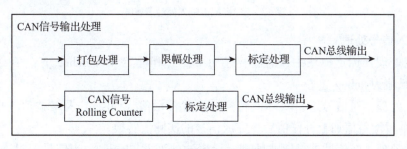

图 17-4 CAN 通信输出信号处理示意图

策略层需处理得到硬件的驱动信号值，包括 DC/DC 使能、冷却水泵使能、冷却风扇使能、真空泵使能和 PTC 加热使能，供底层控制使用。

（1）**对 CAN 信号进行打包处理** 对通过 CAN 输出的信号进行打包处理（分辨率、偏移量），输出 CAN 总线需求的信号。

（2）**对关键输出信号的处理** 对关键信号进行限幅，保证不输出超限的数据。关键信号包括给电机的转矩指令和转速指令等。

对 CAN 信号设置补偿值（Offset）及增益值（Gain），将原有信号数值加上补偿值后，乘以增益值，从而完成信号的数据打包处理。

对 CAN 信号进行限幅处理，设置信号上限 $upper_{limit}$ 及信号下限 $lower_{limit}$。当信号通过时，做一个限幅处理，使处理过的信号都处于此区间内。

(3) CAN 信号 Rolling Counter 处理　对 CAN 输出的信号进行 Rolling Counter 计算，发送相应的 Rolling Counter 信号。

在每帧报文中增加 Checksum 和 Rolling Counter 两个信号，分别校验信号的实时性和完整性。Checksum 是为了防止发送的信息出错，Rolling Counter 则是为了防止漏帧，二者都是根据需要来确定是否要加在数据帧里。

(4) 标定处理　在调试过程中可通过标定的方式来控制输出的数值。

标定模块中设置标定值 $debug_{value}$ 和标定开关 $debug_{switch}$，在进行标定时，信号的值被赋值为 $debug_{value}$。

17.3.3　模拟量输入模块

该模块的作用是对模拟量输入进行实际值转换、滤波、限幅、迟滞、消抖、标定和故障诊断处理。对模拟量输入信号的处理包括物理值转换、故障检测、滤波以及限值处理，在本策略中，模拟量输入信号包括母线电流、四点电压值、主板温度、绝缘阻值等。图 17-5 所示为模拟量输入处理示意图。

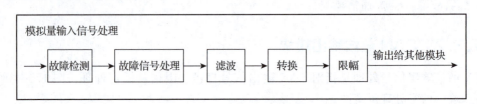

图 17-5　模拟量输入处理示意图

(1) 输入信号处理

1) 标定处理：标定模块中设置标定值 $debug_{value}$ 和标定开关 $debug_{switch}$，在进行标定时，信号的值被赋值为 $debug_{value}$。

2) 转换处理：对信号进行实际值转换，设置补偿值（Offset）及增益值（Gain），将原有信号数值乘以增益值加上补偿值后，完成信号的实际值转换。

3) 滤波处理：对信号进行滤波处理，设置滤波增益 $filter_{gain}$。当信号经过一个采样周期后更新时，不直接更新为此时刻采集信号，而是将上一时刻的信号与此时刻的信号做差，乘以滤波增益，再加上上一时刻的信号，得到此时刻滤波处理后的信号。

4) 限幅处理：对信号进行限幅处理，设置信号上限 $upper_{limit}$ 及信号下限 $lower_{limit}$。当信号通过时，做一个限幅处理，使处理过的信号都处于此区间内。

5) 消抖处理：对信号进行去抖动处理，设置抖动判定时间 $debouncer_{time}$，当状态从 0 突变为 1 时，开始计时。若信号在抖动判定时间内又变为 0，则将此突变视为抖动，处理后的状态输出仍为 0；若信号保持 1 的状态持续时间超过抖动判定时间，则将此突变视为有效变化，处理后的状态输出为 1。

6）迟滞处理：对信号进行迟滞处理，设置迟滞上限 upper$_{limit}$ 及迟滞下限 lower$_{limit}$。当信号值从小上升至上限时，输出状态由 0 变为 1；当信号值从大下降至下限时，输出状态由 1 变为 0。

7）故障诊断：将信号与高低限值比较，如果在超出限值范围，则该信号故障标志置 1。

(2) 模拟输入情况

1）对 KL30 信号进行转换、滤波、限幅、标定和故障诊断处理。
2）对母线电流信号进行转换、滤波、限幅、标定和故障诊断处理。
3）对 PCB 温度信号进行转换、滤波、限幅、标定和故障诊断处理。
4）对 BMU 供电电流信号进行转换、滤波、限幅、标定和故障诊断处理。
5）对继电器控制状态进行消抖处理。
6）对负载端正极电压信号进行转换、滤波、限幅、标定和故障诊断处理。
7）对电池端正极电压信号进行转换、滤波、限幅、标定和故障诊断处理。
8）对负载端负极电压信号进行转换、滤波、限幅、标定和故障诊断处理。
9）对电池端电池电压信号进行转换、滤波、限幅、标定和故障诊断处理。
10）对维修开关电压信号进行转换、滤波、限幅、标定和故障诊断处理。
11）对绝缘电压采样信号进行转换、滤波、限幅、标定和故障诊断处理。

(3) 对母线电流值的处理

1）AD 采样值转换。电池管理系统解析母线电流信号 A/D 采样值，通过一定的偏移量和精度，将其转换为可供其他模块使用的物理值。

2）滤波处理。母线电流信号采用一阶惯性滤波。

3）限幅处理。电池管理系统需要对该电流值进行限幅处理，幅值为 [-300, 300]，幅值可标定。

4）故障处理。当母线电流值超过设定的阈值时，需要进行相应的故障报错。

5）标定处理。对重要的信号进行标定处理，后期调试时可修改为需要的数值。

其余模拟量，例如温度、电压值的处理过程与上述方法类似。

(4) 主正继电器近电池端电压的处理

1）主正继电器近电池端电压 A/D 采样值转换处理。主正继电器近电池端电压 ADC 值直接通过硬线信号得到，电池管理系统解析主正继电器近电池端电压的 ADC 值，将其转化为电压值。

2）滤波处理。电池管理系统需要对电压信号进行一阶惯性滤波。

3）限幅处理。电池管理系统需要对该信号进行限幅处理，范围为 [-10, 800]，幅值应可以标定。

4）故障诊断。主正继电器近电池端的电压范围为 [-10, 800]，当超过或低于设定的阈值时进行故障报错。

17.3.4 数字量输入模块

数字输入信号处理即对数字量输入信号进行处理，将 ADC 采样值转换为布尔量，并进行防抖动处理，从而保证输入信号的可靠性。图 17-6 所示为数字量输入处理示意图。

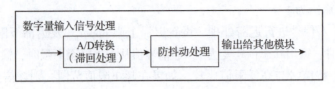

图 17-6 数字量输入处理示意图

数字量信号的处理应包含以下两个部分：①将数字信号的 A/D 值转化为布尔量；②对数字量信号进行防抖动（Debounce）处理，以确保开关量输入的可靠性。

底层采样的开关量包括高压互锁信号、KL15 信号及快充 CC2 信号等。

(1) KL15 信号处理 提供系统上电标志位，当钥匙打到 ON 位置时，电池管理系统将 ON 开关标志置为 1（ON）；当钥匙开关打到 OFF 位置，电池管理系统将 ON 标志置为 0（OFF）。KL15 信号要求可以标定。

提供系统上电标志位，当钥匙打到 ON 位置时，VCU 将 ON 开关标志置为 TRUE（ON）；数字量输入处理模块对从底层读到的钥匙 ON 开关标志进行防抖动处理，防抖动时间为可标定值。当钥匙在 OFF 位置，VCU 将 ON 开关标志置为 FALSE（OFF）；数字量输入处理模块对采集到的钥匙 ON 开关标志进行防抖动处理，防抖动时间为可标定值。

提供下电请求标志位，对以上信号进行取反，当钥匙在 OFF 位置，下电请求标志位为 TRUE（有下电请求）；当钥匙在 ON 位置时，下电请求标志位为 FALSE（无下电请求）。

(2) 高压互锁信号处理 高压互锁是用低压信号监视高压回路完整性的一种技术手段。可以在高压系统上电之前，也就是说在主负继电器闭合之前防患于未然。电池管理系统对高压互锁信号标志进行防抖动处理，高压互锁标志可以标定。

对于其他的数字量信号，进行 A/D 转换并做防抖处理。

17.3.5 数字量输出模块

策略层需要处理硬线控制的驱动信号值，供底层控制使用，包括从板使能、预充继电器开关、主正继电器开关、主负继电器开关、快充正继电器开关、快充负继电器开关、慢充继电器开关、内部信息寄存开关、绝缘检测开关等。在实车调试的过程中，可通过标定的方式来控制输出的数值。图 17-7 所示为数字量输出信号处理示意图。

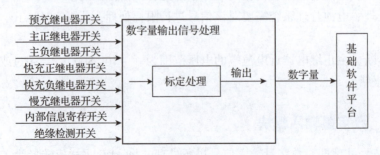

图 17-7 数字量输出信号处理示意图

该模块的作用是对数字量输出进行标定处理：
1）需要对预充继电器控制需求信号进行标定处理。
2）需要对主正继电器控制需求信号进行标定处理。
3）需要对主负继电器控制需求信号进行标定处理。
4）需要对快充继电器控制需求信号进行标定处理。
5）需要对慢充继电器控制需求信号进行标定处理。

17.4 电池系统检测

电池系统检测包括电池系统自检、高压绝缘检测和高压互锁检测三个方面的功能，见表 17-3。

表 17-3 电池系统检测功能

序号	功能	描述
1	电池系统自检	检测电池、BMU、继电器等状态信息，保障电池管理系统的正常工作
2	高压绝缘检测	实时周期性地检测电池系统绝缘电阻以及直流高压母线正、负极分别对电底盘的绝缘状况，实现车辆直流母线正、负极对车身电底盘单边和双边绝缘故障的检测
3	高压互锁检测	确认整个高压系统的完整性

17.4.1 电池系统自检

电池自检模块主要是检测电池、电池控制器、继电器等状态信息，保障电池管理系统的正常工作。该模块用于电池控制器的上电自检和下电管理，规范了电池控制器的上下电逻辑，设定了自检通过要求。自检模块主要是系统上电后，对自身和从控板参数进行检测，以保证系统工作正常。其中电池参数主要包括电池温度和电压，保证单体最小电压和最大电压以及温度不超过响应阈值，否则自检不予通过；继电器粘连检测主要通过两端电压检测继电器是否粘连，即非法闭合，判断继电器是否存在故障，从而保障系统的正常工作。

(1) 电池系统参数自检 当同时满足以下条件时，电池管理系统自检通过：单体电压最大值小于或等于 4.5V，单体电压最小值大于或等于 2V，模组电压最大值小于或等于 22.5V，模组电压最小值大于或等于 10V，模组温度最大值小于或等于 80℃，模组温度最小值大于或等于 -40℃，从控板温度最大值小于或等于 120℃，从控板温度最小值大于或等于 -40℃。

(2) 电池控制器上电逻辑自检 设计上电自检逻辑，首先初始化启动 BMU，0.1s 后进入自检状态，调用自检函数，判断是否满足自检通过条件，若满足则进入 BMU 正常工作状态；其中设定最大自检时间为 5s，若 5s 内仍未通过自检，则判断为初始化故障，BMU 启动失败。

(3) 电池控制器下电逻辑自检 设计下电自检逻辑，当主控板进入信息锁存状态后，从控板准备下电，等待下电时间为 0.3s，等待完毕后，正式下电，并更新电池控制器工作状态。

17.4.2 高压绝缘检测

高压绝缘检测（High-voltage Insulation Detection，HID）模块主要是通过绝缘电压采样计算正负极对电底盘的绝缘电阻，并进行诊断。整个高压系统与电底盘进行隔离，形成浮于电底盘的高压回路。具体应满足任何两个高压部件外壳之间或高压部件外壳与电底盘之间的电阻值不超过 0.1Ω。高压电池系统具备实时周期性的绝缘电阻监测功能，用来检测直流高压母线正、负极分别对电底盘的绝缘状况，并且实现车辆直流母线正、负极对车身电底盘单边和双边绝缘故障的检测。绝缘故障发生时，要求仪表绝缘警告灯能够警示驾驶人；绝缘故障发生时，要求电池管理系统与其他控制器根据故障等级和实车运行状况制定完善的控制策略，能够实现降功率、禁止上高压、安全断高压等功能，从而保证乘客的人身安全。

(1) HID 模块功能

1）需要根据不同的工况，停止绝缘检测。行驶状态中，当绝缘检测标志置 0、主正或主负继电器有且只有一个是断开、主正或主负继电器至少有一个是刚刚动作过，三个条件满足其中至少一个时，则行驶状态绝缘检测停止；慢充状态和快充状态的绝缘检测停止条件类似。

2）需要对正负极绝缘电阻进行诊断。将正极绝缘电阻除以电池总电压得到每伏电压的绝缘阻值。当阻值大于 100Ω 且小于 500Ω 时，则发出绝缘警告；当阻值小于 100Ω 时，则绝缘报错。

(2) 绝缘性能测量方法 目前，国内比较常用的测量绝缘性能的方法有以下几种：

1）辅助电源法。使用一个直流 110V 的检测用辅助电池，电池正极与待测高压直流电源的负极相连，电池负极与汽车机壳实现一点连接。在待测系统绝缘性能良好的情况下，电池没有电流回路，漏电流为零；在电源电缆绝缘层老化或环境潮湿等情况下，蓄电池通过电缆绝缘层形成闭合回路，产生漏电流，检测器根据漏电流的大小报警，并关断待测系统的电源。这种检测方法不仅需要直流 110V 的辅助电源，增加了系统结构的复杂程度，而且还难以区分绝缘故障源是来自电源正极引线电缆还是负极引线电缆。

2）电流传感法。采用霍尔式电流传感器是对高压直流系统进行漏电检测的另一种方法，将待测系统中电源的正极和负极一起同方向穿过电流传感器，当没有漏电流时，从电源正极流出的电流等于返回到电源负极的电流，因此穿过电流传感器的总电流为零，电流传感器输出电压为零；当发生漏电现象时，电流传感器输出电压不为零。根据该电压的正负可以进一步判断产生漏电流的来源是电源正极引线电缆还是电源负极引线电缆。但是，应用这种检测方法的前提是待测电源必须处于工作状态，要有工作电流的流出和流入，它无法在电源空载状态下评价电源的对地绝缘性能。对于电动汽车，要求在车辆行驶之前、高压电源空载条件下，能够检测电源对车辆底盘的绝缘性能，而且还要求分别定量地检测电源正极引线电缆和负极引线电缆对底盘的绝缘性能。因此，上述检测方法不适用于电动汽车。

3）桥式电阻法。该方法的基本原理是在直流正负母线和车体搭铁之间接入一系列电阻，然后通过电子开关或者继电器切换接入阻值的大小，测量在不同接入电阻情况下正负母线在被测电阻上的分压，最后通过解方程式计算出正负母线对地的绝缘电阻。这是目前在电动汽车上最常用的一种绝缘电阻检测方法，可以直接计算母线对车体的绝缘电阻值。但这一方法存在几个缺点：首先，检测电路在动力电池组正负母线和车体之间连接了电阻，该电阻值不能接得太大，否则测量不准确，检测装置的接入不仅会降低车体的缘性能，还会增加电池的自放电率；其次，当正负母线对地绝缘电阻相等时方程式无解，此时绝缘电阻无法计算；最后，当电池组总电压过低或者电池组开路故障时，由于无法测量电阻上的分压，则该方法也无法计算得到绝缘电阻。

4）电压注入法。该检测方法是通过隔离变压器给被测点到车体之间加一个直流高压，通过高精度 A/D 转换测量分压电阻的电压，再通过软件计算得到电阻值。这种方法根本上解决了电动汽车蓄电池正负母线对地对称绝缘故障无法测量的缺点，并且在电池开路的情况下亦能检测高压电路与车体之间的绝缘性能。

上述各种方法的对比见表 17-4。

表 17-4 高压绝缘方法对比

性能	方法			
	辅助电源法	电流传感法	桥式电阻法	电压注入法
能否在线监测	能	能	能	能
电池电压对测量值的影响	小	非常小	大	非常小
测量装置对系统绝缘性能的影响	大	无	大	很小
电池组电压断开	能测量	不能测量	不能测量	能测量
当正负母线对地绝缘相等时	能测量	有影响	不能测量	能测量
测量精度	不高	无法测量准确值	不高	高

高压绝缘检测模块主要用于实时监测和计算绝缘电阻值，防止绝缘故障的出现，保证乘客的人身安全。该模块主要包括三大部分，分别是绝缘检测中断控制、绝缘阻值计算控制以及故障诊断。其中，绝缘检测中断控制主要是根据不同的工况，通过检测绝缘检测中断条件来控制停止绝缘检测；绝缘阻值计算是根据电压采样值，得到计算绝缘电阻值所需的各电压值，通过相关算法计算出正负极绝缘电阻值；故障诊断是根据国标相应规定，绝缘电阻值与总压值的比值不应低于 100，依照这个标准，对计算出的比值进行比较，判断绝缘状况是否出现问题。

(3) **高压绝缘检测原理** 绝缘电阻是高压电池包总正和总负对地的固有电阻，其检测原理如图 17-8 所示。这跟电池包箱体的制作息息相关，一旦电池包生产完成，固有电阻在一段时间内很难发生改变。而且一个优良的电池包，其绝缘电阻应该远远超过 GB 18384—2020《电动汽车安全要求》中所定义的 100Ω/V。

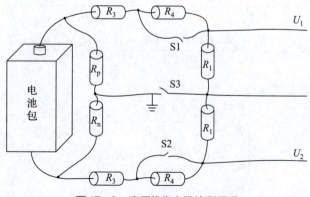

图 17-8 高压绝缘电阻检测原理

在这里假设电池包电压为500V。那么按照GB 18384—2020《电动汽车安全要求》的标准，负极电阻R_n和正极电阻R_p若任意一边的阻值低于100Ω/V则就算绝缘故障。高压绝缘故障判断标准见表17-5。

表17-5 高压绝缘故障判断标准

序号	阻值类型	描述	R_n	R_p	备注
1	阻值相等	无故障型	50MΩ	50MΩ	双边型
2	阻值相等	有故障型	10kΩ	10kΩ	双边型
3	阻值不等	阻值差异过大，一边有故障	10kΩ	≥100MΩ	单边型
4	阻值不等	阻值差异不大，但均无故障	10MΩ	100MΩ	双边型
5	阻值不等	阻值差异不大，一边有故障	10kΩ	500kΩ	双边型
6	阻值不等	阻值差异不大，两边均有故障	10kΩ	20kΩ	双边型

如图17-8所示，通过闭合S3测出一组U_1^{S3}和U_2^{S3}；再闭合S1得出新的U_1^{S1}和U_2^{S1}；然后断开S1，通过闭合S2得出一组新的U_1^{S1}和U_2^{S1}。随后将这六组数据通过一定的阈值判断带入到相应的算法（公式）之中，即可得到绝缘电阻的阻值。具体有6个公式，见式（17-1）~式（17-6）。

高压绝缘电阻计算公式1

$$\begin{cases} \dfrac{U_1^{S3}(R_1+R_3+R_4)}{R_1 R_p}+\dfrac{U_1^{S3}}{R_1}=\dfrac{U_2^{S3}(R_1+R_3+R_4)}{R_1 R_n}+\dfrac{U_2^{S3}}{R_1} \\ \dfrac{U_1^{S1}(R_1+R_3)}{R_1 R_p}+\dfrac{U_1^{S1}}{R_1}=\dfrac{U_2^{S1}(R_1+R_3+R_4)}{R_1 R_n}+\dfrac{U_2^{S1}}{R_1} \\ R_p=\dfrac{(R_1+R_3)U_1^{S1}U_2^{S3}-(R_1+R_3+R_4)U_1^{S3}U_2^{S1}}{U_1^{S3}U_2^{S1}-U_1^{S1}U_2^{S3}} \end{cases} \quad (17-1)$$

高压绝缘电阻计算公式2

$$\begin{cases} \dfrac{U_1^{S3}(R_1+R_3+R_4)}{R_1 R_p}+\dfrac{U_1^{S3}}{R_1}=\dfrac{U_2^{S3}(R_1+R_3+R_4)}{R_1 R_n}+\dfrac{U_2^{S3}}{R_1} \\ \dfrac{U_1^{S2}(R_1+R_3+R_4)}{R_1 R_p}+\dfrac{U_1^{S2}}{R_1}=\dfrac{U_2^{S2}(R_1+R_3+R_4)}{R_1 R_n}+\dfrac{U_2^{S2}}{R_1} \\ R_n=\dfrac{(R_1+R_3)U_1^{S3}U_2^{S2}-(R_1+R_3+R_4)U_1^{S2}U_2^{S3}}{U_2^{S3}U_1^{S2}-U_1^{S3}U_2^{S2}} \end{cases} \quad (17-2)$$

高压绝缘电阻计算公式3

$$\begin{cases} \dfrac{U_1^{S3}}{R_1}=\dfrac{U_2^{S3}(R_1+R_3+R_4)}{R_1 R_n}+\dfrac{U_2^{S3}}{R_1} \\ R_n=\dfrac{U_2^{S3}(R_1+R_3+R_4)}{U_1^{S3}-U_2^{S3}} \end{cases} \quad (17-3)$$

高压绝缘电阻计算公式 4

$$\begin{cases} \dfrac{U_2^{S3}}{R_1} = \dfrac{U_1^{S3}(R_1+R_3+R_4)}{R_1 R_p} + \dfrac{U_1^{S3}}{R_1} \\ R_p = \dfrac{U_1^{S3}(R_1+R_3+R_4)}{U_2^{S3}-U_1^{S3}} \end{cases} \quad (17-4)$$

高压绝缘电阻计算公式 5

$$\begin{cases} \dfrac{U_1^{S3}(R_1+R_3+R_4)}{R_1 R_p} + \dfrac{U_1^{S3}}{R_1} = \dfrac{U_2^{S3}(R_1+R_3+R_4)}{R_1 R_n} + \dfrac{U_2^{S3}}{R_1} \\ \dfrac{U_1^{S1}(R_1+R_3)}{R_1 R_p} + \dfrac{U_1^{S1}}{R_1} = \dfrac{U_2^{S1}(R_1+R_3+R_4)}{R_1 R_n} + \dfrac{U_2^{S1}}{R_1} \\ U_1^{S3} = U_2^{S3} \\ R_n = R_p = \dfrac{U_2^{S1}(R_1+R_3+R_4)-U_1^{S1}(R_1+R_3)}{U_1^{S1}-U_2^{S1}} \end{cases} \quad (17-5)$$

高压绝缘电阻计算公式 6

$$\begin{cases} \dfrac{U_1^{S3}(R_1+R_3+R_4)}{R_1 R_p} + \dfrac{U_1^{S3}}{R_1} = \dfrac{U_2^{S3}(R_1+R_3+R_4)}{R_1 R_n} + \dfrac{U_2^{S3}}{R_1} \\ \dfrac{U_1^{S2}(R_1+R_3)}{R_1 R_p} + \dfrac{U_1^{S2}}{R_1} = \dfrac{U_2^{S2}(R_1+R_3)}{R_1 R_n} + \dfrac{U_2^{S2}}{R_1} \\ U_1^{S3} = U_2^{S3} \\ R_n = R_p = \dfrac{U_2^{S2}(R_1+R_3)-U_1^{S2}(R_1+R_3+R_4)}{U_1^{S2}-U_2^{S2}} \end{cases} \quad (17-6)$$

与很多绝缘电阻检测方案不同的是这里选用两个开关,这样 R_n、R_p 在公式中只与测试到的电压值和电阻有关,排除了 R_n、R_p 计算时的相互影响。以上是在理论计算时的公式,实际上是要考虑 S_3 的接触电阻,这会导致公式更加复杂,在标定的时候可以适当消除。

17.4.3 高压互锁检测

ISO 6469 - 3—2001《道路电气车辆安全规范 第 3 部分:人员电气伤害防护》规定,车上的高压部件应具有高压互锁装置,因此,整车所有高压插接器(插接件)以及手动维修开关(MSD)都必须采用高压互锁,亦即危险电压互锁回路(Hazardous Voltage Interlock Loop,HVIL)。HVIL 通过使用电气小信号来检查整个高压产品、导线、插接器及护盖的电气完整性(连续性),当识别到回路异常断开时,及时断开高压电,HVIL 示意图如图 17 - 9 所示。

高压互锁的目的是用来确认整个高压系统的完整性,当高压系统回路断开或者完整性受到破坏的时候,就需要启动安全措施。高压插

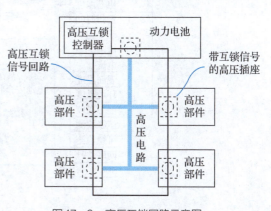

图 17 - 9 高压互锁回路示意图

接件采用高压互锁后,可以有效防止高压插接件虚接时大电流通过导致插接件损坏或烧毁的情况。

在动力电池组中间位置配置高压维修开关(又称手动维修开关),作为新能源汽车高压系统安全及维修人员保护装置。在进行高压系统维修时,断开高压连接,保护维修人员安全;在高压系统出现短路危险时,内置熔断器熔断,保护高压系统安全。手动维修开关为纯电动汽车及混合动力汽车的高压电力系统在维修时提供安全的维修环境,并且对电力系统起到安全保护的功能。为了防止长久停车过程中低压蓄电池亏电,整车必须配置一个低压电源总开关,以备驾驶人在停车后切断低压蓄电池电源,完全隔断车上各类控制器的静态功耗。

17.5 电池状态估计

电池状态估计包括 SOC、SOP、SOH、SOE 以及均衡和热管理等,它们之间的关系如图 17-10 所示,功能描述见表 17-6。简单地说,电池荷电状态(SOC)就是电池还剩下多少电,SOC 是电池管理系统中最重要的参数,因为其他控制都是以 SOC 为基础的,所以它的精度和鲁棒性(也叫纠错能力)极其重要。如果没有精确的 SOC,电池会经常处于被保护的状态,加再多的保护功能也无法使电池管理系统正常工作,更无法延长电池的寿命。因此,SOC 的估算精度也十分重要,精度越高,对于相同容量的电池,可以有更高的续驶里程。高精度的 SOC 估算可以有效降低所需要的电池成本。

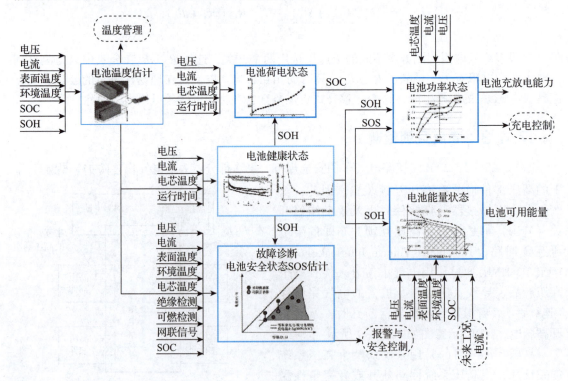

图 17-10 电池状态估计相互关系

表 17-6 电池状态估计功能

序号	功能	描述
1	荷电状态估计	估计电池系统剩余电荷情况，SOC 受充放电倍率（电流）、温度、自放电、老化等因素的影响，使得电池在使用过程中表现出高度的非线性，使得 SOC 的精确估算较为困难
2	能量状态估计	估计电池系统能量状态，反应电池工作能力及预测续驶里程的重要参数，依据能量状态计算动力电池剩余能量与续驶里程
3	功率状态估计	估计电池系统的功率状态，主要输出电池系统的最大许可电流值
4	健康状态估计	估计电池系统的健康情况，主要输出电池系统的老化情况或还能继续正常工作的循环次数

目前电池管理系统算法几乎都是采用电流积分加开路电压的方法。用开路电压（OCV）计算初始 SOC，然后用电流积分计算 SOC 的变化。如果起始点的电压错了，或者安时容量不准，就要一错到底直到再次充满才能纠正。尽管起始点的电压出错概率很低，但如果要保证万无一失，就不能只靠精确的起始点电压来保证起始 SOC 的正确。以磷酸铁锂电池为例，当 SOC 在 70%~95% 区间时，OCV 大约只变化了 2~3mV；当 SOC 在 40%~50% 区间时，OCV 只变化了 1mV，而电压传感器的测量误差就有 3~4mV；在这种情况下，SOC 估算就必须具备强大的纠错能力。因此，SOC 估计算法必须综合开路电压纠正法和安时积分法等多种算法联合计算才能获得置信度较高的 SOC 值。

SOP 是下一时刻，比如下一个 2s、10s、30s 以及持续大电流的时候电池能够提供的最大的放电和被充电的功率。当然，这里面还应该考虑到持续大电流对熔丝的影响。SOP 的精确估算可以最大限度地提高电池的利用效率，比如在制动时可以尽量多地吸收回馈的能量而不伤害电池；在加速时可以提供更大的功率以获得更大的加速度而不伤害电池；同时也可以保证车辆在行驶过程中不会因为欠电压或者过电流保护而失去动力，即使是在 SOC 很低的时候。所谓的电池一级保护、二级保护都是以精确的 SOP 估算为基础的。对于低温、旧电池以及很低的 SOC 来说，精确的 SOP 估算尤其重要，例如，对于一组均衡很好的电池包，在比较高的 SOC 时，电芯之间的 SOC 可能相差很小，比如 1%~2%；但当 SOC 很低时，会出现某个电芯电压急速下降的情况，这个电芯的电压甚至比其他电池的电压低 1V 多。要保证每一个电芯电压始终不低于电池供应商给出的最低电压，SOP 必须精确地估算出下一时刻这个电压急速下降的电芯的最大输出功率，以限制电池的使用从而保护电池。估算 SOP 的核心是实时在线估算电池的每一个等效阻抗。

SOH 是指电池的健康状态，它包括安时容量和功率的变化两个部分。一般认为，当安时容量衰减 20% 或者输出功率衰减 25% 时，电池的寿命就到了，但是，这并不是说汽车就不能开了。对于纯电动汽车（BEV）来说，安时容量的估算更重要一些，因为它与续驶里程有直接关系，而功率限制只是在低 SOC 的时候才重要。对于混合动力汽车（HEV）或者插电式混合动力汽车（PHEV）来说，功率的变化更为重要，这是因为它们电池的安时容量比较小，可以提供的功率有限，尤其是在低温的情况下。对于 SOH 的要求也是既要高精度也要鲁棒性，没有鲁棒性的 SOH 是没有意义的，尤其是当精度低于 20% 时。SOH 的估算也是基于 SOC 的估算，SOC 估计算法是电池管理系统的核心，其他算法都是为这个算法服务的。

17.5.1 健康状态估计

电池健康状态（SOH）表面指电池的健康状况，包括容量、功率、内阻等性能，更多情况下则是对电池组寿命的预测，通常是指测量的容量与额定容量之比。测量的容量是在标准放电条件下全充满电池的放电容量，是电池寿命情况的一种反映，在纯电动汽车中可以此来进行表述，因为纯电动汽车应用基本上是全充全放状态，每次可以进行相互比较。而在混合电动汽车中，使用的只是中间部分的荷电状态，电池容量应用过程中是无法进行检测的，而且更令人感兴趣的是电源系统的输入、输出功率能力的变化，但功率能力方面也是不能正常检测的，其特点可以通过系统的直流内阻来反映。因此，在电动汽车的应用中，更多以电池内阻来反映电源系统。蓄电池组健康状态（SOH）的精确估计具体有以下 3 个方面的意义：

1）精确估计电池组的健康状态（SOH）可以及时对电池组荷电状态（SOC）的估计进行修正，使得电池组 SOC 预测更加接近实际情况。

2）电池组 SOH 的精确预测，可以为其自身的检测与诊断提供依据，有助于及时了解电池组各单体电池的健康状态，及时更换老化的单体电池，提高电池组的整体寿命。

3）电池组的健康状态关系到电动汽车的动力性能，因此对电池组的 SOH 进行预测，对提高电动汽车的性能有重要意义。

1. 影响因素

锂离子电池在实际循环使用过程中，任何能够产生或消耗锂离子或电子的副反应，都可能导致电池容量平衡的改变，且这种改变是不可逆的，并且会随着电池的循环使用进行累积，这将会严重影响电池的寿命。造成锂离子电池容量衰退、寿命受损的主要原因有以下几种。

(1) 正极材料的溶解　正极材料的溶解会造成正极活性物质减少，溶解的正极材料游离到负极时会造成负极界面膜的不稳定，被破坏的界面膜再形成时会消耗锂离子，造成锂离子的减少，这将造成锂离子电池容量减少，寿命缩短。

(2) 正极材料的相变化　一般认为，锂离子的正常脱嵌反应总是伴随着宿主结构摩尔体积的变化，引起结构的收缩与膨胀，这种结构的不可逆转变，也是锂离子电池容量衰减的主要原因，使电池寿命受到影响。

(3) 电解液的分解　在锂离子电池充电过程中，电解液对含碳电极具有不稳定性，因此会发生还原反应。电解液还原消耗了电解质及其溶剂，对电池容量及循环寿命产生不良影响。

(4) 使用过程中过充电　电池在过充电时，会造成负极锂的沉淀、电解液的氧化以及正极氧的损失。这些副反应或者消耗了活性物质，或者产生不溶物质阻塞电极孔隙，这些都会导致电池容量衰减，寿命受损。

(5) 自放电　锂离子电池的自放电所导致的容量损失大部分是可逆的，只有一小部分是不可逆的。不可逆自放电的原因主要有锂离子的损失、电解液氧化产物阻塞电极微孔，造成内阻增大等。

(6) 界面膜的形成　由于界面膜的形成而损失的锂离子将会导致电池两极间容量平衡的改变，在最初的几次循环使用中就会使电池的容量下降，影响电池寿命。另外，界面膜的形成使得部分石墨粒子和整个电极发生隔离而失去活性，也会造成电池容量损失，使电池寿命受到影响。

(7) 集流体 锂离子电池中的集流体材料常用铝和铜，两者都容易发生腐蚀，集流体的腐蚀会导致电池内阻变化，从而造成电池容量损失，寿命衰减。

2. 估算方法

电池 SOH 作为表征电池性能的重要特征参数，正在逐渐成为国内外电动汽车动力电池研究领域的热点问题。目前，国内外学者对于电池估计的研究主要基于 3 个方向：①通过研究电池容量的衰减来估计电池 SOH；②通过研究电池内阻特性来估计电池 SOH；③通过研究电池的充放电行为及其循环次数来估计电池 SOH。

(1) 电池 SOH 的预测方法

1) 基于模糊控制和模糊逻辑理论监测电池 SOH，这种方法一般适用于电池电化学模型的内部参数分析。

2) 基于滤波理论估计电池 SOH，这种方法一般适用于电池等效电路模型参数分析。

3) 利用数据统计理论方法，如各种神经网络理论、支持向量机（SVM）理论等对电池 SOH 进行预测，该方法主要基于大量的数据统计分析来建立电池的"黑箱模型"。以上电池 SOH 预测方法或多或少都需要依赖于前期的实验室工作（如电池老化实验和物理性能测试），甚至还需要一些额外的实验设备。此外，电池预测的研究对象主要集中于单体电池，以电池组整体作为研究对象预测其 SOH 的研究相当少。

4) 基于循环次数。通过总结可靠性试验车行驶里程与容量衰减关系，建立车辆累计充电容量与电池循环寿命衰减模型，总结车辆累计充电容量与电池循环寿命衰减模型，完成 SOH 算法的实验及验证。

5) 基于容量。因电池容量衰减随循环次数变化规律不定，为了进一步提高 SOH 估算精度，应用迭代法容量自学习。电池管理系统根据电池使用状态和充电电流 – 电压特性来估算电池对应的真实 SOH，监测电池达到充电修正目标值。

(2) 电池 SOH 的估计算法 电池 SOH 估计算法如图 17 – 11 所示。

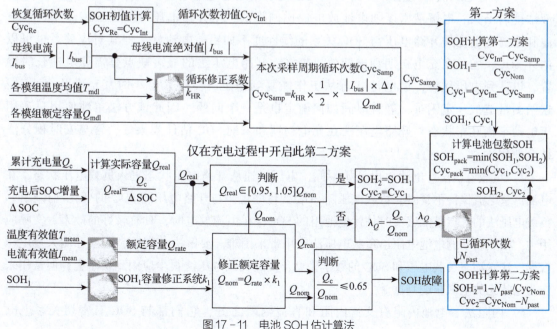

图 17 – 11 电池 SOH 估计算法

计算电池充放电循环过程中的 SOH 值：

1）SOH 初始值为上一时刻存储的值。

2）根据充放电循环次数和电池寿命的比值来计算出 SOH_1，根据实际容量和出厂时的额定容量的比值来计算 SOH_2，根据上述两种方法，取最小值作为 SOH 值。

17.5.2 荷电状态估计

电池荷电状态（SOC）是电池使用过程中最重要的参数之一。由于 SOC 受充放电倍率（电流）、温度、自放电、老化等因素的影响，使得电池在使用过程中表现出高度的非线性，以至于 SOC 的精确估算较为困难。

(1) SOC 估算方法　目前较常采用的方法有放电实验法、安时积分法、开路电压法、负载电压法、内阻法、神经网络法以及卡尔曼滤波法等。

1）放电实验法。放电实验法是最可靠的 SOC 估计方法，采用恒定电流进行连续放电，放电电流与时间的乘积即为剩余电量。放电实验法在实验室中经常使用，适用于所有电池，但它有两个显著缺点：一是需要大量时间；二是电池进行的工作要被迫中断。放电实验法不适用于行驶中的电动车辆，可用于电动车辆电池的检修。

2）安时积分法。安时积分法是最常用的 SOC 估计方法。但是该方法存在如下问题：电流测量不准，将造成 SOC 计算误差，长期积累，误差越来越大；要考虑电池充放电效率；在高温状态和电流波动剧烈的情况下，误差较大。电流测量不准可通过使用高性能电流传感器解决，但成本增加；解决电池充放电效率要通过事前大量实验，建立电池充放电效率经验公式。安时积分法可用于所有电动车辆电池，若电流测量准确，有足够的估计起始状态的数据，则它是一种简单、可靠的 SOC 估计方法。

3）开路电压法。电池的开路电压在数值上接近电池电动势。铅酸电池电动势是电解液浓度的函数，电解液密度随电池放电成比例降低，用开路电压可估计 SOC。MH/Ni 电池和锂离子电池的开路电压与 SOC 关系的线性度不如铅酸电池好，但其对应关系也可以估计 SOC，尤其在充电初期和末期效果较好。开路电压法的显著缺点是需要电池长时静置，以达到电压稳定，而电池状态从工作恢复到稳定，需要几个小时甚至十几个小时，这给测量造成一定困难；静置时间如何确定也是一个问题，因此该方法单独使用只适用于电动车辆驻车状态。开路电压法在充电初期和末期 SOC 估计效果好，常与安时积分法结合使用。

4）负载电压法。电池放电开始瞬间，电压迅速从开路电压状态进入负载电压状态，在电池负载电流保持不变时，负载电压随 SOC 变化的规律与开路电压随 SOC 的变化规律相似。负载电压法的优点是能够实时估计电池组的 SOC，在恒流放电时，具有较好的效果。实际应用中，剧烈波动的电池电压给负载电压法应用带来困难。要解决该问题，需要存储大量电压数据，建立动态负载电压和 SOC 的数学模型，因此负载电压法很少应用到实车上，但常用来作为电池充放电截止的判据。

5）内阻法。电池内阻有交流内阻和直流内阻之分，它们都与 SOC 有密切关系。电池交流阻抗为电池电压与电流之间的传递函数,是一个复数变量,表示电池对交流电的反抗能力,要用交流阻抗仪来测量。电池交流阻抗受温度影响大,是对电池处于静置后的开路状态进行测量,还是对电池在充放电过程中进行测量,存在一定争议,很少用于实车上。直流内阻表示电池对直流电的反抗能力,等于在同一很短的时间段内,电池电压变化量与电流变化量的比值。实际测量中,将电池从开路状态开始恒流充电或放电,相同时间里负载电压和开路电压的差值除以电流值就是直流内阻。铅酸电池在放电后期,直流内阻明显增大,可用来估计电池 SOC;MH/Ni 电池和锂离子电池直流内阻变化规律与铅酸电池不同,应用较少。直流内阻的大小受计算时间段影响,若时间段短于10ms,只有欧姆内阻能够检测到;若时间段较长,内阻将变得复杂。准确测量单体电池内阻比较困难,这是直流内阻法的缺点。内阻法适用于放电后期电池 SOC 的估计,可与安时积分法组合使用。

6)神经网络法。电池是高度非线性的系统,对其充放电过程很难建立准确的数学模型。神经网络具有非线性的基本特性,具有并行结构和学习能力,对于外部激励,能给出相应的输出,故而能够模拟电池动态特性以估计 SOC。估计电池 SOC 常采用 3 层典型神经网络:输入、输出层神经元个数由实际问题的需要来确定,一般为线性函数;中间层神经元个数取决于问题的复杂程度及分析精度。估计电池 SOC,常用的输入变量有电压、电流、累积放出电量、温度、内阻、环境温度等。神经网络输入变量的选择是否合适,变量数量是否恰当,直接影响模型的准确性和计算量。神经网络法适用于各种电池,缺点是需要大量的参考数据进行训练,估计误差受训练数据和训练方法的影响很大。

7)卡尔曼滤波法。卡尔曼滤波理论的核心思想是对动力系统的状态做出最小方差意义上的最优估计。应用于电池 SOC 估计时,电池被看作动力系统,SOC 是系统的一个内部状态。卡尔曼滤波方法估计电池 SOC 的研究在近年才开始,该方法适用于各种电池,与其他方法相比,尤其适合于电流波动比较剧烈的电动车辆电池组 SOC 的估计,它不仅给出了 SOC 的估计值,还给出了 SOC 的估计误差。但是该方法的缺率点是算法过于复杂,对系统计算能力要求较高,目前还没有进入实用化阶段。

通过对不同 SOC 估算方法进行深入研究,初步选定以安时积分法为基础,通过对电池电流进行准确测量,结合开路电压法,考虑电池充放电效率因子、温度、老化、自放电影响,实现对纯电动汽车动力电池的动态管理。对于纯电动汽车而言,电池组基本工作在满充电、满放电状态,充电过程大部分为恒流充电,在充电完成时有一个相对稳定的初始值确定点(充电完成时,SOC 为 100% 或略为过充电),如果电池组的充电效率很高(95% 以上),可以认为充电效率近似为 1 或等于某一恒定值,采用该方法计算 SOC 可以获得比较好的效果。每一个充放电周期的累积误差在下次充电完成的时候基本可以随 SOC 初始值的重新标定而消除。

通过对电池电压、电流、温度信息进行高精度测量,保证 SOC 估计输入的精确性;通过理论分析和对实验数据进行拟合,建立有效的电池模型;通过充放电末期修正 SOC 来消除 SOC 累积误差,考虑电池充放电效率因子、温度、老化、自放电影响,实现系统 SOC 的高精度估算。电池荷电状态估计算法如图 17-12 所示。

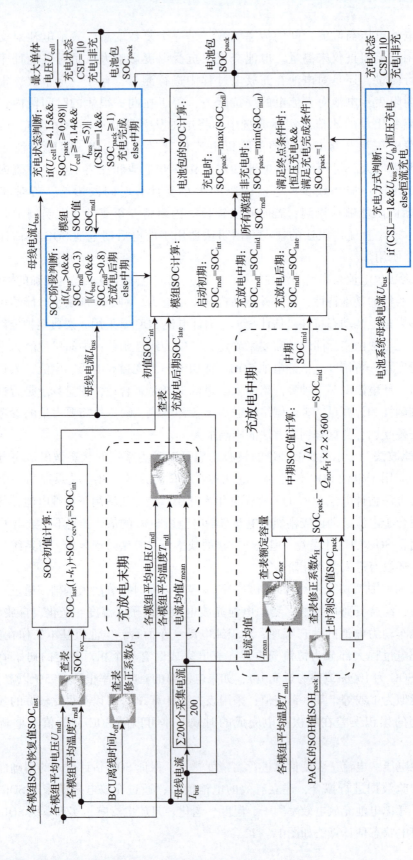

图17-12 电池SOC估计算法

(2) **SOC 初始值计算方法** SOC 初始值由下电时存储的 SOC 和温度 – OCV – SOC 查表得到的 SOC 两者乘以一个与系统离线时间相关的系数得到。在系统每次上电时都需要读取 SOC 初始值。

(3) **单体 SOC 值的计算和根据 SOH 值修正单体 SOC 值** 通过温度和充电电流查表得到电池容量，通过 SOH 查表对电池容量进行修正，将电流进行安时积分再除以容量得到 SOC 变化值，将 SOC 变化值与初始 SOC 值相加得到当前 SOC 值。

(4) **电池包 SOC 的计算** 如果系统重新上电，则读取 SOC 初始值为电池包 SOC；如果处于放电工况，则电池包 SOC 读取单体 SOC 中的最小值；如果处于充电工况且充电未结束，则电池包 SOC 读取模组 SOC 最大值；如果处于充电工况且充电结束，则电池包 SOC 取 1。

(5) **充放电末期单体 SOC 修正方法** 如果系统处于充电工况且电池包 SOC 大于 0.8，则定义系统处于充电末期；如果系统处于放电工况且电池包 SOC 小于 0.3，则定义系统处于放电末期。如果系统处于充放电末期，则需要对 SOC 进行修正，充放电末期的 SOC 计算方法是通过温度、充放电电流、电压进行查表得到 SOC 值。

17.5.3 功率状态估计

SOC 和 SOH 的技术开发得到广泛的关注，但是对于锂电池功率状态（State of Power, SOP）的实时估计可用技术却很少。SOP 表示电池对充放电功率的承受能力，SOP 的准确估计能够在保护电池的前提下，让电动汽车获得更大的动力自由，比如起步加速的可用功率、爬坡的车速、制动电能回收的功率等。电池的功率状态跟电池的 SOC、SOH、温度等多种因素和状态都有关系，因此具有高度的非线性特征。

现有技术关于电池功率承受能力的预测方法主要有脉冲响应的方法，如美国 Freedo – CAR 项目《功率辅助型混合动力汽车用动力电池测试手册》（简称 HPPC），通过给电池在不同 SOC 下施加特定脉冲激励，得到相应的电压来进行功率预测，但是这种方法仅考虑了电池的静态特征，在动态工况中的预测精度很低。此外，还有电化学模型法，使用大量化学偏微分，利用各种近似组合来估计 SOP，但是简化后的适用范围很有限，难以满足应用的要求；该方法通过电学元件的组合来模拟电池的行为，但是相比于 SOP 估算，这些模型更适合性能仿真。

图 17 – 13 所示为电池 SOP 估计算法，可分为以下几个步骤：
1) 选定测量目标的温度、极化电压、持续时间、SOC、SOH。
2) 将电池调整至目标的温度、SOC 和 SOH。
3) 将电池调整到目标的起始极化电压。
4) 获得指定倍率下设定时间的放电库仑效率。
5) 获得指定倍率下选定持续时间的充电库仑效率。
6) 将步骤 4 和步骤 5 获得的结果进行曲线、曲面函数拟合；根据拟合结果获得给定条件下给定功率的电池损害评估，从而获得电池的最大可承受功率。

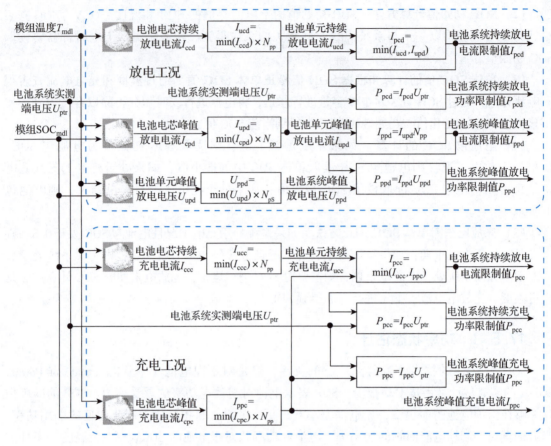

图 17-13 电池 SOP 估计算法

确定动力电池 SOP 的方法，是一种能够从本质上测定电池的最大可承受功率的方法，以三元锂电池 8A·h 电芯为例，具体处理步骤如下：

所述步骤 1 中，选定的目标温度点为 0℃、5℃、10℃、20℃、35℃、45℃、50℃，选定的目标 SOC 点为 10%、20%、30%、50%、80%、90%、100%，选定的目标 SOH 为 100%、85%、80%、70%，选定的持续时间为 10s、20s、35s。

按标准工况充满电，分别使用额定循环寿命倍率，80% 循环寿命倍率，50% 循环寿命倍率，30% 循环寿命倍率对电池进行放电，得到极化电压曲线，将对应该 SOC 点的极化电压选定为测试极化电压。

所述步骤 4 的设定时间为 20s。通过重复步骤 1~3 获得放电库仑效率，每次重复选择不同的参数，测量各选定的温度、SOC、SOH 和起始极化电压下的选定持续时间的充电库仑效率和放电库仑效率。

所述步骤 5 通过重复步骤 1 和步骤 2 获得充电库仑效率，每次重复选择不同的参数，再针对测量该点指定倍率下的选定持续时间获得充电库仑效率。

采用库仑效率直接定量评估电池容量损失，可以为控制策略使用电池功率提供可靠依据，设置起始极化电压条件，包含了使用历史对 SOP 的影响，使得测量结果更加准确可靠。电池使用策略可在控制电池容量总体损失的前提下选择变动的最大功率控制策略。

17.5.4 能量状态估计

在电池管理系统的诸多部分中,获取电池的能量状态(SOE)是最基本的任务,其值的精度会影响到电池管理系统与整车控制系统的控制,此外还会影响动力电池组的能量利用、使用安全。

(1) SOE 估算意义

1) SOE 是反应电池工作能力及预测续驶里程的重要参数,依据能量状态可计算动力电池的剩余能量与续驶里程。

2) SOE 是电池管理系统中能量管理分配的重要参数。能量管理系统是实现整车能量优化的一个重要途径,能量状态是能量管理实现的一个重要依据,依据能量状态制定与其相适应的控制策略能实现能量合理分配的目标,在满足车辆的动力性时提高经济性。

3) SOE 是电池组保护的重要参数。为保证动力电池长期安全的使用,在充电、放电中施加一定条件进行保护。实验中一般采用电池端电压作为电池保护条件,但电池端电压与能量状态有复杂的非线性关系,利用电池端电压作为条件可能出现电池不能充分利用或过保护等,因此以 SOE 作为条件可在保护电池的同时提高电池利用率。

4) SOE 是实现电池组均衡的重要指标。电池管理系统的一个目标是实现电池组的均衡,而均衡的指标应为电池的 SOE,以 SOE 为目标可实现各单体具有相同的放电能力。

(2) SOE 估算方法　电池管理系统是电动汽车的核心部件,负责电池的检测、管理与保护,而电池能量状态是实现管理与保护的基础与关键。长期以来,由于能量状态研究较少导致其定义存在差异。常温、小电流下电池放电较为平稳,剩余能量的计算容易且准确,而纯电动汽车用动力电池使用工况复杂,电流、环境温度变化较大,这使得电池在工作过程中电压波动较大,导致能量状态的获取难度增大。因此选择合适的滤波算法估算电池能量状态也成为一个重点,这对电池管理系统的完善具有重要的意义。

随着电动汽车产业的发展,国内外学者对电池状态的估算进行了大量的研究,但是研究结果仍有一定的不足。研究初期常用的方法有电流积分法、开路电压法、内阻法等,但是由于测量电流、电压的精度较低,导致上述方法的应用误差很大。之后随着电流、电压传感器测量精度的提高,这些方法的应用得到了改善,但是估算精度低仍制约了实车应用。

随着控制理论的发展,研究人员相继提出了利用人工神经网络的方法实现电池状态的估算。神经网络因为其自身的优点使估算的模型容易搭建,但整个估算模型需要通过大量的样本数据去训练。电动汽车用动力电池的发展时间短,样本数据少导致其训练结果较差,需要通过后期大量的电池样本数据去完善模型的精度,因此选择合适的算法成为电池状态估算的关键。电池 SOE 估计算法如图 17-14 所示。

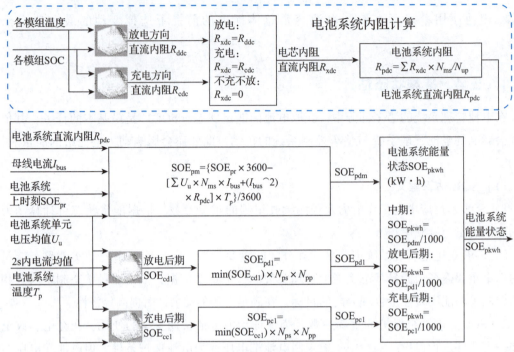

图 17-14 电池 SOE 估计算法

(3) SOE 初始值计算方法 SOE 初始值由下电时存储的 SOE 和温度 - OCV - SOE 查表得到的 SOE 两者乘以一个与系统离线时间相关的系数得到。在系统每次上电时都需要读取 SOE 初始值。

(4) 单体内阻的计算方法 单体内阻通过温度和 SOC 查表得到,如果电流很小,则认为单体内阻为 0。

(5) 电池包 SOE 计算方法 用 SOE 初始值减去负载功率和内阻功率对时间的积分得到当前能量(W·s),除以 3600 得到当前能量(W·h)。

(6) 充放电末期单体 SOE 修正方法 如果系统重新上电,则读取 SOE 初始值为电池包 SOE;如果处于放电工况,则电池包 SOE 读取单体 SOE 中的最小值;如果处于充电工况且充电未结束,则电池包 SOE 读取单体 SOE 最大值。

17.6 电池安全保护

电池安全保护是电池控制策略最基本的功能,包含故障诊断模块和电池保护模块(表 17-7),可以对电池系统进行自检、绝缘监测、温度控制、电池保护和均衡等。

表 17-7 电池安全保护功能

序号	功能	描述
1	故障诊断模块	监控电池系统参数,诊断电池系统的故障状态,对瞬时故障进行故障确认,汇总故障,并根据故障严重程度进行故障分级,对不同的故障等级采取不同的处理方式,并对整车控制状态做出选择
2	电池保护模块	对电池包的各项性能进行诊断,防止各项指标超出阈值,对电池包进行实时在线防护

17.6.1 故障诊断模块

故障诊断（Diagnosis Event Management，DEM）模块的主要作用是监控电池系统参数，诊断电池系统的故障状态，对瞬时故障进行故障确认，汇总故障，并根据故障严重程度进行故障分级，对不同的故障等级采取不同的处理方式，并对整车控制状态做出选择。

故障诊断是对系统运行状态和异常情况做出判断，并为系统故障恢复提供依据。要对系统进行故障诊断，首先必须对其进行检测，即在发生系统故障时，对故障类型、故障部位及原因进行诊断，最终给出解决方案，实现故障恢复。

故障诊断的主要任务有：故障检测、故障类型判断、故障定位及故障恢复等。故障检测是指与系统建立连接后，周期性地向下位机发送检测信号，通过接收的响应数据帧，判断系统是否产生故障。故障类型判断就是系统在检测出故障之后，通过分析原因，判断出系统故障的类型。故障定位是在前两步的基础之上，细化故障种类，诊断出系统具体故障部位和故障原因，为故障恢复做准备。故障恢复是整个故障诊断过程中最后也是最重要的一个环节，需要根据故障原因，采取不同的措施对系统故障进行恢复。

故障诊断模块功能主要是故障汇总和控制车辆行驶状态。其中，故障汇总主要包括对各个模块的故障进行汇总，然后对瞬时故障进行故障确认，并且需要根据故障严重程度进行故障分级；当故障等级为三级时，输出高压下电指令，如果 10s 内还未下电，则进行高压下电超时报警。控制车辆行驶状态是当系统需要高压下电时，则 DEM 模块输出行驶离线状态控制命令；当系统需要高压上电时，如果 BCU 状态是行驶状态，则 DEM 模块输出行驶离线状态控制命令；根据 BCU 的状态，选择 DEM 状态控制命令输出行驶控制还是快充控制还是慢充控制，还是默认离线。电池系统分三级故障，故障诊断与管理如图 17-15 所示。

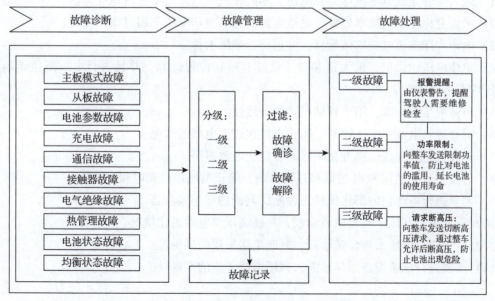

图 17-15 电池系统故障诊断与管理

从图 17-15 中可以看出，电池系统故障主要有主板模式故障、从板故障、电池参数故障、充电故障、通信故障、接触器故障、电气绝缘故障、热管理故障、电池状态故障和均衡状态故障等，从故障管理栏可以看到所有故障被分为三个等级，一级故障的处理机制主要是仪表警告以及提醒驾驶人维修检查；二级故障的处理机制是向整车控制器发送限制功率值，防止对电池的滥用；三级故障的处理机制是向整车发送切断高压请求，经整车控制器允许后下高压，防止电池出现危险状况。

1) 当车辆 SOC 较低时，驾驶人猛踩加速踏板，车辆失去动力：设计合理的故障诊断，估算相应的电池最大放电能力，故障状态下，合理进行限功率操作，确保电池能够提供可使用的功率。

2) 高压接触器粘连，导致电池过放电：监测高压接触器状态，执行相关诊断。在停车状态，监测电池状态，若发生电池故障，可通过整车控制器上报监控中心。

3) 车辆使用过程中，高压连接断开：故障处理策略方面，在整车通信正常的情况下，电池管理系统只上报故障，听从整车控制器的下高压指令。硬件方面，增加继电器供电电源方面的滤波和保护，确保高压继电器不因电源波动等问题异常断开。冗余保护方面，增加整车控制器的硬线控制信号。在电池管理系统故障的情况下，整车控制器可控制高压接触器保持连接状态，确保高压连接不断开。

17.6.2 电池保护模块

电池保护（Battery Protection，BPN）模块主要是针对电池包的各项性能进行诊断，防止各项指标超出阈值，对电池包进行实时在线防护。

1. 功能需求说明

1) 最大允许充放电电流计算，电池实际的充放电电流应不超过该计算值。
2) 最大允许充放电功率计算，电池实际的充放电功率应不超过该计算值。
3) 电池实际充放电功率值计算，并进行功率限值诊断。
4) 单体电压的均值、最大值和最小值及其所在位置计算，并且进行电压限值诊断，单体电压应不超过该限值。
5) 单体间压差诊断，用于评估电池的一致性。
6) 需要进行电池包电压诊断，防止电池包过充电和过放电。
7) 需要进行电池包压降变化率诊断，防止电池短路。
8) 需要进行电池包 SOC 过低和过高诊断，防止电池包过充电和过放电。
9) 需要进行电池包内部连接状态诊断，判断内部连接状态。
10) 需要进行高压继电器电阻诊断，判断高压继电器老化情况。
11) 需要进行电压采样设备诊断，判断电压采集的准确性。
12) 需要进行电流设备采样诊断，判断电流采集的准确性。

2. 关键算法

1) 允许门限值：持续放电电流通过温度查表，最高 $1C$；峰值放电电流 $2C$；持续充电电

流最高 $1C$；峰值充电电流最高 $1.5C$。

2）允许门限值：持续放电功率＝持续放电电流×电池包最低电压（DC432V）＝81kW；通过温度和 SOC 查表得到峰值放电允许电压，最高 624V，峰值放电功率＝峰值放电电流 $2C$×峰值放电允许电压＝235kW，但是最高 235kW 只有在 25℃ SOC＝1 时才能达到，一般取 150kW。持续充电功率＝588×1C＝110kW，峰值充电功率＝588×1.5C＝150kW。

3）首分流器电流乘以电压得到实际功率，将实际功率与 0.9 倍、1.5 倍脉冲功率比较，得到过功率警告（warn）、故障（fault）、失效（fatal）。

4）分别通过充放电 Stateflow 逻辑判断，得到最大最小电压单体坐标。单体高低压诊断为低压：低于 DC3.466V 状态判断为 warn；低于 DC3.2V 状态判断为 fault；低于 DC2.7V 状态判断为 fatal。单体高低压诊断为高压：高于 DC4.25V 状态判断为 fatal；高于 DC4.2V 状态判断为 fault；高于 DC4.15V 状态判断为 warn。

5）单体压差过大诊断（诊断根据情况确定是报警还是报错）。

6）根据系统工作电压 432～676V，进行系统过电压、低电压、失电压三种故障电压报错。

7）两个采样步长之间有 50V 的压升或者压降就 fatal，如果下一时刻保持改变后的值或者差小于 50 就不继续 fatal，反之就继续 fatal。

8）对电池包各模组的 SOC 最大值和最小值进行诊断。

9）正极继电器两端电压差除以电流；负极继电器两端电压差除以电流。

10）四个采样点和两倍的 MSD 采样点之间相互做差，差值小于 800 则认为电压采样无误。

所有电池在充电/放电（即电能与化学能相互转换）的过程中，对接受和释放电荷的能力是有一定限度的，电池本身并不能阻止电荷的流进与流出。例如，在充电过程中，电池接受电荷使自身产生化学能，当自身内部所有化学能转换完毕后，如果外部电能还源源不断地输进来，就会使正极锂离子丢失太多而使电池报废；与此类似，在放电过程中，电池通过释放自身化学能产生电能，当自身内部全部的化学能转换完毕后，电池如果继续进行不受保护的过度放电，则会对锂离子电池造成永久性的损坏，因此锂离子电池必须考虑充电、放电时的安全性，以防止特性劣化。针对锂离子电池的过充电、过放电、过电流及短路保护问题，通常都会在电池包内设计保护电路用以保护锂电池。

3. 锂离子电池保护电路的特点

由于锂离子电池在充放电过程中存在上述所分析的问题，在应用过程中必须加上保护电路。保护电路的基本功能是要完成过充电保护、过放电保护和过电流保护，除了这些基本功能外，对保护电路还有以下要求。

1）低消耗电流驱动：保护电路在异常情况下不工作，但是在工作时，其消耗的电流会是电池的损耗。因此，在工作状态下，要求电流消耗低。

2）检测精度高：电池的过充电检测电压由电池的额定电压决定，若是检测精度不达标，那么在 100% 充电之前，便不能再充电了，这样会降低电池的容量。

3）低电压下正确工作：保护电路的供电电压即为电池电压，单节锂离子电池电压本身就很低，当电池过放电后，电压就更低，但为了对锂离子电池进行保护，保护电路在这样的情况下必须正确地工作。

该模块主要包括参数计算和诊断两大部分，图 17-16 所示为模块总逻辑框图，图 17-17 所示为模块计算逻辑框图。

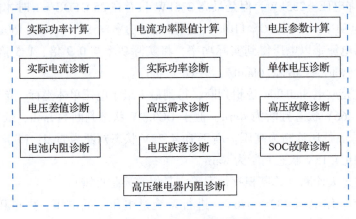

图 17-16　模块总逻辑框图

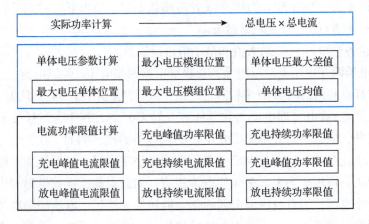

图 17-17　模块计算逻辑框图

该模块主要包括 10 个部分的计算与诊断，根据 BCU 和继电器的状态选择需要进行运行的部分，并设置有发生特定故障进行降功率操作：

1）最大允许充放电电流的计算及持续充放电电流计算，电池实际的充放电电流不应超过相应计算阈值。

2）最大允许充放电功率计算，电池实际的充放电功率不应超过相应计算阈值，并进行功率限值诊断。

3）单体电压的均值、最大值和最小值及其所在位置计算，并且进行电压限值诊断，单体电压应不超过该限值。

4）单体电压极值压差诊断，用于评估电池的一致性。

5）电池包电压诊断，防止电池包过充电和过放电。

6）电池包压降变化率诊断，防止电池短路。

7）电池包 SOC 过低和过高诊断，防止电池包过充电和过放电。

8）高压继电器电阻计算与诊断，判断高压继电器老化情况。

9）三点电压相互做差，判断电压采集的准确性。

10）电池包内阻计算与诊断。

17.7 电池系统控制

电池系统控制分为系统模式管理、继电器控制模块、电池均衡模块和电池温度管理模块四个部分，见表17-8。

表17-8 电池系统控制功能

序号	功能	描述
1	系统模式管理	通常将电池系统分为五个模式状态：自检状态、行驶状态、充电状态、故障状态和下电状态
2	继电器控制模块	对汽车的主正、主负、预充、快充、慢充五个继电器的工作情况和工作时序进行控制，包括预充过程控制
3	电池均衡模块	电池组的不一致性体现在电压、内阻、剩余电量等方面，由于电池的剩余电量估计技术目前尚未成熟，进行电池组均衡时所参照的标准一般是各电池电压
4	电池温度管理模块	实时监测电池系统 BMU 温度、BCU 温度、单体温度、模组温度、模组温度极差和单体温度极差等，并对温度异常发出相应的警告。

17.7.1 系统模式管理

系统模式管理，相当于软件主函数的功能，它将动力电池工作分为有限的几个状态进行控制管理，通常可以分为：自检状态、行驶状态、充电状态、故障状态和下电状态。不同的状态转移条件，使得动力电池管理系统在上述五个状态之间进行切换。

17.7.2 继电器控制模块

继电器控制（Contacter Control，CTC）模块主要包括在行车模式、慢充模式和快充模式三个工况下，对主正、主负、预充等继电器的工作情况和工作时序进行控制。

在行车模式下，CTC 模块在不同阶段控制相应继电器的闭合与断开。在继电器闭合与断开过程中，都需要通过对两端电压的检测来判断继电器是否正常闭合或断开，并且在汽车行驶过程中，还要实时监测继电器状态，保证继电器保持正常闭合状态。除此之外，出现紧急情况或故障时，CTC 模块要能够紧急切断高压，防止危险情况发生。

U_1 是主正继电器靠近电池端与电池负极之间的电压；U_2 是主正继电器靠近负载端与电池负极之间的电压；U_3 是主负继电器靠近负载端与电池正极之间的电压；U_4 是主负继电器靠近电池端与电池正极之间的电压。在行驶模式中，先闭合主负继电器，再闭合预充继电器，检测到

$$\begin{cases} U_2 \geqslant 0.95 U_1 \\ (U_1 - U_2) \leqslant 15 \\ \text{VoltageGradientCheck.ok} == 1 \end{cases} \quad (17-7)$$

当式（17-7）中3个条件同时成立时，则认为预充完成，随之闭合主正继电器，断开预充继电器。

在行驶过程中，为了保证主正和主负继电器时刻保持闭合，需要时刻监测

$$\begin{cases} U_2 \leqslant 1.01 U_1 \\ U_2 \geqslant 0.99 U_1 \end{cases} \quad (17-8)$$

当式（17-8）中2个条件不同时成立时，则报错。需要下电时，首先等待分流器电流小于1A，然后断开主正继电器，再断开主负继电器，检测 U_2 是否在 [0.99 U_1，1.01 U_1] 区间外，且分流器电流小于0.5A，若是，则认为下电完成。

快充模式下，先闭合主负继电器，再闭合快充继电器；快充完毕时，先断开快充继电器，再断开主负继电器。

服务模式下，将所有继电器先闭合再断开，检测所有继电器是否正常工作。

在行驶和慢充模式下

$$\begin{cases} \text{CTCd\_iflt\_NegCtrStuckOpen\_fault} = = 1 \\ \text{CTCd\_iflt\_PrecCurOver\_fault} = = 1 \\ \text{CTCd\_iflt\_PrecTmOver\_fault} = = 1 \\ \text{CTCd\_iflt\_HVCnctCurOver\_fault} = = 1 \\ \text{CTCd\_iflt\_HVCnctTmOver\_fault} = = 1 \end{cases} \quad (17-9)$$

当式（17-9）中任意一个条件报错时，进入紧急状态。该模块主要包括在行车、快充和慢充三个工况下继电器控制的逻辑控制。

17.7.3 电池均衡模块

电动汽车所配备的动力电源电压一般在DC300~600V左右，而每颗锂离子电池单体的电压范围通常为DC2~4.2V，这就需要上百块锂离子电池串联使用，有时为了增大电池所能提供的能量，电池组会并联后再串联。由于生产加工技术水平的限制，每块单体电池在出厂时的各项关键性能特性不可能完全一致，而且在使用过程中，电池特性也会随外界环境等多种因素动态变化，电池组在工作过程中必然存在不一致的问题。

电池组的不一致性体现在电压、内阻、剩余电量等关键性能参数方面，由于电池的剩余电量（SOC）估计方法目前尚未成熟，在进行电池组均衡时所参照的标准一般是各电池电压。由于电池组串联使用，在放电时电流相同，电压不同。如果不进行电池组均衡，仅仅对电压进行监控，那么为了防止单体电池过放电，在放电过程中，某块电池电压达到下限时电池组便必须停止工作，但此时，其他电池仍可继续放电，这样就造成了电池容量的浪费。相反，充电过程中，某一块电池电压到达上限便停止充电，此时其他电池尚未充满，相当于减少了电池容量。若适时进行电池组均衡，则各电池电压同步变化，充放电时电池同时充满、同时放空，使电池容量得到最大化利用，提高电动汽车的续驶里程，减少电池充放电次数，延长电池使用寿命。均衡方法多种多样且不断推陈出新，大致可分为被动均衡和主动均衡。

1. 被动均衡

被动均衡主要为电阻放电式均衡，通过电阻消耗电量，产生热量来换取电池的均衡。

这种均衡结构简单,放电速度快,可多个单体同时放电,但是只能放电不能充电。

每个电池并联一个电阻,各电阻阻值相同。电阻与电池构成回路,电池电压高的回路通过的电流大,电阻消耗的能量多,该电池电压下降较快。同理,电压低的电池被消耗的能量少,电池电压下降较慢,从而使电池组得到均衡。应用该系统时,想要提高均衡功率就需要减小电阻值,但是同时均衡电流变大,能量耗损也会增多,且产生的热量也会使系统的温度升高,可能会造成安全问题和缩短电池使用寿命。

在每个回路上串联一个可控开关。该系统定时检测各电池电压,当某些电池电压超过设定值(如电池组平均电压值)时,接通该回路开关,电池对电阻放电以消耗能量,直到电池电压低于平均电压时断开回路。与改进前相比,此系统减少了能量消耗,但其所消耗的能量和带来的温升仍是不能忽视的。

尽管耗能型存在能耗高、散热量大的缺点,但其由于控制逻辑简单,硬件上容易实现,成本低,成为目前均衡控制最常用的方案。

2. 主动均衡

主动均衡是指利用电容、电感等储能元件在电池之间进行能量转移,使电池组电压保持一致的均衡系统。主动均衡可分为能量转换式均衡和能量转移式均衡两种。

(1) 能量转换式均衡 通过反激式变换器由锂离子电池组整体向单体电池进行补充电量,或者由单体电池向电池组进行补充的均衡方式。能量转换式均衡可分为上限均衡和下限均衡两种。所谓上限均衡就是当电池组中某个电池的电压高于平均电压时,通过变压器把这个电池多余的能量反馈到整个电池组上去。而下限均衡是当某个电池的电压低于平均电压时,通过变压器把能量从电池组转换到指定的电池上去。通常,上限均衡用于充电过程,下限均衡用于放电过程。

图 17-18 所示为双向隔离反激 DC/DC 变换均衡器。在电池组内,每个单体两端接上独立的 DC/DC 变换器,每个变换器模块化。通过单片机控制变压器初级和次级开关,充电时,若第 n 块电池电压过高,则闭合第 n 组变压器初级开关,该电池通过变压器线圈将能量传递给整个电池组,增大了电池组的充电电流。放电时,若第 n 块电池电压低于平均电压,则闭合第 n 组电池次级开关,电池组向变压器次级供电,第 n 块电池吸收能量,电压升高。

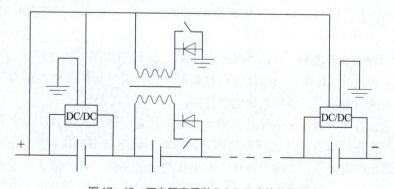

图 17-18 双向隔离反激 DC/DC 变换均衡器

这种方法的优点是可同时对多块电池进行能量转移,均衡电流大,均衡效率高,没有能量耗散,在电池充电、放电、静置时均可进行电量均衡;缺点是每个电池需要一个变压器模块,电路和控制都比较复杂,同轴线圈存在一定的能量损失,造成均衡效率降低,价格较贵,体积大。

(2) 能量转移式均衡 通过使用储能元件把能量从电压高的电池转移到电压低的电池。这种方式可以使用开关电容来实现,由电容传递相邻电池的能量,将电荷从电压高的电池传到电压低的电池以达到均衡,如图 17-19 所示。这种方法只能均衡相邻电池电量,能量传递的快慢取决于相邻电池电压差的大小,在均衡后期速度很慢。与被动均衡相比,主动均衡的控制逻辑复杂,设计困难,但是其总体耗能大大降低,是未来发展的主流。

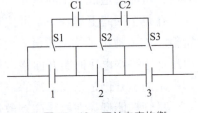

图 17-19 开关电容均衡

3. 均衡模块(BAL)

均衡模块主要是根据采集到的单体电压值,对电压相对于平均电压差值过大的单体进行均衡充电,从而使各电池达到均衡一致的状态。

(1) 均衡模块的主要功能

1) 监控单体电池电压的不均衡性,采用被动均衡的方式,在充电期间进行均衡管理。
2) 将单体电压、电池采集单元温度、模块温度、故障等级等状态作为均衡的条件。
3) 根据均衡板的均衡能力开启均衡单体个数。

(2) 均衡模块的关键算法

1) 求出 160 个单体的平均电压作为一个指标,计算所有单体和平均电压之间的差值,根据差值来决定是否需要均衡和均衡的优先级。

2) 单体平均电压大于 3.7V 且系统处于慢充或者快充状态且系统故障等级为 0 时,才允许均衡。

3) 首先判断上时刻均衡标志为 1 的单体的压差是否小于 0.01V,小于就均衡标志置 0。然后再看上时刻均衡标志为 1 的单体数是否小于 3,如果小于 3,则上时刻均衡标志为 0,该时刻压差又大于 0.02 的单体置均衡标志 1;如果大于 3,再找是否存在急需均衡的单体;如果存在,再找是否存在可替换单体;如果存在,就替换掉均衡标志,否则沿用上时刻均衡策略。

(3) 均衡模块的状态流程 BAL 均衡模块的状态流程图如图 17-20 所示。整个 BAL 均衡模块通过对采集到的单体电池的电压进行计算处理,在满足均衡条件的前提下,对需要均衡的单体电池发送均衡指令,使各电池电量均衡。

模块流程为:首先判断外部条件是否满足,这是优先权最高的条件,如果有任何一条内容不满足,都不会进行均衡;其次判断内部条件,对不满足该条件的模组也不会进行均衡;最后当条件都满足的前提下,检测单体电压和电压均值的差值,若差值大于设定的阈值,便开启均衡;此外,若上一时刻某一单体开启均衡,这一时刻通过检测该单体电压与电压均值的差值是否小于设定的均衡关闭的阈值,若小于,便关闭均衡。

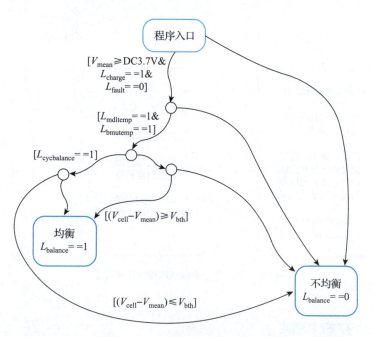

图 17-20 均衡模块状态流程图

17.7.4 电池温度管理模块

电池温度管理（Battery Temp Management，BTM）模块主要是实时监测电池系统 BMU 温度、BCU 温度、单体温度、模组温度、模组温度极差和单体温度极差等信息，并对温度异常做出相应的警报。

电池温度管理模块主要包括两大部分：第一部分主要包括一些模组温度参数的计算，例如模组的最高温度以及相应模组所在位置，最低温度以及相应模组所在位置，最高温度与最低温度的差值以及模组平均温度；第二部分主要是检测各个温度值是否在规定的限值内，如果超出相应的阈值，就会报相应的故障，并且根据其值所在故障区间发出相应故障等级的警告。

1）外界温度：低于 40℃ 为警告；低于 50℃ 为故障。
2）BCU 温度：低于 90℃ 为警告；低于 100℃ 为故障；低于 110℃ 为失效。
3）BMU 温度：低于 90℃ 为警告；低于 100℃ 为故障；低于 110℃ 为失效。
4）单体最小温度：低于 -20℃ 为警告；低于 30℃ 为故障；低于 40℃ 为失效。
5）单体最大温度：低于 35℃ 为警告；低于 40℃ 为故障；低于 55℃ 为失效。
6）模组温度差最大值：低于 15℃ 为警告；低于 20℃ 为故障；低于 30℃ 为失效。
7）计算单体的最高温度、最低温度、最高温度单体坐标、最低温度单体坐标，输出单体最高温度和最高温度单体坐标。由于每个模组有两个温度传感器，因此将最高和最低温度单体坐标除以 2 得到最高和最低温度模组的坐标。将温度最大值和最小值做差得到单体温度极差，将 64 个温度传感器的值求平均得到单体平均温度，即电池包温度。

图 17-21 所示为电池温度管理模块逻辑框图，该模块主要包括参数计算和诊断两大部分。

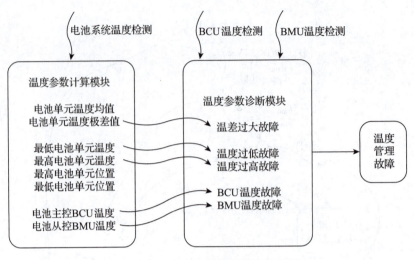

图 17-21 电池温度管理模块逻辑框图

17.8 电池充电控制

在电动汽车上,存在两种方式给动力电池充电,一种是直流充电,另一种是交流充电,相应功能见表 17-9。

表 17-9 电池充电控制功能

序号	功能	描述
1	直流充电模块	对电池系统的直流充电过程进行控制
2	交流充电模块	对电池系统的交流充电过程进行控制

锂离子电池的负极为石墨晶体,正极通常为锂离子化合物。充电时,锂离子由正极向负极运动而嵌入石墨层中;放电时,锂离子从负极石墨晶体内脱落游离向正极。因为在充放电过程中,锂总是以锂离子状态存在而不是金属锂,所以这种电池叫作锂离子电池。

单节锂离子电池的额定电压为 3.68V,容量为 94A·h,由于要满足电动汽车的使用要求,需要将单体锂电池通过串联和并联的方式来达到工作电压和容量的要求。

根据锂离子电池的结构特性,锂离子电池的最高充电电压为 4.25V,如果过充会造成正极锂离子脱离过多,给电池带来不可逆的伤害。锂离子电池充电采用先恒流,再恒压的充电方式,当恒流充电使单体电压达到 4.14V 时,接着采用恒压充电,当恒压充电电流降至设定的阈值时,停止充电。

17.8.1 直流充电模块

温度对电池充电性能的影响尤为明显,主要反映在电池的充放电效率上。目前的电动汽车动力电池,在低温下充电最明显的特点就是电压迅速上升。由于在低温下充电会带来许多问题,如锂离子电池,低温充电时,正极锂脱出快,负极锂向内部的嵌入速度慢,就会造成锂金属在电极表面的积累，生成枝晶，使电池短路。例如，Ni/MH 电池在低温充电时，由于储氢负极对氢的吸收速度变慢，氢来不及被储氢合金吸收，就会形成氢气，增大电池内压，影响安全性能。混合动力汽车在实际应用中，车辆只要起动后，随着电源系统的持续工作，电池组温度会逐渐上升，达到或接近常温，对电池组的充电影响不大。纯电动汽车在低温情况下充电时可以根据温度进行控制，前期采用小电流充电，随着充电的进行，电动汽车电池组温度逐渐升高，充电接受能力上升，对正常使用的影响也较小。有时也会在电池包上覆盖一层加热膜，在低温条件下充电时，会对电池包进行加热。

电池在规定时间内放出额定容量所需的电流值称为电池的充放电倍率，通常以字母 C 表示。例如，电池的额定容量为 10A·h，则 100A 为 10C，10A 为 1C（1 倍率），依此类推。

充电过程中，充电效率是指电池将消耗的电能转化为电池所储存化学能程度的量度，主要受电池工作环境的温度，电芯材料以及电池生产工艺的影响。在一定条件下，电池放出的实际容量与额定容量的比值，称之为电池的放电效率，主要受电池的放电倍率、电池内阻以及环境温度的影响。

快充管理模块分为快充输入信号处理模块（FCM_{IPT}）、快充流程模块（FCM）和快充输出信号处理模块（FCM_{OPT}），这些模块的功能主要是定义整个快充过程的输入/输出量，并规范整个快充的流程，快充流程图如图 17-22 所示。

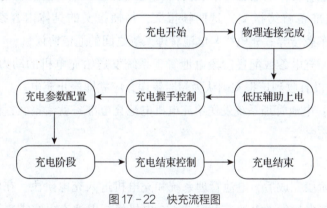

图 17-22　快充流程图

电池管理系统与非车载充电桩之间的通信协议是按照 GB/T 27930—2015《电动汽车非车载传导式充电机与电池管理系统之间的通信协议》进行的，与充电桩之间的通信实行的是充电 CAN 通信，因此整个快充流程的输入信号处理主要是对 CAN 信号进行处理。根据 GB/T 27930—2015《电动汽车非车载传导式充电机与电池管理系统之间的通信协议》，整个快充流程包括物理连接完成、低压辅助上电、充电握手阶段、充电参数配置阶段、充电阶段和充电结束阶段这六个阶段。

当电池管理系统和充电机物理连接完成并上电后，电池管理系统和充电机的状态转换，二者是相互协调工作的。

1. 充电握手阶段

充电握手阶段分为握手启动阶段和握手辨识阶段，当充电机和电池管理系统物理连接完成并上电后，开启低压辅助电源进入握手启动阶段发送握手报文，再进入绝缘监测。绝缘监测结束后，双方发送辨识报文，确认电池管理系统与充电机的必要信息。

在充电握手阶段，电池管理系统需向充电机发送 BHM（BMS 握手报文）和 BRM（BMS 和车辆辨识报文），每帧报文的具体内容参见 GB/T 27930—2015《电动汽车非车载传导式充电机与电池管理系统之间的通信协议》。

BHM 报文功能：当电池管理系统收到充电机握手报文后，每隔 250ms 向充电机返回电池管理系统握手报文，提供最高允许充电总电压。

BRM 报文功能：在充电握手阶段向充电机提供电池管理系统和车辆辨识信息。当电池管理系统收到 SPN2560＝0x00 的充电机辨识报文后，每隔 250ms 向充电机发送一次 BRM 报文，报文的数据域长度超出 8 字节时，需使用传输协议功能传输，发送间隔为 10ms，直到 5s 内收到 SPN2560＝0xAA 的充电机辨识报文为止。

2. 充电参数配置阶段

充电握手阶段完成后，充电机和电池管理系统进入参数配置阶段。在此阶段，充电机向电池管理系统发送最大输出能力报文，电池管理系统根据充电机的最大输出能力判断能否进行充电。

在充电参数配置阶段，电池管理系统需向充电机发送 BCP（动力蓄电池充电参数报文）和 BRO（BMS 充电准备就绪报文）这两帧报文，每帧报文的具体内容参见 GB/T 27930—2015《电动汽车非车载传导式充电机与电池管理系统之间的通信协议》。

BCP 报文功能：充电参数配置阶段电池管理系统发送给充电机的动力蓄电池充电参数，如果充电机在 5s 内没有收到该报文则认为超时错误，应立即停止充电。

BRO 报文功能：电池管理系统发送给充电机电池充电准备就绪报文，让充电机确认电池管理系统已经准备充电。

3. 充电阶段

充电参数配置阶段完成后，电池管理系统和充电机进入充电阶段。在整个充电阶段，电池管理系统实时向充电机发送电池充电需求，充电机根据电池充电需求来调整充电电压和充电电流以保证充电能够正常进行。在此过程中，电池管理系统与充电机互相发送充电状态。

在充电阶段，电池管理系统需向充电机发送 BCL（电池充电需求报文）、BCS（电池充电总状态报文）、BSM（动力蓄电池状态信息报文）、BMV（单体动力蓄电池电池电压报文）、BMT（动力蓄电池温度报文）、BST（BMS 终止充电报文），每帧报文的具体内容参见 GB/T 27930—2015《电动汽车非车载传导式充电机与电池管理系统之间的通信协议》。

BCL 报文功能：让充电机根据电池充电需求来调整电池的充电电压和充电电流，保证充电的正常进行。（在恒压充电模式下，充电机输出的电压应满足电压需求，输出的电流不能超过电流需求值；在恒流充电模式下，充电机输出的电流应满足电流需求，输出的电压不能超过电压需求值）

BCS 报文功能：让充电机监视电池组在充电过程中的电流和电压状态，如果充电机在 5s 内没有收到该报文则认为超时错误，应立即停止充电。

BSM 报文功能：充电阶段电池管理系统向充电机发送动力蓄电池充电状态信息。

BMV 报文功能：各个单体动力蓄电池电压信息。

BMT 报文功能：动力蓄电池温度信息。

BST 报文功能：让充电机确认电池管理系统将发送终止充电报文以令充电机结束充电过程，并反馈结束充电的原因。

4. 充电结束阶段

当电池管理系统和充电机结束充电后，双方进入充电结束阶段，包括初始 SOC、终了 SOC、电池最低电压和最高电压，充电机收到电池管理系统的充电统计数据后，向电池管理系统发送整个充电过程的输出电量、累计充电时间等信息，最后停止低压辅助电源的输出。

在充电结束阶段，电池管理系统向充电机发送 BSD（BMS 统计数据报文），BSD 报文的具体内容参见 GB/T 27930—2015《电动汽车非车载传导式充电机与电池管理系统之间的通信协议》。

BSD 报文功能：让充电机确认本次充电过程中的统计数据。

直流充电控制流程如图 17-23 所示。

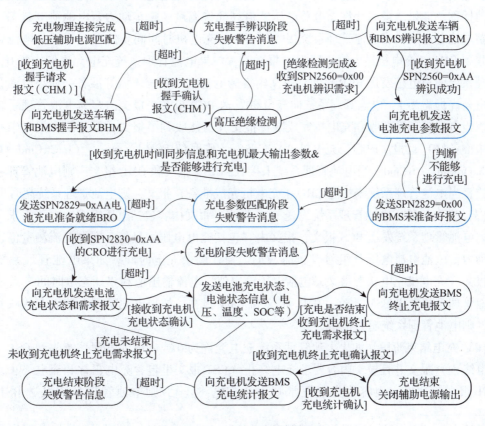

图 17-23　直流充电控制流程

5. 错误报文

BEM 报文功能：当电池管理系统检测到错误时，向充电机发送充电错误报文。

6. 关键算法

(1) 充电握手阶段 如果电池管理系统收到了充电机发的 CRM 报文[⊖]（因为是充电桩每隔 250ms 不断发送寻求回应，当电池管理系统第一次收到充电桩 CRM 时，CRM 报文的第一条报文数据肯定是 00，因为充电桩在没收到 BRM 时，CRM 的第一条报文肯定是 00），则向充电桩发送发送 BRM 报文（BRM 报文共有 11 条报文，具体项目见国标）。如果电池管理系统没有收到充电机发来的 00 报文（当充电机没有收到电池管理系统发送的 BRM 报文时，充电机的 CRM 报文第一条报文数据为 00），则电池管理系统超时报错；如果电池管理系统没有收到充电桩发来的 AA 报文（即充电桩没有收到电池管理系统发送的 BRM，导致 CRM 报文第一字节恒为 00，使得电池管理系统收到的 CRM 报文的第一条报文数据一直不是 AA），则电池管理系统超时报错。

(2) 参数配置阶段 当充电桩收到电池管理系统发送的 BRM 报文后，且 CRM 报文的第一条报文是 AA，则电池管理系统向充电桩发送 BCP 报文。BCP 报文内容是动力蓄电池充电参数，包括 7 条报文，分别是单体动力蓄电池最高允许充电电压、最高允许充电电流、动力蓄电池标称总能量、最高允许充电总电压、最高允许温度、整车动力蓄电池荷电状态、整车动力蓄电池总电压。当电池管理系统接收到 CTS（充电机时间同步信息）报文且电池管理系统接收到 CML（充电机最大输出能力）报文时，如果电池管理系统充电允许标志为 0，则电池管理系统向充电桩发送 BCP 报文，报文内容为电池管理系统未做好准备；如果电池管理系统充电允许标志为 1，电池管理系统向充电桩发送 BCP 报文，报文内容为电池管理系统做好准备。当电池管理系统收到充电机完成准备报文（虽然收到了报文，但是注意报文中有准备好与未准备好）且报文内容是充电桩 AA 准备好，则赋值 FCMd_ enum_ ChaCtrCmd = CTC_FastChaOnline_ CtrCmd。当电池管理系统未接收到 CTS 报文和 CML 报文，则电池管理系统超时报错；当电池管理系统未接收 CRO（充电机完成准备）报文，则电池管理系统超时报错。

(3) 充电阶段 电池管理系统发送 BCL 报文，报文内容包括电压需求、电流需求、充电模式。电池管理系统发送 BCS 报文，报文内容包括充电电压测量值、充电电流测量值、最高单体动力蓄电池电池电压及组号、当前 SOC、预计剩余充电时间。如果电池管理系统收到 CCS 报文（充电机充电状态报文，包括电压输出值、电流输出值和累计充电时间三条报文），则电池管理系统发送 BSM 报文、BMV 报文和 BMT 报文。如果电池管理系统没有接收到 CCS 报文，则电池管理系统超时报错。

(4) 充电结束阶段 如果电池管理系统充电允许为 0 或者电池管理系统收到 CST（充电桩充电终止）报文并且报文内容要求充电终止（CST 报文里包含充电正常和充电终止，当收到 CST 报文但是报文内容为充电正常则不会充电终止），则电池管理系统发送 BST 报文

⊖ CRM 报文：CRM 是充电机辨识报文，发送端是充电机，接受端是 BMS，目的是向 BMS 提供充电机辨识信息。在握手阶段，当 BMS 和充电机物理连接完成，上电并通过人工设定 CAN 标识符格式和通信波特率后，充电机每隔 250ms 向 BMS 发送一次。

(报文内容包括电池管理系统终止充电原因、电池管理系统终止充电故障原因、电池管理系统终止充电错误原因)。如果电池管理系统收到 CST 报文,则电池管理系统发送 BSD 报文(报文内容包括终止 SOC、动力蓄电池单体最低电压、动力蓄电池单体最高电压、动力蓄电池最低温度、动力蓄电池最高温度)。如果电池管理系统收到 CSD(充电机充电统计)报文,则赋值 FCMd_enum_ChaCtrCmd = CTC_FastChaOffline_CtrCmd。如果电池管理系统没有接收到 CST 报文,则电池管理系统超时报错。如果电池管理系统没有接收到 CSD 报文,则电池管理系统超时报错。

恒流充电状态中,电流需求为最大充电电流允许值、输出的最大充电电流值(快充 CAN)和需求的恒流充电电流三者中的最小值,电压需求为 FCMd_vPackChaVolMax = 664V。当最大单体电压达到 4.14V 时开始恒压充电,电压需求为电池端电压。值得注意的是,在恒压充电模式下,充电机的输出电压应满足电压需求值,输出的电流不能超过电流需求值;在恒流充电模式下,充电机输出的电流应满足电流需求值,输出的电压不能超过电压需求值。

17.8.2 交流充电模块

与快充(直流电直接输入到动力电池中)的充电方式不同的是,慢充需要经过车载充电机将交流电转换成直流电再充入动力电池。常规充电桩多为家用 220V 电压的慢充,只需将车载充电机的插头插到停车场或其附近的电源插座上即可进行充电。慢充所需要的电流与电压较小,民用线路就可以承受,安装方便;并且充电线可以将民用 220V 交流电源引到交流充电口,有连接指示和故障指示功能,还具备过电压、欠电压、过电流、漏电保护、接地检测功能。

(1) 交流充电电路原理 参阅 GB/T 18487.1—2015《电动汽车传导充电系统 第 1 部分:通用要求》,以充电模式 2 连接模式 B 为例。交流充电电路原理如图 17-24 所示。

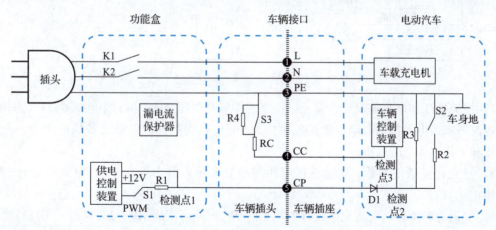

图 17-24 交流充电电路原理

1) CC 端子:连接确认。供电设备插头与插座连接后,电动汽车车辆控制装置通过检测点 3 与 PE 之间的电阻值判断车辆插头与车辆插座是否已经完全连接。

2) CP 端子:连接及控制确认。在完成插头与插座连接状态检测后,则开关 S1 连接 +12V 状态,供电控制装置通过检测点 1 的电压值判断充电连接状态是否已经完全连接。然后开关 S1 切换至 PWM 连接状态，供电控制装置发出 PWM 信号，告知车辆供电设备提供的最大工作电流值。

3）供电回路闭合：车辆控制端检测无误后闭合 S2，供电控制装置通过再次测量检测点 1 的电压值判断车辆是否准备就绪，如满足要求则通过闭合 K 使交流供电回路导通（K1 和 K2 为供电回路断路器）。

慢充功能模块的作用是设定慢充过程中的电压和电流，对车载充电机进行控制，监控慢充接口连接情况，诊断慢充故障，规范慢充流程。

（2）交流充电关键算法

1）判断慢充允许条件。交流充电判断逻辑如图 17-25 所示。当满足 BCU 状态为慢充状态、慢充连接标志为 1、电池包 SOC 小于 0.95、最大单体电压小于 4.15V、电池包总电压小于 656 V、电池包温度大于 -10℃、慢充故障标志为 0、系统故障等级为 0 或 1、OBC 状态不为 OBC 故障时，则慢充允许。

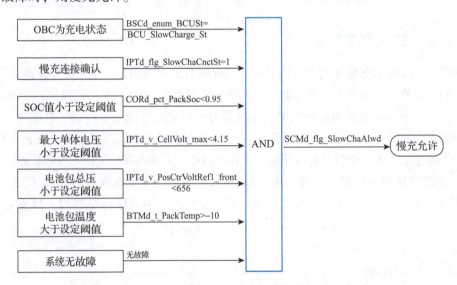

图 17-25　交流充电判断逻辑

2）慢充电压和电流的设定。慢充电压需求为安全电压 664V 和工作电压 663V 之间取小；慢充电流需求为电缆额定电流、慢充控制信号 PWM 查表得到的供电设备供电能力、允许充电电流和工作电流之间取小。

3）慢充停止条件判断。电池正极电压与慢充电压差值小于 0.5V 且电流小于 0.5A 时，慢充停止。

4）交流充电流程。交流充电流程如图 17-26 所示。参照 GB/T 20234.2—2011，当电动汽车和供电设备建立电气连接后，车辆控制装置通过判断检测点 2 的 PWM 信号占空比来确认供电设备的最大可供电能力，并且通过判断检测点 3 与 PE 之间的电阻值来确认电缆的额定容量。车辆控制装置对供电设备当前提供的最大供电电流值、车载充电机的额定输入电流值及电缆的额定容量进行比较，将其最小值设定为车载充电机当前最大允许输入电流。当车辆控制装置判断充电连接装置已完全连接，并完成车载充电机最大允许输入电流设置后，车载充电机开始对电动汽车进行充电。当车辆接口处于完全连接状态，并且车辆控制装置没有接收到检测点 2

的 PWM 信号时，如果车辆控制装置接收到驾驶人的强制充电请求信号（要求车辆设置充电请求的手动触发装置），则车载充电机的功率设置按照输入电流不大于 13A 的模式对电动汽车进行充电。在充电过程中，如果接收到检测点 2 的 PWM 信号时，则车载充电机最大允许输入电流设置取决于供电设备的可供电能力和车载充电机的额定电流的最小值。在充电过程中，当达到车辆设置的结束条件或者驾驶人对车辆实施了停止充电的指令时，车辆控制装置断开开关 S2，并使车载充电机处于停止充电状态。在充电过程中，当达到操作人员设置的结束条件、操作人员对供电装置实施了停止充电的指令或检测到开关 S2 断开时，则供电控制装置控制开关 S1 切换到 +12V 连接状态，并通过断开接触器 K1 和 K2 切断交流供电回路。

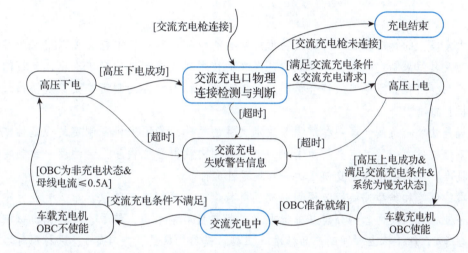

图 17-26 交流充电流程

5）慢充诊断。当 OBC 充电电流和分流器电流中的最大值与慢充需求电流的差值大于 0.05A 时，电池管理系统慢充过电流报错；当 OBC 充电电压和电池正极电压的最小值与慢充需求电压的差值大于 0.5V 时，电池管理系统过电压报错。

习 题

17-1 任务调度存储有几个功能？分别进行简要阐述。

17-2 电池控制策略中主要通过哪几个模块对数据进行输入输出处理？分别进行简要阐述。

17-3 电池系统检测主要有哪几个功能？其中，测量绝缘性能的方法有哪几种？请分别简要说明。

17-4 什么是 SOC？目前常用的估计方法有哪些？请简要介绍。

17-5 电池安全保护是什么？为什么要进行电池安全保护？

17-6 锂离子电池保护电路的主要特点是什么？

17-7 简述电池均衡的意义和主要原理。

17-8 电池温度控制模块对电池以及 BMS 有何意义？

第 18 章 标准法规

技术意义上的标准就是一种以文件形式发布的统一协定,其中包含可以用来为某一范围内的活动及其结果制定规则、导则或特性定义的技术规范或者其他精确准则,其目的是确保材料、产品、过程和服务能够符合需要。一般而言,标准文件的制定都要经过协商过程,并经公认机构批准。

法规是法令、条例、规则和章程等法定文件的总称,指国家机关制定的规范性文件。标准是规范性文件之一,其定义是为了在一定的范围内获得最佳秩序,经协商一致制定并由公认机构批准,共同使用和重复使用的一种规范性文件。

标准的制定和类型按使用范围划分有国际标准、区域标准、国家标准、专业标准、地方标准、企业标准;按内容划分有基础标准(一般包括名词术语、符号、代号、机械制图、公差与配合等)、产品标准、辅助产品标准(工具、模具、量具、夹具等)、原材料标准、方法标准(包括工艺要求、过程、要素、工艺说明等);按成熟程度划分有法定标准、推荐标准、试行标准、标准草案。

18.1 国内测试标准

在国家政策的引导下,新能源汽车的研发和产业化出现了前所未有的高潮。随着新能源汽车的迅猛发展,作为核心零部件的动力电池发展也紧随着新能源汽车的整体趋势在大幅度上升。电池管理系统是电动汽车电池系统测试及控制装置,具有安全预警与控制、剩余电量估算与指示、充放电能量管理与过程控制、均衡保持与落后电池维护、信息处理与通信等主要功能。电池管理系统的重要性毋庸置疑,其开发的目标是精度高、功能强大、可靠性高,因此,产品研发和质检阶段对电池管理系统的测试环节非常关键。

围绕电动汽车产业,中华人民共和国国家质量监督检验检疫总局和国家标准化管理委员会出台了一系列的国家标准,相关标准中包括了整车、零部件、接口及设施 3 部分。动力电池属于零部件类,针对电动汽车用动力蓄电池,中华人民共和国国家质量监督检验检疫总局和国家标准化管理委员会于 2015 年 5 月 15 日联合发布了 6 项国家标准,并在 2016 年全面实施。其中与动力电池相关的 7 项国标文件有:

1) GB/T 31484—2015《电动汽车用动力蓄电池循环寿命要求及试验方法》。
2) GB/T 31485—2015《电动汽车用动力蓄电池安全要求及试验方法》。

3）GB/T 31486—2015《电动汽车用动力蓄电池电性能要求及试验方法》。

4）GB/T 31467.1—2015《电动汽车用锂离子动力蓄电池包和系统 第1部分：高功率应用测试规程》。

5）GB/T 31467.2—2015《电动汽车用锂离子动力蓄电池包和系统 第2部分：高能量应用测试规程》。

6）GB/T 31467.3—2015《电动汽车用锂离子动力蓄电池包和系统 第3部分：安全性要求与测试方法》。

7）GB/T 38661—2020《电动汽车用电池管理系统技术条件》。

在早期的发展中，动力电池相关的标准依据单一，仅有行业标准 QC/T 743—2006《电动汽车用锂离子蓄电池》作为参考，缺乏权威性及广泛性，行业监管的标准不清晰，国家标准体系的建立就日趋重要。我国的电动汽车及动力电池产业，需要符合现阶段行业的规范和监管标准。2015年是历年来发布电动汽车电池相关的国家标准数量最多的一年，说明我国2015年在电动汽车技术或市场方面的发展有明显突破。GB/T 31484—2015、GB/T 31485—2015、GB/T 31486—2015 是在 QC/T 743—2006 基础上演变而来的国家标准，而 GB/T 31467—2015 标准是以 ISO 12405 为依据进行编制的，但也不完全按照 ISO 12405 的测试规程制定。GB/T 31484—2015、GB/T 31485—2015、GB/T 31486—2015 的电池类型范围由原来的锂离子电池扩大至各类动力电池；样品级别在单体和模组基础上增加了系统级别；模组的定义由5个以上单体串联，变为1个以上单体串联、并联、串并联；新标准默认的充放电倍率为$1C$，要求更严格；新标准中，试验条件也明确规定了测试的室温为25℃±2℃，环境温度为25℃±5℃，相对湿度15%~90%，测试气压为86~106kPa。

1. 电池寿命标准

GB/T 31484—2015《电动汽车用动力蓄电池循环寿命要求及试验方法》规定了电动汽车用动力蓄电池标准循环寿命的要求、试验方法、检验规则和工况循环寿命试验方法，详见表18-1。室温放电容量一项中，对容量的差异进行判定，说明国家标准开始对电池、模组及系统生产的一致性提出要求。循环工况测试车型范围涵盖了混合动力汽车、纯电动汽车、插电式混合动力汽车和增程式电动汽车等各类车型。纯电动汽车只有电池和电机一套驱动系统，而混合动力汽车的驱动系统至少由一台耗油的发动机及一台电动机组成，故测试工况有区分混合动力汽车和纯电动汽车。插电式混合动力汽车/增程式电动汽车的汽油发动机并没有使用任何机械结构连接到车轮，驱动车轮的还是电能，并没有发动机的机械能，可被认为是无动力的混合，故二者循环工况测试的方法和判定条件与纯电动汽车基本一致。

表18-1 GB/T 31484—2015《电动汽车用动力蓄电池循环寿命要求及试验方法》

序号	检验项目	适用范围	描述
1	室温放电容量/A·h	单体、模组、系统	单体：实测容量在额定容量的100%~110%之间，单体容量差异不超过5% 模组或系统：实测容量在额定容量的100%~110%之间，样品容量差异不超过7%

(续)

序号	检验项目	适用范围	描述
2	室温放电能量/W·h	单体、模组、系统	同序号1
3	室温功率/W	单体、模组、系统	未明确规定，应满足产品规格书要求
4	标准循环寿命（1C放电）	单体、模组	500次循环后放电容量大于初始容量的90%，或1000次循环后放电容量大于初始容量的80%
5	混合动力乘用车功率型电池工况循环寿命	模组、系统	总放电能量/初始额定能量>500h，计算的放电容量和5s放电功率满足产品规格书要求
6	混合动力商用车功率型电池工况循环寿命	模组、系统	总放电能量/初始额定能量>500h，计算的放电容量和5s放电功率满足产品规格书要求
7	纯电动乘用车功率型电池工况循环寿命	模组、系统	总放电能量/初始额定能量>500h，计算的放电容量满足产品规格书要求
8	纯电动商用车功率型电池工况循环寿命	模组、系统	总放电能量/初始额定能量>500h，计算的放电容量满足产品规格书要求
9	插电式混合动力汽车/增程式电动汽车电池工况循环寿命	模组、系统	乘用车参照上述第7条，商用车参照上述第8条

混合动力乘用车和商用车在市场上均使用功率型蓄电池，在起动、爬坡以及加速时起动电机及动力电池系统，功率型蓄电池起到短时功率输出的作用从而保证整车的动力性，工况循环寿命测试由"主充电工况"和"主放电工况"组成。混合动力汽车和纯电动汽车在标准中的循环测试工况又区分了乘用车和商用车两大类。

乘用车是指在其设计和技术特性上主要用于载运乘客及随身行李或临时物品的汽车，涵盖了轿车、微型客车以及不超过9座的轻型客车；商用车是在设计和技术特征上用于运送人员与货物的汽车，通常被分为客车和货车两大类，包括所有的载货汽车和9座以上的客车。

混合动力乘用车和商用车的循环测试工况基本一致，但由于乘用车和商用车集成的电池数量不同，"主放电工况"和"主充电工况"的充放电电流大小有一定差异：乘用车功率型蓄电池的电流范围为$-4I_1 \sim 8I_1$，而商用车功率型蓄电池的电流范围为：$-2I_1 \sim 4I_1$，I_1为电池额定电流，即一小时内放电电流。

与混合动力汽车不同，纯电动乘用车和商用车能量型蓄电池的国标循环测试工况为：充电部分均按照标准1C充满电后，要求按照不同的"主放电工况"放电，纯电动商用车放电电流范围为$-I_1 \sim 3I_1$，而纯电动乘用车放电电流范围为$-I_1 \sim -I_1/3$。国家标准对于模组和系统经工况循环后的结果并没有具体数值要求，只明确了应满足产品规格书要求，说明国家标准在模组和系统层面的循环工况测试方面，对企业更注重测试方法指导。

2. 电池安全标准

GB/T 31485—2015《电动汽车用动力蓄电池安全要求及试验方法》规定了电动汽车用动力电池的安全要求、试验方法和检验规则，主要考核动力电池单体和模组的安全指标，围绕化学能的防护，给出一系列极端条件下的安全要求和检验规范，详见表 18-2。

表 18-2 GB/T 31485—2015《电动汽车用动力蓄电池安全要求及试验方法》

序号	检验项目	单体试验方法	模组检验方法
1	过放电	6.2.2	6.3.2
2	过充电	6.2.3	6.3.3
3	短路	6.2.4	6.3.4
4	跌落	6.2.5	6.3.5
5	加热	6.2.6	6.3.6
6	挤压	6.2.7	6.3.7
7	针刺	6.2.8	6.3.8
8	海水浸泡	6.2.9	6.3.9
9	温度循环	6.2.10	6.3.10
10	低气压	6.2.11	6.3.11

GB/T 31485—2015 较 QC/T 743—2006《电动汽车用锂离子蓄电池》相比，内容更全面和合理。

(1) 每项增加"观察1h"内容 由于安全性测试均为超出电池使用范畴的测试，容易引起电池内部结构破坏而造成电解液分解、正负极短路，从而引发多种化学反应的情况。增加测试后"观察1h"内容，增加了对电池反应的观察时间，以实现对结果进行更准确的判定。

(2) 各项测试内容细节更充分

1) 跌落测试项：要求更严格，单体跌落测试要求正负端子一侧向下，从1.5m高度自由跌落至水泥地面，模组也增加了跌落测试项。

2) 挤压测试项：模组和单体挤压测试项中增加了挤压板半径要求75mm的半圆球柱体、挤压速度为5mm/s±1mm/s、对挤压程度均做了详细要求。

3) 加热测试项：将温度以5℃/min的速率提高至130℃保持30min，提高了考察温度，将高温下锂离子电池内部SEI膜分解、电解液的稳定性及隔膜是否收缩引起内短路等因素造成的电池燃烧、爆炸纳入了考察范围。

4) 针刺测试项：钢针的直径和贯穿电池个数对试验结果影响比较确定，针的直径越大，电池内短路的面积越大，可导致化学反应越剧烈，而针刺速度对试验结果的影响尚不明确，与电池的正负极材料体系、电解液配方等有很大的关系；GB/T 31485—2015针刺测试中明确要求了针的直径范围，单体为5~8mm、模组为6~10mm，贯穿速度限为25mm/s±5mm/s，针刺位置为刺面的几何中心，提高了测试方法的统一性。

(3) 增加了海水浸泡、温度循环、低气压3项测试 充分考虑了电池及模组在航海、温差大的陆地及天空低压等特殊环境下的使用及运输中的影响，反映出新国标对电池使用和运输性能的关注。

3. 电池性能标准

GB/T 31486—2015《电动汽车用动力蓄电池电性能要求及试验方法》规定了动力汽车用动力蓄电池的电性能要求、试验方法和检验规则，详见表18-3。

表18-3 GB/T 31486—2015《电动汽车用动力蓄电池电性能要求及试验方法》

序号	检验项目	单体试验方法	模组检验方法
1	外观	6.2.1	6.3.1
2	极性	6.2.2	6.3.2
3	外观尺寸和质量	6.2.3	6.3.3
4	室温放电容量	6.2.5	6.3.4
5	室温倍率放电容量	—	6.3.5
6	室温倍率充电容量	—	6.3.6
7	低温放电容量	—	6.3.7
8	高温放电容量	—	6.3.8
9	荷电保持与容量恢复能力	—	6.3.9
10	耐振动	—	6.3.10
11	存储	—	6.3.11

GB/T 31486—2015对于动力电池的单体考察仅有外观、极性、外形尺寸和质量、室温放电容量4项测试，而对模组的测试则涵盖了11项内容，强化了模组级别的电性能考察。蓄电池模组试验样品明确要求总电压不低于单体蓄电池电压的5倍，即送检模组至少有5串单体电池组。

4. 系统测试标准

GB/T 31467—2015《电动汽车用锂离子动力蓄电池包和系统》增加了电池包和电池系统的检测内容，弥补了我国电池包和电池系统检测项目的空白，其要求对电池包和系统做全面的电性能、负载性能、环境性能及安全性测试等，使我国评价标准更符合实际使用情况，从而能够更加科学、合理地评价车用锂离子动力电池系统的性能。测试项目详见表18-4和表18-5。

GB/T 31467.1—2015规定了电动汽车用高功率锂离子动力蓄电池包和系统电性能的测试方法；而GB/T 31467.2—2015则规定了电动汽车用高能量锂离子动力蓄电池包和系统电性能的测试方法，以高功率、高能量为目的的镍氢动力蓄电池包和系统等也可参照执行。

GB/T 31467—2015明确要求了测试样品交付时，需要提交必要的操作文件和与测试设备相连所需的接口部件如插接器、插头、冷却接口等，制造商提供的蓄电池包或者系统的工作限值以保证测试过程的安全；当测试目标环境温度改变时，测试对象需要在进行测试前完成环境适应过程（在低温下静置不少于24h，高温下静置不少于16h）；如果电池包或系统由于某些原因（尺寸或质量）不适合进行某些测试，那么供需双方协商一致后可以用电池包或电池系统的子系统代替作为测试样品,进行全部或部分试验,但作为测试样品的子系统应该包含与整车要求相关的所有部分;蓄电池放电电流符号为正,充电电流符号为负;数据记录除非另有说明,否则在预计的充电或放电时间的至少每1%间隔记录测试数据,如时间、温度、电流和电压等。

3项标准均在试样准备项中对电池包和系统有明确要求。蓄电池包的高压、低压及冷却装置要和测试平台设备相连,开启蓄电池包的被动保护功能,保证主动保护开启,必要时可通过断开蓄电池包的主接触器来实现,冷却装置根据制造商的要求工作。蓄电池包与测试平台之间并没有信息交换,测试平台检测蓄电池系统的电流、电压、容量或能量等参数,而蓄电池系统与测试平台之间有信号交换。蓄电池包的参数限值由测试平台直接控制,而蓄电池系统的高压、低压、冷却装置及BCU要和测试平台设备相连接,开启蓄电池系统的主动和被动保护。测试平台和电池管理系统之间实现正常通信,测试平台保证测试参数、条件与测试规程的要求一致,并保证电池系统工作在合理的限值之内,这些限值由电池管理系统通过总线传输至测试平台,电池管理系统控制冷却装置的工作。

表18-4 动力蓄电池包和系统高功率和高能量测试规程

序号	检验项目	GB/T 31467.1—2015		GB/T 31467.2—2015	
		使用范围	方法	使用范围	方法
1	能量和容量测试,室温	蓄电池包、蓄电池系统	7.1.2	蓄电池包、蓄电池系统	7.1.2
2	能量和容量测试,高温		7.1.3		7.1.3
3	能量和容量测试,低温		7.1.4		7.1.4
4	功率和内阻测试		7.2		7.2
5	无负载容量损失	蓄电池系统	7.3	蓄电池系统	7.3
6	存储容量损失		7.4		7.4
7	高低温启动功率测试		7.5		—
8	能量效率测试		7.6		7.5

主动保护同时也需要由测试平台保证。系统测试中,蓄电池系统通过总线和测试平台通信,将蓄电池状态参数和工作限值实时传输给测试平台,再由测试平台根据电池状态和工作限值控制测试过程。测试平台检测系统的电流、电压、容量或能量等参数,并将这些参数作为测试结果和计算依据。在测试样品前,还要测量样品的质量和体积,如果有冷却系统,也应计算在内;如果难以测量,则采用制造商提供的数据。此外,电池包及电池系统测试前还需要做循环预处理,以确保电池包及系统的稳定激活及稳定状态。功率型蓄电池及系统要求充电为$1C$倍率,放电为$2C$倍率;而能量型蓄电池及系统预处理循环要求充放电均以$1C$倍率,两种类型电池包及系统充放电间均搁置30min。

标准循环测试中,能量型及功率型蓄电池包及系统均要求$1C$充放电。如果连续2次的放电容量的差别小于额定容量的3%,则蓄电池包和系统完成预处理测试。如果标准循环和一个新的测试项目之间的时间间隔大于24h,则需要重新进行一次标准充电。

表 18-5 动力蓄电池包和系统安全性要求与测试方法

序号	检验项目	使用范围	试验方法
1	振动试验	蓄电池包或系统	7.1.1
		蓄电池包或系统的电子装置	7.1.2
2	机械冲击	蓄电池包或系统	7.2
3	跌落	蓄电池包或系统	7.3
4	翻转	蓄电池包或系统	7.4
5	模拟碰撞	蓄电池包或系统	7.5
6	挤压	蓄电池包或系统	7.6
7	温度冲击	蓄电池包或系统	7.7
8	湿热循环	蓄电池包或系统	7.8
9	海水浸泡	蓄电池包或系统	7.9
10	外部火烧	蓄电池包或系统	7.10
11	盐雾	蓄电池包或系统	7.11
12	高海拔	蓄电池包或系统	7.12
13	过温保护	蓄电池系统	7.13
14	短路保护	蓄电池系统	7.14
15	过充电保护	蓄电池系统	7.15
16	过放电保护	蓄电池系统	7.16

GB/T 31467.1—2015 与 GB/T 31467.2—2015 的测试项目均包含 5 个测试内容：室温、高温、低温下的能量和容量测试；功率和内阻测试；无负载容量损失；存储容量损失和能量效率测试，GB/T 31467.1—2015 多了高低温启动功率测试一项，即考察 -20℃、40℃ 温度下，系统在 20%SOC（或厂家规定的最低 SOC 值）的功率输出能力。无负载容量损失、存储容量损失和能量效率测试项均针对蓄电池系统，且 GB/T 31467.1—2015 与 GB/T 31467.2—2015 的这几项的测试流程基本一致。

1) 能量和容量测试项：两项标准均要求测试 25℃、40℃、0℃ 和 -20℃ 下，产品在 $1C$ 放电条件下以及最大放电电流 I_{max} 下的容量和能量参数，但 GB/T 31467.1—2015 低温容量测试项中还需要进行 $1/3C$ 放电条件下的放电容量和能量参数测试。

2) 功率和内阻测试项：-20℃、0℃、25℃、40℃ 这 4 个温度下，GB/T 31467.1—2015 要求测试 80%、50%、20% 这 3 个不同 SOC 平台的充放电功率值和充放电内阻值，而 GB/T 31467.2—2015 要求测试 90%、50%、20% 这 3 个不同 SOC 平台的充放电功率值和充放电内阻值，两者关于脉冲功率测试工况的电流曲线各有不同，功率型测试电流要求倍率较高，而能量型电流较低。

3) 无负载容量损失项：模拟 25℃ 和 40℃ 的车载状态下（由系统辅助电源供电），动力电池系统长期搁置所造成的容量损失，搁置前动力电池系统处于满电状态，搁置时间为 7 天和 30 天（中间有 2 次标准循环）。

4）存储容量损失项：考察蓄电池系统长期存储状态下的容量损失，在温度为45℃，50%SOC状态下存储30天，经标准循环2次后，计算剩余容量并确定容量损失率。

5）能量效率测试项：GB/T 31467.1—2015旨在测试样品在不同SOC状态下的快速充放电效率，分别检测-20℃、0℃、25℃、40℃这4个温度下，65%、50%、35%这3个不同SOC平台的快速充放电效率。GB/T 31467.2—2015旨在测试电池系统在不同温度不同倍率充电时的性能以及能量循环效率，分别检测室温、0℃和T_{min}（由制造商和客户商定）下，电池系统以1C和I_{max}两种充放电倍率所测得的充放电效率。

GB/T 31467.1—2015及GB/T 31467.2—2015均为测试规程，并未对测试结果进行统一的判定，说明国家标准在模组及系统级别的性能测试更加侧重对生产商进行检测指导。而国家对安全性有着更严格的要求及监管力度，GB/T 31467.3—2015规定了电动汽车用锂离子动力蓄电池包和系统安全性的要求和测试方法，各项测试结果也出具了判定要求依据，这对系统及组装技术相对较弱的电动汽车蓄电池企业的生产工艺及产品质量极具挑战。

在GB/T 31467.3—2015中，振动、机械冲击测试是模拟电池包及系统安装在车上，在运输过程中因车辆颠簸各种方向冲击可能造成的损伤。目前振动项已经有所变更，具体内容为：已删除原标准的3个方向振动测试内容，参考测试对象车辆安装位置和GB/T 2423.43—2008《电工电子产品环境试验 第2部分：试验方法 振动、冲击和类似动力学试验样品的安装》的要求，将测试对象安装在振动台上。蓄电池包和系统应进行15min正弦波动，振动频率从7Hz增加至50Hz再回至7Hz。此循环应按照制造商规定的蓄电池包或系统安装位置的垂直方向在3h中重复12次。振动后，蓄电池包或系统需运行1个标准循环，并观察1h。要求测试过程中和测试后，系统完好，无机械、电气、精度、绝缘、性能等方面的损伤。机械冲击的要求稍低，即无机械损伤、无泄漏、外壳破裂、着火或爆炸现象，绝缘正常。

GB/T 31467.3—2015中，跌落测试是模拟安装或者维修过程中可能造成的自由跌落，要求电池包或系统无电解液泄漏、着火或者爆炸等现象出现；翻滚是模拟安装在车辆上因意外随整车翻滚，要求无泄漏、无着火或爆炸等现象；模拟碰撞是模拟安装在车辆上发生车辆之间碰撞的危险，要求绝缘正常，无电解液泄漏，无着火、爆炸现象；挤压测试模拟车辆发生碰撞后，电池包发生严重挤压变形的情况，要求无着火、爆炸现象；温度冲击、湿热循环模拟外部环境温度及高温高湿的存储或运输状态，要求绝缘正常、无电解液泄漏、无起火和爆炸现象；海水浸泡模拟产品被海水完全浸没的极端状态，要求无起火和爆炸现象；外部火烧模拟产品直接暴露于外部火焰，一般发生于整车因线路短路或燃油泄漏着火的情况；盐雾腐蚀、高海拔模拟海边城市和高原低气压等特殊环境下的使用情况；过温保护、短路保护、过充电保护、过放电保护分别模拟高温、外部短路、过充电滥用及过放电滥用情况下的系统保护功能。由此可见，GB/T 31467.3—2015弥补了动力蓄电池系统级别的各类安全要求方面的空白。

5. 管理系统标准

电池管理系统（Battery Management System，BMS）通过检测电池的外特性参数（如电压、电流、温度等），采用适当的算法，实现电池内部状态（如容量和SOC等）的估算和监控，这是电池系统有效运行的基础和关键。电池管理系统在获取电池的状态后进行热管理、电池均衡管理、充放电管理、故障报警等，最终建立通信总线，与显示系统、整车控制器和充电机等实现数据交换，保证电动汽车动力电池安全高效运行。

QC/T 897—2011《电动汽车用电池管理系统技术条件》于 2011 年 12 月 20 日正式发布，2012 年 7 月 1 日正式实施。GB/T 38661—2020《电动汽车用电池管理系统技术条件》于 2020 年 10 月 1 日正式实施。该标准与 QC/T 897—2011 相比，做了诸多修改，详见表 18-6。

表 18-6　GB/T 38661—2020《电动汽车用电池管理系统技术条件》

序号	检验项目	要求	方法	对象
1	状态参数测量精度	4.4	5.2	蓄电池管理系统
2	SOC 估算精度	4.5	5.3	蓄电池管理系统
3	电池故障诊断	4.6	5.4	蓄电池管理系统
4	绝缘性能	4.7	5.5	安装在电池包内部的蓄电池电子部件和蓄电池控制单元、安装在电池包外部与蓄电池系统有电气连接的蓄电池电子部件和蓄电池系统控制单元
5	电气适应性能	4.8	5.6	
6	环境适应性能	4.9	5.7	
7	电磁兼容性能	4.10	5.8	

表 18-6 中第 4 项的测试对象要把隔离通信接口除外。

现有 7 项国家标准的推行和使用对国内动力蓄电池产业的发展提供了统一的衡量测试标准，也为监管部门提供了有效的监督依据。不同标准的相互衔接及组合覆盖了动力电池、模组、系统等各个等级部件，有利于动力电池行业的健康发展。不过现有的国家标准在模组和系统层面更多地参考了国外已有的标准体系，其优势在于国际标准的研制及运用经验更为丰富成熟，对我国的标准制定起到了重要指导作用。但是，还需进一步加强适合中国自己产业标准的研究探索，不断在实践中完善和改进现有标准，并推动国标走向世界。

18.2　国外测试标准

目前，开展动力电池检测标准化的国际性机构主要有国际标准化组织（International Organization for Standardization，ISO）和国际电工委员会（International Electrotechnical Commission，IEC）。两者分工不同，ISO 主要从整车级别来考虑，包括性能要求、测试方法等；IEC 主要考虑电动汽车的电器零部件，包括电池、电控等装置。各国在制定动力电池标准时，也都参考了 ISO 和 IEC 相关标准。

1. ISO 相关测试标准

国际标准化组织（ISO）是由各国标准化团体（ISO 成员团体）组成的世界性的联合会，其主要职责是组织各成员团体和技术委员会针对标准化工作进行信息交流，研究制定有关标准，形成国际公认标准并进行发布。从 2009 年开始，ISO 开始在电动汽车方面做标准化工作，并发布了一系列检测标准。目前，与动力电池相关的测试标准主要如下：

（1）ISO 6469-1:2009　Electrically propelled road vehicles — Safety specifications — Part1：

On-board rechargeable energy storage system（RESS），电动道路车辆安全要求 第1部分：车载可充电储能系统。

（2）ISO 6469-2:2009 Electrically propelled road vehicles — Safetyspecifications — Part2：Vehicle operational safety means and protection against failures，电动道路车辆安全要求 第2部分：操作安全与故障防护。

（3）ISO 6469-3:2011 Electrically propelled road vehicles — Safety specifications — Part3：Protection of persons against electric shock，电动道路车辆安全要求 第3部分：人员触电防护。

（4）ISO 6469-4:2015 Electrically propelled road vehicles — Safety specifications — Part4：Post crash electrical safety，电动道路车辆安全要求 第4部分：碰撞后电气安全。

（5）ISO12405-1：2012 Electrically propelled road vehicles — Test specifications for lithium–ion traction battery packs and systems — Part1：High-power applications，电动汽车用锂离子蓄电池包和系统 第1部分：高功率应用测试规程。

（6）ISO 12405-2：2012 Electrically propelled road vehicles — Test specifications for lithium-ion traction battery packs and systems — Part2：High-energy applications，电动汽车用锂离子蓄电池包和系统 第2部分：高能量应用测试规程。

（7）ISO 12405-3：2012 Electrically propelled road vehicles — Test specifications for lithium-ion traction battery packs and systems — Part3：Safety performance requirements，电动汽车用锂离子蓄电池包和系统 第3部分：安全性能要求。

动力电池设计从业人员在开发进程后期，主要对动力电池性能的检测验证，其中参考、依据最多的是ISO 12405系列，而 ISO 6469系列主要从整车角度出发，对电动汽车安全提出一系列要求。

ISO 12405系列是针对动力电池系统所制定的试验方法标准，目的是帮助汽车厂商选择动力电池测试项目和测试方法，从而对供应商的动力电池系统进行测试、评价和比较。ISO 12405系列共包括三部分：ISO 12405-1:2012 高功率应用测试规程、ISO 12405-2:2012 高能量应用测试规程和ISO12405-3:2012 安全性能要求，第1、2部分主要是针对功率型电池系统和能量型电池系统而提出的电性能检测方法，包括容量能量、功率内阻、能量效率、高低性能等，第3部分主要是针对电池系统安全应用要求而提出的测试方法、判断依据，包括机械性测试、环境适应性能测试、电气安全性能测试等。

1）ISO 12405-1:2012 高功率应用测试规程主要包括四个方面：常规测试、电性能测试、可靠性测试以及滥用性测试，具体的测试见表18-7。

2）ISO 12405-2:2012 高能量应用测试规程与高功率型测试规程相似，主要包括四个方面：常规测试、电性能测试、可靠性测试以及滥用性测试，具体的测试见表18-8。

3）ISO 12405-3:2012 安全性能要求主要从以下五个方面进行验证：力学性能测试、环境试验、模拟事故试验、电安全试验以及系统故障试验等，基本涵盖了电池在使用过程可能出现的安全问题。ISO 12405-3:2012不仅对各检测项目的测试方法进行了详细说明，同时对检测结果标准进行了规定，现在很多检测机构都以这些内容作为参考，以此判定电池系统能否正常投入使用，具体的测试见表18-9。

表 18-7　ISO 12405-1:2012 高功率应用测试规程

序号	常规测试	电性能测试	可靠性测试	滥用性测试
1	预处理循环	常温能量和容量	露点测试	短路保护
2	标准循环	不同温度倍率放电能量和容量	热冲击	过充电保护
3	标准放电	功率和内阻	振动	过放电保护
4		无负载容量损失	机械冲击	
5		存储中的容量损失		
6		低温启动		
7		高温启动		
8		能量效率		
9		循环寿命		

表 18-8　ISO 12405-2:2012 高能量应用测试规程

序号	常规测试	电性能测试	可靠性测试	滥用性测试
1	预处理循环	常温能量和容量	露点测试	短路保护
2	标准循环	不同温度倍率放电能量和容量	热冲击	过充电保护
3	标准放电	功率和内阻	振动	过放电保护
4		快充能量效率	机械冲击	
5		无负载容量损失		
6		存储中的容量损失		
7		循环寿命		

表 18-9　ISO 12405-3:2012 安全性能要求

序号	力学性能测试	环境试验	模拟事故试验	电安全试验	系统故障试验
1	振动	热循环	模拟碰撞	短路	过充电保护
2	机械冲击	露点试验	浸水试验		过放电保护
3	跌落		外部火烧		热失控

2. IEC 相关测试标准

国际电工委员会（IEC）作为国际电工标准化机构，其目标是保证在全球范围内优先并最大限度地使用其标准和合格计划，评定并提高其标准所涉及的产品质量和服务质量，为共同使用复杂系统创造条件，提高工业化进程的有效性。在电池方面，IEC 提出的标准主要有 ICE 62660-1:2010《电气公路用车的驱动用辅助锂电池　第 1 部分：性能试验》以及 ICE 62660-2:2010《电气公路用车的驱动用辅助锂电池　第 2 部分：可靠性和滥用试验》。

IEC 62660 系列标准是针对锂离子电芯所制定的，电池包/电池系统级别的试验要求则相应参考 ISO 12405 系列。通过这两个系列标准，国际标准就完成了从电芯级别、电池包/电池系统级别测试的制定。

与 ISO 12405 标准一样，IEC 62660:2010 仅给出了试验过程与方法，并没有对评判标准做出规定。不过，IEC 62660:2010 对可能出现的试验结果给出了分类描述，可以作为对试验结果的比较。

IEC 62660:2010 的主要测试包括机械测试、热测试和电气测试。

(1) 机械测试

1）振动测试：模拟整车使用中受到的振动，测试电芯对振动的响应特性。将能量型应用的电芯调整 SOC 至 100%，将功率型应用的电芯调整 SOC 至 80%；按照 IEC 60068-2-64 规定的随机振动方法进行试验，电芯每个轴试验时间为 8h；加速度均方根值为 $27.8m/s^2$，最高频率为 2000Hz。记录开始和结束时的电芯电压和容量及根据条款 7 记录的结束时电芯的状态。

2）机械冲击测试：模拟整车使用中受到的冲击，测试电芯对振动的响应特性。将能量型应用的电芯调整 SOC 至 100%，将功率型应用的电芯调整 SOC 至 80%；按照整车实际承受机械冲击的方向施加试验的冲击加速度。如果实际承受机械冲击的方向未知，电芯应在所有 6 个方向上经受试验；冲击参数参照 ISO 16750-3 的规定。记录开始和结束时的电芯电压和容量及根据条款 7 记录的结束时电芯的状态。

3）挤压测试：模拟电芯受外力产生形变的响应特性。将 BEV 应用的电芯调整 SOC 至 100%，将 HEV 应用的电芯调整 SOC 至 80%；将电芯放置于绝缘平面，用 150mm 直径半圆棒或半球体工具进行挤压；推荐用半圆棒碾压圆形电芯，用半球形工具挤压方形电芯；试验的力应施加在与电芯正极或负极垂直的表面上。记录挤压的工具、挤压速度、测试过程的电压、测试过程的电芯温度及根据条款 7 记录的结束时电芯的状态。

达到以下条件之一可停止施力：电芯电压有 1/3 的跌落；15% 的变形或大于电芯的原始尺寸；力达到受试电芯自重的 1000 倍。

达到以下条件可停止试验：电芯保持试验状态 24h，或从试验上升达到的最高温度后下降 20%。

(2) 热测试

1）耐高温测试：测试电芯对高温环境的响应特性。将能量型应用的电芯调整 SOC 至 100%，功率型应用的电芯调整 SOC 至 80%。根据条款 7 记录的结束时电芯的状态；推荐记录电芯的温度、电压和试验期间试验箱的温度。

2）温度循环测试：测试电芯在低温和高温中暴露，经受膨胀和冷缩的耐温度特性。在非工作状态时，将 BEV 应用的电芯调整 SOC 至 100%，将 HEV 应用的电芯调整 SOC 至 80%；按 ISO 16750-4 温度曲线，最低温度 -40℃ 或 T_{min}，最高温度 85℃ 或 T_{max}，30 个循环进行。试验在工作状态时，将 BEV 应用的电芯调整 SOC 至 80%，将 HEV 应用的电芯调整 SOC 至 60%；按 ISO 16750-4 温度曲线，最低温度 -20℃，最高温度 65℃，30 个循环进行试验，按照标准要求施加电流作用。记录开始和结束时的电芯电压和容量及根据条款 7 记录的结束时电芯的状态；每个循环测试中，电压、电流、温度应连续记录。

(3) 电气测试

1）外部短路测试：检验电芯在外部短路条件下的特性。将电芯调整 SOC 至 100%，在室温条件下放置,将正极端与负极端用外部电阻将其短路10min;外部短路体的总电阻应小于或等于5mΩ。

结果记录:电压和电流的采样率应≤10ms;测试过程中的电压、温度;测试过程中的电流,如测量精度与IEC 62660:2010给出的要求存在偏离,应将偏离记录在报告中;总外电阻值;根据条款7记录的结束电芯的状态。

2)过充电测试:检验电芯在过充电条件下的特性。将电芯调整SOC至100%;在室温条件下,能量型应用用1I,功率型应用用5I,以恒定电流连续地向受试电芯充电,直到超过100%SOC;当电芯电压达到2倍于生产商规定的电压,或相当于达到受试电芯200%SOC实用电量时,停止充电。记录测试过程的电压、电流、温度,以及根据条款7记录的结束时电芯的状态。

3)过放电测试:检验电芯在过放电条件下的特性。对已充分放电的电芯样品,用1I放电90min。记录测试过程的电压、电流、温度,以及根据条款7记录的结束时电芯的状态。

习 题

18-1 电池管理系统是什么?

18-2 国家标准体系的建立对电动汽车用动力蓄电池的发展有何意义?

18-3 简述在电动汽车用动力蓄电池标准循环寿命试验中,混合动力乘用车和商用车以及纯电动乘用车和商用车循环测试工况的区别。

18-4 GB/T 31485—2015《电动汽车用动力蓄电池安全要求及试验方法》所规定的电动汽车用动力蓄电池的检测项目包括什么?与QC/T 743—2006《电动汽车用锂离子蓄电池》相比,在哪些地方做出了改变?

18-5 简述系统管理标准GB/T 31467—2015《电动汽车用锂离子动力蓄电池包和系统》的内容。

18-6 简述电池管理系统如何保证电动汽车动力电池安全高效的运行。

18-7 目前开展动力电池检测标准化的国际性机构有什么?它们之间有什么区别?

18-8 试述IEC 62660:2010的主要测试内容及其目的。

第 19 章 测试验证

在动力电池测试验证方面,我国走在世界前列。相对来说,我国测试项目比国际相关标准法规多且严格。

19.1 测试验证规范

动力电池的测试验证项目较多,若要详尽规范,可以查阅相关标准法规。本书将简要介绍电池管理系统安全、故障诊断等重要的测试验证规范,使读者进一步了解动力电池测试验证概念。

1. 绝缘电阻

电池管理系统的带电部件和壳体之间的绝缘电阻值大于 $10M\Omega$,有专门的绝缘表可以测试。

2. 绝缘耐压性能

电池管理系统的电量参数采样回路之间以及采样回路对壳体之间的绝缘面耐压性能应满足 GB/T 18384.3—2015《电动汽车 安全要求 第 3 部分:人员触电防护》中的要求,在试验过程中应无击穿或闪络等硬破坏性放电现象。

在电池管理系统的电压采样电路(对应电池系统的正极)和其壳体之间施加频率为 50Hz 的正弦波形交流电压,试验电压(有效值)为该回路可能发生的最高工作电压(如小于550V,则试验电压为 550V),历时 1min。

在电池管理系统的供电电源正极端子和与其最近的电压采样电路之间施加频率为 50Hz 的正弦形交流电压,试验电压(有效值)为该回路可能发生的最高工作电压(如小于 550V,则试验电压为 550V),历时 1min。

在电池管理系统的通信线路和与其最近的电压采样电路之间施加频率为 50Hz 的正弦形交流电压,试验电压(有效值)为该回路可能发生的最高工作电压(如小于 550V,则试验电压为 550V),历时 1min。

3. 电池系统状态监测

电池管理系统能够对电池系统状态参数进行实时监控,各参数精度要求见表 19-1。

表 19-1 电池系统状态参数精度要求

参数	总电压值	电流值	温度值	模块电压值
精度要求	≤6%	≤±0.3A	≤2℃	≤±5mV

4. 荷电状态估算

电池管理系统能够在运行过程中对电池的荷电状态（SOC）进行实时估算，估算精度要求见表 19-2。

表 19-2 荷电状态 SOC 估算精度要求

SOC 范围	SOC≥80%	30%≤SOC<80%	SOC<30%
精度要求	≤6%	≤10%	≤6%

（1）SOC≥80%测试规范

1) 以可用容量测试时所采用的充电规范将电池系统充电至满电状态，静置 1h。

2) 以 1C 电流放电 10min，静置 10min。

3) 采用 QC/T 897—2011《电动汽车用电池管理系统技术条件》附录 A 中的一种充放电工况进行 10 个循环，静置 10min。

4) 以 $C/3$ 电流充电 20min。

5) 以 $C/6$ 电流充电 10min，静置 10min。

6) 记录电池管理系统上报 SOC 值。

7) 以可用容量测试时所采用的充电规范将电池系统充电至满电状态，记录充电电量 Q_1。

8) SOC 真值按 $[(Q_0 - Q_1)/Q_0] \times 100\%$ 计。

（2）30%≤SOC<80%测试规范

1) 以可用容量测试时所采用的充电规范将电池系统充电至满电状态，静置 1h。

2) 以 1C 放电 20min，静置 15min。

3) 采用 QC/T 897—2011《电动汽车用电池管理系统技术条件》附录 A 中的一种充放电工况进行充电，进行 10 个循环测试，静置 10min。

4) 记录电池管理系统上报 SOC 值。

5) 以可用容量测试时所采用的放电规范将电池系统放电，记录放电量 Q_1。

6) SOC 真值按 $(Q_1/Q_0) \times 100\%$ 计。

（3）SOC<30%测试规范

1) 以可用容量测试时所采用的充电规范将电池系统充电至满电状态，静置 1h。

2) 以 1C 放电 20min，静置 15min。

3) 采用 QC/T 897—2011《电动汽车用电池管理系统技术条件》附录 A 中的一种充放电工况进行充电，进行 10 个循环测试，静置 10min。

4) 记录电池管理系统上报 SOC 值。

5) 以可用容量测试时所采用的放电规范将电池系统放电，记录放电量 Q_1。

6) SOC 真值按 $(Q_1/Q_0) \times 100\%$ 计。

在测试过程中，对于因为满足整车系统设计要求而出现的电池管理系统故障报警或者安全保护的情况，需保证试验正常进行，试验条件的差异性内容需要在试验报告中说明。

5. 电池故障诊断

电池管理系统能够在运行过程中实现对电池系统的故障诊断，详见表 19-3。表中内容都是基本要求，具体可根据应用要求进行调整。

表 19-3　电池故障诊断

序号	故障状态	故障等级	描述	可选
1	模块温度 > 设定值	1	模块温度高	√
2	模块温度 < 设定值	1	模块温度低	√
3	电池组内模块温度差 > 设定值	1	模块温差大	
4	总电压 > 设定值	1	总电压高	√
5	总电压 < 设定值	1	总电压低	√
6	充电电流 > 设定值	1	充电电流大	√
7	放电电流 > 设定值	1	放电电流大	√
8	SOC 值 > 设定值	1	SOC 高	
9	SOC 值 < 设定值	1	SOC 低	
10	绝缘电阻 < 设定值	1	漏电	√
11	外部时钟故障	2	时钟电路故障	
12	外部通信接口初始化故障	2	外部通信接口电路故障	√
13	内部通信接口初始化故障	2	内部通信接口电路故障	√
14	模块温度 > 设定值	3	模块温度极高	√
15	模块温度 < 设定值	3	模块温度极低	√
16	模块（单体）电压 > 设定值	3	模块（单体）电压极高	√
17	模块（单体）电压 < 设定值	3	模块（单体）电压极低	√
18	电池组内模块温度差 > 设定值	3	模块温差极大	
19	内部通信总线脱离	3	内部通信网络故障	√
20	总电压 > 设定值	3	总电压极高	√
21	总电压 < 设定值	3	总电压极低	√
22	充电电流 > 设定值	3	充电电流极大	√
23	放电电流 > 设定值	3	放电电流极大	√
24	绝缘电阻 < 设定值	3	严重漏电	√

6. 安全防护

电池管理系统能够在运行过程中实现安全保护功能，如电压过高时，系统能够自动断开继电器等。

7. 过电压运行

将供电电源电压调到 16V 或 32V，在该供电电压下持续运行 1h。试验过程中记录电池管理系统采集的数据,并与检测设备检测的对应数据进行比较,其中单体或模块电压采集通道数据不少于2个,温度采集通道数据不少于1个。

8. 欠电压运行

将供电电源电压调至9V或18V,在该供电电压下持续运行1h。试验过程中记录电池管理系统采集的数据,并与检测设备检测的对应数据进行比较,其中单体或模块电压采集通道数据不少于2个,温度采集通道数据不少于1个。

在研发电池管理系统产品的时候,一般需要验证电池管理系统的各项主要功能,例如:

1)国产电池管理系统要对电池的工作状态进行监测,因此需要对各种物理量的采样精度、采样频率等进行验证。

2)对电池管理系统的各种复杂软件功能进行验证,例如SOC估算、充放电控制、均衡控制等。在这个过程中,可以用真实的电池组作为调试对象;但考虑到测试的方便性和可靠性,一般要以采用电池组模拟器来模拟每串的行为。

3)根据国标、企标对产品进行严格测试。

19.2 公告测试要求

动力电池系统是电动车辆重要的动力源,由于车辆运行条件、运行工况不同于普通电池的使用环境和使用要求,动力电池在几百伏串联使用、储存大量能量条件下,在遇到短路、挤压、碰撞、火烧等极端情况,有可能出现燃烧、爆炸的现象,媒体上也有过相关报道。因此,合理科学评价动力电池安全性能、及时开展电动道路车辆用蓄电池产品的强制认证十分必要。工业和信息化部规定,新上市的新能源汽车使用的动力电池系统必须取得第三方资质的强检报告,包括所用单体电池、模组和电池包的电性能及安全性能的检测报告,通过了强检报告的新能源车型方能进入国家新能源汽车推广目录中。同时由于对新能源汽车安全性考虑的差异,各地方政府单独增加对动力电池系统的检测项目,称之为地方标准。

1. 国家公告测试要求

工信部公布的新能源汽车生产企业及产品准入管理规定中,对电池系统的检测项目及标准进行了规定,具体内容见表19-4。

表19-4 动力电池国家公告测试要求

序号	检验项目	标准号及标准名称	备注
1	单体、模块	GB/T 31484—2015《电动汽车用动力蓄电池循环寿命要求及试验方法》	6.5 工况循环寿命结合整车可靠性标准进行考核
2		GB/T 31485—2015《电动汽车用动力蓄电池安全要求及试验方法》	6.2.8、6.3.8 针刺试验暂不执行
3		GB/T 31486—2015《电动汽车用动力蓄电池电性能要求及试验方法》	

(续)

序号	检验项目	标准号及标准名称	备注
4	电池包	GB/T 31467.3—2015《电动汽车用锂离子动力蓄电池包和系统 第3部分：安全性能要求与测试方法》	对于由车体包覆并构成电池包箱体的，要带箱体/车体测试；电池包或系统尺寸较大，无法进行台架安装测试时，可进行子系统测试

从表19-4中可以知道，整车企业要拿到新能源汽车的生产公告，必须取得第三方机构提供的电池包及其单体强检报告，电芯和模组的检测项目涵盖了国标全部检测项目，对各项检测的判定标准也进行了规定。

2. 地方目录测试要求

北京和上海在新能源汽车推广上走在了全国前列，车企要在这两个城市推广自己的新能源汽车，除了要取得国家推广公告外，还必须符合其单独规定的地方标准（简称地标）。

（1）北京地标 依据关于北京市新能源汽车产品备案增加动力电池安全检测的通知内容，整车企业须提供以下两份报告：

1）一份单体、模块涉及过充电、短路、挤压的第三方检测报告。

2）一份电池包或系统涉及过充电保护、短路保护、挤压的第三方检测报告。

其中，对测试样品作详细的描述：

1）单体：要求大单体模组，即与整车使用动力电池系统容量一致的大单体模组（多只电芯外部并联后形成的大单体电池），例：如果整车使用的电池系统容量为100A·h，电池系统内部单个电芯的容量为25A·h，则需要电芯并联成100A·h的大单体模组。

2）模块：要求大单体串联的模块，即由大单体模组串联（5串以上）成的模块。

3）电池包或系统：要求整车使用的动力电池包或系统，即整车使用的动力电池系统。

北京地标测试项目和依据见表19-5。

表19-5 北京地标测试项目和依据

序号	检验对象	检验项目	标准号
1	单体、模块	短路	GB/T 31485—2015
2		过充电	
3		挤压	
4	电池包	短路保护	GB/T 31467.3—2015
5		过充电保护	
6		挤压	

（2）上海地标 根据《上海市鼓励购买和使用新能源汽车暂行办法（2016年修订）》，自2016年1月1日起，对申请《上海市新能源汽车产品信息确认凭证》、财政补助政策支持的新能源汽车生产厂商及其相应车型实行备案登记。生产厂商提交的材料中，需包括一项"具有相应资质的检测机构出具的新能源汽车安全等专项要求检测报告"，报告中，对电池的检测项目包括基础检测项目（表19-6）和一致性检测项目（表19-7）。

表19-6 上海地标基础检测项目

检验内容	检验标准	备注
进行以下主要技术性能的检测试验,要求:绝缘电阻≥500Ω/V,具备实时检测、报警功能;B级电压电路的防护性能应满足IPX7要求及防护失效时的限电保护功能 涉水能力:进行水深300mm,车速5km/h,正反向各行驶10min;水深150mm,车速30km/h,行驶10min	GB/T 18384.1—2015	电动汽车 安全要求 第1部分:车载可充电储能系统(REESS)
	GB/T 18384.2—2015	电动汽车 安全要求 第2部分:操作安全和故障防护
	GB/T 18384.3—2015	电动汽车 安全要求 第3部分:人员触电防护

表19-7 上海地标一致性检测项目

序号	检验内容	检验标准	备注
1	实际容量及其衰减:检验申请车型用电池实际容量,要求不低于公告值;进行200次的100% DOD试验循环,要求容量衰减应不大于3%	GB/T 31484—2015	电动汽车用动力蓄电池循环寿命要求及试验方法
2	现场检验服务网点充电桩是否满足要求,测量SOC值从提示充电到充至80%所需时间	GB/T 20234.1—2015	电动汽车传导充电用连接装置 第1部分:通用要求
		GB/T 20234.3—2015	电动汽车传导充电用连接装置 第3部分:直流充电接口
3	按《财建[2015]134号》文、《中机函[2015]467号》文规定的相应产品技术指标要求,检验产品的一致性,确定补助等级	GB/T 18386—2017	电动汽车 能量消耗率和续驶里程 试验方法
		GB/T 18385—2005	电动汽车 动力性能 试验方法

习 题

19-1 根据SOC估算精度要求,试述SOC的测试规范。

19-2 在研发BMS时,需要对哪些主要功能进行验证?

19-3 为什么要开展电动道路车辆用蓄电池产品的强制认证?

19-4 简述工信部公布的新能源汽车生产企业及产品准入管理规定关于电池系统的检测项目及标准。

19-5 什么是地标?分别简述北京、上海地标与国家推广公告之间的区别。

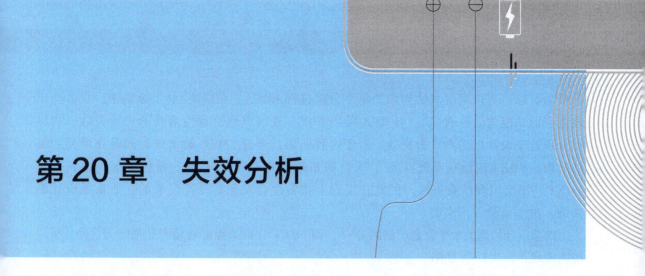

第 20 章 失效分析

锂离子电池在使用或储存过程中会出现一定概率的失效，包括容量衰减（跳水）、循环寿命短、内阻增大、电压异常、析锂、产气、漏液、短路、变形及热失控等，严重降低了锂电池的使用性能、一致性、可靠性及安全性。对锂离子电池失效进行准确诊断并探究其失效机理是锂离子电池失效分析的主要任务，对锂离子电池性能提升和技术发展也具有深远意义。

20.1 失效分析方法

1. 失效模式与影响分析概述

失效模式与影响分析（Failure Mode and Effect Analysis，FMEA），是一种用来确定潜在失效模式及其原因的分析方法，也称潜在失效模式及后果分析。FMEA 有三种类型，分别是系统 FMEA、设计 FMEA（DFMEA）和工艺 FMEA（PFMEA）。

FMEA 是在产品设计阶段和过程设计阶段，对构成产品的子系统、零件和对构成过程的各个工序逐一进行分析，找出所有潜在的失效模式，并分析其可能的后果，从而预先采取必要的措施，以提高产品的质量和可靠性的一种系统化的活动。

通过实行 FMEA，可在产品设计或生产工艺真正实现之前发现产品的弱点，在原形样机阶段或在大批量生产之前确定产品缺陷。FMEA 最早是由美国国家航空航天局（NASA）形成的一套分析模式，是一种实用的解决问题的方法，可适用于许多工程领域。世界许多汽车生产商和电子制造服务商（EMS）都已经采用这种模式进行设计和生产过程的管理和监控。

FMEA 是"事前的预防措施"，其关键词"潜在"的含义是失效还没有发生，它可能会发生；但不一定会发生；"核心"集中于预防，即处理预计的失效原因及后果/影响。

FMEA 开始于产品设计和制造过程开发活动之前，并指导贯穿实施于整个产品周期，分析系统中每一产品所有可能产生的故障模式及其对系统造成的所有可能影响，并按每一个故障模式的严重程度、检测难易程度以及发生频度予以分类的一种归纳分析方法。

FMEA 是一种"自下而上"的可靠性分析工具，从分析系统中所有组件的详细列表开始，通过一次一个部件的方式分析整个系统。系统可以有层次地划分为子系统，根据分析的目标，可以对层次结构中的每个分组进行 FMEA。在模块/单元级别中，只需列出该级别的功能失效模式即可。FMEA 可以非常有效地识别设备内潜在的严重失效，这样做可以改变设计以消除严重失效。基于这种原因，进行 FMEA 的最佳时间是在项目的设计阶段。FMEA 应该在不改变整个项目的情况下进行设计更改。理想情况下，完成的 FMEA 将不会发现严重失效。因此，工程上常常说：安全是设计出来的，质量是设计出来的，成本是设计出来的。

产品设计团队的水平就是产品的 DNA，而 FMEA 分析工程师就是产品基因工程师，可以提前发现并修改 DNA 缺陷。

FMEA 的目标是能够容易、低成本地对产品或过程进行修改，从而减轻事后危机的修改；此外，还要找到能够避免或减少这些潜在失效发生的措施。

FMEA 的优点有：

1）指出设计上可靠性的弱点，提出对策。

2）针对要求规格、环境条件等，利用实验设计或模拟分析，对不适当的设计实时加以改善，节省无谓的损失。

3）有效地实施 FMEA，可缩短开发时间及开发费用。

4）FMEA 在发展初期主要用于设计技术，但随着技术的发展，除设计时间使用外，制造工程及检查工程亦可使用。

5）改进产品的质量、可靠性与安全性。

2. FMEA 分析步骤

(1) 确定问题　包括下述各个方面：需要设计的新系统、产品和工艺；对现有设计和工艺的改进；在新的应用中或新的环境下，对以前的设计和工艺的保留使用；形成 FMEA 团队。理想的 FMEA 团队应包括设计、生产、组装、质量控制、可靠性、服务、采购、测试以及供货方等所有有关方面的代表。

(2) 记录内容　保持 FMEA 始终是一个根据实际情况变化的实时现场记录，需要强调的是，FMEA 文件必须包括创建和更新的日期。

(3) 流程图　工艺流程图应按照事件的顺序和技术流程的要求而制定，实施 FMEA 需要工艺流程图，一般情况下工艺流程图不要轻易变动。

(4) 预测效果　对于工艺流程中的每一项工艺，应确定可能发生的失效模式，如就表面贴装工艺（SMT）而言，涉及的问题可能包括基于工程经验的焊球控制、焊膏控制、使用的阻焊剂（Solder Mask）类型、元器件的焊盘图形设计等。对于每一种失效模式，应列出一种或多种可能的失效影响，例如，焊球可能会影响到产品长期的可靠性，因此在可能的影响方面应该注明。

(5) 列出原因　对于每一种失效模式，应列出一种或多种可能的失效原因。例如，影响焊球的可能因素包括焊盘图形设计、焊膏湿度大小以及焊膏量控制等。现有的工艺控制手段是基于目前使用的检测失效模式的方法来避免一些根本的原因。例如，现有的焊球工艺控制手段可能是自动光学检测（AOI），或者对焊膏记录良好的控制过程。

（6）等级排序 严重程度是评估可能的失效模式对于产品的影响，10 为最严重，1 为没有影响；事件发生的频率要记录特定的失效原因和机理、多长时间发生一次以及发生的概率。如果为 10，则表示几乎肯定要发生，工艺能力为 0.33 或者大于 1/100。检测等级是评估所提出的工艺控制检测失效模式的概率，列为 10 表示不能检测，1 表示已经通过目前工艺控制的缺陷检测。

（7）计算风险优先数 计算风险优先数（Risk Priority Number，RPN）是事件发生的频率、严重程度和检测等级三者的乘积，主要用来衡量可能的工艺缺陷，以便采取可能的预防措施来减少关键的工艺变化，使工艺更加可靠。对于工艺的矫正，首先应集中在那些最受关注和风险程度最高的环节。RPN 最坏的情况是 1000，最好的情况是 1，确定从何处着手的最好方式是利用 RPN 的 Pareto 图，筛选那些累积等级远低于 80% 的项目。

推荐出负责的方案以及完成日期，这些推荐方案的最终目的是降低一个或多个等级。对一些严重问题要时常考虑拯救方案，如一个产品的失效模式影响风险等级为 9 或 10；一个产品具有很高的 RPN 值等。在所有拯救措施明确和实施后，允许有一个稳定时期，然后应对修订事件发生的频率、严重程度和检测等级进行重新考虑和排序。

FMEA 实际上意味着是事件发生之前的行为，并非事后补救。因此，要想取得最佳的效果，应该在产品出现工艺失效模式之前完成。产品开发的 5 个阶段包括：计划和界定、设计和开发、工艺设计、预生产、大批量生产。

3. FMEA 的局限性

1）由于每个组件都单独进行分析，会导致严重问题的组合所产生的复合失效不能得到辨识。

2）在容错系统中，共因失效很少被识别出来。

3）在 FMEA 期间，操作和维护错误也很难分析，除非辨识人员熟练掌握人为可靠性分析，并认识到由于人为交互而导致的部件失效模式。

4）辨识人员的技能和态度对于 FMEA 的质量非常重要。

5）组件的所有故障模式都必须已知，否则会被忽略。

20.2 电池失效分析

GB/T 2900.99—2016《电工术语 可信性》中定义：失效是指产品丧失规定的功能；对可修复产品，通常也称为故障。锂离子电池的失效是指由某些特定的本质原因导致电池性能衰减或使用性能异常，本书把锂离子电池失效分为失效表现、失效原因、失效机理、失效逻辑、失效测试和失效故障等 6 个方面来进行分析。

1. 失效表现分析

锂离子电池的失效主要分为两类：一类为性能失效，另一类为安全性失效，见表 20-1。

表 20-1 常见锂离子电池失效的分类

类型	名称	类型	名称
性能失效	容量跳水	安全性失效	热失控
	循环寿命短		短路
	电压异常		漏液
	电流异常		胀气
	电阻过大		析锂
	易自放电		膨胀变形
	高/低温性能衰减		刺穿
	倍率性能差		挤压
	一致性差		

性能失效指的是锂离子电池的性能达不到使用要求和相关指标，主要有容量衰减或跳水、循环寿命短、倍率性能差、一致性差、易自放电、高/低温性能衰减等。安全性失效指的是锂离子电池由于使用不当或者滥用而出现的具有一定安全风险的失效，主要有热失控、胀气、漏液、析锂、短路、膨胀变形等。

失效分析以判定和预防失效现象发生为目的，是一种判断产品失效模式、分析失效原因、预测或预防失效现象的技术活动和管理活动。随着技术的发展，人们对锂离子电池的使用性能指标提出了更高的要求，尤其凸显在体积/质量能量密度、功率密度、循环寿命、成本、安全性能等方面。

虽然产品的诞生伴随着失效，但失效为人们所认知是从失效现象开始的，因此失效分析工作要始于失效现象。首先应从锂离子电池失效现象着手，锂离子电池失效现象是锂离子电池失效分析的第一步，是最直接、最重要的失效信息之一。若没有充分掌握和分析锂离子电池失效的信息，则不能准确获取锂离子电池失效的根本原因，因而不能提供建设性建议或可靠性评估。

失效现象分为显性和隐性两部分：

1) 显性可直接观测的表现和特征，例如失效现场出现并可通过粗视分析观察到的表面结构破碎和形变，包括起火燃烧、发热、鼓胀（产气）、变形、漏液、封装材料破损及畸变、封装材料飞边、虚焊或漏焊、塑料材质熔化变形等。

2) 隐性：不能直接观测而需要通过拆解、分析后得到的或者是模拟实验中所展现的表现和特征，例如通过实验室拆解检测到的微观失效，以及模拟电池中电学信息等。锂离子电池失效过程中常有的隐性失效现象有正负极内短路、析锂、极片掉粉、隔膜老化、隔膜阻塞、隔膜刺穿、电解液干涸、电解液变性失效、负极溶解、过渡金属析出（含析铜）、极片飞边、卷绕（或叠片）异常、容量跳水、电压异常、电阻过高、循环寿命异常、高/低温性能异常等。

失效现象的范围常常会与失效模式的范围有交集，失效现象更偏向对现象的直接描述，属于对失效过程的信息收集和描述；失效模式一般理解为失效的性质和类型，是对失效的归类和划分。锂离子电池失效现象是电池失效表现的大集群,对其进行定义和分类是十分必要的。

2. 失效原因分析

失效是失效原因的最终表现,也是失效原因在一定时间内叠加失效现象的结果。失效分析的重要任务之一是对失效原因进行准确判定。锂离子电池常见的失效原因有活性物质的结构变化、活性物质相变、活性颗粒出现裂纹或破碎、过渡金属溶出、体积膨胀、SEI 膜过度生长、SEI 膜分解、锂枝晶生长、电解液分解或失效、电解液不足、电解液添加剂的失配、集流体腐蚀或溶解、导电剂失效、黏接剂失效、隔膜老化失效、隔膜孔隙阻塞、极片出现偏析、材料团聚、电芯设计异常、电芯分容老化过程异常等。图 20-1 所示为锂离子电池内部失效情况。

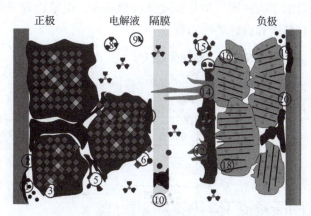

图 20-1 锂离子电池内部失效情况

锂离子电池失效原因可分为外因和内因。外因包括撞击、针刺、腐蚀、高温燃烧、人为破坏等外部因素;内因主要指的是失效的物理、化学变化本质,研究尺度可以追溯到原子、分子尺度,研究失效过程的热力学、动力学变化。锂离子电池的失效归根结底是材料的失效。

锂离子电池的失效原因并不总能与失效一一对应,存在"一对多""多对一"和"多对多"的关系。某一失效原因可能在时间跨度中有不同的表现,例如充放电制度异常导致大电流充放电,最开始可能会表现出极化较大,中间阶段会因锂枝晶的析出导致内短路,随后伴随着锂枝晶的分解与再生,最后可能会出现热失控。某一失效原因可能会发生多种截然不同的失效,例如局部过渡金属的析出,可能会产生气体,形成鼓胀的失效表现,但也可能因为内短路形成局部发热,进而导致隔膜收缩,引起大面积的热失控。某一个失效现象可能对应着多种失效原因,例如容量衰减,究其失效机理有材料结构变化、微结构破坏、材料间接触失效、电解液失效或分解、导电添加剂失效等。

失效分析分为两个方向:

1)基于锂离子电池失效的诊断分析,是以失效为出发点,追溯到电池材料的失效机理,以达到分析失效原因的目的。

2)基于累积失效原因数据库的机理探索分析,是以设计材料的失效点为出发点,探究锂离子电池失效发生过程的各类影响因素,以达到预防为主的目的。

锂离子电池的诊断分析以锂离子电池失效为出发点，根据电池的失效表现，对电池进行电池外观检测、电池无损检测、电池有损检测以及综合分析。面对实际案例时，需要根据不同情况对分析流程及测试项目进行调整和优化。以锂离子电池容量衰减失效分析流程为例，如图 20-2 所示，结合失效表现和使用条件细化失效行为，并提供相应分析侧重点。如正常循环衰减，则后期分析注重于材料结构变化、SEI 过度生长以及析锂等因素。通过对失效电池外观检查，确定是否存在外部结构变化或电解液外漏等因素。无损检测主要包括微米 X 射线断面扫描（XCT）和全电池电化学测试。通过无损检测分析的结论，进一步确认内部结构变化情况、量化失效行为、选择测试项目、调整分析流程。

最后总结得出定性或定量的失效原因，并提供分析报告。锂离子电池失效机理研究是通过大量基础科研，以及构建合理模型和验证实验，准确模拟分析电池内部复杂的物理化学反应过程，找出电池失效的本质原因，构建失效原因数据库。电池机理分析可能会从不同角度去开展，包括设计材料角度和设计失效角度。

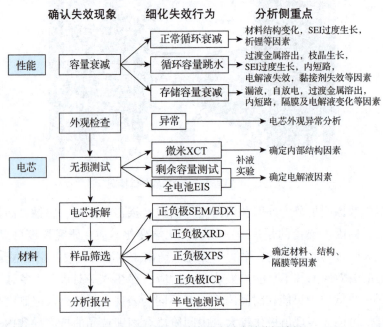

图 20-2　锂离子电池容量衰减失效分析流程

3. 失效机理分析

对于锂离子电池失效机理来说，主要是失效材料分析，材料的失效主要是指材料结构、性质、形貌等发生异常和材料间失配。例如，正极材料因局部锂离子脱嵌速率不一致导致材料所受应力不均而产生的颗粒破碎，硅负极材料因充放电过程中发生体积膨胀收缩而出现的破碎粉化，电解液受到湿度或温度影响而发生分解或变质，石墨负极与电解液中添加剂的碳酸丙烯酯（PC）发生溶剂共嵌入问题，N/P（负极片容量与正极片容量的比值）过小导致的析锂。以材料体系为出发点，设计不同的变量分别对电池或材料的失效机理进行研究，如图 20-3 所示。

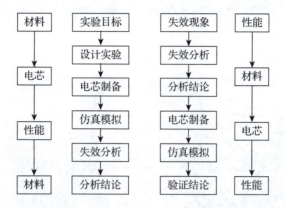

图 20-3 锂离子电池失效机理研究流程

以材料体系为出发点的机理分析工作常以基础科研的形式进行，需明确实验目的，如"对比研究某材料体系常温下高倍率充放电的容量衰减机理"和"研究某款电解液添加剂对电池高温循环性能的影响"等。设计实验流程，并通过制备电池，模拟电池使用环境或使用条件以达到预期失效的目的。对失效电池进行逆向解析，结合材料体系分析电池失效机理。

电池有损检测是指通过电池拆解、极片观察及材料测试分析来确定正负极片、活性材料以及隔膜等因素在电池失效中的作用，其中材料的测试分析则以物化性能和电化学性能测试为主。

除了失效分析流程的设计外，锂离子电池失效分析主要步骤还包括失效信息采集、失效机理研究、测试分析手段等内容。采集锂离子电池的失效信息，包括直接失效现象、使用环境、使用条件等内容。

失效分析工作内容主要包括明确分析对象、收集失效信息、确定失效模式、研究失效机理、判定失效原因、提出预防措施。

失效分析不应局限于以找出产品失效的本质原因为目的，应引发到对技术管理方法、标准化规范、失效现象深层次机理的思考，以及融入大数据和仿真模拟等新思维。失效分析的最终目的是确定准确的失效模式，定量分析准确的失效原因，尤其是理清失效机理，积累失效分析数据库，完成"失效现象-失效模式-失效原因-改进措施-模拟实验"完整数据链，以及"原始材料-制备工艺-使用环境-梯度利用及拆解回收"全寿命周期的失效研究。

锂离子电池失效分析将实现电子化和智能化，通过采集失效现象，结合"锂离子电池失效数据库"，给出失效机理初步预测以及合理、高效的测试分析流程。在此过程中，还需要解决很多困难，例如：优化失效分析流程、提供测试分析技术、攻克测试技术难点、规范测试分析方法等。

4. 失效逻辑分析

锂离子电池失效原因与失效之间并不是简单的"一对一"逻辑模式，还有"一对多""多对一""多对多"等多维逻辑关系，具有非线性、不确定性、无常态的特性。此外，引起锂离子电池失效的原因分为内因和外因，可以是来自组成材料本身的结构、物化性质的变化，也可以是设计制造、使用环境、时间跨度等复杂因素。锂离子电池使用条件、失效机理及失效现象的逻辑关系如图20-4所示。

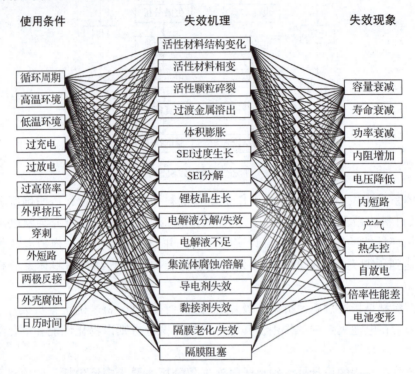

图20-4 锂离子电池使用条件、失效机理及失效现象的逻辑关系

锂离子电池的失效原因和失效之间的逻辑关系十分复杂:

1)正/负极材料的结构变化或破坏,都会产生容量上的衰减、倍率性能下降、内阻增大等问题。

2)隔膜老化、刺穿是电池内短路的重要因素。

3)电池设计、极片涂布、滚压、卷绕等过程都直接与电池容量及倍率性能的发挥密切相关。

4)高温环境会导致电池电解液发生分解变质,也会引起容量衰减、内阻增大、产气等问题。

综上,用单一失效原因去描述并剖析失效是不正确的,应从定量角度剖析多种失效原因在某一阶段的影响权重和主次关系,才能对失效电池进行准确的评估,并针对性地提出合理的措施。

锂离子电池本身就是属于现代控制论中的灰箱(灰色系统),人们对其内部物理、化学变化机理及热力学与动力学过程不是完全了解。锂离子电池主要由正极材料、负极材料、隔膜、电解液、溶剂、导电剂、黏接剂、集流体、极耳等组成,电池制备流程包含前段、中段、末段三部分,包括打浆、涂布、干燥、辊压、分条、配片、模切或卷绕、入壳、极耳焊接、注液、封口焊接、化成分容等步骤。图20-5所示为锂离子电池常见的制备过程,图中描述了各个生产过程中存在的影响电池使用性能的因素。

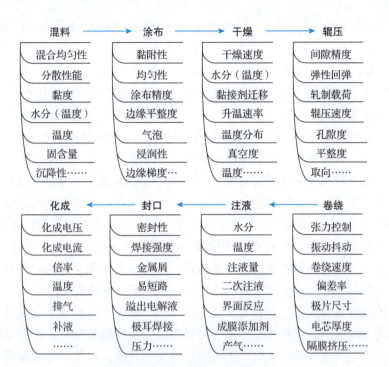

图 20-5 锂离子电池常见的制备过程

但各个关键材料之间并不是独立存在的,各个制备步骤也不是独立存在,它们之间是相互关联、相互影响的,且会因应用领域的改变而发生较大变化。电池材料性质与电池性能的关系见表 20-2。

表 20-2 电池材料性质与电池性能的关系

序号	组件	相关性能
1	电解液	离子电阻,离子迁移度,电化学窗口,浸润性,不腐蚀材料,黏度,色度,温度,水分温度,界面稳定,界面电阻低,储存性能,低温性能,高温性能,胀气,环境友好
2	电芯	电极膨胀,循环寿命,首周效率低,倍率性能差,能量密度低,功率密度低,功率衰减,产气,析锂,安全性,一致性,快速自放电,内部变形,电压偏低,内阻过大,局部热失控,与电解液匹配困难,性价比低,环境污染
3	正极	相变,结构/电荷有序,阳离子混合,表面相性质,体积变化,裂纹,阳离子溶出,氧气释放,电子传输,离子传输,电荷转移,界面反应,掺杂影响,表面包覆,微结构,形貌粒径,缺陷
4	负极	体积形变,晶体结构演变,应力应变,动力学性能,化学扩散系数,相边界移动,界面反应,前驱体杂质,掺杂影响,表面包覆,微结构,形貌粒径,电解液添加剂,黏接剂,导电添加剂,预锂化处理,化成处理,电解液兼容性
5	隔膜	厚度,孔隙率,透气率,拉伸强度,穿刺强度,浸润性,热稳定性,化学稳定性,收缩性,力学性能,一致性,多层复合界面,表面性能,涂敷界面,生产过程

目前，常见的锂离子电池正极材料有 $LiCoO_2$、$LiFePO_4$、$LiMn_2O_4$、$Li_2MnO_3 - LiMO_2$、$LiNi_xCo_yAl_{1-x-y}O_2$ 和 $LiNi_xCo_y$ 等；常见的锂离子电池负极材料有天然石墨、人造石墨、中间相炭微球 MCMB、$Li_4Ti_5O_{12}$、软炭、硬炭、硅负极、SiO_x-C 负极、金属锂、复合金属锂等。根据不同的使用环境和要求，选择不同的正负极体系，配以适当的电解液体系及其他辅助材料，在合适的制备流程下，做成满足使用需求的各类形式的锂离子电池。从材料制备到产品使用的过程充满着可变性、复杂性，对锂离子电池失效分析不能仅局限于电池关键材料的失效，同时要对材料结构、合成加工、性能设计、制造流程、服役情况、失效表现等进行综合考虑。

对锂离子电池材料失效的分析需要使用到样品收集/筛选技术、样品转移技术及合理准确的表征分析技术。在对样品进行收集和筛选之前，对不同规格的电芯进行合理有效的拆解十分重要。现阶段多为手动拆解或半自动化拆解，拆解过程中存在短路、破坏关键材料等隐患。电池内产气和电解液的收集仍然存在一定困难，尤其在产气收集过程中容易引入杂质气体，剩余电解液量过少会导致不易收集以及测试困难。绝大多数锂离子电池材料对空气敏感，尤其是空气中的水分和氧分，这也对样品的转移技术提出了一些要求。

锂离子电池内部各类失效常规的表征分析技术，从电极和材料两个角度讲解了电极表面覆盖膜、颗粒表面覆盖膜、材料孔隙堵塞、材料接触失效、颗粒破碎、过渡金属溶出与迁移等失效的表征技术。在更为微观的原子层面的材料失效表征，以及三维成像表征方面仍然存在不足。因此，一些原位实验技术、同步辐射技术、中子衍射技术、重构成像技术、纳米CT、球差电镜等也被引入锂离子电池失效分析中，揭示了更深层次的失效机理。但失效分析并不是以高端表征分析手段为噱头，而是根据失效问题进行严格、完备的逻辑分析后，制定合适的分析流程，采用必要的表征分析手段。

5. 失效测试分析

不同的分析小组采用同样的测试分析技术，实验结果会有一定的差异，即使是同一分析小组在后期重复性实验中，得到的实验结果也会存在差异。失效分析最终目的是提出关键性解决措施，实验结果的差异会让解决措施差之毫厘谬以千里。这些问题并不局限于锂离子电池失效分析中，而是广泛存在于机械工程、汽车工程、航空工程等其他领域的失效分析中。因此，规范测试分析方法和标准化分析流程成为必然的趋势。

除了常规的材料物化分析技术之外，材料预处理、转移环境以及数据分析的规范化，对准确分析材料、认清失效机理都是必要的。测试样品的预处理会影响检测结果的准确性，样品的气氛保护、电解液/气体的收集环境、电极材料混合物的分离均与测试结果和分析结论息息相关。

不同厂家的材料体系、电池型号、制备方法和流程都存在一定的差异，其电化学性能、物化性能及安全性能都受到直接影响，这给失效分析带来了更多的变量和不确定性。现行的锂离子电池测试标准多针对单体电池或电池包等产品的安全性及电性能的测试，如 IEC 61960 和 JIS—C—8711 主要侧重于锂离子电池的电性能测试；IEC 62133、UL 2054、UL1642 和 JIS C—8714 等标准主要侧重于电池产品的安全性能。国内现行多款测试分析标准，多数以材料为出发点，涉及材料性能和含量的测定方法，见表 20 - 3。此外，针对电池组和电池包的 GB/T 31467—2015《电动汽车用锂离子动力蓄电池包和系统》，以及针对单体电池制定的

GB/T 18287—2013《移动电话用锂离子蓄电池及蓄电池组总规范》包含了部分安全检测和性能测试项目。

表 20 – 3　国内现行锂离子电池测试分析相关标准

序号	标准号	标准名称	实施日期
1	GB/T 33822—2017	纳米磷酸铁锂	2017.12.01
2	GB/T 33827—2017	锂电池用纳米负极材料中磁性物质含量的测定方法	2017.12.01
3	GB/T 33828—2017	纳米磷酸铁锂中三价铁含量的测定方法	2017.12.01
4	GB/T 31467—2015	电动汽车用锂离子动力蓄电池包和系统	2015.05.15
5	GB/T 31241—2014	便携式电子产品用锂离子电池和电池组　安全要求	2015.08.01
6	GB/T 19282—2014	六氟磷酸锂产品分析方法	2015.05.01
7	GB/T 20252—2014	钴酸锂	2015.02.01
8	GB/T 30835—2014	锂离子电池用炭复合磷酸铁锂正极材料	2015.04.01
9	GB/T 30836—2014	锂离子电池用钛酸锂及其炭复合负极材料	2015.04.01
10	GB/T 11075—2013	碳酸锂	2014.05.01
11	GB/T 18287—2013	移动电话用锂离子蓄电池及蓄电池组总规范	2013.09.15
12	GB/T 24533—2019	锂离子电池石墨类负极材料	2020.02.01
13	GB/T 23365—2009	钴酸锂电化学性能测试　首次放电比容量及首次充放电效率测试方法	2010.01.01
14	GB/T 23366—2009	钴酸锂电化学性能测试　放电平台容量比率及循环寿命测试方法	2010.01.01
15	GB/T 23367—2009	钴酸锂化学分析方法	2010.01.01

锂离子电池于 20 世纪 70 年代出现，并因其安全性能得不到保障而出现发展严重滞后，直到 1991 年，锂离子电池成功商业化激发了世界各国对锂离子电池储能技术的兴趣，然而保障和提升其使用性能与安全性能一直是人们关注的重点。在产业化发展过程中，不断地意识到对锂离子电池失效分析在产品前期的研发优化，中期电芯制造与规模化生产，后期电池使用性能与安全性失效的预测和评估，甚至在仲裁失效事故等方面具有重要的现实意义。现阶段，从事锂离子电池失效分析的专业机构不多，尤其是专业从事锂离子电池诊断分析的机构更是少之又少。

锂离子电池的机理分析主要在高校和研究所开展，其从基础科学的角度对锂离子电池失效问题进行分析研究，在测试分析技术方面有着丰富的经验。大量的先进测试表征技术应用到锂离子电池的测试分析中，如中子衍射、纳米 CT、球差电镜以及原位检测技术等，这为更加精准地分析材料层面的失效机理提供了支持。

电池企业及材料企业各自开展锂离子电池失效分析的研究，偏重于电池制造工艺和材料的研发制备，以提高电池性能、降低电池成本为直接目标，多采用大量正向验证实验，并累积了丰富的经验和方法，在逆向解析和精准分析方面存在经验和技术仍有欠缺的问题。出于效率和效益的角度考虑，相关企业更希望在现有常规测试技术的基础上发展具有高效性、准确性和普适性的失效分析方法，这对设计测试分析流程提出了更高的要求。

失效分析已在机械领域和航空领域得到系统性的发展，在锂离子电池领域还未得到系统的研究。在对锂离子电池失效分析的定义、失效表现、失效原因、失效逻辑、失效测试方法等基础上，未来失效分析将可能从以下4个方面进行：

1）对电池基础问题的研究工作，这部分是失效分析的基础，需借用先进表征分析技术对材料、电芯的结构、性质以及反应规律进行探究。

2）对不同体系、不同失效表现的电池的测试分析技术进行规范化、标准化和模块化，并在此基础上建立高效、准确、普适的失效分析流程，这是失效分析体系化的必由之路。

3）充分利用计算机模拟技术对影响锂离子电池性能的多因素、多环节等模拟分析，以缩短数据库积累周期，考虑多因素之间的相互作用。

4）对失效分析方法和思路进行归纳和模块化，使之能对不同的体系保持良好的移植性，例如钠离子电池、全固态电池、锂硫电池、空气电池等。

6. 失效故障分析

在能源危机和环境污染的大背景下，锂离子电池作为21世纪发展的理想能源，受到越来越多的关注。但锂离子电池在生产、运输、使用过程中会出现某些失效现象，而且单一电池失效之后会影响整个电池组的性能和可靠性，甚至会导致电池组停止工作或其他安全问题。锂离子电池常见的失效故障有以下几种。

(1) 容量衰减失效　"标准循环寿命测试时，循环次数达到500次时放电容量应不低于初始容量的90%，或者循环次数达到1000次时放电容量应不低于初始容量的80%"，在标准循环范围内，容量出现急剧下滑现象均属于容量衰减失效。电池容量衰减失效的根源在于材料的失效，同时与电池制造工艺、电池使用环境等客观因素有紧密联系。从材料角度看，造成失效的原因主要有正极材料结构失效、负极表面SEI膜过度生长、电解液分解与变质和集流体腐蚀等。

1）正极材料结构失效：正极材料结构失效包括正极材料颗粒破碎、不可逆相转变、材料无序化等。$LiMn_2O_4$在充放电过程中会因Jahn-Teller效应导致结构发生畸变，甚至会发生颗粒破碎，造成颗粒之间的电接触失效。$LiMn_{1.5}Ni_{0.5}O_4$材料在充放电过程中会发生"四方晶系-立方晶系"相转变，$LiCoO_2$材料在充放电过程中由于锂离子的过渡脱出会导致Co进入Li层，造成层状结构混乱化，制约其容量发挥。

2）负极表面SEI膜过度生长：石墨电极的失效主要发生在石墨表面，石墨表面与电解液反应，产生固体电解质界面（SEI）膜，如果过度生长会导致电池内部体系中锂离子含量降低，结果就是导致容量衰减。硅类负极材料的失效主要在于其巨大的体积膨胀导致的循环性能问题。

3）电解液分解与变质：$LiPF_6$稳定性差、容易分解，使电解液中可迁移Li^+含量降低。它还容易与电解液中的痕量水反应生成HF，造成电池内部被腐蚀。气密性不好会引起电解液变质，电解液黏度和色度都发生变化，最终导致传输离子性能急剧下滑。

4）集流体腐蚀：集流体腐蚀、集流体附着力下降。上述电解液失效生成的HF会对集流体造成腐蚀，生成导电性差的化合物，导致欧姆接触增大或活性物质失效。充放电过程中，铜箔在低电位下被溶解后，沉积在正极表面，这就是所谓的"析铜"。集流体失效常见的形式是集流体与活性物之间的结合力不够导致活性物质剥离，不能为电池提供容量。

（2）内阻增大 锂离子电池内阻增大会伴随有能量密度下降、电压和功率下降、电池产热等失效问题。导致锂离子电池内阻增大的主要因素为电池关键材料和电池使用环境。

1）电池关键材料：正极材料的微裂纹与破碎、负极材料的破坏与表面 SEI 过厚、电解液老化、活性物质与集流体脱离、活性物质与导电添加剂的接触变差（包括导电添加剂的流失）、隔膜缩孔堵塞、电池极耳焊接异常等。

2）电池使用环境：环境温度过高/低、过充电/过放电、高倍率充电/放电、制造工艺和电池设计结构等。

（3）内短路 内短路往往会引起锂离子电池的自放电、容量衰减、局部热失控以及安全事故。铜/铝集流体之间的短路通常是由电池生产或使用过程中未修剪的金属异物穿刺隔膜或电极、电池封装中极片或极耳发生位移引起正、负集流体接触引起的。

1）隔膜失效引起的短路：隔膜老化、隔膜塌缩、隔膜腐蚀等都会导致隔膜失效，失效隔膜失去电子绝缘性或空隙变大使正、负极微接触，然后出现局部发热严重，继续充放电会向四周扩散，导致热失控。

2）杂质导致短路：正极浆料中过渡金属杂质未除干净会导致刺穿隔膜或促使负极锂枝晶生成，从而导致内短路。

3）锂枝晶引起的短路：长循环过程中局部电荷不均匀的地方会出现锂枝晶，枝晶透过隔膜导致内短路。

4）电池设计制造或电池组组装过程中，设计不合理或局部压力过大也会导致内短路；在电池过充电和过放电的情况下也会出现内短路。

（4）产气 在电池化成工艺过程中消耗电解液形成稳定 SEI 膜所发生的产气现象为正常产气，但是过度消耗电解液释放气体或正极材料释氧等现象属于异常放气。这一现象常出现在软包电池中，会造成电池内部压力过大而变形、撑破封装铝膜、内部电芯接触问题等。电解液中的痕量水分或电极活性材料未烘干，导致电解液中锂盐分解产生 HF，腐蚀集流体铝并破坏黏接剂，产生氢气。不合适电压范围会导致电解液中的链状/环状酯类或醚类发生电化学分解，会产生 C_2H_4、C_2H_6、C_3H_6、C_3H_8、CO_2 等。

（5）热失控 热失控是指锂离子电池内部局部或整体的温度急速上升，热量不能及时散去，大量积聚在内部，并诱发进一步的副反应。诱发锂离子电池热失控的因素为非正常运行条件，即滥用、短路、倍率过高、高温、挤压以及针刺等。

（6）析锂 析锂即在电池的负极表面析出金属锂，是一种常见的锂离子电池老化失效现象。析锂会使电池内部活性锂离子减少，出现容量衰竭，而且会形成枝晶刺穿隔膜，从而导致局部电流和产热过大，最终造成电池安全性能问题。

20.3 锂离子电池热失控

锂离子动力电池事故主要表现为因热失控带来的起火燃烧。起火燃烧是令人担忧的安全性问题，但事实上，目前发生的事故所造成的危害有限，除电池组燃烧、损坏车辆本体、引燃周围车辆之外，发生人员伤亡的情况较为罕见。在大部分事故中，人员能够及时得到危险警示并安全撤离事故现场。

研究锂离子动力电池的安全特性，并揭示安全事故的产生机理，对于解决动力电池系统安全性问题十分必要。一方面，这有助于消除民众对于"锂离子电池是否安全"的疑问；另一方面，从机理出发，制定对应的策略，可以有效地改进电池系统设计，保证锂离子动力电池系统的安全。锂离子动力电池系统由多节电池组成，实际的车载工作条件复杂，其安全性问题表现为热累积、热触发和热失控3个层次。

1. 热累积研究

安全性事故发生前，有两种情况：一种是电池系统长期老化带来的可靠性降低，也称之为安全性"热演化"；另一种是突发事件造成电池系统损坏并引发电池热失控与起火燃烧，也称之为安全性"热突变"。安全性的"热演化"与"热突变"统称为"热累积"。从时间尺度上看，安全性演化的耗时很长，而安全性突变的耗时很短。相比而言，安全性突变难以预测，但是可以通过既有事故的形式来改进电池系统的设计；而安全性演化耗时长，伴随有电池系统的老化，可以通过检测电池系统的老化程度来评估电池系统安全性的变化。

电池系统任何部件的老化都可能带来安全事故的触发。错误的装配顺序使得电池连接线接头在长期车载振动条件下发生松动，继而导致接头处电阻增大。在电动汽车行驶过程中，电池充放电的电流会在松动的接头处产生大量热量，加热了部分电池，最终导致电池热失控事故的发生。电池管理系统的失效，造成电池组长期持续过充电，最终导致热失控事故的发生。

电池系统部件从老化到发展为最终的热失控事故，经历了较长时间。对于有预紧力的螺纹接头，少量松动对于接头处的电阻影响并不是很大，少量的电池过充电对于电池的性能也并不会有太大的影响，但这些小问题慢慢积累，就会滋生出大问题。

除了电池系统其他部件的老化之外，电池本身的安全性演化主要表现为内短路的发展。内短路被认为是大量事故的主要原因，其在最终发生之前会经历相当长的生长期。锂离子动力电池发生内短路的原因有很多，其中电池内部的金属枝晶生长是造成内短路的主要原因之一。

金属枝晶生长可以来自电池正极中的过渡金属（铜、铁等）的溶解与再生长，也可以来自锂金属的析出与生长。电池设计与生产过程中的缺陷会有利于金属枝晶的生长，比如电池在制造过程中混入的杂质，或者电池极片由于装配应力作用发生的褶皱，金属枝晶在杂质和褶皱附近更容易生长。锂金属的析出与生长还与充电倍率和充电温度相关，大倍率充电或低温充电都可能增加锂金属析出的可能。

如图20-6所示，金属枝晶的长期生长可能会挤入隔膜的孔隙，并最终刺穿隔膜，造成内短路甚至热失控事故。锂枝晶生长刺穿隔膜导致热失控之前，老化电池的安全性相对新鲜电池而言已经发生了变化：一方面，由于能量密度的降低，电池热失控造成的危害可能会降低；另一方面，由于内部金属枝晶的存在，老化后的电池可能更容易发生热失控。

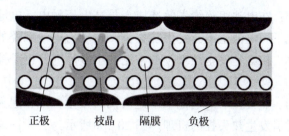

图20-6　锂离子电池内部金属枝晶的生长与隔膜的刺穿

2. 热触发分析

电池系统长期老化与突发事件造成的电池系统损坏，可能会进一步"热演变"为锂离子动力电池的热失控与起火燃烧。锂离子动力电池从正常工作到发生热失控与起火燃烧的转折点称"热触发"。造成锂离子动力电池热失控事故的触发原因有很多，根据触发的特征，可以分为机械触发、电触发和热触发3类，如图20-7所示。3类触发形式具有一定的内在联系，一般地，机械触发会引发短路并造成电触发，而电触发产热造成了热触发，热触发造成的热失控是事故触发的核心。其他触发形式的机理分析都离不开对于热触发机理的研究。对于热触发机理的研究，最为理想的研究仪器是绝热量热仪；对于大型动力电池而言，需要采用大型动力电池量热仪（EV-ARC）来进行热失控特性的测试。

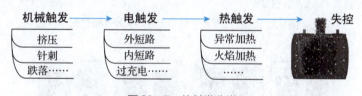

图20-7　热触发分类

1) 机械触发：包括挤压、针刺、跌落等，主要特征是电池受力发生形变。

2) 电触发：包括外短路、内短路、过充电、过放电等，主要特征是触发过程中存在电流流动。

3) 热触发：包括异常加热、火焰加热等，主要特征是电池持续吸收环境中的热量而温度升高。

安全性测试标准中规定了根据事故分析所获得的详尽的各类事故触发因素，通过安全性测试标准的电池发生触发事故的概率也大大降低。但是，由于实际工况非常复杂，事故触发的原因可能与安全性测试标准中规定的情况有出入。这就是为什么各类动力电池系统均通过了安全性测试标准，事故仍然可能发生的原因。

3. 热失控机理

经过热积累过程，电池事故将会进入热触发阶段，一般在进入触发阶段之后，锂离子动力电池内部的能量将会在瞬间集中释放，此过程不可逆且不可控，也称之为热失控（Thermal Runaway）。热失控后的电池会发生剧烈升温，温度高达1000℃，并可以观察到冒烟、起火与爆炸等现象。

从广义的安全性来看，在电池安全事故中，也可能不发生热失控。如电池发生碰撞事故后并不一定发生热失控；在电池组绝缘失效造成人员高电压触电，电池漏液产生异味造成车载人员身体不适等情况下，电池也不会发生热失控。在动力电池系统的安全设计当中，以上情况都需要考虑。而热失控则是安全性事故最常见的事故原因，也是锂离子动力电池安全性事故特有的特点。

大量实验研究表明，热失控后的电池不一定会同时发生冒烟、起火与爆炸，也可能都不发生，这取决于电池材料发生热失控的机理。图20-8所示为三元锂离子动力电池热失控实验数据，图中显示了该款锂离子动力电池绝热热失控实验中的温度与电压曲线。根据其热失控温度变化的特征，将热失控过程分为7个阶段，如图20-9所示。在不同阶段，电池材料发生了不同的变化。

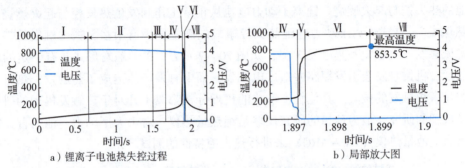

a）锂离子电池热失控过程　　　　　b）局部放大图

图20-8　三元锂离子动力电池热失控实验数据

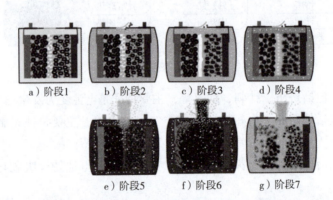

图20-9　三元锂离子动力电池热失控过程的不同阶段

该款锂离子动力电池热失控的分阶段特征见表20-4。结合图20-9与表20-4，便可以解释热失控后电池冒烟、起火与爆炸的情况。

表20-4　三元锂离子动力电池热失控的分阶段特征与机遇

阶段	图示	温度/℃	特征描述
1	图20-9a	50~100	当热触发开始后，电池因受到异常加热而温度升高，次阶段电池发生高温条件下的容量衰减
2	图20-9b	90~120	电池负极表面SEI膜分解，负极与电解液直接接触并发生反应。反应生热，绝热条件下，电池温度受自生热影响继续升高。温度在100~110℃时，电解液气化导致电池膨胀，安全阀可能会打开，部分电解液泄漏

(续)

阶段	图示	温度/℃	特征描述
3	图20-9c	120~140	PE基质的隔膜吸热熔化并开始闭孔。由于隔膜的关断效应，电池内阻迅速上升。改款电池的隔膜上具有陶瓷涂层，隔膜闭孔后不会迅速崩溃而造成内部大规模短路的发生
4	图20-9d	140~260	正负极分别与电解液发生反应，反应放热造成电池温度继续升高。随着温度的升高，反应放热速率逐渐加大
5	图20-9e	260~740	陶瓷涂层崩溃，电池内部发生大规模内短路，电池电压急坠为零，并放出大量的热。内部高温反应同样集中释放大量的热量。瞬时累积的大量热量带来电池温度的瞬间大幅升高，即热失控发生。此外，生热反应也会产生大量的气体，电池内部压力急剧升高，电池内部物质随着高压气体喷出
6	图20-9f	740~850	热失控快速放热后，部分残留的放热反应还能够将电池温度再升高一段，直到达到最高温度
7	图20-9g	850~常温	热失控放热反应结束，残余物降温至常温

如表20-4所示，对于冒烟的情况，在阶段5，如果电池内部温度低于正极集流体铝箔的熔化温度（660℃），则电池正极涂层就不会随着反应产生的气体喷出，此时观察到的会是白烟；而如果电池内部温度高于660℃，则正极集流体铝箔熔化，电池正极涂层随着反应产生的气体大量喷出，此时观察到的会是黑烟。

对于起火的情况，热失控事故中的起火一般是由于电解液及其分解产物被点燃造成的。因此，从阶段2开始，从安全阀泄漏出来的电解液就有可能被点燃而起火。从燃烧反应的三要素（可燃物、氧气、引燃物）来看，可燃物主要是电解液；氧气在电池内部存在不足，因此电解液需要泄漏出来才会发生起火；引燃的主要原因是喷出的气体温度高于其闪点。

对于爆炸的情况，爆炸一般表现为高压气体瞬间扩散造成的冲击。电池内部具有高压气体积聚的条件，而安全阀则是及时释放高压积聚气体的关键。安全阀体如果能在电池壳体破裂之前开启，并释放足够多在热失控过程中产生的高压气体，电池就不会发生爆炸；安全阀体如果不能及时开启，就可能会发生爆炸事故。

4. 热失控扩展

（1）热失控扩展的危害 热失控触发后，局部单体热失控后释放的热量向周围传播，将可能加热周围电池并造成周围电池的热失控，也称之为热失控在电池组内的扩展。单体电池热失控所释放的能量是有限的，但是如果发生链式反应造成热失控的扩展，整个电池组的能量通过热失控释放出来，将会造成极大的危害。

图20-8和图20-9所示的25A·h三元锂离子电池（具有约0.1kW·h的电能）热失控时释放出的能量约为630kJ，相当于0.15kg的TNT当量。对于一个具有60kW·h的纯电动汽车的动力电池系统而言，如果所有单体由于热失控扩展而释放出全部能量，将会相当于释放出90kg的TNT当量的能量。也就是说，热失控扩展一旦发生，造成的危害将会很大。因此，人们需要防范热失控扩展的发生，把热失控局限于部分单体。

(2) 热失控扩展的机理 从能量守恒的角度而言,当热失控单体周围的电池受到热失控扩展造成的加热功率大于其本身的散热功率时,受到加热的周围电池的温度就会升高,继而发生热失控触发。在图 20-10a 所示的方形电池模块内,热失控扩展过程中的热量传递有 3 条可能的主要路径:

1) 相邻电池壳体之间的导热。
2) 通过电池极柱的导热。
3) 单体电池起火对周围电池的炙烤。

壳体导热与极柱导热的两条路径主要作用于相邻电池之间,容易分析与控制。对于方形电池而言,在壳体与壳体之间接触良好的情况下,通过壳体的导热要远大于极柱的导热。而对于圆柱形电池模块而言,如图 20-10b 所示,单体与单体之间的传热还可能需要考虑热辐射的影响。而起火炙烤既可以作用于相邻电池,也可以作用于周围的电池系统附件,评估其对于电池系统造成的危害会更加复杂与困难。有研究表明,电池起火燃烧放出的热量要高于不起火时单纯热失控放出的热量。发生起火后,火焰一般附着在热失控电池阀体周围。同时,由于火焰的外焰温度最高,因此阀体开启方向上的电池及附件受到的加热最为剧

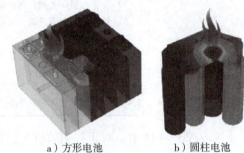

a) 方形电池　　b) 圆柱电池

图 20-10　热失效扩展的路径

烈。从设计角度看,电池系统本身具有一定的密闭性,热失控产生的高温气体来不及扩散,也可能会加热周围的电池。

(3) 防范热失控扩展与电池系统设计的矛盾 根据热失控扩展的机理,可以有针对性地设计防范热失控扩展的方案。

1) 需要防止火焰的发生。可以通过阀体喷射方向的设计来引导火焰的生成方向,也可以加入灭火剂来进行灭火。当然,动力电池系统通过安全性测试标准后,火焰发生的概率已经得到降低;同时,动力电池系统密封性良好使电池系统内部氧气含量不足,也不利于火焰的生成与发展。其次,要考虑高温气体扩散对电池系统其他部件的影响。部分电池已经具有能够及时排出高温气体的系统。

2) 适当阻隔电池之间的传热路径,如在单体电池之间设置隔热层。需要注意的是,在热管理中,电池壳体间可能预留有空气空隙以供风冷,并将相邻电池隔开。但是在热失控扩展过程中,热失控电池膨胀,空气空隙将因为电池的膨胀而消失。此时,电池与电池之间的传热仍然是快速导热,用单纯预留空气空隙的方法防范热失控扩展是行不通的。

3) 通过在单体热失控触发之后,增强电池系统内部的散热;将故障电池周围的电池进行放电;在电池之间填充相变材料吸收热量等方法来抑制热失控的扩展。防范热失控扩展的设计与电池系统的其他功能设计存在一定的矛盾。阻隔传热路径的方法可能造成电池组内部温度不均匀程度的加剧,这与电池组热管理设计中,温度一致性的设计目标相矛盾。增加灭火、排气、隔热等措施,均会降低电池系统比能量,增加电池系统的设计成本。如何合理地配置安全性措施,以防范热失控扩展的发生,同时考虑电池系统性能指标和设计成本,是电

池系统安全性设计领域的研究热点之一。

5. 热失控设计

除热失控扩展的防范之外，动力电池系统需要全方位的事故防范措施与安全性监控措施。

（1）热失控测试标准　锂离子动力电池在大规模生产销售之前，必须要通过相关的安全性测试标准的认证。安全性测试标准针对不同的热失控触发与扩展的情况而制定，因此，能够获得认证的锂离子动力电池发生安全性事故的概率也会大大降低。我国于2015年5月发布了一系列安全性测试标准，如 GB/T 31485—2015、GB/T 31467.3—2015、GB/T 31498—2015等。国外相关的标准包括 ISO 12405:2014、IEC 62133:2015、US 2580:2010、SAE J1929:2011、JIS:C 8715 - 2:2012 等。

（2）热失控安全设计　作为电化学储能装置，锂离子电池具有高电压和高能量的特点，其安全性能对于保证电动汽车的安全运行至关重要。锂离子电池在遭受各种滥用情形时存在热失控的风险，严重时可能会引发电池及车辆着火，甚至威胁到车内外人员的安全。在电池的热传导理论基础上，对于电池热失控的控制方法见表20-5。

表 20 - 5　电池热失控的控制方法

序号	方法	手段
1	降低热失控电池对周边电池热影响	热隔离
2		高温喷射物质疏导
3	快速带走热失控电池热量	被动热传导方式
4		主动喷淋热交换

1）降低热失控电池对周边电池热影响。热隔离是指通过对已经产生热失控的电池进行物理热隔离，使热失控的扩散得到控制；一般采用电池之间添加隔板的方法。高温喷射物质疏导是指通过将发生热失控的电池中的高温物质喷射出去而控制电池热失控的传播。

2）快速带走热失控电池热量。除了降低热失控电池对周边电池的热影响，还可以选择快速带走失控电池热量的方法。被动热传导方式是指通过增加热传导途径进而快速带走热失控电池热量。主动喷淋热交换是指通过主动喷洒冷却液，使其产生对流换热，加强冷却速度。

单个电池的热失控发生时，如果不能及时对其进行操作，则会致使单个电池的热失控扩散到周围的电池，从而使整个电池都处于危险的热失控状态，因此，降低热失控电池对周边电池的热影响是至关重要的。以防范热失控事故为核心，动力电池系统的安全性设计需要考虑事故的演变、触发与扩展等因素。防范热失控事故的触发，可以通过改善单体电池材料的安全性实现，也可以利用电流断路器、正温度系数电阻（PTC）等安全器件实现。

动力电池系统安全性设计除了关注以热失控为核心的问题之外，还要对各个部件的失效模式有清楚的认识，从而全方位地防范动力电池安全性事故的发生。在实际设计过程中，应充分借鉴系统安全工程相关理论，从功能安全设计出发，进行失效模式与影响分析（FMEA），分析所有可能的事故起因，并针对各种故障进行有针对性的设计。

（3）热失控安全监控　在进行安全性设计以外，动力电池系统在运行过程中需要进行妥善的管理，以防止电池系统遭到滥用，并对可能的事故触发倾向进行监测与预警。动力电管理系统（BMS）的一个重要功能即是对动力电池系统的安全性进行监控。

1）首先，动力电池管理系统设定了动力电池组的安全工作范围。动力电池在输出功率时，应工作在设定的安全工作范围之内。

2）动力电池管理系统对各节动力电池的单体进行包括荷电状态（SOC）、电池健康状态（SOH）、电池能量状态（SOE）、电池功能状态（SOF）及电池安全状态（SOS）在内的状态估计；对异常的单体进行关注，对出现的一致性问题进行合理的均衡。

3）电池管理系统基于电池系统的热管理设计，对电池温度进行监控，以保证电池系统温度的合理与一致性。

随着单体电池寿命的延长，人们逐渐意识到动力电池事故存在长期累积的问题，因此在设计动力电池管理系统时，还应开发相应的算法，对于可能的事故演化过程，如内短路等进行监控。另外，对于超出安全阈值的事件，动力电池管理系统应具有主动的报警功能，以保证人员能够有充足的时间撤离。

动力电池系统安全性问题主要分为3个层次，即热累积、热触发与热失控。动力电池安全性事故发生之前，应通过系统算法对安全事故进行预警。热失控触发发生后，应防止热失控扩展的发生。热失控扩展过程机理的进一步认识有助于优化设计方案，降低安全性事故造成的损害。进一步深入研究安全性问题各个层次的机理及其演变过程，提出有效的事故防范措施和安全性监控措施，是动力电池研究开发的工作重点。

锂离子电池安全性能的改善涉及材料、单体、模块集成、电池管理系统、生产工艺、整车布置等多个方面，在进行研发和生产的过程中要以安全性为首要原则，不断改善电池系统的安全性能，推动电动汽车的市场化进程。

习 题

20-1 FMEA指什么？有几种类型？
20-2 FMEA的优点有什么？
20-3 FMEA的局限性是什么？
20-4 锂离子电池的失效分为几种？
20-5 锂离子电池失效的内因和外因分别是什么？
20-6 锂离子电池常见的失效故障有什么？
20-7 锂离子电池安全性问题表现的3个层次分别是什么？

参考文献

[1] 刘章棋. 新能源汽车电池发展研究 [J]. 时代汽车, 2020 (14): 104-105.

[2] 邱鑫豪, 陈世杰. 全球锂电池市场状况和应用发展综述 [J]. 工业设计, 2016 (6): 178, 181.

[3] 丁月利. 锂离子电池电极制造工艺 [J]. 科技经济导刊, 2017 (26): 105.

[4] 魏壮壮, 张楠祥, 吴锋, 等. 锂硫电池多功能涂层隔膜的研究进展与展望 [J]. 电化学, 2020, 26 (5): 716-730.

[5] 李磊, 许燕. 锂离子动力电池发展现状及趋势分析 [J]. 中国锰业, 2020, 38 (5): 9-13+21.

[6] 张剑波, 连芳, 高学平, 等. 锂离子电池及材料发展前瞻——第16届国际锂电会议评述 [J]. 中国科学: 化学, 2012, 42 (8): 1252-1262.

[7] 王伟, 朱航辉. 锂离子电池固态电解质的研究进展 [J]. 应用化工, 2017, 46 (4): 760-764.

[8] 仇明. 关于锂离子动力电池充放电特性和测试的分析 [J]. 中国战略新兴产业, 2017 (36): 128-129.

[9] 张新龙, 胡国荣, 彭忠东, 等. 锂离子电池正极材料 $LiFePO_4$ 的研究进展 [J]. 电池, 2003 (4): 252-254.

[10] 王特, 蒋立, 田晓录, 等. 锂离子电池安全材料的研究进展 [J/OL]. 化工进展, 2013 (1): 1-13 [2020-12-28]. https://doi.org/10.16085/j.issn.1000-6613.2020-1416.

[11] 汪伟伟, 丁楚雄, 高玉仙, 等. 磷酸铁锂及三元电池在不同领域的应用 [J]. 电源技术, 2020, 44 (9): 1383-1386.

[12] 邹邦坤, 丁楚雄, 陈春华. 锂离子电池三元正极材料的研究进展 [J]. 中国科学: 化学, 2014 (7): 1104-1115.

[13] 韦旎妮, 赖琼钰, 高媛, 等. 层状 $LiCo_{1/3}Ni_{1/3}Mn_{1/3}O_2$ 正极材料的合成及电化学性能研究 [J]. 无机化学学报, 2005, 21 (7): 999-1003.

[14] 段文杰, 江友良, 刘赛求, 等. 冷冻干燥辅助溶胶凝胶法合成 $Li_{1.2}Ni_{0.2}Mn_{0.6}O_2$ 正极材料及电化学性能改善研究 [J]. 人工晶体学报, 2020, 49 (10): 1870-1876.

[15] 郭家瑞, 泮思赟, 桂培培, 等. 三元正极材料制备及其改性研究进展 [J]. 山东化工, 2020, 49 (1): 44-45.

[16] 佩文, 董鹏, 孟奇, 等. 废旧磷酸铁锂电池正极材料固相法再生研究进展 [J]. 无机盐工业, 2020, 52 (9): 6-8.

[17] 袁梅梅, 徐汝辉, 姚耀春. 锂离子电池正极材料 $LiFePO_4$ 的表面碳包覆改性研究进展 [J]. 材料导报, 2020, 34 (19): 19061-19066.

[18] 王万玺, 王凤英, 王刚, 等. 富锂锰基正极材料的形貌与结构调控及电化学性能研究 [J]. 硅酸盐通报, 2020, 39 (3): 885-889.

[19] 卢虹宇, 赵景新, 彭琪贺, 等. 正极材料五氧化二钒常规改性的研究进展 [J]. 化学世界, 2020 (3): 153-164.

[20] 翟喜民, 姜涛, 孙焕丽. 硫化物固态电池界面的研究进展 [J]. 汽车工艺与材料, 2020 (12): 36-42.

[21] 冯亮亮, 王飞, 周星, 等. 固态电解质与电极界面的稳定性 [J]. 物理学报, 2020, 69 (22): 137-149.

[22] XU C, DAI Q, GAINES L, et al. Future material demand for automotive lithium-based batteries [J]. Commun Mater, 2020 (1): 99.

[23] LIANG Y Y, KANG W M, ZHONG C L, et al. Multifunctional LaF 3 doped pomegranate-like porous carbon nanofibers with high-speed transfer channel and strong polar interface for high stability lithium sulfur battery

[J]. Chemical Engineering Journal, 2021, 403.

[24] 盖丽艳, 郎笑石, 蔡克迪, 等. 锂硫电池正极材料的研究进展 [J]. 电池, 2019, 49 (1): 72-75.

[25] 胡菁菁, 李国然, 高学平. 锂/硫电池的研究现状、问题及挑战 [J]. 无机材料学报, 2013, 28 (11): 1181-1186.

[26] 李泓, 郑杰允. 发展下一代高能量密度动力锂电池——变革性纳米产业制造技术聚焦长续航动力锂电池项目研究进展 [J]. 中国科学院院刊, 2016, 31 (9): 1120-1127, 971.

[27] 朱晓庆, 王震坡, WANG H, 等. 锂离子动力电池热失控与安全管理研究综述 [J]. 机械工程学报, 2020, 56 (14): 91-118.

[28] 詹晋华, 冼巧妍, 戴燕珊. 水溶性粘合剂在锂离子电池电极中的应用 [J]. 电池. 2001 (3): 123-125.

[29] 吕成学, 褚嘉宜, 翟玉春. 锂离子电池正负极材料的研究 [J]. 材料导报, 2004 (1): 21-24.

[30] 陈林山, 陈翔. 活性材料汽车动力锂电池制作工艺及性能 [J]. 电源技术, 2017, 41 (9): 1275-1277.

[31] 安富强, 赵洪量, 程志. 纯电动车用锂离子电池发展现状与研究进展 [J]. 工程科学学报, 2019, 41 (1): 22-42.

[32] 贺林. 电动汽车设计 [M]. 合肥: 合肥工业大学出版社, 2017: 32-68.

[33] 季迎旭, 王明旺, 孙威, 等. 动力电池建模与应用综述 [J]. 电源技术, 2016, 40 (3): 740-742.

[34] 李天培, 陈黎. 基于双注意力编码-解码器架构的视网膜血管分割 [J]. 计算机科学, 2020, 47 (5): 166-171.

[35] 李相哲, 苏芳, 徐磊. 电动汽车动力电池系统加热方法研究进展 [J]. 电源技术, 2019, 43 (5): 172-175.

[36] 宁水根, 张庆永, 黄经元, 等. 电动汽车电池系统安全设计与制造的思考 [J]. 电源技术, 2019, 43 (5): 168-171.

[37] 曹铭, 孙庆华, 何剑平. 电动汽车电池管理系统抗干扰设计与测试 [J]. 电源技术, 2018, 42 (2): 271-273, 319.

[38] 林明耀, 周谷庆, 刘文勇. 基于直接反电动势法的无刷直流电机准确换相新方法 [J]. 东南大学学报 (自然科学版), 2010 (1): 89-94.

[39] 高有华, 李延斌, 祝瑞琪. 多功能继电器、接触器可靠性试验系统 [J]. 沈阳工业大学学报, 2001, 23 (1): 32-35.

[40] 严蓓兰. 新能源汽车电机发展趋势及测试评价研究 [J]. 电机与控制应用, 2018, 45 (6): 109-116.

[41] 白韶红. 集成霍尔传感器的发展 [J]. 自动化仪表, 2003 (3): 1-9.

[42] 王宇, 姚旭东, 欧文军, 等. 汽车用导线现状及发展前景 [J]. 汽车电器, 2020 (4): 35-38, 42.

[43] 李俊晖, 石守东, 谢志军, 等. 基于边缘重建的双绞线绞距实时检测方法 [J]. 仪器仪表学报, 2019, 40 (6): 86-95.

[44] 吕杰, 宋文吉, 冯自平. 电池管理系统的设计与实现 [J]. 电池, 2019, 49 (6): 499-501.

[45] 黎明. 汽车动力电池系统生产工艺设计 [J]. 科技创新与应用, 2019 (19): 111-113.

[46] 孙小卯. 某型电动汽车电池包结构分析及改进设计 [D]. 长沙: 湖南大学, 2013.

[47] 兰凤崇, 黄培鑫, 陈吉清, 等. 车用电池包结构动力学建模及分析方法研究 [J]. 机械工程学报, 2018, 54 (8): 157-164.

[48] 兰凤崇, 刘金, 陈吉清, 等. 电动汽车电池包箱体及内部结构碰撞变形与响应分析 [J]. 华南理工大学学报 (自然科学版), 2017, 45 (2): 1-8.

[49] 郜效保. 微型纯电动汽车电池包结构设计与碰撞安全性研究 [D]. 长沙: 湖南大学, 2016.

[50] 刘元强. 纯电动汽车电池包结构设计及特性研究 [D]. 南京: 东南大学, 2016.

[51] 赵卫兵. 电动车锂电池热管理系统研究 [D]. 长春: 吉林大学, 2014.

[52] 张剑波, 卢兰光, 李哲. 车用动力电池系统的关键技术与学科前沿 [J]. 汽车安全与节能学报, 2012,

3(2):87-104.

[53] 蔡飞龙,许思传,常国峰. 纯电动汽车用锂离子电池热管理综述[J]. 电源技术,2012,36(9):1410-1413.

[54] 常国峰,陈磊涛,许思传. 动力蓄电池风冷热管理系统的研究[J]. 汽车工程,2011,33(10):890-893.

[55] 符晓玲,商云龙,崔纳新. 电动汽车电池管理系统研究现状及发展趋势[J]. 电力电子技术,2011,45(12):27-30,89.

[56] 刘斌. 电动车辆动力电池包热管理控制策略研究[D]. 北京:北京理工大学,2015.

[57] 薛超坦. 基于液冷的纯电动汽车锂电池热管理研究[D]. 长春:吉林大学,2017.

[58] 张国庆,吴忠杰,饶中浩,等. 动力电池热管冷却效果实验[J]. 化工进展,2009,28(7):1165-1168,1174.

[59] 曾祥兵,朱红,宋开通,等. 长续航纯电动车发展趋势及对动力电池系统需求的变化[J]. 时代汽车,2018(7):89-90.

[60] 陈宝民. 电动汽车电池管理系统设计[D]. 秦皇岛:燕山大学,2014.

[61] 冷炎. 动力电池组均衡充电管理系统研究[J]. 电信技术,2015(12):9-12.

[62] 朱志浩. 纯电动汽车动力电池管理系统研究与设计[D]. 合肥:合肥工业大学,2016.

[63] 曹宝健,谢先宇,魏学哲. 电动汽车锂电池管理系统故障诊断研究[J]. 上海汽车,2012(12):8-12.

[64] 王超,陈德海,王昱朝,等. 基于无迹Kalman滤波算法的动力电池荷电状态估计[J]. 汽车安全与节能学报,2020,11(3):379-387.

[65] 梁晓静. 锂离子电池健康状态的估计方法分析[J]. 化工管理,2020(31):67-68.

[66] 翁志福. 新能源汽车动力电池管理系统研究[D]. 成都:西南交通大学,2019.

[67] 方谋,赵骁,李建军,等. 电动车用锂离子蓄电池模块的安全性问题[J]. 透视,2014(3):25-28.

[68] 夏兰,李素丽,艾新平,等. 锂离子电池的安全性技术[J]. 化学进展,2011,Z1:328-335.

[69] 刘伶,张乃庆,孙克宁,等. 锂离子电池安全性能影响因素分析[J]. 稀有金属材料与工程,2010,39(5):936-940.

[70] LU L, HAN X, LI J, et al. A review on the key issues for lithium-ion battery management in electric vehicles[J]. Journal of Power Sources, 2013, 226(3):272-288.

[71] XIE J, MA J, CHEN J. Peukert-equation-based state-of-charge estimation for/LiFePO4 batteries considering the battery thermal evolution effect[J]. Energies, 2018, 11(5):1112.

[72] 秦大同,赵新庆,苏岭,等. 插电式混合动力汽车变参数能量管理策略[J]. 中国公路学报,2015,28(2):112-118.

[73] 卢立来. 基于路况信息预测的插电式混合动力汽车能量管理策略研究[D]. 重庆:重庆大学,2015.

[74] 云凤玲. 高比能量锂离子动力电池的热性能及电化学-热耦合行为研究[D]. 北京:北京有色金属研究总院,2016.

[75] 熊瑞. 基于数据模型融合的电动车辆动力电池组状态估计研究[D]. 北京:北京理工大学,2014.

[76] 杨莉,王强,隋建鹏,等. 基于ISO 26262的失效模式和诊断策略分析准确度研究[J]. 汽车技术,2020(7):58-62.

[77] 李世杰,温帅,马金艳,等. 电池均衡控制系统的功能安全设计与验证[J]. 机械设计与制造,2020(11):163-167.

[78] 杨志明. 锂电池保护集成电路的研究与设计[D]. 成都:电子科技大学,2009.

[79] 谢小云. 基于敏捷开发及多V模型的嵌入式温室网关的软件开发[J]. 电子技术与软件工程,2015(1):75-76.

[80] 邹宸,祝乔. 电动汽车电池管理系统简介与研究[J]. 电工技术,2019(22):176-177.

[81] 陈卓. 新能源汽车电池管理系统硬件设计及验证 [D]. 广州：华南理工大学, 2019.

[82] 张宝利. 基于功能安全的电动汽车电池管理系统架构设计 [D]. 北京：北京交通大学, 2019.

[83] 吴悦铭. 一种基于 STM32 的锂电池均衡管理系统设计 [D]. 长春：吉林大学, 2019.

[84] 常文宇. 电池管理系统主动均衡技术研究 [D]. 徐州：中国矿业大学, 2020.

[85] 朱晓帅. 基于主被动混合均衡的锂电池管理系统的设计与实现 [D]. 杭州：杭州电子科技大学, 2020.

[86] 汪琦, 吴长水. 电池管理系统均衡控制策略研究 [J]. 软件工程, 2020, 23 (9): 13-16.

[87] 胡浪, 乔俊叁. 车用锂离子动力电池组均衡管理系统发展综述 [J]. 时代汽车, 2020 (23): 96-97.

[88] 翁志福. 新能源汽车动力电池管理系统研究 [D]. 成都：西南交通大学, 2019.

[89] 陈平, 朴昌浩, 段崇禧, 等. 电池管理系统软件虚拟仿真环境下的建模 [J]. 汽车安全与节能学报, 2013, 4 (1): 67-74.

[90] 汪春华, 刘洪飞, 白稳峰, 等. 基于 CCP 协议的纯电动车整车控制器标定研究 [J]. 汽车工程, 2020, 42 (3): 286-291.

[91] 蔡燕飞. 基于 CCP 协议的 ECU 标定系统上位机设计 [J]. 汽车工程师, 2012 (8): 53-55, 59.

[92] 孙俊扬. UDS 诊断协议工作原理和诊断协议栈的开发 [J]. 汽车与配件, 2019 (5): 64-65.

[93] 李娇娇, 张宏伟, 陈金干. 基于 LabVIEW 的新能源汽车控制器刷写软件设计 [J]. 软件工程, 2020, 23 (2): 16-18+8.

[94] 王林, 曹建华, 王同景. 基于 AUTOSAR 规范的 BMS 软件开发方法 [J]. 上海汽车, 2019 (7): 3-10.

[95] 单忠伟, 宋珂, 章桐. 符合 AUTOSAR 规范的汽车软件开发工具链及其应用流程 [J]. 机电一体化, 2018, 24 (3): 47-52, 64.

[96] 李秀梅, 杨国青. OSEK/VDX 标准与车控电子产品开发 [J]. 单片机与嵌入式系统应用, 2005 (4): 27-30.

[97] 冯小天, 陈香兰, 李曦. OSEK/VDX 标准的车载嵌入式操作系统内核的结构与设计方法 [J]. 计算机应用与软件, 2009, 26 (9): 49-51, 68.

[98] 熊瑞. 动力电池管理系统核心算法 [M]. 北京：机械工业出版社, 2018.

[99] SHEN L, LIU X, DONG J, et al. Functional lithiophilic polymer modified separator for dendrite-free and pulverization-free lithium metal batteries [J]. Journal of Energy Chemistry, 2020, 52: 114.

[100] 李潘. 三元锂离子动力电池挤压损伤容限的试验分析 [J]. 中国高新科技, 2020 (16): 138-139.

[101] 吕媛媛, 秦剑峰, 宋杨, 等. 锂离子电池失效分析之热失控 [J]. 中国口岸科学技术, 2020 (5): 62-68.

[102] 祝龙记, 潘乐平. 三元正极材料锂离子电池热失效的分析 [J]. 电池, 2019, 49 (5): 407-409.

[103] 段丹丹. 试析锂离子电池失效原因及应对措施 [J]. 科技创新导报, 2019, 16 (23): 82-83.

[104] 应何杰. 锂离子动力电池安全性评估方法研究 [D]. 长沙：湖南大学, 2019.

[105] 谢志利, 王长林, 孙媛, 等. 常见电子产品用锂离子电池失效原因分析 [J]. 安全与电磁兼容, 2018 (6): 82-84.

[106] 兰凤崇, 郑文杰, 李志杰, 等. 车用动力电池的挤压载荷变形响应及内部短路失效分析 [J]. 华南理工大学学报 (自然科学版), 2018, 46 (6): 65-72.

[107] 王其钰, 王朔, 周格, 等. 锂电池失效分析与研究进展 [J]. 物理学报, 2018, 67 (12): 279-290.

[108] 王其钰, 王朔, 张杰男, 等. 锂离子电池失效分析概述 [J]. 储能科学与技术, 2017, 6 (5): 1008-1025.

[109] 何向明, 冯旭宁, 欧阳明高. 车用锂离子动力电池系统的安全性 [J]. 科技导报, 2016, 34 (6): 32-37.